WILLI WINKLER

DAS BRAUNE NETZ

WIE DIE BUNDESREPUBLIK VON FRÜHEREN NAZIS ZUM ERFOLG GEFÜHRT WURDE

Rowohlt · Berlin

2. Auflage Februar 2019
Copyright © 2019 by Rowohlt · Berlin Verlag GmbH, Berlin
Satz aus der Minion bei Dörlemann Satz, Lemförde
Druck und Bindung CPI books GmbH, Leck, Germany
ISBN 978 3 7371 0039 7

«Ja, ich habe auch gar nicht verstanden, warum die Russen, nachdem sie nach Berlin gekommen sind, mich nicht als Sachverständigen eingestellt haben.»

Carl Schmitt (1946)

«Man zog also irgendeine Uniform an.»

Hans Egon Holthusen: Amnestia substantia pacis.

Analyse eines politischen Irrtums (1946)

«Man geht, poetisch gesprochen, auf einer Erde, auf der die Dinge ganz schön und fett wachsen; aber der Boden, das, was darunter ist, ist unheimlich, und wenn ich so allein durch die Straßen einer deutschen Stadt gehe, so kommen mir immer Angstträume in den Sinn, die ich in den dreißiger und frühen vierziger Jahren hatte, der Traum nämlich, ich sei in Deutschland und fragte mich mit Grauen, wie ich denn hingekommen sei. Dies Traumhafte werde ich nie ganz los.»

Golo Mann (1959)

«Papa hat ungefähr 1000 Jahre regiert der Ödipuskomplex des deutschen Volkes heißt NSDAP danach haben wir es mit Opa versucht das ging ganz gut war aber keine Dauerlösung nun sind wir ratlos»

Helmut Heißenbüttel (1965)

INHALT

EINLEITUNG: GLÜCKLICH IST, WER VERGISST

Je näher man die Vergangenheit anschaut, desto ferner blickt sie zurück. Ende Februar 1946 schreibt ein siebzigjähriger Rentner an einen Geistlichen Rat, einen Schulfreund, der an St. Elisabeth in Bonn als Pfarrer wirkt. Der Schreiber ist empört. Das deutsche Volk, meint er anklagend, habe sich «fast widerstandslos, ja zum Teil mit Begeisterung (...) gleichschalten lassen. Darin liegt seine Schuld. Im übrigen hat man aber auch gewußt – wenn man auch die Vorgänge nicht in ihrem ganzen Ausmaße gekannt hat –, daß die persönliche Freiheit, alle Rechtsgrundsätze, mit Füßen getreten wurden, daß in den Konzentrationslagern große Grausamkeiten verübt wurden, daß die Gestapo, unsere SS und zum Teil auch unsere Truppen in Polen und Rußland mit beispiellosen Grausamkeiten gegen die Zivilbevölkerung vorgingen. Die Judenpogrome 1933 und 1938 geschahen in aller Öffentlichkeit.»

Konrad Adenauer, der Autor dieser Zeilen, war in der Weimarer Republik Oberbürgermeister von Köln und auch Präsident des Preußischen Staatsrats gewesen, er hatte den Zweiten Weltkrieg und die Verfolgung durch die Nationalsozialisten unter dem Schutz der katholischen Kirche knapp überstanden. Für ihn gab es keine Zweifel an den nationalsozialistischen Verbrechen, schon gar nicht daran, dass das «deutsche Volk» mitschuldig geworden war: «Man kann also wirklich nicht behaupten, daß die Öffentlichkeit nicht gewußt habe, daß die nationalsozialistische Regierung und die Heeresleitung ständig aus Grundsatz gegen das Naturrecht, gegen die Haager Konvention und gegen die einfachsten Gebote der

Menschlichkeit verstießen.»[1] Adenauer, der eben ein zweites Mal
sein Amt als Bürgermeister verloren hatte, weil ihn diesmal die
Engländer abgesetzt hatten, konnte sich nicht mit dem abfinden,
was im «Dritten Reich» geschehen war.

Am 1. Oktober 1949, zwei Wochen nachdem Adenauer zum
Bundeskanzler gewählt worden war, wandte sich Heinrich Nordhoff in einer großen Rede an seine zehntausend Arbeiter und An-
gestellten. Das Volkswagenwerk, das er seit Anfang 1948 leitete,
war eben aus dem Protektorat der britischen Besatzungsmacht
entlassen und in deutsche Hände zurückgegeben worden. Trotz
des «Entsetzlichen, das wir durchgemacht haben», verkündete
der Generaldirektor, könne man glücklich sein, «daß in unserem
Lande wieder gearbeitet wird, mit dem ganzen Fleiß und der ganzen Emsigkeit, die den Deutschen zu eigen sind».

Arbeiten können sie, die Deutschen, sie konnten es immer,
gerade noch hatten sie für den Endsieg gearbeitet und gekämpft.
Nordhoff will diese elende Geschichte erledigt haben und fordert
auch seine Mitarbeiter auf, sie hinter sich zu lassen. «Wir haben
aufgehört, nach rückwärts zu sehen, wir haben ein Ziel vor uns,
wir träumen nicht von der Vergangenheit, wir schaffen für die
Zukunft.»[2] Die Zukunft hat eben begonnen: Die «Stadt des KdF-
Wagens bei Fallersleben» bekam jetzt erst einen richtigen Namen –
Wolfsburg –, und wie vom Führer versprochen, rollten, wenn auch
um einige Jahre verspätet, die Volkswagen massenhaft vom Band.
Schließlich hatte der Prototyp des Kübelwagens seine Eignung im
Einsatz an der Ostfront bewiesen.

Allein 1949, im Gründungsjahr der Bundesrepublik, wurden
46 154 Volkswagen gebaut; ein halbes Jahr nach Nordhoffs Rede
rollte der einhunderttausendste Käfer vom Band. Am 5. August
1955 kam bereits der einmillionste Wagen aus dem Werk. Der Käfer wurde ein Welterfolg, weiter verbreitet und langlebiger als das
Model T Henry Fords. Begleitet von dem Werbeslogan «Er läuft
und läuft …», war der Volkswagen bald das Symbol der deutschen
Wirtschaft: Es ging immer weiter aufwärts und vor allem nach

vorn, vorwärts ins Wirtschaftswunder. Der Staatsbetrieb Volkswagen wurde der Indikator für den Erfolg Westdeutschlands – statt der Siegesmeldungen aus Frankreich, Norwegen und Russland jetzt Produktionsrekorde.

Einige wenige mussten noch an die alte Schuld erinnern, für die meisten hatte eine großartige Zeit begonnen. Ganz neu war sie dennoch nicht, denn der wirtschaftliche Erfolg, überhaupt der Wiederaufstieg, war auf das Personal von gestern angewiesen. Nordhoff hatte dem «Dritten Reich» gedient und war Wehrwirtschaftsführer gewesen. Vor der Spruchkammer galt er zunächst als «Hauptschuldiger» und wurde von den Amerikanern bei der Adam Opel AG deshalb abgelehnt. Der Kriegsverbrecher Friedrich Flick besprach bereits in der Haft in Landsberg die Umstrukturierung seines Konzerns, ehe er am 25. August 1950 vorzeitig entlassen wurde. Flick wurde gebraucht, denn ohne ihn war die Wiederaufrüstung nicht möglich. Nordhoff übernahm die Arbeit bei Volkswagen Anfang 1948 und konnte jetzt der Welt, die von den Deutschen nur Panzerangriffe und Blitzkrieg kannte, beweisen, dass es ein neues demokratisches Land gab. Die deutsche Emsigkeit hatte auch das geschafft, die Niederlage im Krieg in eine Friedensdividende umzuwandeln.

Die deutsche Vergangenheit war fürs Erste tot und begraben. In den sechziger Jahren bei den Auschwitz-Prozessen in Frankfurt wurde sie exhumiert, aber da hatte die Bundesrepublik längst ihr Wirtschaftswunder erlebt, waren dank Ludwig Erhard all die Versprechen der Nazizeit eingelöst worden: Urlaubsreise, Eigenheim, Fortschritt, Moderne. Nicht mehr Kraft durch Freude (KdF), sondern Wohlstand für alle. Der Kaufhausbesitzer meinte es gewiss ironisch, aber es lag ihm halt von früher auf der Zunge, wenn er 1949 in sein Schaufenster ein Bild des Wirtschaftsministers hängte und es mit einem Satz versah, der den Kunden bekannt vorkam: «Erhard befiehlt, wir folgen!» (Eine weitere Tafel ergänzte: «und senken die Preise».) Von Schuldeinsicht keine Spur, bloß kein Blick zurück, sondern im Käfer flott voran, das war die Rettung für die

Bundesrepublik vor den Schatten der Vergangenheit. Was wäre denn die Alternative gewesen? Gab es überhaupt eine?

Keiner wäre auf die Idee gekommen, so zu handeln, wie sich der baden-württembergische Ministerpräsident Hans Filbinger ausdrückte: «Wir wollen etwas Neues machen, und dazu bedarf es der Liquidation des Alten.» Filbinger sprach 1968 von der Schließung der Ulmer Hochschule für Gestaltung, einer mustergültigen Einrichtung der fortschrittsbegeisterten Moderne, 1953 begründet von Inge Aicher-Scholl, der Schwester der unter Hitler hingerichteten Sophie Scholl, unterstützt durch den Bankier Hermann Josef Abs, der das «Dritte Reich» mit Arisierung und der Beschäftigung von Zwangsarbeitern überstanden hatte. Aber hätte Filbinger nicht auch besser geschwiegen, er, der noch nach der Kapitulation des Hitler-Reiches an Todesurteilen gleich gegen mehrere Deserteure beteiligt war, also dafür gesorgt hatte, dass sie *liquidiert* wurden? Als ihm sehr spät, 1978, seine juristische Willfährigkeit vorgehalten wurde, verteidigte sich Filbinger mit einem Satz, der seine ganze Halsstarrigkeit offenbarte: «Was damals Rechtens war, kann heute nicht Unrecht sein!»

Von Adenauer ist nicht ohne Grund der Spruch überliefert: «Was kümmert mich mein Geschwätz von gestern?» Deshalb konnte er, der 1946 so deutlich wie sonst vielleicht nur Karl Jaspers von Schuld gesprochen hatte, für «Tabula rasa», für das große Vergessen plädieren. 1952 sprach der Kanzler im Bundestag die erlösenden Worte gegen die Kritiker seiner Personalpolitik: «Man kann doch ein Auswärtiges Amt nicht aufbauen, wenn man nicht wenigstens zunächst an den leitenden Stellen Leute hat, die von der Geschichte von früher her etwas verstehen.»[3] Das Personal der vorigen Epoche war einfach zu wichtig. Man könnte auch sagen: Es herrschte ein eklatanter Mangel an Leuten, die nicht mitgemacht hatten.

Die Leute, die von der Sache von früher her etwas verstanden, verstanden auch die neue. Ohne Hans Globke, der den Kommentar zu den Nürnberger Rassegesetzen verfasst hatte, als seine rechte und linke Hand hätte Adenauer gar nicht regieren können. Mit Ausnahme von Gustav Heinemann waren alle Bundespräsidenten von Theodor Heuss bis Roman Herzog vom Nationalsozialismus kontaminiert, aber sie waren wie vom Grundgesetz vorgeschrieben jeweils älter als vierzig Jahre und kamen aus der Mitte eines Mitläufervolkes. Eduard Dreher, im Zweiten Weltkrieg beteiligt an mindestens drei Todesurteilen für Bagatelldelikte, brachte es nicht bloß zum maßgeblichen Strafrechtskommentator, er konnte sogar persönlich Hand anlegen, als 1968 im Rahmen der Großen Strafrechtsreform auch die Beihilfe zum Mord, also auch sein rechtswidriges Wirken amnestiert wurde. Schon deshalb wurde kein einziger Richter – was gestern Recht war, konnte doch nicht plötzlich Unrecht sein – von einem deutschen Gericht dafür verurteilt, dass er eben noch alles andere als Recht gesprochen hatte.

Das Grundgesetz kommentierte ein Verfassungsfeind (Theodor Maunz), das Bundeskriminalamt leitete ein CIA-Agent, der sich bereits in der Feindbekämpfung im Reichssicherheitshauptamt (RSHA) bewährt hatte (Paul Dickopf), und Albert Speer avancierte zum Star der Vergangenheitsbewältigung: Heldenhaft wollte er Hitlers Nero-Befehl der verbrannten Erde missachtet haben, sodass praktisch ihm ganz allein der wirtschaftliche Wiederaufstieg der Bundesrepublik zu verdanken war.

In den letzten Jahren sind zahlreiche Studien erschienen. Das Außen-, das Justiz- und zuletzt das Innenministerium wurden auf ihre Geschichte hin durchleuchtet, und überall fanden sich, o Wunder: Nazis. Nazis saßen im Bundestag, in den Länderparlamenten, in sämtlichen Behörden und Ministerien, in der Polizei, in der Justiz, sie saßen in der Regierung und sie saßen zu Gericht, in manchen Fällen sogar über ihre ehemaligen Opfer. Die frühe Bundesrepublik war ein einziger Skandal.

Eine Partei der ehemaligen NSDAP-Mitglieder hätte bis in die sechziger Jahre die größte Fraktion im Bundestag stellen können. Neunzig Prozent aller Berufssoldaten der neuen Bundeswehr hatten bereits in der alten Wehrmacht gedient. Der Boden, über den er geht, ist unheimlich, schreibt Golo Mann. Aber die frühe Bundesrepublik hat sehr schnell gelernt, auf diesem Boden und auf ihrer Vergangenheit zu leben, gern auch zu tanzen.

Für die Nazi-Opfer, aber auch für die Nachgeborenen ist das schwer erträglich, wenn man sich unter Rechtsfrieden etwas anderes vorstellt: Schuld und dann eine Strafe, Sühne womöglich – aber einfach so weiterzumachen, das ist doch undenkbar. Doch genau so ist es zugegangen. Dieses stumme Lossprechungsverfahren war gedeckt durch das weitverbreitete Unschuldsbewusstsein, ja, das sichere Gefühl, dass einem Unrecht angetan worden sei: je nach Lebensalter erst durch den Versailler Vertrag und die nachfolgende Inflation und Arbeitslosigkeit, dann durch Hitler, schließlich durch die Besatzungsmächte, die Spruchkammern einrichteten und Schuldeinsicht verlangten, wo es doch für Millionen ums reine Überleben ging. Zwölf Millionen Flüchtlinge aus den Ostgebieten wollten nicht bloß integriert sein, sondern bildeten den lebenden Beweis: Die Deutschen waren ein Volk von Opfern.

Der deutsche Soldat und kein ermordeter Jude galt in der ersten Nachkriegszeit als das Opfer. Bereits 1953 erschien zum achten Jahrestag des Kriegsendes eine Briefmarke, die in typischer Fünfziger-Jahre-Kargheit an die jüngste Vergangenheit mahnte: ein kahlgeschorener, wie im Schmerz gereckter Kopf hinter Stacheldraht, ein Profil, wie aus edelstem Marmor geschlagen, und dazu die Umschrift «Gedenket unserer Gefangenen» für zehn Pfennig, damals die Hälfte des Portos, das für einfache Briefe fällig wurde.[4] Von jüdischen Opfern war weit und breit nichts zu sehen.

Keiner verkörperte den nachkriegsdeutschen Opfermythos besser als Albert Speer: Beim Nürnberger Prozess gegen die Hauptkriegsverbrecher hatte er sich als angeblich unschuldig trotzdem für grundsätzlich schuldig erklärt und war damit dem Galgen entgangen. Als Unschuldiger, der sich ständig Vorwürfe machte, weil er es ja doch hätte wissen und etwas dagegen unternehmen müssen, begann er im Spandauer Gefängnis eine beispiellose Opferkarriere. Für Millionen Deutsche verkörperte Speer märtyrerhaft einen Glauben, der über jeden Verstand ging: dass es doch möglich war, Hitler nachgelaufen und dabei anständig geblieben zu sein.

Die Amnestie, die der Bundestag 1949 beschloss, so unerträglich sie ist, stellte einen halbwegs erträglichen Normalzustand her und war darum vermutlich unvermeidlich. Für Schwarzmarktdelikte gab es Straferlass, aber eben auch für die Beteiligung an den Mordtaten des Nationalsozialismus. Der nächste Schritt war der Artikel 131 des Grundgesetzes, der mit Zustimmung aller Parteien des Bundestags am 1. April 1951 in Kraft trat und fast allen NSDAP-Mitgliedern die Rückkehr in ihre Beamtenstellung oder wenigstens den Anspruch darauf garantierte. Moralisch wieder höchst fragwürdig, aber womöglich eine große zivilisatorische Tat in der Hoffnung auf eine anhaltende Befriedung der Gesellschaft.

Ein vielleicht unzulässiger Vergleich: Die SED, 1946 hervorgegangen aus der Zwangsvereinigung von SPD und KPD, erreichte nach dreißig Jahren einen Höchststand von 2,2 Millionen Mitgliedern. Nach dem Zusammenbruch der DDR im Jahr 1989 war die Mitgliedschaft in der SED, die bis dahin karrieredienlich war, ein Entlassungsgrund; Gelegenheit, wie Peter Rühmkorf meinte, endlich den «Kommunismus entgelten [zu] lassen, was wir an den Nazis versäumt haben»[5]. Die Mitläufer des SED-Regimes wurden nicht ins wiedervereinigte Deutschland integriert, mit den bekannten Folgen: Ressentiment, Staatsferne und wieder ein Opfermythos.

Mit ihrer staatlich betriebenen Schuldleugnung (vor allem durch den Mann, der 1946 so viel Einsicht gezeigt hatte) erlebte die Bundesrepublik eine sagenhafte Erfolgsgeschichte. Die Unbelehrbaren waren nach 1945 zunächst heimatlos, fanden aber dann Aufnahme in Klientelparteien und rechten Sammlungsbewegungen, die bald in ihrer eigenen Bedeutungslosigkeit verschwanden. Die meisten mehr oder minder Belasteten, die Mitläufer und auch die Mittäter, schworen der einstigen Ekstase ab, wurden brave Diener des neuen Staates, so wie sie zuvor dem alten gedient hatten.

Was der neue Staat zwar nur oberflächlich, aber sehr erfolgreich camouflierte, war die Tatsache, dass die alten Netzwerke weiterbestanden, tadellos funktionierten und damit am Aufbau der Bundesrepublik staatstragend mitwirkten. Sie bildeten eine eigentümliche Übergangsmacht, ohne die es paradoxerweise viele gar nicht in die Demokratie geschafft hätten. Es brauchte gar keinen Großen Plan, dass es so weit kommen konnte. Es gab keine Geheimtruppe der SS, die die Bundesrepublik unterwandert und dafür gesorgt hätte, dass ihre Leute an der Macht blieben.

Die Bundesrepublik hat es überstanden, sie hat es sogar so gut überstanden, dass sie die Geschichte am Ende selber glaubte. Auch wenn es zwanzig Jahre dauerte, bis der alte Geist überwunden und die meisten Amtsinhaber in die Rente verabschiedet oder gestorben waren, verschwand die nostalgische Erinnerung an den ordnungsstiftenden Nationalsozialismus, die nicht nur die Besatzungsmächte fürchteten. Selbst die sogenannte Gauleiter-Verschwörung, die im Januar 1953 von der englischen Besatzungsmacht ausgehoben wurde, war am Ende ein Trumpf für Adenauer, der sich und seine Koalition von den alten Rechtskräften absetzen konnte. Politische Abenteurer wie Werner Naumann oder Otto Ernst Remer hatten keine Chance mehr.

Die Weltgeschichte hielt zu den Deutschen, machte aus den Verlierern binnen weniger Jahre Verbündete und dann sogar Sieger. Die Konstellation der Nachkriegszeit sorgte für Arbeit, Brot und genügend Furcht, sodass das deutsche Volk allmählich an die ungewohnte Demokratie gewöhnt wurde. Ohne Zwang ging es nicht, auch nicht ohne den gütigen Großvater im Kanzleramt, dem nichts Menschliches fremd war, aber Mitsprache, Transparenz, Gewaltenteilung, kurz: Demokratie umso fremder. 1953 wurden im Gaswerk in Stadtoldendorf alle Akten verbrannt, die die Mitgliedschaft im Ortsverein der NSDAP offengelegt hätten. Wie nennt man das? Realpolitik? Pragmatismus?

Der Umbau von der Diktatur zum Rechtsstaat war die Stunde

der Politik mit Zügen einer tragischen Operette: Glücklich ist, wer vergisst. Nur die Wohlstandsversprechen der Dreißiger wurden nicht vergessen, denn die konnten jetzt endlich erfüllt werden: die Reise ins Ausland, das eigene Auto, das eigene Haus und immer genug zu essen und zu trinken. Der Umbau gelang, und zwar mit dem alten schuldigen Personal: Nordhoff und Flick machten weiter, die Schriftsteller machten weiter, die Journalisten, die Richter, die Beamten. Sie errichteten gemeinsam die Bundesrepublik, die neu und völlig anders als das alte Reich sein sollte.

In den Fünfzigern war viel von Restauration die Rede, doch wurde weder die Weimarer Republik noch das Kaiserreich und schon gar nicht das «Dritte Reich» wiederhergestellt. Der Bundesrepublik gelang ausgerechnet mit den alten Nazis ein richtiger Neustart. Das Land, das Europa verheert hatte, verwandelte sich, geschrumpft zwar, binnen weniger Jahre zum modernsten Land Europas. Der Preis dafür war hoch. Da er aber anders als die Kosten für das erste Auto, für die Hollywoodschaukel, für die dynamische Rente nicht zu beziffern war, wurde er gern entrichtet. Von der moralischen Katastrophe, die dabei verschwiegen wurde, handelt dieses Buch.

1. DIE MÖRDER SIND UNTER UNS

1946 entstand als erstes Werk der neugegründeten Deutsche Film AG (DEFA) der Film «Die Mörder sind unter uns». Ein Mord ist weit weg in Polen geschehen, während des Krieges hat Hauptmann Ferdinand Brückner 121 Zivilisten erschießen lassen. Ein anderer Mord bleibt aus: Der Arzt Hans Mertens macht diesen Hauptmann ausfindig, dem ehemaligen Wehrmachtsoffizier geht's gut, er fertigt jetzt tatsächlich Kochtöpfe aus Stahlhelmen und ist sich natürlich keiner Schuld bewusst. Mertens möchte Brückner töten, wird aber ausgerechnet von einer KZ-Überlebenden, mit der er sich angefreundet hat, daran gehindert. In einem volkspädagogisch wertvollen Dialog wird die Schuldfrage aufgeworfen und aufs Allgemeinste beantwortet. Sie: «Hans, wir haben nicht das Recht zu richten!» Er: «Nein, Susanne, aber wir haben die Pflicht, Anklage zu erheben, Sühne zu fordern im Auftrag von Millionen unschuldig hingemordeter Menschen!» Den Rechtsfrieden, so endet die Geschichte, sollen nicht einzelne Rächer, sondern die Gerichte herstellen, was 1946 noch für möglich gehalten wurde. Vier Millionen Zuschauer sahen den Film.

«Die Mörder sind unter uns» war einer der zeittypischen Bewältigungsversuche wie «Film ohne Titel» oder «Liebe '47» oder «In jenen Tagen», die die zerstörten Städte nutzten, um Geschichten vom totalen Zusammenbruch zu erzählen, und die unmittelbare Vergangenheit in schwermütigen Bildern abzuschließen versuchten. Es ist vor allem das Pathos, das diese Filme trägt, es sind aber überraschenderweise auch dieselben filmischen Mittel und diesel-

ben Schauspieler wie vor dem Ende des «Dritten Reiches»; den Zusammenbruch des alten Systems im Mai 1945 konnten sie offenbar
leicht überstehen. Der Westen tendiert bald Richtung Heimatfilm
und Heinz-Rühmann-Nachkriegsklamotte, die sich in nichts von
der Heinz-Rühmann-Naziklamotte unterscheidet. Im Osten geht
es, kaum auferstanden aus Ruinen, nach vorn zur Bewusstseins-
bildung, aber das Personal kommt allen bekannt vor. Josef Sieber tritt im Jahr 1948 im Osten und im Westen auf: Er spielt in
Gustav von Wangenheims Lehrfilm «… und wieder 48!» und in
Artur Brauners Holocaust-Film «Morituri». Fünf Jahre zuvor hatte
Sieber nach einem Drehbuch des Kriegsberichterstatters Herbert
Reinecker (NSDAP seit 1943) den «Jungen Adlern» Hardy Krüger und Dietmar Schönherr beistehen dürfen, die auch die jungen Adler des Nachkriegsfilms werden sollten. Schönherr spielte
zum Beispiel in «Nacht fiel über Gotenhaven» (1959) und wurde
die deutsche Stimme von James Dean. Krüger war in «Illusion in
Moll» (1952) oder «Liane, das Mädchen aus dem Urwald» (1956)
zu sehen und wurde sogar für einen Film von Howard Hawks
engagiert. Als Statist durfte der Rostocker Oberschüler Walter
Kempowski bei den «Jungen Adlern» mitmachen.

Aber wenn es schon im Außenministerium und im Bundeskriminalamt nicht gelang, wie hätte man ohne die Leute von gestern eine neue Filmindustrie aufbauen können? Die Universitäten
machten es doch vor. Von spektakulären Fällen wie dem Martin
Heideggers abgesehen, ging das neue Leben mit dem alten Personal weiter, ohne dass sich größerer Widerstand geregt hätte. «Ein
mehr oder weniger intensives NS-Vorleben wird als *fact of life* betrachtet», wie es der Zeithistoriker Hans-Peter Schwarz auf seine
unnachahmliche Art in seiner Kohl-Biographie formuliert, den
Nachkriegsstudenten sei «nichts Menschliches fremd» gewesen.
«Erst seit Mitte der sechziger Jahre beginnt man systematisch zu
graben.»[1] Helmut Kohl promovierte 1958 bei Walther Peter Fuchs,
einem ehemals «engagierten Nationalsozialisten», dem von der
NSDAP amtlich bestätigt wurde, er sei ein «verantwortungsbe-

wusster» Wissenschaftler.[2] Jürgen Habermas, dessen Vater 1933 in die NSDAP eingetreten war, promovierte 1954 bei dem Philosophen Erich Rothacker, der 1933 den Aufruf deutscher Hochschullehrer für Adolf Hitler mitunterzeichnet hatte und anschließend als Abteilungsleiter in Goebbels' Propagandaministerium für die Bücherverbrennung zuständig war. Beide, Fuchs und Rothacker, waren natürlich keine Mörder, aber sie lebten unbehelligt in der Bundesrepublik, setzten ihre akademische Laufbahn fort, bildeten Schüler aus, wurden mit Festschriften geehrt, termingerecht emeritiert und nie ganz vergessen.

Auch Hanns Martin Schleyer war kein Mörder. In dem amerikanischen, von deutschen Emigranten gestalteten Film «Hangmen also die!» (Auch Henker sterben, 1943) von Fritz Lang – nach einem Treatment von Bert Brecht – wird Reinhard Heydrich ermordet. Heute würde niemand das Attentat im Mai 1942 in Prag, dessen Folgen der Chef des Reichssicherheitshauptamtes nach einer Woche erlag, moralisch verurteilen, denn Heydrich war hauptverantwortlich für die systematische Ermordung der Juden, die im Jahr zuvor begonnen hatte. Schleyer war mit Heydrich, der zugleich stellvertretender Reichsprotektor in Böhmen und Mähren war, im besetzten Prag tätig und dort unter anderem mit der Arisierung der böhmischen Wirtschaft beschäftigt. Hätte Schleyer neben Heydrich im Auto gesessen und wäre mit ihm gestorben, wäre der Mord an ihm jedenfalls später eine politisch und moralisch zu rechtfertigende Tat gewesen. SS-Untersturmführer Schleyer saß nicht neben ihm, er kannte Heydrich vermutlich nicht näher, aber er wohnte in Prag in einer von Juden requirierten Villa, konnte rechtzeitig vor dem Eintreffen der sowjetischen Truppen fliehen, kam mit drei Jahren Internierung davon (im Lebenslauf höflich umschrieben als Kriegsgefangenschaft), stieg bei Daimler-Benz in den Vorstand auf und wurde der Arbeitgeberpräsident, der mit Bundeskanzler Helmut Schmidt ebenso gut verhandeln konnte wie mit dem ehemaligen Kommunisten Willi Bleicher, dem Stuttgarter

IG-Metall-Chef, der das «Dritte Reich» zum größten Teil im KZ Buchenwald verbracht hatte.

Die RAF als Jahrzehnte verspätetes Widerstandskommando hat Schleyer 1977 als Geisel genommen, ihn nach Väterart mit Genickschuss getötet und ihn damit ungewollt zu einem der vorgeschichtsbefreiten Heroen der wiederaufgebauten und wirtschaftswunderlichen Bundesrepublik erhöht. Seine Lebensgeschichte war zwar nicht unbekannt, Bernt Engelmann hatte sie in seinem Buch «Großes Bundesverdienstkreuz» (1974) dargestellt, aber wer wie eine Hamburger Lehrerin im «Deutschen Herbst» versuchte, die Sprache auf den Obersturmbannführer Schleyer zu bringen, wurde von Amts wegen abgestraft.

Die Entführer hatten sich bereits Akten des tschechischen Geheimdienstes über Schleyer besorgt, sie hätten ihn auch mit einer aus Film und Fernsehen bekannten schwarzen Uniform ausstatten und in den Videoaufnahmen, die sie von ihrem Gefangenen produzierten, seine SS-Tätowierung vorzeigen können, aber als Rächer der deutschen Geschichte haben sie versagt. Der Schriftsteller Peter Schneider spricht von einer «historischen Dummheit der RAF» und meint: «Ein Geiselfoto, das Hanns Martin Schleyer in jener Uniform gezeigt hätte, die er als überzeugter Nazi und führendes Mitglied des Zentralverbandes der Industrie in Böhmen und Mähren getragen hatte, hätte die blutige Aktion nicht rechtfertigen können. Aber sie hätte der Welt einen historischen Vorgang deutlich gemacht.»[3]

Der damals neunzigjährigen Witwe Schleyers machte 2007 die «Diskussion um die Freilassung von Brigitte Mohnhaupt und mögliche Begnadigung von Christian Klar (...) schwer zu schaffen», sie musste, wie *Bild* berichtete, «nach einem akuten Schwächeanfall» ins Krankenhaus.[4] Waltrude Schleyer war aus bester Familie, die Tochter des SA-Obergruppenführers Emil Ketterer, der 1923 an Hitlers Putsch in München teilgenommen hatte und mit dem Blutorden der NSDAP ausgezeichnet worden war. Als Präsident des TSV 1860 München sorgte er dafür, dass der Verein im «Dritten

Reich» eine stramme NS-Richtung erhielt, als Amtsarzt befür-
wortete er das nationalsozialistische Euthanasieprogramm. Eine
Strafverfolgung blieb nach 1945 aus, Emil Ketterer war doch nur
«Mitläufer» gewesen. Die Schuld liege allein bei Hitler und seinen
engsten Beratern, lautete die vertraute Ausrede vor der Spruchkammer: «Wir alten Warner dürfen uns daher mit Recht moralisch
und tatsächlich frei von der Mitverantwortung fühlen.»[5] Seine
Tochter war 1937 in die Partei eingetreten. Die Heiratserlaubnis,
die für höhere SS-Angehörige wie Schleyer vorgeschrieben war,
verzögerte sich, bis Himmler selber eingriff und die Genehmigung
erteilte, weil «sowohl SA-Obergruppenführer Ketterer, der Vater
von Waltraut K., wie auch Fräulein Ketterer selbst dem Reichsführer SS persönlich bekannt sind»[6].

Vergangenheitsbewältigung wird schwierig, wenn die Vergangenheit zu weit in die Gegenwart reicht. Ein FDP-Abgeordneter
nannte eine Bildcollage an der Hamburger Hafenstraße, die unter
anderem auch den bekannten Gefangenen der RAF zusammen mit
dem bekannten Symbol der RAF zeigte, «menschenverachtend».
Jan Philipp Reemtsma entgegnete ihm, dass sich der Abgeordnete
vielleicht hätte fragen können, «welche Belastung sich vor allem
für die jüdischen Bürgerinnen und Bürger der Bundesrepublik
Deutschland damals ergab, als fast alle anderen Bürgerinnen und
Bürger über die Identifikation mit jenem Bild eines ehemaligen
SS-Offiziers sich zu einer Nation der Opfer erklärten».[7] Die RAF
hatte offensichtlich einen beliebten Wirtschaftspolitiker umgebracht, und in der allgemeinen Wahrnehmung waren in dem Krieg
der «6 gegen 60 000 000», von dem Heinrich Böll 1972 gesprochen
hatte, alle ihr Opfer geworden, wie sie zuvor alle Opfer der Nazis
waren.

Wie im richtigen Leben ging auch im Film das Leben wie gewohnt
weiter. Zwar wollte jetzt plötzlich keiner ein Nazi gewesen sein,
aber sie waren doch da, brauchten Arbeit, verfügten über Spezial-
kenntnisse, besondere Fertigkeiten oder auch nur den Ehrgeiz,

unter ganz anarchischen Bedingungen noch einmal etwas aus sich zu machen. Artur Brauner wollte keine ehemaligen Nazis beschäftigen, aber Eugen York, der 1948 Regie bei dem von Brauner finanzierten «Morituri» (1948) führte, dem ersten deutschen Film über die Judenvernichtung, hatte wenige Jahre zuvor, als Brauner als verfolgter Jude im Untergrund in der Sowjetunion zu überleben versuchte, in einem NS-Werbefilm ukrainischen Fremdarbeitern ein schönes, sauberes, aufgeräumtes Deutschland präsentiert. Yorks weitere Arbeit nahm den üblichen Verlauf über Heimat und Hafen zur «Gräfin Mariza» (1974) und ins Fernsehen. Der Komponist Wolfgang Zeller schrieb die Musik für den Hetzfilm «Jud Süß» (1940), dann für «Morituri», später für den DEFA-Film «Ehe im Schatten» (1949) und noch später für den westdeutschen Heimatfilm «Die Landärztin» (1958).

Auch bei dem so schrecklich gut gemeinten Besinnungsfilm «Die Mörder sind unter uns» waren genug Nazis beteiligt. Der Regisseur Wolfgang Staudte war in der Partei gewesen und hatte als Schauspieler in «Jud Süß» mitgewirkt. Sein Kameramann Friedl Behn-Grund hatte den Euthanasiefilm «Ich klage an» und einen patriotischen «Ohm Krüger» (beide 1940) gedreht, der Darsteller des Arztes Mertens, Ernst Wilhelm Borchert, hatte im Fragebogen seine Mitgliedschaft in der NSDAP (Parteieintritt 1933) unterschlagen und wurde deshalb von der Militärbehörde verhaftet. Für die Dreharbeiten wurde er bedingt freigelassen, aber nach der Premiere in Handschellen abgeführt.[8] Bekannt ist der Film noch heute, weil er als Debüt von Hildegard Knef gilt; ausgerechnet sie spielt die KZ-Überlebende Susanne Wallner. Die Rolle machte Knef mit einem Schlag berühmt, sie wurde das deutsche Fräuleinwunder, auch sie auferstanden aus Ruinen, dem Trümmerberlin.

Hildegard Knef hatte mit zwanzig bereits einiges erlebt und ihre Vergangenheit mustergültig entsorgen können. Im Verein mit einer aufmerksamen Presse konnte sie immer zeigen, dass auch ihr nichts Menschliches fremd war, aber alles wollte sie dann doch nicht zeigen. Sie hatte ja nicht bloß die Schauspielschule der UFA besucht und kleinere Rollen in den letzten Filmen des «Dritten Reiches» bekommen, sondern sich durch ein Verhältnis mit dem erheblich älteren, aber zweifellos nützlichen Reichsfilmdramaturgen Ewald von Demandowsky (NSDAP seit 1931, 1932 ausgetreten, Wiedereintritt 1937) abgesichert, einem Protegé von Joseph Goebbels. Demandowsky glaubte fest an die Herrenrasse und dass Deutschland mit einer besonderen Sendung beauftragt sei. Goebbels verlieh ihm für seinen Einsatz das Goldene Parteiabzeichen, das sonst nur alten Kämpfern zustand, die bereits 1925 eingetreten waren.

Demandowsky stellte Knef als seine Braut vor, er wollte sie tatsächlich heiraten. In Wehrmachtsuniform versuchte sie im April 1945 mit Demandowsky den Ausbruch aus dem umzingelten Berlin. Um den Russen nicht lebend in die Hände zu fallen, wollten sie sich gegenseitig erschießen, wenn sie verwundet würden. «Von 70 Mann, mit denen wir zusammen waren, leben heut noch 4 und wir gehören merkwürdigerweise dazu»[9], schrieb sie in diesen Wochen ihrer Mutter. In ihren Memoiren «Der geschenkte Gaul» (1970) wird aus dem Kriegsende ein expressionistisches Abenteuer, und sie erweist sich als recht beachtliche Erzählerin: Eine Nacht auf der Flucht verbringt sie neben einer halbverwesten Leiche, in Interviews ergänzte sie den Horror noch um das Detail, dass sie sich mit einer Handgranate gegen einen aufdringlichen Russen gewehrt habe. In diesen Wochen befand sie sich tatsächlich in Lebensgefahr, ob sie aber wirklich in Gefangenschaft geriet, wie sie behauptete, ist gar nicht sicher. Nach der Kapitulation, Ende Mai 1945, stand sie jedenfalls schon wieder auf der Bühne. Sie war mit Demandowsky nach Berlin zurückgekehrt, trennte sich aber bald von dem Mann, der so offensichtlich dem alten System angehörte. Zu ihrem Glück hatte sie damit nichts zu tun, völlig unbelastet erreichte sie die «Stunde null», die da noch gar nicht so hieß. «Es war nicht schön aber notwendig, ich fühle mich befreit und frei», schreibt sie im September 1945 an ihre Mutter.

In den Memoiren behauptete sie, ihr Geliebter sei im Lager

umgekommen. In Wahrheit nahm ihn eine amerikanische Militär-
streife fest und überstellte ihn an die Russen, die ihm den Prozess machten und ihn zum Tode verurteilten. Am 7. Oktober 1946
wurde Demandowsky erschossen. (Das Urteil wurde im Rahmen
der Glasnost-Politik Michail Gorbatschows Anfang der neunziger
Jahre aufgehoben.) Acht Tage später erlebte der Film «Die Mörder
sind unter uns» seine Premiere im Berliner Zoo Palast. Hildegard
Knef hatte da bereits einen neuen Freund, Kurt Hirsch, der aus
dem Sudetenland stammte, als Jude vor den Nazis nach Amerika
geflohen war und mit der Army als Filmoffizier zurückkam. Durch
die Heirat mit Hirsch verlor sie die deutsche Staatsbürgerschaft,
als Ehefrau eines Amerikaners durfte sie aber in die USA und in
Hollywood arbeiten. In seinem Film «A Foreign Affair» (Eine aus-
wärtige Affäre, 1948) variierte Billy Wilder, Hirschs Vorgänger als
amerikanischer Filmoffizier in Berlin, diese Überlebensgeschichte
mit Marlene Dietrich in der Hauptrolle.

Ihre Karriere war offenbar eine sehr deutsche Geschichte, wieder
eine, die im «Dritten Reich» begonnen hatte und sich umstandslos
in der Bundesrepublik fortsetzen ließ. Hildegard Knef kam 1945
als Debütantin mit Trümmerbiographie auf die Welt und konnte
mit einem ungewöhnlichen Talent zur Mediensteuerung die Vorgeschichte auf einen allgemein akzeptierten Rest eindampfen. Der
Spiegel und das amerikanische Magazin *Life* brachten bereits 1948
Bildgeschichten mit ihr, der *Stern* hatte sie in seiner ersten Ausgabe
auf dem Titel und umschmeichelte sie mit vertrauter Prosa: «Der
Stern unserer Zeit ist kein extravaganter Star. Natürliche Anmut
bewundern wir an Hildegard Knef.»[10] So und nicht viel anders war
sie aber bereits 1942 von dem Filmkritiker Frank Maraun, einem
Talentsucher der UFA, charakterisiert worden: «Hildegard Knef
vertritt in Reinkultur den Typus des deutschen Mädchens. Sie
gefällt durch natürliche Anmut, hübsches Lachen und durch klaren, offenen Blick.»[11] Außerdem sei die Elevin, auch das erwähnt
Maraun, der beizeiten auch vom «erneuerten Deutschland Adolf
Hitlers» schwärmen konnte, «gut gewachsen» und wisse sich zu

bewegen. Sie entspricht mit anderen Worten dem sportlichen Ideal des deutschen Mädels: kernseifensauber, keine Schminke, im Grunde die BdM-Ästhetik, inzwischen versehen mit dem Trauerrand der Niederlage, großes deutsches Schicksal. Goebbels soll von ihr sehr angetan gewesen sein.

Trotz eines mehrjährigen Vertrags mit dem Produzenten David O. Selznick wurde es nichts mit der Hollywood-Karriere. Weit erfolgreicher war Hildegarde Neff (Umschrift für die Amerikaner) am Broadway, wo sie 478-mal die Ninotchka in «Silk Stockings» (Seidenstrümpfe) spielte. Das Fräuleinwunder hatte es bis nach Amerika geschafft! Mit dem ersten Lufthansaflug über den Atlantik reisten 1955 Henri Nannen und Rudolf Augstein, die Chefredakteure von *Stern* und *Spiegel*, nach New York, um der Reinkultur zu huldigen.

Hildegard Knef blieb Deutschland auch sonst verbunden. Sie spielte die Titelrolle in einem belanglosen Film namens «Die Sünderin» (1951), der, wie die Sage geht, zum Skandal wurde, weil sekundenlang ihre Brust zu sehen war. Sybille Steinbacher hat in ihrer Studie «Wie der Sex nach Deutschland kam» (2011) nachgewiesen, dass es gar nicht die Brust war, die vor allem katholische Sittenwächter empörte, sondern die Themen Prostitution, Abtreibung und Sterbehilfe, die mit einem gewissen Vorsatz zur Sprache kamen. Von den Kanzeln herab wurde der Film als «Zersetzung der sittlichen Begriffe unseres christlichen Volkes» gegeißelt und in Unterschriftensammlungen und Bußwallfahrten bekämpft als Teufelswerk. «Wer sich dennoch entschließt, den Film zu besuchen», unkte ein ökumenisch-einträchtiges Flugblatt im vertrauten Sound der Adenauer-Frömmigkeit, «macht sich zum Wegbereiter des Kultur-Bolschewismus.» Offensichtlich vergiftete der Kommunismus inzwischen mit seiner verführerischen Botschaft auch das ahnungslose Kinopublikum. Wo der richtige Bolschewismus nur ein paar Kilometer weiter im Osten lauerte, musste der freie Westen mit allen Mitteln verteidigt werden, notfalls mit Stinkbomben und weißen Mäusen im Kino, wie es 1930 schon der Berliner Gau-

leiter Joseph Goebbels versucht hatte, als er den pazifistischen Film
«Im Westen nichts Neues» bekriegen ließ.

Noch in den Fünfzigern wurde das gesunde Volksempfinden
ungescheut in Anschlag gegen den «moralischen Gestank» (der
«Ruhrkaplan» Carl Klinkhammer) der «Sünderin» gebracht und
dafür der vor 1945 unterbliebene Widerstand nachgeholt. Der Hit-
ler-Attentäter Stauffenberg, so wenig er sonst in Ansehen stand,
kam da gerade recht: «Ob Stinkbomben oder andere Bomben –
es kommt darauf an, wogegen sie geworfen werden!» Es war ein
Spektakel, das dem Geschichtstheoretiker die Tränen in die Augen
treibt. Die brachial gegen den Film protestiert hatten, verstanden
sich gar nicht als kreuzbrave Verteidiger von Sitte und Anstand,
sondern waren echte Widerstandskämpfer. «Wir wollen nicht
noch einmal Situationen erleben, in denen man uns den Vorwurf
macht: Warum habt ihr nicht?»[12], erklärte ihr Anwalt, als sie wegen
Nötigung, grobem Unfug und Widerstand gegen die Staatsgewalt
vor Gericht standen. Während sich die westdeutsche Öffentlichkeit
bei Umfragen noch sehr skeptisch zur moralischen Berechtigung
des politischen Attentats äußerte, wurden die Angeklagten schon
als Brüder im Geiste Stauffenbergs freigesprochen.

Willi Forst, der Regisseur der «Sünderin», hatte es auf diesen
Skandal angelegt, den Film aber nur mit Hilfe einer staatlichen
Ausfallbürgschaft von dreihunderttausend Mark finanzieren kön-
nen. Es war eine Investition, die sich finanziell und erst recht ideell
rentierte. Katholische Priester vor allem im Rheinland und in
Bayern organisierten Bittprozessionen gegen den Film, während
Busunternehmer Fahrten in größere Städte anboten, wo man das
Laster in Augenschein nehmen konnte, ehe man dagegen protes-
tierte. In Regensburg kam es zu tagelangen Auseinandersetzungen
zwischen Demonstranten und Verteidigern des Films. Dank der
Sittenwächter beider Konfessionen wurde die «Sünderin» einer der
größten Filmerfolge der Nachkriegszeit.

Der Kulturkampf gegen «Schmutz und Schund»

Bei der allgemeinen Verwirrung war leicht Ärgernis zu erregen: Alles, was in der nationalsozialistischen Reinheitslehre aus Deutschland ferngehalten wurde, war plötzlich da und für jedermann und auch für jede Frau zu haben: Jazz, ausländische Filme, Negertänze. Das Fraternisierungsverbot der Alliierten ließ sich nicht lange halten, das, was bei den Nationalsozialisten «Rassenschande» hieß, wurde im Land Hitlers und Himmlers Alltag, Anarchie überall. Höchste Zeit also, dieser unkontrollierbaren Entwicklung gegenzusteuern und dem wankelmütigen Volk von berufener Seite die neue Welt so zu erklären, dass es nicht seinerseits völlig unkontrollierbar wurde. Erst sehr viel später, im Jahr 1961, gab Heinrich von Brentano, der Fraktionsvorsitzende der CDU / CSU, zu, dass seine Partei die neu gewonnene Freiheit fürchtete wie der Teufel das Weihwasser. Das war der Liberalismus, der direkt in die Libertinage führte und in Bereiche, die sich der Aufsicht des Staates entzogen. Zumindest im engeren Kreis in Bonn wusste man von Brentanos Homosexualität, dass er also persönlich eine Freiheit nutzte, die ihn nach § 175 des Strafgesetzbuches ins Gefängnis hätte bringen können. Freiheit sei ein sittlicher Begriff, erklärte Brentano in einer Aussprache im Bundestag, und darum lehnten «wir [womit er seine christliche Partei meint] die unbedingte Freiheit ab, den schrankenlosen Individualismus, dessen Gebrauch oder, richtiger gesagt, Mißbrauch in die Anarchie führte»[13].

Gerhard Ritter fand es schon 1948 «voreilig und ungerecht», den Nationalsozialismus (eine Invektive gegen Thomas Mann) als «Erblaster der Deutschen» zu betrachten. Als Historiker an Verfallsgeschichten gewöhnt, bemühte er sich um eine zeitgemäße Interpretation, die an Harmlosigkeit kaum zu überbieten war. Der Nationalsozialismus gehöre vielmehr «in ein Zeitalter des allgemeinen Kulturverfalls, der Glaubenslosigkeit und des moralischen Nihilismus hinein». Allerdings schien ihm der «allgemeine Verfall abendländisch-europäischer Kulturtradition»[14] in Deutschland besonders weit fortgeschritten zu sein, die Beschwörung des christlichen Glaubens als Bollwerk gegen Kulturverfall und den Bolschewismus deshalb umso wichtiger.

Nach dem gottlosen «Dritten Reich» und den Umwälzungen der Nachkriegszeit hofften nicht nur die Kirchen auf eine Rechristianisierung, wenn nicht des Abendlandes, so doch Deutschlands. Der Kulturkampf gegen die «Sünderin» kam da gerade recht. Dass er ein Rückzugsgefecht war, wollte Anfang der Fünfziger niemand glauben. Noch war kein Hochhuth aufgestanden, um den Papst wegen seiner Untätigkeit gegen den Judenmord anzuklagen. Dieser Papst, Pius XII., hatte die PR-Möglichkeiten von Wochenschau und Fernsehen erkannt und ließ sich mit seiner Frischzellenkur bereitwillig zum Illustriertenhelden machen. Um das Kirchenvolk zu stärken und die eigene Macht zu betonen, verkündete er 1950 *ex cathedra* und damit als unumstößliche Wahrheit die leibliche Aufnahme der Jungfrau Maria in den Himmel. Er empfing in der Audienz mit gleichem Eifer Hitlers Banker Hjalmar Schacht, den Protestanten Reinhard Gehlen und Thomas Mann, den Autor des nicht unbedingt kirchenfrommen «Doktor Faustus». Dafür kam Graham Greenes grundkatholischer Roman «Die Kraft und die Herrlichkeit» auf den Index, weil darin ein saufender Priester auftrat; dem Schüler Peter Handke, dessen Vater und Stiefvater beide Wehrmachtssoldaten waren, wurde das Buch 1959 im Knabeninternat Tanzenberg in Kärnten konfisziert: «Da hatte ich es aber schon gelesen.»[15]

Ein Amtsgerichtsrat Richard Gatzweiler aus Köln verfasste 1955 eine Broschüre mit dem Titel «Verbrecher-Comics gefährden die Jugend». Der Jurist schien sich kundig gemacht zu haben, er wusste von Nick Knatterton und Tom Mix, ihm war aber nicht unbekannt, dass neben den «Bildstreifenheften» auch «der jugendgefährdende Film, die Vielzahl der Illustrierten mit sexuell betonten Titelbildern und Inhalt, die Anzeigen in Illustrierten und Wochenendzeitungen, die Werbungen durch Plakate, die Reklame der Nachtlokale, die Catcher-Veranstaltungen und ähnliche negative Zeiterscheinungen» ihren verheerenden Einfluss auf eine Gesellschaft ausüben, für die sich kein «konkreter Maßstab» mehr finden lässt, «nach dem sich die sittlichen Denkvoraussetzungen im deutschen Volk richten könnten».[16]

Die Zeit ist, wie sie es schon immer war, aus den Fugen: Zwar tanzten bald Peter Kraus und Conny Froboess durchs Kino und die Heide ergrünte aufs Neue, doch muss die Landesarbeitsgemeinschaft zur Bekämpfung der Geschlechtskrankheiten mit Schrecken feststellen, dass viele einen «hemmungslosen freien Geschlechtsverkehr» pflegen. In Passau werden sicherheitshalber Samba und Rumba mit der Begründung untersagt, die Tänze kämen «aus dem Bordell». In Paderborn wird ein Unternehmer bedroht, weil er es versäumt hatte, seine Schaufensterpuppen anständig zu bekleiden. Am Kiosk lockt «Gift in bunten Heften», deshalb lässt der Volkswartbund an einem einzigen Tag allein in Köln 136 234 Comic-Hefte beschlagnahmen. Das Aufstellen von Kondom-Automaten verletze Sitte und Anstand, urteilte der Bundesgerichtshof noch 1959, denn die feilgebotene Ware sei zu «nicht naturgemäßem Geschlechtsverkehr bestimmt».[17]

Der «Volkswartbund», eine Organisation des Kölner Männervereins, der sich als «Katholischer Verband zur Bekämpfung der öffentlichen Unsittlichkeit» bezeichnete, hatte 1933 in Gestalt seines Generalsekretärs Michael Calmes eine Kampagne gegen den jüdischen Kondomhersteller Julius Fromm mit der Begründung begonnen, Fromm sei schuld an einer «unser gesamtes Volkstum bedrohenden Seuche»[18]. Mit allen Merkmalen des verklemmten Lustmolchs führte Calmes in einem dreißigjährigen Wirken seine Kampagne gegen «Schmutz und Schund», worunter er Freikörperkultur, Homosexualität, Varietés und alle möglichen Druckerzeugnisse von Katalogen bis zu erotischen Romanen verstand. In der Weimarer Republik bekämpfte er den Liberalismus, im «Dritten Reich» das «volksvernichtende Treiben» der Kondomhersteller und konnte sich hinterher, weil er nicht in der Partei gewesen war, sogar noch als Verfolgter präsentieren, obwohl sein saubermännisches Treiben sich bestens mit dem Reinheitsdenken des NS-Staates vertrug.

Das «Dritte Reich» war alles andere als leibfeindlich, aber in der Bekämpfung der Homosexualität fand sich Calmes ebenso auf der Seite der Nationalsozialisten wie bei ihrem Erbgesundheitsgesetz. Nach 1945 führte Calmes seinen Kampf fort. Mit Prophetengabe sah er das «sittlich-geistigmoralische Elend» kommen, denn «in breiter Front stürmen die Schmutzwellen über das deutsche Volk dahin, und vielfach und gewunden sind auch die heimlichen Kanäle, aus denen das literarische Gift allmählich in die breite Masse sickert.»[19] Nicht einmal die Sprache musste er ändern, wenn er als selbstapprobierter Arzt diagnostizierte, «der deutsche Volkskörper blutet aus allen Wunden»[20], weil er sich nicht den strengen Moralvorstellungen von Calmes fügen wollte. Seit seinem Amtsantritt als Sittenwächter bombardierte Calmes Bürgermeister, Ministerialen, Pfarrer, Bischöfe und Laienverbände mit Eingaben, die als Denunziation gemeint waren und in jedem Fall für die weitere Finanzierung seines Volkswartbundes sorgten, und sei es, dass sich die angesprochenen Behörden den lästigen Mahner vom Leib halten wollten. Vermutlich hat nur der FBI-Chef J. Edgar Hoover seine Mitbürger länger überwacht als Calmes, der 1927 Generalsekretär des Volkwartbundes wurde und bis 1958 dafür sorgte, dass zumindest in Westdeutschland das Abendland nicht unterging.

Der Feldzug für den gesunden Körper konnte lächerlichste Formen annehmen: Im Oktober 1956 brach eine Abordnung des Volkswartbundes von Köln nach Hamburg auf, um in einer besonders schwierigen Sache zu recherchieren. Furchtlos betrat die von Michael Calmes angeführte Truppe die Brutstätten des Lasters auf St. Pauli und entdeckte, was bis dahin niemand geahnt hatte: In Hamburg auf der Reeperbahn herrscht die Sünde! Mit immer noch zitternden Händen brachte Calmes einen Bericht zu Papier, den er umgehend an seinen Kardinal Joseph Frings schickte, nicht ohne darum zu bitten, Seine Eminenz möge «gütigst entschuldigen», was er da zu lesen bekäme, nämlich das, was Calmes und seine Sittenwächter voller Abscheu hatten beobachten müssen: «In einem Film traten fünf Mädchen auf, deren Oberkörper völlig frei ist und die um die Lenden teils nur einen schmalen Gürtel tragen, der aber bei den wollüstigen Bewegungen oft herunterrutscht.»

Im Kölner Generalvikariat dankte man für den selbstlosen Einsatz, und der Sekretär notierte: «Em. [Eminenz] wird die Sache im Auge beh.[alten]»[21]. Mochte die Welt sonst auch wanken, daran gab es keinen Zweifel: Nie ruhte das Auge der frommen Obrigkeit lüsterner auf dem sündigen Treiben der Welt als in jenen goldenen Nachkriegsjahren. In bewährter Weise sah sie darauf, dass die Reinheit des Volkes nicht befleckt wurde. «Dass zwischen rigider Sexualmoral und nationalsozialistischen Tätern als deren Exekutoren handfeste Zusammenhänge bestanden, war daher eine Tatsache, keine Einbildung der protestierenden Jugend der späten sechziger Jahre.»[22]

In der Verratspsychose der Nachkriegszeit verfiel Amtsgerichtsrat Gatzweiler auf eine interessante antibolschewistische Variante: Schwule bildeten für ihn «Moskaus neue Garde»[23]. Dagegen musste mit allen Mitteln gekämpft werden. Bundesfamilienminister Franz-Josef Wuermeling sah deshalb 1953 in den «Millionen innerlich gesunder Familien mit rechtschaffen erzogenen Kindern» die beste Sicherung gegen die «drohende Gefahr der kinderreichen Völker des Ostens», ein Argument, das sich im Kulturkampf noch immer bewährt hat. Der Minister konnte sich nicht vorstellen, «daß irgendeine Frau und Mutter formale Gleichberechtigung, wie sie von einigen Seiten gefordert wird, überhaupt will». Ausdrücklich verwies er auf das abschreckende Beispiel der DDR, wo man sich die «gleichberechtigte Einbeziehung der Frau in das Wirtschaftsleben»[24] zum Ziel gesetzt hatte. In einer Broschüre von 1959 lobte Wuermeling das berüchtigte Urteil zur Kuppelei, das fünf Jahre zuvor beim Bundesgerichtshof ergangen war und mit Berufung auf Entscheidungen des Reichsgerichts von 1937 und das bekannt gesunde Empfinden des Volkes auf den Satz hinauslief: «Die sittliche Ordnung will, dass sich der Verkehr der Geschlechter grundsätzlich in der Einehe vollziehe, weil der Sinn und die Folge des Verkehrs das Kind ist.»[25] Sittenlosigkeit führe letztlich zur Diktatur und werde damit, meinte der Minister mit dem apokalyptischen Unterton, den er seinem Obersten Adenauer abgelauscht hat, zum «Totengräber der Demokratie, wenn die Demokratie ihrer nicht Herr bleiben kann»[26].

Am Ende siegte jedoch das Wirtschaftswunder über das noch aus dem Kaiserreich überlieferte Bild von Sitte und Anstand, das in den Fünfzigern unbedingt wiederbelebt werden sollte. Bald, so konstatiert die Zeithistorikerin Sybille Steinbacher, «löste der ökonomische Erfolg als Gradmesser persönlicher Integrität die Sittlichkeit ab»[27].

Bestes Beispiel dafür war Beate Uhse. Die Sportfliegerin wurde 1944 in die Luftwaffe übernommen, zum Hauptmann befördert und konnte in den letzten Apriltagen 1945 nach Schleswig-Holstein fliehen, wo sich das letzte Nazi-Aufgebot um den Hitler-Nachfolger Karl Dönitz scharte. In Flensburg eröffnete sie ein Geschäft für Hygieneartikel, die sie aus dem liberaleren Skandinavien importierte und diskret an eine wachsende Zahl von Kunden verschickte. Sie verkaufte Kondome und Broschüren zur Empfängnisverhütung, und gegen den Erfolg, der sich im Steueraufkommen der Stadt Flensburg bemerkbar machte, blieb auf Dauer auch der Volkswartbund machtlos.

Trotzdem war dieser Erfolg – eine Frau als Unternehmerin und das mit einem Warenangebot, das es in der katholisch regierten Bundesrepublik gar nicht geben sollte – eine große Ausnahme, Domestizierung die Regel. Es gab keine schönere Moritat als die Geschichte der Frankfurter Prostituierten Rosemarie Nitribitt, die in einem Mercedes Cabrio nach Freiern suchte, für kurze Zeit Teil der Wirtschaftswundergesellschaft und dafür 1957 ermordet wurde. Ihr Tod ist von Verschwörungstheorien umrankt, weil angeblich auch Mitglieder der Familien Krupp und Sachs, die ihr

Vermögen aus dem «Dritten Reich» hatten herüberretten können, zu ihrer Kundschaft gehörten. Noch fünfzig Jahre nach ihrem Tod, als ihr Schädel aus dem Kriminalmuseum geholt und bestattet wurde, konnte ihre Geschichte ein lustvolles Gruseln auslösen. Nach den Zerstörungen und Verheerungen von Krieg und Nachkriegszeit war es schwer, die Frauen wieder an den Herd zu führen, den sie doch verlassen hatten, um in der Rüstungsindustrie ihren sogenannten Mann zu stehen und hinterher die Trümmer wegzuräumen. Ernst Jünger lobte 1954 seine Verehrerin, die Journalistin Margret Boveri, für eine Rezension, die natürlich ihm galt, und fügte dann völlig ironiefrei hinzu: «Immer häufiger begegnet man jetzt unheimlich klugen Frauen – das ist auch ein Zeichen für die rapide Veränderung, in der wir begriffen sind – ob aber ein günstiges?»[28] Die Vertreter der modernen Literatur waren allerdings nicht besser: Frauen, so erinnerte sich der Literaturkritiker Reinhard Baumgart an die Gruppe 47, «durften lachen, sollten tanzen, mitessen und mittrinken und, das auch, ihr Gedichtetes vorlesen, nahmen aber nicht teil am kritischen Diskurs». Der Leiter Hans Werner Richter soll einmal erstaunt gefragt haben: «Welche Frau hat da eben was gesagt?»[29] Der Letzt- und Stichentscheid nach § 1354 BGB – «Dem Manne steht die Entscheidung in allen das gemeinsame eheliche Leben betreffenden Angelegenheiten zu» – wurde vom Bundestag erst 1957 abgeschafft.

Die «deutsche Mutter» erzieht noch immer wie bei Adolf Hitler

In diesen fünfziger Jahren, die den Frauen nur zögernd Mitsprache oder überhaupt Rechte über das der Mutter hinaus zugestehen wollten, wurden die meisten Kinder nach einem Buch aufgezogen, das Dr. med. Johanna Haarer verfasst hatte, «Die Mutter und ihr erstes Kind». Für heutige Begriffe handelt es sich um schlimmste schwarze Pädagogik: Das Baby soll nicht verweichlicht werden;

Küsse sind zu vermeiden, da bei diesem Körperkontakt Tuberkelbazillen übertragen werden können; das Kind, das im Ausdruckswechsel auch gern als «Haustyrann» oder «kleiner Plagegeist» bezeichnet wird, ist vor allem nicht zu sehr zu verwöhnen. Dieses strenge Regiment ist kein Zufall, sondern reinste nationalsozialistische Lehre: Das Werk erschien zum ersten Mal 1934. Hervorgegangen war es aus einer Artikelserie, die die Lungenfachärztin Haarer im *Völkischen Beobachter* veröffentlicht hatte. Julius Friedrich Lehmann, der in München bereits vor Gründung der NSDAP nationalistische und völkische Unternehmungen gefördert und den Hitler-Putsch von 1923 unterstützt hatte, brachte in seinem medizinischen Fachverlag auch die Rassenlehre von Hans F. K. Günther heraus. Jedes in seinem Haus veröffentlichte Buch, behauptete Lehmann, sei «Ergebnis seiner eigenen, persönlichen Anregung» gewesen.[30]

Es sei gar nicht sie, sondern die Anregung des Verlegers gewesen, dass sie ihrem Manuskript «ein der damaligen Lage angepasstes Vorwort»[31] vorausgeschickt habe, erläuterte Haarer 1948 der Münchner Spruchkammer. Haarer war keine Kinderärztin, sondern schrieb als junge Mutter, die aus dem Berufsleben gerissen worden war. Sie hatte sich ins Medizinstudium gekämpft, geheiratet, war von ihrem Mann betrogen worden, hatte wieder geheiratet und war 1932 Opfer der zeitgenössischen Beschäftigungspolitik geworden, in der bei Doppelverdienern die Frau wieder nach Hause geschickt wurde. Dort begann sie zu schreiben. Sie hatte eine Kinderfrau, aber die Geburt von Zwillingen war eine ganz neue Erfahrung, über die sie – ein erstes *self-help book* – auch anderen berichten wollte. Unter dem Titel «Die deutsche Mutter und ihr erstes Kind» wurde ihr Buch ein Bestseller im «Dritten Reich», den der *Völkische Beobachter* als regelrechtes Hausbuch pries: «Durch den kurzweiligen Plauderton und die glückliche Gabe, stets allgemein-verständlich zu sein, schimmert überall die freudige Erwartung auf das große Ereignis durch. Dieses wundervolle Werk, das nicht nur Ratschläge gibt, sondern auch immer ihre sachliche Begründung anführt, ist wirklich ein Treffer. So kann das Buch nicht nur, sondern muß geradezu aus voller Ueberzeugung für jede junge Ehe empfohlen werden.»[32]

Kurzweilig vielleicht, aber vor allem kurz und knapp waren die Anweisungen für die junge Mutter: «Auch nachts einmal stillen!», aber streng nach der Uhr. «Schreien lassen!», bis das Kind es kapiert hat. Nach dem «Kampf» der Geburt komme es schon früh zu «förmlichen Kraftproben zwischen Mutter und Kind», und da ist die deutsche Mutter gefragt: «Sie in der richtigen Weise zu bestehen, ist das Geheimnis aller Erziehung.»[33] Der Wehr- geht die Volks- und Kindsertüchtigung voran: «Versagt auch der Schnuller, dann, liebe Mutter, werde hart! Fange nur ja nicht an, das Kind aus seinem Bett heraus zu nehmen, es zu tragen, zu wiegen, zu fahren, es auf dem Schoß zu halten, es gar zu stillen. Das Kind begreift unglaublich rasch, dass es nur zu schreien braucht, um (…) Gegenstand solcher Fürsorge zu werden.»[34] Keine Schläge, aber in eine stille Kammer sperren: «Nicht die Mutter straft es dann, sondern das Leben, und das ist eigentlich das Richtige.»

Damit die junge Mutter nicht allein gelassen wurde, schrieb die Autorin ihrem Erfolgsbuch gleich noch ein weiteres hinterher, «Unsere kleinen Kinder», in dem sie die «Lust am Gehorsam» entdeckt. Das erwachende oder erweckte Interesse an Uniformen und marschierenden Kolonnen kann ganz zwanglos gefördert werden, um den Kleinen bei dieser Gelegenheit «etwas von unserem Volk, unserem Vaterland und seinem Führer zu erzählen»[35]. Dieser schönen Aufgabe oblag Haarer in ihrem nächsten Werk besonders ausgiebig. «Mutter, erzähl von Adolf Hitler!», 1939 im 191.–230. Tausend erschienen, war voller lehrreicher Passagen wie dieser: «Denkt nur einmal an – eines Tages merkte Adolf Hitler, daß es auch in Wien Leute gab, die so aussahen, wie der Trödeljakob bei uns daheim, nur waren ihrer viel, viel mehr! Sie hatten lange, schwarze Mäntel an und schwarze Hüte auf den Köpfen. Die Augen schwarz, die Haare kraus, die Nasen krumm, schmutzig und häßlich anzusehen – so gingen sie in den Straßen von Wien. (…)

Nein, Deutsche waren das niemals, das erkannte Adolf Hitler. Es
war ein fremdes Volk, mit dem wir gar nichts zu schaffen haben. In
alten Zeiten waren sie weit aus dem Osten her zu uns gekommen.
Es waren Juden, so hießen sie.»[36]

Über dem Vorwort steht ein Satz Adolf Hitlers: «Alles, was wir
tun, tun wir letzten Endes für das Kind.»[37] Für *Ziel und Weg*, die
Zeitschrift des Nationalsozialistischen Deutschen Ärzte-Bundes,
schrieb Haarer anlässlich eines Films, der ihrer Meinung nach die
Zigeuner verharmloste: «Die Zigeuner sind stets in hohem Maße
kriminell.» Sie bedrohten die Volksgemeinschaft, deshalb müsse
das Ziel «die völlige Entfernung der Zigeuner aus Deutschland
sein»[38]. 1937 war sie in die Partei eingetreten und schon vorher zur
«Gausachbearbeiterin für Rassenpolitik» berufen worden. 1939
beantragte sie die Aufnahme in die Reichsschrifttumskammer, um
weiter publizieren zu können. Auch sie unterlag der Zensur, wenn
sie ihre Texte nicht den Zeitläuften entsprechend selber bearbei-
tete: Die beiden Sätze «Was auch kommen mag, wir wissen: Gott
hilft immer dem, der sich selbst hilft und tapfer kämpft. Er hat uns
einen Führer geschickt, wie ihn die Welt noch nicht gesehen hat»[39]
aus dem «Erzähl»-Buch tilgte sie in folgenden Auflagen; vielleicht
schien ihr die Berufung auf Gott (der Führer zog es vor, von der
Vorsehung zu sprechen, vor allem wenn sie sich seiner angenommen oder ihn zu den Deutschen geschickt hatte) im atheistischen
«Dritten Reich» nicht mehr opportun. Die christlichen Konfessionen, so hatte sie 1937 in einem Vortrag über die «Rassenpolitischen
Aufgaben des Deutschen Frauenwerks» verkündet, betrieben das
«Pflegen und Fürsorgen um jeden Preis, um seiner selbst willen
und ohne Unterschied, ob es sich um lebenswertes oder unwertes
Leben handelt»[40]. Nach dem Krieg legte sie Wert darauf, dass sie
nie aus der evangelischen Kirche ausgetreten sei und immer – trotz
der hohen Abgabenlast, wie sie betont – die Kirchensteuer bezahlt
habe. Pfarrer und kirchlich organisierte Krankenschwestern dank-
ten es ihr mit Persilscheinen. Den nachfolgenden Satz, ein schönes
Beispiel für die modifizierten liturgischen Redensarten der ka-

tholischen Kirche, strich sie nicht, sondern ließ ihn stehen: «Ihm [Adolf Hitler natürlich] wollen wir glauben, ihm vertrauen, ihm folgen, wohin er uns führt, jetzt und immerdar.»[41]

Bei Kriegsende kann Johanna Haarer gar nicht begreifen, warum sie interniert wird, sie war doch bloß Ärztin. Als man ihr das Strickzeug wegen Selbstmordgefahr wegnehmen will, verlangt sie die Nadeln mit der Begründung zurück, für Selbstmord habe sie ein viel zu gutes Gewissen. Im Lager sieht sie amerikanische GIs, deren Haltung «ausgesprochen schlecht» ist; außerdem «dudelten sie ihre Schlager vor sich hin».[42] Das gute Gewissen trägt sie in die Bundesrepublik hinein. Reue zeigt sie kaum; beim «Erzähl»-Buch habe sie sich «von den damals herrschenden Zeitströmungen» beeinflussen lassen. Dass sie die Juden so dargestellt habe, bedauerte sie jetzt, führte zur Entschuldigung aber an, «daß ich mit der Beeinflussbarkeit durch Zeitströmungen nicht allein stehe»[43]. In ihrer Erklärung für die Spruchkammer bittet sie um Wiederverwendung als Ärztin. «Mit gutem Gewissen glaube ich für mich eine mildere Beurteilung in Anspruch nehmen zu können und glaube sagen zu können, dass ich meine Pflichten als Bürger eines friedlichen und demokratischen Staates erfüllen werde.»[44]

Johanna Haarer kann nicht völlig ohne Erfahrung in der Kindererziehung geblieben sein, sie hatte selber fünf Kinder, doch wenn dem Zeugnis ihrer jüngsten Tochter Gertrud zu trauen ist, war sie eine angstbesetzte, tyrannische Mutter, die bis zum letzten Tag im nationalsozialistischen Denken gefangen blieb. Während sie von den Amerikanern interniert war, beging ihr zweiter Mann, der ebenfalls Arzt war, am 20. April 1946 Selbstmord, am ehemaligen Führergeburtstag, «wohl infolge geistiger Störung»[45], wie sie den Behörden versichern will. Der Mann war schwach, der Mann hat versagt.

Die ehemalige Rassen- und Gesundheitsideologin Johanna Haarer überlebte, arbeitete nach dem Krieg als Ärztin in verschiedenen Gesundheitsämtern und brachte vor allem wieder ihren Bestseller – gekürzt um das Adjektiv «deutsch» – auf den Markt.

Die schlimmsten Züchtigungsmaßnahmen, besonders der militärische Ton gegen das eigene Kind, wurden zurückgenommen, die Strenge blieb. Daneben sind aber auch ganz neue Töne möglich: «Fürchten Sie sich nicht davor, Ihr Baby zu verwöhnen!»[46]

Johanna Haarer starb 1988. Im Jahr zuvor war die letzte Neuausgabe ihres Hauptwerkes «Die (deutsche) Mutter und ihr erstes Kind» erschienen, womit die Gesamtauflage 1,2 Millionen Exemplare erreicht hatte, die Hälfte davon wurde in der neugegründeten Bundesrepublik verkauft und an deutsche Mütter weitergereicht. In den Aufzeichnungen, die sie gleich nach ihrer Gefangenschaft angefertigt hatte, erklärte sie der Nachwelt, «dass wir mit heißem Herzen für unser Volk das Beste wollten. Von Unmenschlichkeiten und Missständen haben ganz besonders wir Frauen nichts gewusst.»[47] Die Männer vielleicht, aber die Frauen doch nicht, und plötzlich ist auch die emanzipierte Frau, die mit ihren Büchern genug Geld für ein stattliches Heim verdiente, in dem sie mit ihrem Mann unter einem großen Ölgemälde ihres geliebten Führers Adolf Hitler sitzen konnte, nur mehr ein armes, ahnungsloses Heimchen gewesen.

Horst Wessel und die Verteidigung des Abendlands

Im «Dritten Buch über Achim» (1961) von Uwe Johnson kommt aus ostdeutscher Perspektive die Rede auf Westdeutschland, auf Hans Globke also und auf Konrad Adenauer, «der zum Gesicht des Staates vor der Welt einen Irgend bestellte, der nämlich den Bertolt Brecht verglichen hat mit einem Zuhälter und Schläger»[48]. Der namenlose «Irgend» war Heinrich von Brentano, der erste Außenminister der Bundesrepublik und, obwohl dem Namen nach der Literatur zugehörig, ein richtiger Barbar. Am 9. Mai 1957 missbilligte er ein Gastspiel des Bochumer Schauspielhauses in Paris mit Bert Brechts «Dreigroschenoper» und erklärte, dass «die späte

Lyrik des Herrn Brecht nur mit der Horst Wessels zu vergleichen»
sei,[49] jenes Horst Wessel, der für die Nazis das Lied «Die Fahne
hoch, die Reihen fest geschlossen» gedichtet hatte. Kommunisten
hatten Wessel 1930 umgebracht, und so war er zum Märtyrer der
Nazis avanciert.[50] Brecht aber galt im Westen als Gottseibeiuns,
weil er sich nach der Rückkehr aus dem Exil in Ostberlin niedergelassen hatte.

Der Verleger Peter Suhrkamp musste den Außenminister in
einem Brief, der auch in der *Frankfurter Allgemeinen* erschien, daran erinnern, dass Brecht Deutschland 1933 nicht ganz freiwillig
verlassen hatte, während er, der Außenminister, «in Deutschland»
seinem bürgerlichen Beruf als Staatsanwalt habe nachgehen können.[51] Suhrkamp, der 1944 verhaftet worden war und mehr als ein
Jahr in Gestapo-Haft verbracht hatte, brauchte nicht eigens darauf
hinzuweisen, dass Brentano als Staatsanwalt im «Dritten Reich»
keineswegs neutral gewesen war, sondern einem Unrechtsregime
gedient hatte. Doch verstieß Suhrkamp mit dieser Andeutung gegen ein Tabu der frühen Bundesrepublik: Es war ungehörig, einem
Amtsträger der neugeborenen Demokratie, gar dem Gesicht des
Staates vor der Welt, den unterlassenen Widerstand im «Dritten
Reich» vorzuhalten. Brentano, so deutet der gar nicht untertänige
Verleger an, habe offenbar Bildungslücken, eine Leseempfehlung
also: In der Zeitschrift *Akzente* gebe es «einige sehr schöne Gedichte aus dem Nachlaß» Brechts zu lesen.[52]

Brentano wusste sich selbstverständlich zu wehren. Hochherr-
schaftlich fand er sich durch Suhrkamps Brief «peinlich berührt»,
«wegen seiner Form, die eine eigenartige Mischung aus Anmaßung und Unduldsamkeit darstellt»,[53] denn ein Brief an einen Minister, über die Zeitung verbreitet, das gehörte sich einfach nicht,
das war, in den Begriffen der Bonner Regierung, «peinlich». Wie
es der Ausschuss für unamerikanische Aktivitäten bereits 1947 versucht hatte, hielt Brentano dem im Vorjahr verstorbenen Brecht
das Gedicht «Lob des Kommunismus» vor, dazu seine (angebliche) Ergebenheitsadresse an Walter Ulbricht nach dem 17. Juni

1953 und den Stalin-Preis. Vor allem hielt er ihm vor, dass er zum Feind übergelaufen war. In der zeitüblichen Aufrechnung der beiden deutschen Diktaturen wurden nicht nur Nationalsozialismus und Kommunismus gleichgesetzt, es musste die jüngere, die kommunistische, unweigerlich als die schlimmere dastehen. Brecht sei es doch offenbar nur darum gegangen, schrieb Brentano in seiner Erwiderung, «die Unfreiheit des Dritten Reiches durch die Sklaverei des Bolschewismus, die Schändung des Rechts im Nationalsozialismus durch die Herrschaft des Verbrechens im Kommunismus zu ersetzen»[54]. Ganz abgesehen von der Frage, was Brecht wollte, für den Außenminister Westdeutschlands war der Nationalsozialismus als «Unfreiheit» noch erträglicher als die «Sklaverei», die er jetzt im Osten vorfand. Dass er selber an der Schändung des Rechts beteiligt gewesen war, verblasste, wenn er auf die Verbrechen des Kommunismus zeigen konnte. Brentano lieferte damit die offizielle Exkulpation für das nationalsozialistische Staatsverbrechen – was war das schon, gemessen am Kommunismus, und außerdem waren alle Nationalsozialisten tot, oder?

Der Brentano-Nachfahr hat wahrscheinlich nie ein Wort des bekannt schwierigen Johnson gelesen, jedoch schien sich 1961 Gelegenheit zur Rache und staatlichen Züchtigung durch Subventionsentzug zu bieten. Johnsons Roman mit den Invektiven für die Adenauer-Republik war im Suhrkamp-Verlag erschienen und von der Kritik hoch gelobt worden. Der Schriftsteller Hermann Kesten behauptete fälschlich, der aus der DDR ausgesiedelte Kollege habe bei einer Veranstaltung in Rom den Bau der Mauer begrüßt. Brentano war inzwischen als Außenminister zurückgetreten und führte die CDU/CSU-Fraktion an, für die er sich in einer Aussprache des Bundestags grundsätzlich zur Freiheit, wenn auch nicht zur Meinungsfreiheit bekannte. Als eklatantes Beispiel für ihren Missbrauch konnte er den Auftritt des Schriftstellers Johnson anführen, dem zu seinem, Brentanos, Entsetzen auch noch als staatliches Stipendium ein Aufenthalt in der Villa Massimo in Rom zuerkannt worden war. Unter Beifall seiner Fraktion forderte

Brentano, die «zuständigen Instanzen» möchten sich doch bitte darum kümmern, dass so jemand nicht mehr «als Stipendiat und Sprecher in das Ausland geschickt» werde. Zwar gestand Brentano allen «Gewissensfreiheit» zu, aber die «staatsbürgerliche Freiheit des Einzelmenschen bedarf des sittlichen Korrelats der Bindung», denn «zu viel Freiheit, ach, sie schadet nur». Vorsichtshalber forderte er bei dieser Gelegenheit auch noch eine «größere Einflußnahme auf die Gestaltung unserer Jugend- und Erwachsenenbildung».[55]

Mit der Bildung lag vor allem bei der Jugend einiges im Argen. Das wusste nicht nur der Volkswartbund, jede Wochenschau konnte davon berichten, wenn mit Reichssender-Gedröhn zwar nicht mehr von Siegen an der Ostfront, aber von Autorennen, Fußballturnieren und Produktionsrekorden beim Volkswagen berichtet wurde. Den zwangszivilistischen Erfolgsnachrichten folgte gern ein Feuilleton, in dem man sich über die Auswüchse der Jugendkultur lustig machte: Der Rock'n' Roll, der in harmloser Form ab 1956 auch in Westdeutschland Anhänger fand, wurde in bester Tradition als negroide Verirrung vorgestellt. Der Reporter freute sich mit dem Publikum, wenn er die erschreckend unkonventionellen Tänze mit dem Motto «Wehe, wenn sie losgelassen!» vorführen konnte.

Aber das Schweigen über die jüngste Vergangenheit, das wortlos vereinbart war, ließ sich nach der internationalen Aufmerksamkeit, die die Beschmierung der Kölner Synagoge Ende 1959 und die Ergreifung Adolf Eichmanns auf sich zogen, einfach nicht mehr wahren. In einer Untersuchung, die die Evangelische Akademie Tutzing 1962 anstellte, äußert sich ein «Technischer Angestellter, 23 Jahre» als Ankläger der Elterngeneration: «Warum habt ihr zugesehen, als man euch die Freiheit Stück für Stück wegnahm, warum habt ihr ‹Heil› gebrüllt, wenn alles so schlimm war? Habt ihr Hitlers ‹Mein Kampf› überhaupt gelesen? Warum habt ihr den Juden dann nicht geholfen oder wart ihr doch in dem Glauben,

daß ihr Herrenmenschen seid? Ich wundere mich über die selbst-
mörderische Blödheit eurer Generation!»[56]

Noch hatte diese Generation das Sagen und machte keinerlei
Anstalten, von ihrer Hegemonie zu lassen. Der allzeit drohende
Kommunismus half bei der Kreation eines geistigen Bollwerks.
1941 hatte der Ostforscher Hermann Aubin zur Siebenhundert-
jahrfeier der Schlacht von Liegnitz die Festrede in Breslau gehalten,
in der er betonte, dass deutsche Krieger immer wieder die «östliche Bedrohung» abgewehrt und damit das Abendland vor den
«vernichtenden Einbrüchen asiatischer Völker» bewahren konnten.[57] Nach den Quellen verlief der so genannte Mongolensturm
glimpflich, die östliche Bedrohung endete für Schlesien bereits
nach wenigen Wochen, aber der Schrecken über einen plötzlichen
Weltuntergang, eingeleitet durch unbekannte, aber im Zweifel apokalyptische Reiter, der blieb. Nach Osten grenzte Deutschland «an
Völker, die ihm nach Abstammung und Art gleich fremd waren
und die abgewehrt und vernichtet oder überwunden und allmählich der Gesittung des Abendlandes eingeschmolzen werden mußten. Die Arbeit fiel unserem Volke zu.»[58] In diesem Geist begrüßte
Aubin auch den kreuzzugsbewusst «Unternehmen Barbarossa»
genannten Überfall auf die Sowjetunion zwei Monate später als
erneuerten Abwehrkampf des Westens.[59] Der wurde zumindest
ideologisch fortgesetzt vom Ostdeutschen Akademischen Arbeits-
kreis – Kopernikuskreis. In Gegenwart Hermann Aubins und des
Historikers Hans Rothfels sprach bei der Eröffnungssitzung 1953
der schlesische Kaplan Günter Knetsch wie gewohnt vom «deutschen Lebensraum im Osten», der jetzt nicht mehr erobert werden
konnte. Deutschland, das eine Amputation erlitten habe, müsse
wieder Deutschland werden, das Abendland, so schwante ihm,
könnte ein «‹Gibraltar› Asiens» werden, der «eurasische Brücken-
kopf der neuen Welt».[60]

Weit einflussreicher war die «Abendländische Aktion», die sich,
finanziert von Georg Fürst von Waldburg zu Zeil und Trauchburg,
1951 die christliche, also katholische Erneuerung dieses Abendlan-

des zum Ziel gesetzt hatte. Dazu traf man sich regelmäßig in der alten Bischofsstadt Eichstätt, die Bundeszentrale für Heimatschutz übernahm die Hälfte der Tagungskosten. Die Organisation Gehlen (aus der später der Bundesnachrichtendienst hervorging), vertreten durch den CSU-Abgeordneten Gerhard Kroll, der auch der erste Direktor des späteren Instituts für Zeitgeschichte war, warb eifrig neue, im Zweifel stramm antikommunistische Mitarbeiter.

Bei der zweiten Jahrestagung der Untergliederung «Abendländische Akademie» referierte Karl Buchheim, auch er Mitarbeiter des Instituts, über «Freiheit in der Heilsgeschichte». Anders als die Verbände der Heimatvertriebenen stellten die Abendländer keine territorialen, sondern ideologische Ansprüche. Deutschland hatte den Mongolen widerstanden, es hatte den Osten bis kurz vor Moskau kolonisiert (zuletzt allerdings wenig erfolgreich), es durfte also dieser «in jahrhundertelanger Kulturarbeit erschlossene Raum zwischen Elbe, Weichsel und Donau»[61] nicht preisgegeben werden. Mit Berufung auf das ewige Abendland ließ sich der drohende Nihilismus der Gegenwart beschwören und damit ablenken von den konkreten Taten und der Beteiligung am «Dritten Reich». Die Missionierung war praktischerweise folgenlos, aber sie sollte ja auch vorwiegend im eigenen Territorium wirken: Für diese Art evangelikaler Politik bildete der Osten ein Missionsgebiet, das wegen des Eisernen Vorhangs nicht mehr betreten werden konnte, aber in einem Verlustgefühl immer gegenwärtig war. In einer Erzählung von Martin Walser sind in diesem Phantomgefühl sogar die Menschen halbiert. Die im Westen «gleißten geradezu in ihrer Entwickeltheit und Fortgerissenheit. (...) Aber wie wenig waren sie bei sich. Alle leuchteten vor Gelungenheit, aber keiner schien zufrieden zu sein. Sie wissen nicht, was ihnen fehlt.» Bei Walser fehlt nicht der Osten, sondern die östliche Entsprechung der Westbürger: «Die anderen Hälften liefen in Leipzig hin und her.»[62]

Tatsächlich war ein grausamer Verlust eingetreten: Es gab mit einem Mal keine Reichsparteitage, keine Gautreffen, keine staatlich organisierten Sonnwendfeiern und Erntedankfeste mehr, die

Volksgemeinschaft war 1945 mit einem Schlag aufgelöst worden, auch wenn sie im Sprachgebrauch fortweste. Der Direktor der Ina-Seidel-Schule in Berlin-Spandau, die nach dem Krieg flugs auf die Sozialistin Lily Braun umgetauft wurde, sprach noch 1947 vom «neuen Haus volklicher Gemeinschaft, welches wir über den Trümmerhaufen einer unseligen Zeit aufzurichten haben». Die volkliche Gemeinschaft fand sich eher zwanglos zusammen wie 1954 beim Sieg bei der Fußballweltmeisterschaft in Kneipen, in denen die Fernsehgeräte standen, die noch längst nicht jedes Heim erreicht hatten. Als 1959 der sogenannte Heilige Rock gezeigt wurde, pilgerten sagenhafte zwei Millionen Menschen nach Trier,[63] eine Million besuchte im Jahr darauf den Eucharistischen Weltkongress in München.

Mit der Religion allein war aber kein Staat mehr zu machen. Der Historiker Hermann Graml schrieb 1952 im *Neuen Abendland*: «In der Herzkammer unserer Willensbildung muß der säkularisierte Begriff des Westens durch das Zukunftsbild eines erneuerten Abendlandes ersetzt werden.»[64] Wenn überhaupt, dann ist das am 10. Juli 1955 gelungen, als sich im Rosenaustadion in Augsburg sechzigtausend Katholiken und Protestanten versammelten, um die tausendjährige Wiederkehr der Schlacht auf dem Lechfeld zu begehen. Ein gemischtes deutsches Heer unter Kaiser Otto I. hatte 955 vor den Toren der Stadt die zahlenmäßig überlegenen Ungarn vernichtend geschlagen. In der Folge ließen sie von ihren Raubzügen in den Westen ab, siedelten sich im ehemaligen Pannonien an und traten zum Christentum über. Für die Abendländer bot sich dieses Ereignis zur Erinnerung an die verlorene Reichsgröße an, auf die sich die Nationalsozialisten mit ihrer Zählung – «Drittes Reich» – ebenfalls berufen hatten. In Augsburg ging es aber nicht um ein neues tausendjähriges Reich, sondern noch einmal um einen Kulturkampf, zu dem sich bereitwillig Vertreter der katholischen Kirche meldeten. Der Bischof Joseph Freundorfer hatte 1940 in seiner Schrift «Der Religiöse Sinn der Kriegszeit» ausgeführt, dass es bei der Nächstenliebe Unterschiede zu machen gelte und

uns doch diejenigen am nächsten stünden, «die Blut von unserem
Blut, Söhne des gleichen Stammes und Volkes sind»[65]. 1954 sah er
die große Gefahr in «irgendeinem von Gottes Bindung sich entfer-
nenden Liberalismus der Weltanschauungen»[66].

Festredner bei der Jubelfeier 1955 war der neue, der erste Außenminister der Bundesrepublik Deutschland, der bereits erwähnte Heinrich von Brentano, auch er wie etliche andere Ade-
nauer-Minister Mitglied der Abendländischen Aktion; in ihren
Statuten propagierte diese monarchistische Ziele, die sie im Stän-
destaat des katholischen Diktators Francisco Franco mehr ver-
wirklicht fand als im modernen Deutschland. Brentano spricht
von einem «neuen Heidentum» und fordert die «Wiedergewin-
nung der inneren geistigen Einheit» und eine «Abwehrfront des
Abendlandes» und tut doch nichts anderes, als den zwei Monate
zuvor erfolgten Beitritt der Bundesrepublik zur westlichen, von
den USA dominierten Nato in den größtmöglichen Zusammenhang zu rücken. «Die Ähnlichkeit ist überraschend, ja erschreckend. Damals standen vor den Toren des Abendlandes, vor den
Toren dieser Stadt, in der wir weilen, die heidnischen Nomaden-
scharen des Ostens; Verderben und Untergang drohten. Jetzt stehen wiederum, nicht sehr viel weiter von dieser Stadt entfernt, die
Massen des Ostens. In gewisser Beziehung ist die Gefahr noch
gewaltiger als damals.» Die Gefahr, das spricht Brentano ganz
deutlich aus, das ist der Neutralismus, der Versuch, mit der Gegenseite ins Gespräch zu kommen, gar zu verhandeln. Noch größer scheint ihm jedoch die Gefahr, die der Gesellschaft im Innern
drohe: «Nicht vereinzelte Nomadenhorden sind es jetzt, mit denen wir es zu tun haben, … nicht wie damals steht uns das bloße
Heidentum wilder Völkerschaften gegenüber. Sondern das neue
Heidentum, mit dem wir jetzt zu rechnen haben, ist ein Heidentum
des weltlichen Fanatismus … ein Messianismus des Diesseits.»[67]
Darum sei er, der Außenminister, entschlossen, wie einst der hl.
Ulrich, der Augsburger Bischof, das Abendland zu verteidigen.
«Wenn ich nicht schon von Geburt Atheist wäre», heißt es bei

Arno Schmidt, «würde mich der Anblick Adenauer-Deutschlands dazu machen!»[68]

Der Schriftsteller Arno Schmidt griff zwar keinen Minister an, in der Erzählung «Seelandschaft mit Pocahontas» (1955) verstieß er aber gleich gegen zwei Tabus, indem er den Holocaust auch noch mit der Theodizee verband. «Der ‹Herr›, ohne dessen Willen kein Sperling vom Dache fällt oder 10 Millionen im KZ vergast werden: das müsste schon ne merkwürdige Type sein – wenn's ihn jetzt gäbe!»[69] Für Dr. jur. K. Panzer aus Köln-Dellbrück, der diese und weitere Stellen anführte, stand fest, dass «der Verfasser öffentlich in beschimpfenden Aeusserungen Gott lästert, die christlichen Kirchen, ihre Einrichtungen, ihre Gebräuche und ihre Mitglieder in unerhörter Weise beschimpft»[70]. Das KZ, das Gas war jedenfalls 1955 noch nicht lästerlich, ungehörig war vielmehr das Reden darüber. Schweigen war das Gebot der Stunde. Deshalb intervenierte auch der deutsche Botschafter 1956 in Paris, als «Nuit et brouillard» (Nacht und Nebel) von Alain Resnais in Cannes gezeigt werden sollte. Es ist der Film, in dem für jeden zu sehen war, dass das «Dritte Reich» auf Massenmord und Leichen hinauslief. Eine Vorführung bei den Filmfestspielen, lautete die Auskunft des Justizministeriums im Bundestag, könne «nur allzu leicht dazu beitragen, den durch die nationalsozialistischen Verbrechen erzeugten Haß gegen das Deutsche Volk in seiner Gesamtheit wieder zu beleben»[71].

Die Fachleute wissen, wie es geht

Die Gefahr, dass Deutschland «in seiner Gesamtheit» wieder in Verruf geriet, war plötzlich aktuell, als Adolf Eichmann, der Verantwortliche für die «Endlösung» der Judenfrage, aufgespürt und in Jerusalem vor Gericht gestellt wurde. Als der Prozess 1961 begann, wandte sich Bundeskanzler Adenauer über das Fernsehen an seine Untertanen und las leicht stolpernd eine Ehrenerklärung vom Blatt: «Im deutschen Volkskörper, im moralischen Leben des deutschen Volkes, gibt es heute keinen Nationalsozialismus mehr, kein nationalsozialistisches Empfinden. Wir sind ein Rechtsstaat geworden.»[72] Es war erkennbar nicht sein Text, aber eine starke Behauptung.

Der Rechtsstaat Bundesrepublik Deutschland hatte es sorgsam vermieden, die Auslieferung des deutschen Staatsbürgers Eichmann nach Deutschland zu fordern, und der Rechtsstaat Bundesrepublik Deutschland trug mit Hilfe des Bundesnachrichtendienstes Sorge, dass in Jerusalem nur über den Einzelfall Eichmann und auf keinen Fall über die nach Hunderttausenden zählenden Helfer bei der nationalsozialistischen Ausrottungspolitik verhandelt wurde.[73] Achteinhalb Jahre zuvor hatte derselbe Adenauer auf seine unverwechselbar pragmatische Art erklärt, dass es ohne die Leute, «die von der Geschichte von früher her etwas verstehen», einfach nicht gehe und dass deshalb mit der «Naziriecherei» endlich Schluss sein müsse.[74] Adenauers recht kategorischer Imperativ erwies sich als außerordentlich produktiv für die Bundesrepublik, da es sich gerade die alten Kameraden angelegen sein ließen, ihre Befähigung für die Arbeit im neuen Staat zu demonstrieren. Wer als Opportunist 1933 oder 1937 in die Partei eingetreten war, die schließlich siebeneinhalb Millionen Mitglieder zählte, arbeitete jetzt mit dem gleichen Opportunismus für den demokratischen Rechtsstaat. Die neue Bundesrepublik wurde von Männern (und Frauen) mit Vorleben geführt. Schon in den ersten Monaten ihrer Herrschaft hatten die Nationalsozialisten alle Juden und Kommunisten aus allen staatlichen Ämtern vertrieben, womit sich für eine jüngere Generation eine ungeheure Karrierechance ergeben hatte. Diese Männer waren bei Kriegsende noch längst nicht alt, sondern entschlossen, weiterzuarbeiten und die Vergangenheit, in die sie mehr oder weniger stark verwickelt waren, hinter sich zu lassen.

Niemand repräsentierte den Mitläufer des «Dritten Reiches» besser als der erste Bundespräsident, dessen persönliches Fehlverhalten die Machtergreifung der Nationalsozialisten mit ermöglicht hatte. Theodor Heuss hatte als Abgeordneter der Deutschen Staatspartei im März 1933 dem Ermächtigungsgesetz zugestimmt. Dank seiner leutseligen Art wurde ihm das verziehen. Niemand zog schon vor dem Eichmann-Prozess mehr Hass und Verachtung auf sich als Hans Globke, der gar nicht in der Partei gewesen war (sein Aufnahmeantrag blieb liegen), angeblich Widerstandskreisen nahestand, aber den maßgeblichen Kommentar zu den Nürnberger Gesetzen verfasst hatte. Nicht Hermann Göring, nicht Joseph Goebbels, nicht Julius Streicher, sondern der Verwaltungsjurist Hans Globke bestimmte, wer als Jude zu gelten hatte und wann Geschlechtsverkehr als Rassenschande galt. Dafür sorgte das «Gesetz zum Schutze des deutschen Blutes und der deutschen Ehre», das von der Gausachbearbeiterin Johanna Haarer begrüßt wurde, die auf die endgültige Entfernung der «Zigeuner» aus Deutschland hoffte.[75] Globke war auch dafür verantwortlich, dass ab 1939 alle Juden im Pass den Namen Israel beziehungsweise Sara zu führen hatten, um sie eindeutig als Juden auszuweisen.

Globke hatte mitgemacht, um das Schlimmste zu verhindern, wie er stellvertretend für Tausende anderer angab; ob er aber tatsächlich irgendetwas verhindert hat, ist zweifelhaft. Roland Freisler, der Präsident des Volksgerichtshofs, lobte den Kommentar als nützlich; die Gestapo verhaftete nach diesem Regelwerk. In Nürnberg stellte sich Globke im Wilhelmstraßen-Prozess gegen die Beamten des «Dritten Reiches» zur Verfügung, sagte aus gegen seinen Staatssekretär Wilhelm Stuckart und gegen Ernst von Weizsäcker. Beide wurden verurteilt. Die Amerikaner erkannten, wie nützlich der Beamte Globke war, und wollten ihn daher geschont haben; Tom Polgar, eine Zeitlang der CIA-Führungsoffizier von Globke (Deckname: Causa), bat um Verständnis für diese Art Pragmatismus, das seien die *facts of life*[76]. Die Geschmeidigkeit, mit der er durchs «Dritte Reich» gekommen war, zeigte Globke auch in dem Verhör (bei dem es sich eher um ein Interview handelte), das Robert Kempner mit ihm führte, ein ehemaliger Kollege aus dem

Preußischen Innenministerium, der emigriert und als amerikanischer Staatsbürger und stellvertretender Chefankläger bei den Nürnberger Prozessen zurückgekehrt war:

«Frage: Sie meinen also, daß es sich nur um Exzesse handelte und nicht um eine systematische Ausrottung [der Juden]?
Antwort: Nein, das wollte ich nicht sagen. Ich bin der Auffassung und ich habe es gewußt, daß diese Ausrottung der Juden systematisch vorgenommen worden ist, aber ich wußte nicht, daß sie sich auf alle Juden bezog.»[77]

So wurde er Ministerialdirigent und dann Staatssekretär im Kanzleramt und dort für Adenauer unentbehrlich, der sich (im rhapsodischen Stil Uwe Johnsons) «beraten und verwaltet wünschte von einer Person, die schon dem Hitler die noch nicht ganz befriedigende Lösung von sechs Millionen Menschen gerechtfertigt hatte»[78].

Die reine Lehre geht dahin, dass die Bundesrepublik von Anfang an unter einem Unstern stand, weil Konrad Adenauer sich als seinen engsten Berater Hans Globke erwählte. Mit einer solchen Hypothek belastet, konnte es ja nichts werden mit dem anderen Deutschland, mit einem demokratischen Neuanfang. Die reine Lehre hat vor allem den Vorteil, dass sie einfach ist und einen Prozess so versimpelt, wie es schon in der Geschichtsdeutung der Fünfziger der Fall war, als die in Nürnberg verurteilten und hingerichteten Hauptkriegsverbrecher die einzigen Verbrecher, aber praktischerweise schon tot waren. Noch praktischer war der Sündenbock im Kanzleramt, der keine Anstalten machte, sein Büro zu räumen, und den sein Chef nicht ohne Grund bei allen Angriffen verteidigte.

Wenn sich der Zorn über die ausgebliebene Auseinandersetzung mit der Kollaboration im «Dritten Reich» und überhaupt die Diskussion über die personelle Kontinuität auf diese eine Person konzentrierte – Globke brachte es bereits 1956 auf den Titel des *Spiegel*[79] –, verschwanden die Millionen von Beamten, die vor 1945 als mehr oder weniger verantwortliche Mitläufer dabei waren und jetzt, unter den veränderten Umständen, munter weiterliefen. Selbst Sebastian Haffner, der vor den Nazis nach England geflüchtet war, wusste Globke zu verteidigen: «Blütenweisse Engel» seien «in einem Land, das nun einmal zwölf Jahre lang von einem genialen Verbrecher regiert worden ist, nicht zu finden, anderswo aber im übrigen auch nicht».[80]

Globke war ein unauffälliges Gesicht aus dem «Dritten Reich», und er wurde das unauffällige Gesicht der Bundesrepublik. Er machte den Watschenmann für Millionen PGs, die nach seinem Bild und Gleichnis in die Verwaltung zurückstrebten, aus der sie durch äußere Umstände, die sie doch nicht (sie doch nicht!) zu verantworten hatten, herausgefallen waren. Sie begannen dem neuen Staat mit der gleichen Beflissenheit zu dienen, wie sie es im vorigen gelernt und eifrig praktiziert hatten. Globke gab Cassandra, dem deutschenfeindlichen Kolumnisten des *Daily Mirror*, ein Interview, das seine Selbstentlastung gleich auf die Volksgemeinschaft ausdehnte: «Das Volk wusste ebensowenig wie ich.»[81]

Rainer Barzel, dem späteren CDU-Vorsitzenden, der Adenauer so gern als Kanzler nachgefolgt wäre und sich zwischen politischem Ehrgeiz und klassisch bundesrepublikanischer Korruption um das Amt betrogen sah, fiel zu Globke nur ein, dass er ein fähiger Beamter gewesen sei, und sein Meister Adenauer hatte das nicht anders gesehen. In der Herrschsucht war Globke seinem Chef ähnlich genug, nur ohne die Not, vom Volk, das wieder mitreden durfte, auch noch geliebt zu werden. Globke konnte die Macht still genießen, ein ungeheurer Fortschritt verglichen mit den brüllenden Machthabern des vorigen Regimes.

Globke begnügte sich damit, Adenauer zu unterstützen, zu beraten, den Wahlerfolg zu sichern: durch Absprachen, durch Geld. Ohne Globke hätte Adenauer weder seine Partei noch das Land regieren können. Er wusste einfach mehr als alle anderen, und er vergaß nichts. Globke kümmerte sich um Parteienfinanzierung und Koalitionen, er schlichtete Meinungsverschiedenheiten mit den Protestanten und war sich mit seinem Kanzler, dem er so treu diente, in allem so einig, dass er ihm auch abends die Sachen hinlegen konnte, die er am nächsten Morgen anziehen sollte. Die besondere Pflege nicht nur der Bonner Landschaft begann nicht mit Helmut Kohl, auch nicht mit Friedrich Karl Flick und seinem Generalbevollmächtigten Eberhard von Brauchitsch, sondern mit Globke, der sich, wie der Historiker Frank Bösch gezeigt hat, die Blockparteien zusammenkaufte, die Adenauer zum Regieren brauchte.[82] Sehr demokratisch war das nicht, aber effizient.

Die Adenauer-Republik musste sich in die Demokratie ja erst hineinfinden, und die beiden Autokraten halfen ihr über den schwierigen Anfang hinweg. Globke war mit seiner Vergangenheit erpressbar, aber ohne ihn hätte es ab 1953 nicht die ersten Wiedergutmachungszahlungen an Israel gegeben, gegen die sich der Finanzminister und fast die gesamte CDU/CSU-Fraktion wehrte, von der FDP, die bereitwillig Nazis aufnahm, ganz zu schweigen. Aber natürlich war Globke auch der lebende Beweis, dass die Nazis nicht tot waren, dass sie nicht 1945 im Bewusstsein der Niederlage Selbstmord begangen hatten, sondern weiterlebten, wie offensiv oder wie getarnt auch immer. Als wäre Adenauer einem geheimen Masterplan gefolgt, sorgte er durch diesen Makel, der nicht korrigiert wurde, solange er regierte, ganz beiläufig dafür, dass aus den Volksgenossen und Reichsbürgern im Lauf der Jahre Bundesbürger wurden (von unheilbar autoritätsfrommen Gestalten wie Ernst Jünger oder Reinhard Gehlen vielleicht abgesehen).

Die reine Lehre kennt also den Nazi Globke, der als Adenauers Schattenmann, ein Fouché und Jesuit, die Bundesrepublik regierte, aber diese teilbraune Eminenz war auch schlau genug, einer wichtigen Sitzung am 11. Juni 1958 im Kanzleramt fernzubleiben, in der über den Nachlass des «Dritten Reichs» verhandelt wurde. Bei diesem Treffen ging es um den Wunsch des BND-Chefs Gehlen, zehn von insgesamt siebenundzwanzig ehemaligen Angehörigen

der Gestapo, die bereits seit Jahren für seine Organisation, die jetzt
BND hieß, wirkten, mit allerhöchstem Segen in den Rechtsstaat
zu überführen. In Absprache mit Globke hatte Adenauer die Frak-
tionsvorsitzenden oder Fraktionsvertreter der konservativen Parteien – Heinrich Krone (CDU), Hermann Höcherl (CSU), Erich
Mende (FDP) und Herbert Schneider (DP) – zur Unterredung mit
Gehlen eingeladen, dazu aber auch Fritz Erler von der SPD.

Gehlen wollte seinen Gestapo-Leuten zum Beamtenstatus verhelfen und das Ganze als reinen Verwaltungsvorgang behandelt
wissen. Als ginge es um die Neustrukturierung eines Unternehmens, hatten die BND-Vertreter deshalb darauf hingewiesen,
dass die Erfahrungen «der ehem. Beamten der Gestapo auf dem
Gebiet der Gegenaufklärung unentbehrlich seien»[83]. Das Argument, das Gehlen den Parteivertretern und dem Bundeskanzler
vortrug, war schlicht, bürokratisch und unhintergehbar: Warum
nicht die Männer aus der Gestapo ganz offiziell in seinen Geheimdienst übernehmen, der bereits seit zweieinhalb Jahren unter
der Oberhoheit des Bundes lief und dem Kanzleramt zugeordnet
war; warum nicht die Fachleute von der Gestapo in diese Bun-
desbehörde aufnehmen, wo doch «bei Bund und Ländern ehem.
Beamte der Gestapo in erheblicher Zahl neuerlich im Beamten-
verhältnis angestellt worden sind»[84]. Im Übrigen handele es sich
durchweg um Leute, über die nichts Nachteiliges bekannt sei. Offenbar nickten die Anwesenden zustimmend, nur der Machtzyniker Adenauer, jener Mann, der seinem unterlegenen Feind Heinemann zufolge über Leichen ging, brachte «sittliche Bedenken»[85]
dagegen vor.

Globke, der seit Jahren mit Gehlen vertrauten Umgang pflog
und über die Personalsituation genau Bescheid wusste, musste gar
nicht dabei sein. Der Bundeskanzler war dabei, aber er begehrte,
nicht schuld zu sein; die Verantwortung, dass die Gestapo beim
BND Beamtenstatus erreichte, sollten andere übernehmen. Das
Protokoll betont die starken Bedenken des Bundeskanzlers, hält
dann aber fest, dass er diese Bedenken zurückstelle und den Vor-

schlägen des BND zu folgen bereit sei. «Auch die Abgeordneten», so schließt das Protokoll, «waren damit einverstanden.»[86]
Der Historiker Jost Dülffer, der dieses Schlüsseldokument aus dem BND-Archiv ausgewertet hat, sieht in Adenauers Reaktion einen «Akt prophylaktischer Geschichtspolitik»[87]. Ob Adenauer tatsächlich mit einem Mal Skrupel befallen haben, ist nicht bezeugt, es ist auch nicht ganz ausgeschlossen, vor allem aber wollte er neben den Parlamentariern die Opposition in Geiselhaft nehmen. Erst drei Monate waren seit der erbitterten Auseinandersetzung im Bundestag vergangen, in der der SPD-Abgeordnete Helmut Schmidt die Atombewaffnungspolitik Adenauers mit dem Ermächtigungsgesetz verglichen hatte. Adenauer fühlte sich darin bestätigt, dass die SPD doch nur die Fünfte Kolonne Moskaus war. Es war eine Sternstunde des Parlaments, auch wenn die Abstimmung günstig für ihn ausging, und brachte eine vorübergehende Niederlage des Kanzlers. Doch jetzt war er wieder obenauf; die oppositionelle SPD machte mit und segnete durch Fritz Erler die Entschuldungspolitik Adenauers ab. Der Kanzler konnte behaupten, dass er sich dem Druck der anderen gebeugt habe: Die Gestapo wurde gemeinschaftlich entnazifiziert.

Auch das neue System, das eine Demokratie und ein Rechtsstaat dazu sein wollte, kam ohne Fachleute offenbar nicht aus. Deshalb konnten die «Zigeunerforscher» aus dem RSHA im BKA ihre Arbeit fortsetzen, deshalb konnten die Russlandexperten aus SS und SD beim BND weitermachen, deshalb war eine Vorgeschichte bei der Gestapo kein Einstellungshindernis und, wie sich zeigte, kein Grund, die Männer nicht in die neue Gesellschaft der staatstreuen Bundesbürger zu integrieren. Es handelte sich um Staatsdiener, denen ihre unter Hitler (den sie naturgemäß alle hassten) erworbene Verwaltungserfahrung auch bei der Arbeit im neuen Staat half. Denn was taten sie schon anderes, als was Verwaltungsfachleute in aller Welt machten? Sie trieben Steuern ein, formulierten neue Richtlinien, verfügten nach alten, organisierten, regelten und sorgten dafür, dass aus Deutschland nach den Trümmerjahren wieder ein funktionierender Staat wurde. Der BND, auch wenn er von arbeitslosen Militärs und für alles Mögliche qualifizierten SS-Leuten aufgebaut wurde, war doch auch nur eine Behörde. «Staatssicherheitsschutz, würden sich vielleicht sogar naive Staatsbürger sagen», schrieb ein ganz und gar nicht naiver Staatsbürger 1965 in der *Zeit*, «kann Abwehrmethoden erfordern, die den Angriffsmethoden entsprechen: (…) zur Bekämpfung technischer Spezialisten der Geheimkommunikation sind Spezialisten recht, mögen sie ihr beklemmendes Handwerk bei Gestapo-Chef Heinrich Müller, SD-Chef Reinhard Heydrich oder des Satans Großmutter gelernt haben.»[88] Autor dieser Rechtfertigung, die im Jahr darauf kaum verändert in einer vom Bundesinnenministerium herausgegebenen Broschüre erschien,[89] war Hans Detlev Becker, damals der Verlagsdirektor des *Spiegel*. Die Redaktion der *Zeit* hat ihn mit dem Hinweis, er sei im Krieg bei der «Funk-Abwehr» tätig gewesen, als Spezialisten für das Thema Geheimdienste vorgestellt. Sie hätte auch darauf hinweisen können, dass Becker 1951 beim *Spiegel* zwei Fachleute eingestellt hatte, die ihr Handwerk tatsächlich unter Reinhard Heydrich erlernt hatten, nämlich Horst Mahnke und Georg Wolff. Der Marxismus-Forscher Mahnke beteiligte sich mit seinem Chef Franz Alfred Six 1941 beim «Vorkommando Moskau», das Bolschewisten erschießen sollte, wurde 1945 drei Jahre interniert und von den Engländern so schlimm verprügelt, dass er mit einer Geldstrafe von vierhundert Mark davonkam. Für die Amerikaner blieb er «ein intelligenter und fanatischer Nazi. Sollte er einmal wieder freigelassen werden, ist er eine Gefahr für die politische Entwicklung in Deutschland.» Für Becker aber galt der Grundsatz: «Entnazifiziert war entnazifiziert.» Am 25. Mai 1945 ist Becker mit tausend Mann durch Flensburg marschiert, und da Singen verboten war, haben sie das Lied «O Deutschland hoch in Ehren, du heil'ges Land der Treu!» gepfiffen. «Sie sind sich keiner Schuld bewusst, erst recht keiner Kollektivschuld»[90], schreibt der langjährige *Spiegel*-Redakteur Leo

Brawand in seinem Buch über die Gründerjahre des Magazins. Im Bildteil zeigt er ein Foto des Hitlerjungen Becker mit Hakenkreuzbinde, wie er den rechten Arm reckt. Mahnke wurde wie Wolff Ressortleiter.

Becker hatte nicht nur ein Faible für den Geheimdienst, sondern auch gute Beziehungen zu Reinhard Gehlen. Der wiederum hatte seine Maulwürfe beim *Spiegel*, und einer davon war Mahnke, in Pullach als V-41016 registriert und zeitweise mit dem Decknamen «Klostermann» geführt. Am 22. März 1951 notiert Betreuer 600 in der Zentrale: «Wir stehen seit geraumer Zeit mit Dr. Mahnke in angenehmer Zusammenarbeit.» Damit hoffe man, «Skandalreportagen vorgebeugt zu haben». Die angenehme Zusammenarbeit ist eine zu beiderseitigem Nutzen und kostenpflichtig: Als inoffizieller Mitarbeiter erhält Mahnke ein Monatsfixum. Dafür berichtet er über die Kollegen, vor allem aber wird mit ihm die Veröffentlichungspolitik des *Spiegel* besprochen, der damit zur wichtigsten Abspielbasis für die Organisation Gehlen und später für den Bundesnachrichtendienst wird. «35 ist ausserordentlich dankbar dafür», heißt es schon in einem Brief vom Februar 1951, «dass sich die Beziehungen zum ‹SPIEGEL› so weiter entwickelt haben, dass jetzt dort eine gewisse Einflussmöglichkeit besteht.»

1965 hatte Mahnke den *Spiegel* bereits wieder verlassen und war zum Springer-Verlag gewechselt, wo er mit Zustimmung des Verlegers «eine Art Spionageapparat» aufzog und seine «Stabsabteilung zusehends zum Ausspähungsinstrument» machte, «wie er es zuvor beim *Spiegel* und noch früher beim SD gelernt hatte».[91] Mehr Gegnerforschung, mehr Normalisierung geht fast nicht. Mahnke beendete seine farbenfrohe Laufbahn als Hauptgeschäftsführer des Verbandes Deutscher Zeitschriftenverleger.

Anlass für Beckers Artikel in der *Zeit* war ein Prozess, der mit zwei Jahren Verspätung gegen Werner Pätsch geführt wurde, einen vergessenen Helden der Bundesrepublik. Pätsch war ein Whistleblower. Als Angestellter des Bundesamtes für Verfassungsschutz (BfV) hatte er verraten, dass das BfV eine Brief- und Telefonkontrolle ausübte und damit vorsätzlich gegen das Grundgesetz verstieß. Dabei wurde außerdem bekannt, dass er es beim BfV mit lauter Nazis zu tun hatte, die ihr Handwerk beim SS und SD erlernt hatten. Pätsch wurde vorgeworfen, dass er Amts- und Staatsgeheimnisse preisgegeben und damit das Wohl der Bundesrepublik gefährdet habe. Das war zwar eine juristische Formel und bezeichnete einen Straftatbestand, tatsächlich aber hatte Pätsch das offenbare Staatsgeheimnis der Bundesrepublik ausgeplaudert: dass sie zu großen Teilen von bewährten Kräften aufgebaut und am Leben erhalten wurde.

Deshalb kam es im Spätsommer 1963, in den letzten Wochen von Adenauers Kanzlerschaft, zu einer mittleren Staatskrise. Der Verräter wurde fristlos entlassen, er musste untertauchen, ein Interview, das für die Sendung «Panorama» aufgezeichnet worden war, durfte nicht gesendet werden. Der zuständige Minister Hermann Höcherl, von dem sich der Ausspruch erhalten hat, seine Beamten – zeitweise waren siebzig Prozent der Mitarbeiter im Innenministerium ehemalige Mitglieder der NSDAP – könnten ja nicht den ganzen Tag mit dem Grundgesetz unter dem Arm herumlaufen, bezeichnete die ihm unterstellten Verfassungsschützer nicht als Verfassungsschützer, sondern ganz wehrhaft als «Frontkämpfer bei der Bekämpfung des Staatsfeindes». Auch das war eine mittelbare Kriegsfolge: Höcherl hatte als Leutnant an der Ostfront gedient. Natürlich war auch er NSDAP-Mitglied gewesen (erster Eintritt 1931, bald wieder ausgetreten, zweiter Eintritt 1935 und bis zum Ende geblieben).

Nach der *Spiegel*-Affäre im Jahr zuvor kam die Obrigkeit mit ihrem noch schwach entwickelten Demokratieverständnis aber nicht mehr durch. Es wurde höchste Zeit für einen Wechsel, für neues Personal. «Gibt es nicht», seufzte bereits leicht staatskritisch die *Frankfurter Allgemeine*, «unzählige Behörden mit ausladenden Schreibtischen und einladenden Bürostühlen? Müssen es ausgerechnet Verfassungsschutz-Aufgaben sein, die ihnen anvertraut werden?»[92] Der Leitartikler amüsierte sich vor allem über die

Behauptung des Innenministeriums, die bewussten Herrschaf-
ten seien «ausnahmsweise insoweit eingestellt worden, als andere
Kräfte, die den schwierigen Aufgaben des Verfassungsschutzes
genügt hätten, nicht zur Verfügung standen». Das war genau die
Argumentation von Reinhard Gehlen fünf Jahre zuvor beim Treffen im großen Kreis mit dem Bundeskanzler gewesen, die «ehem.
Beamten der Gestapo» seien doch mit ihren besonderen Fähigkeiten unerlässlich und deshalb als Teil des Öffentlichen Dienstes
anzuerkennen.

Damit war es mittlerweile vorbei. «Unter diesen Verfassungs-
schützern aber sind Leute», so variierte Theo Sommer in der *Zeit*
Höcherls legendären Spruch, «die den ganzen Tag zwar nicht mit
dem Grundgesetz, wohl aber mit der SS-Blutgruppen-Tätowie-
rung unterm Arm umherlaufen.»[93] Höcherl zeigte ihn an, doch das
Verfahren wurde eingestellt.

Josef Mengele

Einer der Fachleute, die durch den Ausgang des Krieges ihre Ar-
beit tatsächlich verloren, war Dr. Josef Mengele. Er war 1935 in
München zum Dr. phil. und drei Jahre später in Frankfurt zum
Dr. med. promoviert worden. Seine «rassemorphologischen» und
«Sippenuntersuchungen» konnte er bei der SS fortsetzen, in die er
1938 eintrat. Als Lagerarzt in Auschwitz spezialisierte er sich auf
Zwillingsforschung, untersuchte die Pigmentierung in der Iris von
Landfahrern, die damals noch Zigeuner hießen. Besonders gern
nahm er die Selektionen an der Rampe vor, die Unterteilung in
Arbeitsfähige, die zunächst weiterleben durften, und Arbeitsunfä-
hige, Alte und Kranke, die sofort ermordet wurden. Seit Mai 1945
wurde deshalb nach ihm gesucht.

Der Mörder – und Josef Mengele war kein filmtiteltauglicher
oder nur symbolischer Täter, sondern ein richtiger Massenmör-

der – kam mit dem Leben davon. Er schlug sich nach Süddeutschland durch, wurde kurze Zeit festgehalten, konnte aber wie Adolf Eichmann, der sich in der Gegenrichtung nach Norden entfernte, wieder fliehen, weil niemand in ihm den SS-Mann erkannte. Eine Zeitlang versteckte er sich im Wald in der Nähe seines Heimatortes Günzburg und gelangte dann auf einen Hof in der Nähe von Rosenheim, wo er weit unter seinem wissenschaftlichen und geistigen Niveau als Knecht beschäftigt wurde. Als Fritz Hollmann getarnt bleibt der Kriegsverbrecher drei Jahre in Mangolding. Er erweist sich als geschickt, verkneift sich notgedrungen sogar den Standesdünkel, aber als Akademiker leidet er unter der Arbeit, die so gar nicht seinen Interessen entspricht. Selbst in den späteren Aufzeichnungen weiß er sich vor Selbstmitleid über sein grausames Schicksal nicht zu fassen: «Die Tränen rinnen dem alten Soldaten über die Wangen», er spricht literarisierend von sich in der dritten Person, «und er stellt sich mit dem Rücken zum Pflüger, wenn er vorbeikommt, damit er das weibische Versagen nicht bemerken soll.»[94]

Der alte Soldat ist weit entfernt von jeder Schuldeinsicht und würde am liebsten das, was er als wissenschaftliche Arbeit betrachtet hat, die Menschenversuche in Auschwitz, fortsetzen. An der Rampe in Auschwitz trug er immer Anzug, entschied mit einem Klaps über links und rechts, über Leben und Tod. Manchmal nahm er auch einen Stock zu Hilfe, und gern, heißt es, habe er dabei Opernarien vor sich hingepfiffen, Rossini.[95] Die Kartoffelernte ist ein Hohn für seine Intelligenz, aber Mengele versteht es, die alte Arbeit in seinem neuen Wirkungsfeld weiterzuführen. «Er fand schnell die zweckmäßigste Sortier- und Abtransportmethode in die drei Kelleröffnungen heraus und bemerkte ebenso rasch, daß (…) die Häufigkeit der verschiedenen Größen der binominalen Verteilung nach dem Gauß'schen Diagramm folgt. Die mittelgroßen stellen also die große Masse, die ganz kleinen sind ebenso wie die ganz großen viel weniger häufig. Da man aber nicht so viel Saatkartoffeln benötigt und sie doch wohl vor allem der menschlichen Ernährung wegen anbaut, verschob Hans [Josef Mengele] die Selektionsstraße der Speisekartoffeln ein bißchen nach den mittelgroßen zu.»[96]

Nichts hat er also verlernt, er könnte, wenn er gerufen würde, morgen wieder zur Selektion an der Rampe in Auschwitz stehen, er könnte aber auch in einem Labor arbeiten, entnommene Gewebeproben unters Mikroskop legen, eine weitere Reihenuntersuchung beginnen, Zahlen notieren, Schlüsse ziehen, die Ergebnisse veröffentlichen, er könnte der Wissenschaft, so wie nicht nur er sie verstand, wieder dienen. Was er nicht denkt, was er nicht aufschreibt: Er könnte jederzeit weiter morden, nur ist seine Fertigkeit nicht mehr gefragt.

Seine Notizen zeigen eine erstaunliche sachliche Kälte, er fühlt sich um sein Recht betrogen, jede Beknirschung ist ihm fremd, was wollten sie eigentlich von ihm? Bei den Nürnberger Prozessen war sein Name genannt worden, er musste sogar die unwürdige Arbeit, die ihn vor der Internierung und einem Prozess bewahrt hatte, aufgeben, konnte aber mit dem Geld, das er von seiner Familie erhielt, über das Kameradenhilfswerk des Luftwaffenobersten Rudel nach Argentinien entwischen. Mengele war einer von Hunderten, vielleicht von mehreren Tausend, die im mehr oder weniger großen Bewusstsein ihrer Schuld das Land verließen. Sie wurden anderswo gebraucht: beim syrischen Geheimdienst, beim ägyptischen Heer, bei der argentinischen Luftwaffe. Der Caudillo Juan Perón wollte mit der in Deutschland ausgesteuerten technischen Intelligenz eine eigene Flugzeugindustrie aufbauen. Der Bedarf an Fachleuten war groß: Die Amerikaner hatten ebensowenig wie die Russen etwas gegen Ingenieure einzuwenden, die ihnen Distanzwaffen für den Kalten Krieg zu bauen versprachen.

In den ersten Jahren lebte Mengele in Buenos Aires, viel bestaunt und im Kreis der alten Kameraden als Akademiker hoch angesehen. Gern hätte er wissenschaftlich weitergearbeitet, es fand sich nur niemand, der ihm etwas zum Forschen angeboten hätte. Zwar gibt es Gerüchte, dass er die Zwillingsforschung weiterbetrieben hätte, aber im Dschungel fehlten ihm dazu die Möglichkeiten.

Auch wenn er seine alte Arbeit verloren hatte, musste Mengele nicht hungern: Als Stückgut schickte ihm die Familie über den Hamburger Hafen Holzverarbeitungsmaschinen und Mähdrescher, die er in Südamerika verkaufen und sich so ernähren konnte. Unbehelligt konnte er in der Schweiz Ski fahren, dort seine Schwägerin treffen und sie heiraten, nachdem er von seiner ersten Frau geschieden war; sogar Günzburg soll er noch einmal besucht haben. Erst als der Mossad 1960 Eichmann ergriffen und nach Israel gebracht hatte, musste Mengele um sein Leben fürchten. Er versteckte sich an wechselnden Orten in Paraguay und Brasilien, es wurde weiter nach ihm gefahndet. Niemand wusste, dass er 1979 beim Baden ertrunken war. Der Mörder war heimlich gestorben.

Deutschland braucht einen Kommissar wie Horst Tappert

Die Täter, die Mörder sind keineswegs alle straffrei ausgegangen. Noch im Sommer 2018 schieben die USA einen gebürtigen Ukrainer nach Deutschland ab, der Aufseher in einem in Polen errichteten deutschen KZ gewesen sein soll. Doch erst in den sechziger Jahren geht die stillschweigende Amnestie für NS-Täter zu Ende. Das liegt am Eichmann-Prozess, auch an der langen, folgenlosen Bloßstellung Globkes, an den Auschwitz-Prozessen, bei denen zum ersten Mal über ganz normale Männer verhandelt wurde. Spätestens seit dem Ulmer Einsatzgruppenprozess 1958 wird allgemein bekannt, mit welcher Brutalität gegen die Russen, gegen die Juden, gegen die Sinti und Roma vorgegangen wurde, und plötzlich erinnert man sich wieder, dass die Gestapo Verhaftungen gar nicht im Namen eines Rechtsstaates vornahm. Die Angst vor der unberechenbaren Nazi-Gewalt klingt an in dem Kommentar von

Karl-Hermann Flach, dem späteren Generalsekretär der FDP, der Ende Oktober 1962 in der *Frankfurter Rundschau* zur Besetzung der *Spiegel*-Redaktion durch die Sicherungsgruppe Bonn schreibt: «Wenn es also morgens in aller Frühe bei uns klingelt, können wir uns nicht weiter mit dem beruhigenden Gefühl strecken, daß es nur der Milchmann oder der Junge mit den Brötchen sein kann (…). Wir müssen damit rechnen, daß es die politische Polizei ist, die bei Nacht und Nebel nach Landesverrätern sucht.»[97] Der Publizist Sebastian Haffner hatte die gleiche Assoziation: Die Bundesrepublik gehöre nicht mehr zu den Staaten, «in denen der Bürger sagen kann, er wisse, wenn es nachts unvermutet an der Tür klopft, daß es der Milchmann ist», und verabschiedete zugleich Rechtsstaat und Demokratie.[98]

Der *Daily Mirror* sprach von einem «wahrhaft internationalen Gestapo-Stil»[99], aber weder die britische Zeitung noch Flach, noch Haffner konnten wissen, dass der Einsatz gegen den *Spiegel* von Theodor Saevecke geleitet wurde, der im Reichssicherheitshauptamt mit «Vorbeugender Verbrechensbekämpfung» befasst gewesen war, «mit großem Erfolg die Judenfrage im tunesischen Raum bearbeitet» hatte und sich anschließend in Italien im Krieg gegen die Partisanen so große Verdienste erwarb, dass ein italienisches Gericht den in allen Ehren pensionierten Beamten noch 1998, in Abwesenheit natürlich, zu lebenslanger Haft verurteilte. Im Bundeskriminalamt, das ihn seit 1952 beschäftigte, spricht ein Kollege gut für ihn, der erklärt, er habe in seinen ganzen Dienstjahren «keinen besseren Menschen mit einem solchen ausgeprägten Gerechtigkeitsgefühl kennengelernt wie Herrn Saevecke». Noch wichtiger ist die CIA, der Saevecke seit 1947 als Agent unter dem Namen «Cabanjo» dient. Seine Frau sei 1945 hundertmal von den Russen vergewaltigt worden, hatte er den Amerikanern erklärt, die erfreut notieren, dass er in seinem Hass auf die Kommunisten unerbittlich sei. Als 1954 zum ersten Mal Vorwürfe gegen Saevecke laut werden, versichert CIA-Chef Allen Dulles, dass man über Saeveckes Taten Bescheid wisse, ihn aber für «politisch

tragbar» halte. Auf diesen Kontakt konnte Saevecke bis zuletzt
vertrauen – er starb hochbetagt im Jahr 2000 –, aber nach einer
weiteren Untersuchung seiner Vorgeschichte war der ehemalige
SS-Hauptsturmführer 1964 vom BKA abgezogen worden und verantwortlich für die Sicherheit des Regierungsbunkers bei Ahrwei-
ler.[100] Die allmähliche Demokratisierung machte den Wechsel von
der SS in eine bessere Hausmeistertätigkeit möglich. Es geht aber
noch besser.

Im Zweierlei zwischen juristischer Aufarbeitung und Histori-
sierung taucht 1974 Stephan Derrick auf, ein Oberinspektor der
Münchner Kriminalpolizei. Über Jahrzehnte war er ein lieber Gast
im bundesrepublikanischen Wohnzimmer. Keiner Fliege hätte er
etwas zuleide tun, überhaupt niemals etwas Unrechtes tun können.
Er verkörperte Redlichkeit und Anstand und strahlte ein sanftes
Durchsetzungsvermögen aus, das ihm in den langen Jahren seiner
Polizeilaufbahn wie von selber zugewachsen war.

Diesen Oberinspektor hatte der wandlungsfähige Drehbuch-
autor Herbert Reinecker als Nachfolger seines «Kommissars» erfunden, der von 1968 an in Gestalt von Erik Ode in hundert Folgen im Wohlstandsmilieu der Bundesrepublik ermittelt hatte, «ein
steter Besserwisser, der unserem Bewußtsein von der ideal-bür-
gerlichen Führerfigur entspricht»[101]. Reinecker dachte bei Derrick
an Peter Falk und dessen Inspektor Columbo, aber einen derart
zerknautschten und scheinzerstreuten Ermittler hätte vielleicht
die deutsche Polizei erlaubt, aber bestimmt nicht der Fernsehrat
des ZDF. Schließlich ging da ein Bürokrat seiner Arbeit nach,
sorgte wenn nicht für Ruhe und Ordnung, so doch für klare Verhältnisse. Da durfte kein Stäubchen stören, und Extratouren, wie
sie sich Horst Schimanski später erlaubte oder gar der Bulle von
Tölz mit seinem grundsätzlichen Zweifel an den herrschenden
Verhältnissen, kannte der nüchterne Derrick nicht. Bedächtig war
er, was sich nicht zuletzt in den fürchterlich zähen Dialogen mit
seinem langhaarigen Assistenten äußerte. Derrick brauchte aber

dieses Gegenüber, denn die antiautoritären siebziger Jahre erlaubten keine einsamen Entscheidungen eines unbestrittenen Führers mehr. Sein Amt trat er 1974 fast gleichzeitig mit Helmut Schmidt an, dem Soldatenkaiser unter den Kanzlern, und er verließ es 1998, als auch der Bimbes-König Helmut Kohl ging, regierte also im entscheidenden Abschnitt des sozialdemokratischen Halbjahrhunderts, das 1969 mit dem Wahlerfolg der sozialliberalen Koalition begonnen hatte.

Derrick ermittelte im Reichenvorort Grünwald, wo er die Bösen entlarvte und den Guten zu ihrem Recht verhalf. Er war harmlos, ein Beamter, keiner, vor dem die Welt in Scherben zerfallen würde, verlässlich, denn jeder Fall war nach sechzig Minuten gelöst. Dreißig Millionen Zuschauer schauten sich diesen Derrick einmal im Monat an. Der Plot war klinisch frei von Überraschungen, die Geschichte ging nach einem leichten Grusel wegen des üblichen Mordes immer gut aus, und wenn Derrick den Wagen vorfahren ließ, dann war da noch ein Rest jener hierarchisch-monarchischen Eleganz, nach der sich die Deutschen vergeblich zurücksehnten. Es war inzwischen selbst in Deutschland die Demokratie angebrochen, und der Oberinspektor wurde über fünfundzwanzig Jahre ihr verlässlichster Vertreter.

Was erst so grunddeutsch und entsprechend provinziell wirkte, erwies sich als allerbeste Exportware, und so drang Tapperts Derrick bis in den letzten Winkel der bewohnten Erde vor. In die jeweilige Landessprache synchronisiert, wurde die Serie in hundertzwei Ländern gezeigt. Während man sich in Deutschland längst lustig machte über den Oberinspektor, der über Jahrzehnte nicht befördert wurde, der mit seinem traurigen Blick über wenig aufregende Verbrechen nachsann, die er mit maschinenhafter Regelmäßigkeit aufzuklären hatte, freundete sich die Welt mit diesem mausgrauen Tugendbold an, der nicht rauchte, kaum trank, allenfalls zum bürotypischen Koffein-Abusus neigte und dessen Frauengeschichten so überschaubar waren, dass er praktisch als öffentlich-rechtlicher Mönch durchging. «Derrick macht allen ein gutes Gefühl, auch denen, die sich für überlegen halten», meinte der Zeichentheoretiker und Krimi-Autor («Der Name der Rose») Umberto Eco, «denn er lässt in jedem von uns die Mittelmäßigkeit wieder aufblühen, die wir glaubten, verdrängt zu haben.» Die Wiederkehr des Immergleichen versöhnte die Welt mit Deutschland, das vor Tapperts Kriminalbeamten noch immer in Knobelbechern dahermarschiert kam. Dieser Deutsche war endlich nicht mehr zum Fürchten.

Besonders beliebt war «Derrick» in den Nachbarländern, die einst unter dem Überfall der deutschen Wehrmacht zu leiden hatten. In den Niederlanden erreichte der Vertreter des geläuterten Deutschland Einschaltquoten von zwanzig Prozent, was endlich bewies, dass die Deutschen sich auf ihre bürokratischen Fähigkeiten besonnen hatten statt weiterzumorden. Unerlässlich dabei war die Schützenhilfe des ehemaligen Nazi-Propagandisten und SS-Unterscharführers Herbert Reinecker, der dem Polizisten Derrick seine immermüden Sätze in den Mund schrieb. Reinecker hatte als Chefredakteur einer HJ-Zeitung begonnen, bei der Tobis eine Ausbildung zum Drehbuchschreiben absolviert, erfolgreiche, den Russlandfeldzug begleitende Propagandastücke verfasst und mit seiner Arbeit für den HJ-Film «Junge Adler» bereits für den Nachkriegsfilm vorgearbeitet. Durch den Produzenten Helmut Ringelmann, der seine Serien ans ZDF verkaufte, wurde Reinecker der einzige deutsche Autor mit weltweiter Wirkung. Obwohl er nur Gebrauchsschriftsteller war, lag ihm an seiner Botschaft. «Ein Krimi hat eine Mitteilungs- und Aufsichtspflicht», meinte Reinecker einmal, doch war das nur eine Umschreibung für sein eigenes Lehramt, in das er sich im Lauf seiner langen Karriere vom HJ-Schriftleiter bis zum allgegenwärtigen Serienschreiber mit einem Millionenpublikum selber befördert hatte.

Einmal allerdings erlaubte sich Reinecker eine Art Ideenroman, in dem er, ohne seine bewährte Dialogtechnik aufzugeben, beinah so etwas wie ein Schuldbekenntnis ablegt. 1974, als Derrick zum ersten Mal auf dem Bildschirm erschien, veröffentlichte Reinecker den Roman «Feuer am Ende des Tunnels». Die Literaturkritik hat sich nicht dafür interessiert, das Buch war eines von Dutzenden Reinecker-Krimis, die gleichzeitig auf dem Markt waren und seine Seriengestalten, den Kommissar, Derrick und später Siska, im Buchhandel begleiteten, hier aber geht es kaum verklausuliert um die Rote Armee Fraktion (RAF). 1974 war die Studentenrevolte längst vorbei, die erste Generation der RAF saß seit zwei Jahren im Gefängnis, in Stammheim wurde der Prozess vorbereitet, doch Reinecker stellt in seinem Buch Fragen, wie sie im Generationenkonflikt der sechziger Jahre gestellt wurden und für einige wenige den Weg zum bewaffneten Kampf ebneten.

Der fast sechzigjährige Reinecker sympathisiert in seinem Roman ganz offen mit den Motiven der Terroristen. Mehr oder weniger bewusst folgt er einem Muster, das sich auch beim Germanisten Schneider-Schwerte oder beim Abgeordneten Richter-Rößler zeigt: die Flucht in den Schutz der Öffentlichkeit. So wäre es bei der Sympathisantenjagd im «Deutschen Herbst» ein Leichtes gewesen, Reinecker neben Luise Rinser, Heinrich Böll, Wolf Biermann und Günter Wallraff als Terror-Unterstützer zu entlarven, doch weil der erfolgreichste Autor des deutschen Fernsehens keiner linken Sympathien verdächtig war, blieb die Gewissenserforschung, die ein Angehöriger der Tätergeneration hier vor aller Augen betrieb, völlig unbemerkt. Dabei war es nicht zu übersehen: «‹Weißt du, Jakob›, murmelte er, ‹ich denke, es hängt alles mit diesem Scheißkrieg zusammen. Die entsetzlichen Dinge, die da passiert sind, die haben wir› – er suchte nach einem Ausdruck und fand ihn schließlich – ‹zugedeckt. Ohne dieses Zudecken hätten wir gar keine Überlebenschance gehabt.›»[102] Das Infame dabei ist, dass sich hier der Wehrmachtssoldat Schreiber mit seinen Überlegungen bei einem Juden rückversichert – Jakob Brenner –, der das KZ überlebt hat. Gemeinsam machen sie eine Entdeckung: «Die jungen Leute *tun unsere Arbeit.*»[103]

«Feuer am Ende des Tunnels» ist ein frühes Beispiel der Bewältigungsliteratur. Zivilisationskritisch wird die noch reine Natur beschworen, die Technik als Naturzerstörerin verdammt, es lodern Lagerfeuer und werden schwere generationstypische Fragen erwogen. Im Gespräch mit seinem Sohn rekapituliert der erfolgreiche Unternehmer Harald Schreiber seine Jugend: «Wir kamen aus dem Krieg zurück wie Idioten, mit einem Haufen Fragen auf dem Buckel.» Ohne Angst vor dem Bildbruch geht es munter weiter: «Wir haben in unbeantworteten Fragen doch geradezu gewatet.» Wer fragt, wer antworten soll, wird aber nicht deutlich, es bleibt nur eine verspätete Zerknirschung: «Und vor diesen Fragen, statt sie zu beantworten, sind wir davongelaufen.»[104] Schreiber (denn natürlich muss diese Spielfigur des Autors «Schreiber» heißen) ist alles andere als ein Nazi und voller Verständnis für das Missvergnügen seines Sohnes Manfred, der kurz vor dem Abitur die Schule geschmissen hat. Punktuell zeigt der Alte sogar den gleichen Musikgeschmack wie der Sohn mit seinem Faible für Deep Purple, generationenübergreifend muss es allerdings das Album «Concerto for Group and Orchestra» (1969) mit dem Royal Philharmonic Orchestra sein.

Schreiber ist nicht wie sonst im typischen Fernsehkrimi aus der Reinecker-Fabrikation der bösartige, moralisch mindestens zweifelhafte Kapitalist, sondern ein grüblerischer Intellektueller. Er sieht sich selber als Opfer des «Dritten Reiches» und in seinem Sohn, der sich mit Terroristen einlassen will, einen legitimen Nachfolger in der Gesellschaftskritik. Der junge Schreiber hat im Fernsehen eine Dokumentation über Simon Wiesenthal und darin gesehen, wie weiße, nackte Leichen in ein Massengrab geworfen werden. Es ist das Ur-Erlebnis der Nachkriegsgeneration, wie es auch von der RAF-Terroristin Gudrun Ensslin überliefert wird. In einer Szene unterhält sich Manfred Schreiber mit seinem Vater, der in der Hitlerjugend war, über dessen Vergangenheit und stellt ihm stellvertretend für seine Generation die Gewissensfrage: «Hast du auch mit den kleinen weißen Leichen zu tun gehabt?» Der Vater bestreitet es, gibt aber zu, dass ihn die Vergangenheit beschäftigt, dass ihn Bilder aus der Vergangenheit verfolgen. «Ich dachte, ich könnte sie vergessen. Ich habe sie auch vergessen. Jahrelang. Aber sie kamen immer mehr aus der Vergessenheit zurück. Eine quälende Sache. Ein Grund, um zu arbeiten, ein sehr guter Grund, um ununterbrochen zu arbeiten.»[105] Das ist, wenn auch nicht furchtbar subtil formuliert, die kurzgefasste Beschreibung der Wiederaufbauzeit, die das Wirtschaftswunder hervorbrachte und dafür die Bewältigung der Vergangenheit den Intellektuellen überließ. Immerhin bringt Reinecker noch eine Anspielung auf die Familie Mengele unter, wenn er von Schreiber sagt, ihm gehöre die «größte Landmaschinenfabrik in Süddeutschland»[106]. Der unermüdliche Wortproduzent Reinecker – nach dem Krieg soll er innerhalb von vier Jahren tausend Kurzgeschichten geschrieben haben[107] – dürfte da auch an sich gedacht haben, wenn ihn diese momentweise Reflexion auch nicht davon abhielt, noch Jahrzehnte weiterzuschreiben.

Der Literaturwissenschaftler Volker Helbig glaubt, dass Reinecker mit seinem ungewöhnlichen Sujet von Heinrich Bölls Erzählung «Die verlorene Ehre der Katharina Blum» (1974) beeinflusst sei.[108] Tatsächlich bezieht sich eine Figur, der achtzehnjährige Schulabbrecher Manfred Schreiber, ausdrücklich auf ein Wort Bölls, das in dessen Plädoyer «Will Ulrike [Meinhof] Gnade oder freies Geleit?» Anfang 1972 im *Spiegel* auftaucht: die «Hitlerjugendwehwehchen» der pragmatischen Generation. Diese «längst nicht mehr so jungen Herren Pragmatiker», wie Böll in seiner Zornrede anhebt, «die so mühelos und schmerzlos vom Faschismus in die freiheitlich demokratische Grundordnung übergewechselt haben oder worden sind; sie waren bis 1945 zu gläubig oder zu dumm, um nachdenklich zu werden, im Jahre 1945 waren sie zu jung, um für schuldig gehalten zu werden. Sie waren ‹desillusioniert›, ein bißchen reumütig, sehr rasch bekehrt, und ihre Schmerzen waren nicht viel mehr als ein bißchen Hitlerjugendwehwehchen.»[109]

Reineckers Schreiber will sich gegen diesen Vorwurf verteidigen und wirft Böll seinerseits vor, er sehe mit dem «Fernrohr» auf diese Zeit. Der Autor selber tut nichts anderes, als er einen Polizeizugriff

bei einer verdächtigten Gruppe mit Begriffen wie aus einer Ge-
stapo-Razzia schildert. Da ist von «Sturmangriff» und «Hetzjagd»
die Rede, es wird mit dem Pistolenknauf zugeschlagen, und selt-
samerweise können sich Vater und Sohn Schreiber, aber auch der
KZ-Überlebende Brenner und der Wehrmachtssoldat Schreiber in
ihrer Abneigung gegen die moderne, leere Welt verständigen. Der
vergrübelte Vater will anders als die pragmatische Generation, der
er doch angehört, unter der Nazizeit gelitten haben, ganz so, als
wäre er trotz HJ und diffuser Kollaboration ebenfalls Opfer einer
Zeit gewesen, mit der er vor allem die staatliche Willkür verbindet.
Wenn sein Sohn sie jetzt ebenfalls erlebt, dann rechtfertigt das den
Vater, der damit kein Täter, sondern ein Opfer war. So kann er
die Wiederkehr des Unrechtsstaats fürchten und sich mit seinem
idealistischen Sohn verbünden, der Widerstand für legitim hält:
Die Gewalt geht von den Verhältnissen aus, die Widerstand offenbar herausfordern. Manfred Schreiber und sein Freund Steinhardt,
die mit den Verhältnissen nicht einverstanden sind, aber Gewalt
ablehnen, sterben durch Polizeikugeln. Der allwissende Erzähler,
der Bewältigungsdramaturg Herbert Reinecker, verwandelt seinen
jugendlichen Helden im Sterben in ein KZ-Opfer: «Er starb in der
Luft, kurz nach einem sonderbaren Gefühl, das ihn völlig durch-
drang, so als sei er an Beinen und Armen erfaßt und werde durch
die Luft in eine Grube geworfen.»[110]

Herbert Reinecker beließ es bei diesem literarischen Versuch einer Gewissenserforschung. Es war, als wollte er seine Schuld durch
andauerndes Schreiben abtragen, aber er strafte die Zuschauer dafür mit den ödesten Dialogen und einer Dramaturgie, die aufs Ab-
sehbarste zu einem guten Ende drängte, nicht allerdings ohne unterwegs den Blick auf die menschliche Verkommenheit zu richten
und in Gestalt des Ermittlers eine bessere Welt vorzuführen. Auch
wenn es der Roman anders darstellt, war der nationalsozialistische
Polizeistaat durch den sanften Ermittler Derrick abgelöst worden.

Und dann im Jahr 2013 diese Überraschung, die in der immer gleichen Fernsehspiel-Dramaturgie von Verbrechen und Aufklärung, von Vergehen und Verstehen, nicht vorgesehen war: Horst Tappert, also Derrick, war, wie fünf Jahre nach seinem Tod herauskam, Mitglied der Waffen-SS gewesen, ein Angehöriger des SS-Panzergrenadierregiments 1 mit dem eindeutigen Beinamen «Totenkopf». Als sich Günter Grass freiwillig zur Waffen-SS meldete, war er sechzehn, während Tappert bei seinem Eintritt 1943 bereits zwanzig und einigermaßen bei Verstand war. Über seinen Kriegseinsatz in der Sowjetunion ist nichts bekannt, er war sich seiner Handlungen aber offenbar so bewusst, dass er seine Teilnahme am Vernichtungskrieg hinterher als Sanitätsdienst verharmloste. Tappert wurde Ensemblemitglied der Münchner Kammerspiele, ein geachteter Schauspieler, aber der Polizeioberinspektor im Fernsehen wurde seine Lebensrolle; er spielte ihn nicht nur, er war es – 281 Folgen lang. 1998, zum Ende seiner Dienstzeit, veröffentlichte er eine Art Autobiographie – «Derrick und ich» –, doch verschwieg er trotz des vielversprechenden Untertitels «Meine zwei Leben» sein allererstes in der SS. Ja, er sprach da sogar von den «Untaten der Nazis» und dass er seinen Vater, der Hitler und seine Leute als «Verbrecher» bezeichnete, bewundert habe.[111] Erst die Serie «Derrick» integrierte einen Mittäter des «Dritten Reiches» unauffällig in das runderneuerte Deutschland, das sich von der milden Autorität in Tapperts wässrigem Blick gern beaufsichtigen ließ.

Aber war es nicht die ideale Konversionsgeschichte, dass ein SS-Mann in der Lage war, die schwarze Uniform abzulegen, auf das öffentliche Prunken mit Abzeichen und Runen zu verzichten, zum öffentlich-rechtlichen Melancholiker zu mutieren und sich dabei in einen Anzug tragenden Beamten zu verwandeln, der mit Sorgenmiene den Zerfall der bürgerlichen Gesellschaft betrachtete? Die Waffe kam nur noch streng nach Dienstvorschrift und gegen amtlich anerkannte Verbrecher zum Einsatz. Wenn Tappert die Walther PPK zog, tat er es im Namen der Gerechtigkeit, ein

Genickschuss war nicht zu befürchten. Er mochte zuletzt beklagen, dass die Drehbücher «zu philosophisch» wurden, aber Reineckers Grübeln verlieh ihm und seiner Figur erst diese Würde des Sozialpflegers, den am Ende in bester Dostojewski- und dann sozialdemokratischer Tradition weniger die Aufklärung des Verbrechens als die Umstände interessierten, in denen dieses Verbrechen möglich wurde. Auch das war Vergangenheitsbewältigung.

Es geht einfach nicht weg, es ist immer da

Anders als die Lungenfachärztin Johanna Haarer, anders als der juristische Mitmacher Heinrich von Brentano, anders als der Ostforscher Hermann Aubin, anders als der Verwaltungsbeamte Hans Globke, anders als Horst Tappert, anders natürlich auch als Hildegard Knef, die in dem Film mit dem sprichwörtlich gewordenen Titel absurderweise eine Verfolgte des Naziregimes spielte, war Mengele ein Mörder. Er wusste bald, dass er in dem Deutschland, das sich vom Nationalsozialismus und seiner Rassenideologie absetzen wollte, für ihn nichts mehr zu gewinnen war. Einige Täter blieben, vertrauten auf die Amnestie und noch mehr auf das Vergessen. Manchmal halfen auch die Kollegen. Die Monographie «Medizin ohne Menschlichkeit» (1949), die Alexander Mitscherlich zusammen mit Fred Mielke über den Nürnberger Ärzteprozess herausgab, verschwand aus den Buchläden; die Betroffenen – die Rede war von mindestens dreihundertfünfzig Medizinverbrechern – dürften schon dafür gesorgt haben, dass sich das Wissen um ihre Untaten nicht verbreitete.

Das Schweigen über so viele Untaten musste irgendwann zur Farce werden. Heinrich Böll, kein Parteimitglied, aber mit der Wehrmacht in Frankreich und Russland gewesen, lebte als noch wenig erfolgreicher Schriftsteller in den fünfziger Jahren wie viele seiner Kollegen von Rundfunkaufträgen. Er war einer der ersten

Autoren, der die Möglichkeiten dieses damals einflussreichsten Mediums begriff und dem deshalb auch eine Satire mit Funkmitteln gelang. Die Erzählung «Doktor Murkes gesammeltes Schweigen» erschien zuerst 1950 in den *Frankfurter Heften* und wurde 1964 vom Hessischen Rundfunk mit Dieter Hildebrandt (1944 in die NSDAP aufgenommen, was aber erst 2007 bekannt wurde) in der Titelrolle verfilmt. Der Katholik Böll macht sich darin über den (erfundenen) Kulturkritiker Bur-Malottke lustig, der sich in einem Kunstfeature für eine Rundfunksendung mehrfach auf Gott berufen hatte, das aber plötzlich nicht mehr zeitgemäß findet und stattdessen «jenes höhere Wesen, das wir verehren» fordert. Der Redakteur Dr. Murke muss aus der Tonaufnahme also siebenundzwanzigmal das Wort «Gott» entfernen und durch die neue Umschreibung ersetzen. Die Pointe besteht natürlich darin, dass Bur-Malottke ein opportunistischer Kulturnazi ist, der vor 1945 vorschriftsmäßig atheistisch dachte, sich nach 1945 rasch zu Gott bekannte, dann aber merkte, dass er ohne Not zum Christentum zurückgekehrt war und sich jetzt wieder zu seiner bewährten Weltlichkeit bekennen will, womit er sich endgültig entlarvt.

Bei der Fortsetzung dieser Satire, «Doktor Murkes gesammelte Nachrufe» (1965) wirkte Martin Jente mit, der für den Hessischen Rundfunk Hunderte von Sendungen betreute, darunter auch die unfassbar beliebte Unterhaltungsshow «Zum Blauen Bock». Niemand musste wissen, dass er in der Kulisse tätig war. Wegen einer Nebentätigkeit war Jente aber allgemein bekannt, sogar populär: Am Ende der erfolgreichen Samstagabendsendung «Einer wird gewinnen», die von 1964 an lief, reichte er jedesmal dem Moderator Hans-Joachim Kulenkampff Hut und Mantel. Er gab dabei den soignierten, offenbar magenkranken und deshalb grundsätzlich indignierten Butler, der seinem Herrn ein paar strenge Worte mitgab. Dieser Butler war ein Stilzitat aus einer anderen Gesellschaft, die dem demokratischen Publikum am Samstagabend bestenfalls noch als Gerücht geläufig war. Die Arroganz war geliehen wie der Cut, das zur Schau getragene Körperfett leugnete die Bösartigkeit, aber mehr als die Karikatur von Macht gab diese Figur nicht mehr her.

Und dann das gleiche Spiel, wieder erwies sich ein Gesicht der Bundesrepublik als falsches Gesicht. Martin Jente starb 1996, doch erst 2014 wurde bekannt, dass er bereits 1933 in die SS eingetreten war und es bis zum Hauptscharführer brachte.[112] Der Oberleutnant der Marine hatte zwischen 1939 und 1945 an mehreren «Feindfahrten» teilgenommen, hatte diverse Auszeichnungen wie den «Krimschild» und die Medaille für die Teilnahme am «Kreuzzug gegen den Kommunismus» empfangen. Aus dem Nachlass wurden einige Handschreiben verkauft, die er auf Briefpapier der Reichskanzlei erhalten hatte: «Herzliche Glückwünsche zum Weihnachtsfest und zum Jahreswechsel», Unterschrift: A. Hitler.[113] Historisch gesehen ist nicht nur Martin Jente der Wechsel recht gut gelungen.

2. ÜBERALL VERRAT: DER KOMMUNISMUS BEDROHT DIE BUNDESREPUBLIK

Bei Heidegger in Todtnauberg

Im Sommersemester 1944 besuchte Peter Wapnewski bei dem berühmten Philosophen Martin Heidegger in Freiburg ein Seminar über «Grundbegriffe des Denkens». Wapnewski hatte sich nach dem Abitur 1941 kriegsfreiwillig gemeldet und war im Herbst 1942 an der Ostfront schwer verwundet worden. In der Rekonvaleszenz begann er zu studieren, ein Semester verbrachte er in Freiburg. Niemand, jedenfalls niemand von den Jüngeren, behauptet Wapnewski, wusste in jenem Jahr etwas von der Rede, mit der sich der Universitätsrektor Heidegger 1933 den Nationalsozialisten angedient hatte. In seinen Memoiren, die 2005 erschienen, spricht der berühmte Mediävist Wapnewski von einer «unseligen Verstrickung»; dass sie möglicherweise unselig, aber vor allem ein beispielloser Sabotageakt am freien Geist war, scheint dem Schüler auch nach Jahrzehnten nicht aufgegangen zu sein.

Heidegger hatte sich 1933 in seiner Rektoratsrede Adolf Hitler an die Brust geworfen, war feierlich in die NSDAP eingetreten und wollte Professoren und Studenten in die neue Volksgemeinschaft als «Kampfgemeinschaft der Lehrer und Schüler»[1] geleiten. Als «Denkwebel» (Odo Marquard) forderte er eine neue Trias der Werte: Arbeitsdienst, Wehrdienst, Wissensdienst. Sehr bald merkte er, dass er keineswegs das Reich des Geistes betreten hatte, in dem er unumschränkt hätte herrschen und den Führer führen können: Er erlebte Intrigen, Dummheit und vor allem, wie wenig sich die Partei, so sehr er auch die «innere Wahrheit und Größe des Nationalsozialismus» feierte, für die von ihm erhoffte Erneuerung des Geistes interessierte. Das Amt des Rektors hatte Heidegger schon nach einem Jahr wieder aufgegeben. Zehn Jahre später stehen Nietzsche und die Vorsokratiker auf dem Lehrplan. Das Seminar 1944 war «Kriegsteilnehmern» vorbehalten, weil Heidegger es, wie Wapnewski betont, «endlich einmal nur mit männlichen Partnern zu tun haben» wollte, wo doch sonst wegen des Krieges fast nur Frauen an der Uni sein konnten. Wapnewski verfasste das Protokoll der Sitzung vom 12. Juli 1944,[2] wurde dafür von Heidegger gelobt und durfte ihn zum Abschied – das Semester endete Anfang August – in seiner Holzhütte in Todtnauberg besuchen.

Der knapp zweiundzwanzigjährige Student redete seinem eigenen Bericht zufolge vor dem Philosophen von der «Situation von Geist und Moral und Individuum inmitten der Brutalität einer Ideologie», hielt sich damit für mutig, war sich aber auch sicher, in Heideggers Sinn zu sprechen, der für ihn «den Geist schlechthin gegen den Widergeist» verkörperte. Heidegger aber schwieg oder verbarg sich hinter Floskeln oder blieb, in Wapnewskis Worten, «von einer nicht zu fassenden Unverbindlichkeit».[3]

Aber warum? Gut sechzig Jahre später ist es für Wapnewski nicht ausgeschlossen, dass Heidegger ihn für einen *agent provocateur* hielt, einen potenziellen Verräter. Hitler hatte eben das Attentat Stauffenbergs überlebt und ließ seine echten und vermeintlichen Feinde zu Hunderten hinrichten. Der Student war ein Soldat des Führers, war ausgezeichnet mit dem Panzersturmabzeichen in Silber, dem Verwundetenabzeichen, ebenfalls in Silber, und dem Eisernen Kreuz Zweiter Klasse (ob er die Orden beim Besuch trug, erwähnt Wapnewski nicht), und er steckte in der schwarzen Uniform der Panzersoldaten, weshalb er manchen sogar als SS-Mann galt.

1944 weiß Heidegger nicht mehr, wo er steht und wie es um ihn steht. Gehört er noch zur nationalsozialistischen Bewegung? Was, wenn sich die Bewegung inzwischen gegen ihn gewendet hat?

Der Traum der Welteroberung, dieser «schwere Gang unserer Ge-
schichte»[4], ist in weite Ferne gerückt, der Feind droht überall. Sitzt
da ein Verräter vor ihm, der sich als besonders meinungsfreudiger
Schüler tarnt? Wer selber seine jüdischen Schüler und den freien
Geist verraten hat, rechnet damit, dass auch er verraten wird. Im
Zweifel kann ihn kein Gott, kein Hölderlin retten.

Heidegger wird es trotzdem versuchen. In den «Schwarzen Heften», in die er bei Kriegsende einträgt, was ihn bewegt, die aber
erst siebzig Jahre später veröffentlicht werden, wagt er den großen
dialektischen Sprung und stellt sich und den Nachgeborenen die
völlig ernst gemeinte Frage, «ob diejenigen, die *für* Hitler waren,
nicht gerade anderes und weiteres und Wesentlicheres sahen und
eben nicht am Vordergründigen haften blieben. Vielleicht waren
einige von *diesen* in einem echten Sinne schon und früher als die
späteren [Hitler-Gegner] – *gegen* Hitler.»[5] Darauf muss man erst
mal kommen: Die Hitler-Freunde, Hitler-Förderer, Hitler-Anhän-
ger, Hitler-Parteigenossen – also Männer wie der Rektor Heidegger – waren die Hitler-Gegner von Anbeginn.

In den «Schwarzen Heften» beschäftigt sich Heidegger auch mit
seiner kurzen Rektoratszeit, dem «Irrtum»[6], der «*Übereilung* meines Denkens»[7], er stellt sich aber auch in eine besondere Reihe, die
von Hegel über Marx zu niemand anderem als ihm selber führt:
«1807: Phänomenologie des Geistes. 1867: Das Kapital. 1927: Sein
und Zeit.»[8] Als ihm 1945 die Professur genommen wird, kann
das nicht die Folge seiner Parteinahme von 1933 sein, sondern
es muss sich um ein Verbrechen «an der geschichtlichen Bestim-
mung des Volkes» handeln. Die «Akteure dieses Spiels» begehen
nicht weniger als ein Weltverbrechen, «*den Verrat am Denken*»[9].
Sie sind auch zu dumm, um zu erkennen, welches Spiel ihm damals vorschwebte, eine Umkehrung und Zusammenfassung aller
geistesgeschichtlichen Werte, sein Beitrag zur unumgänglichen
Weltentscheidung. Er und Hitler – sie hätten den Kommunismus
«im seynsgeschichtlichen Sinne»[10] verstanden. Nur die «Tugend-
bolde» in ihrer «Ahnungslosigkeit und Kurzsichtigkeit» konnten

und können noch immer nicht verstehen, dass sein Irrtum gar keiner war, sondern ein großes heilsgeschichtliches Abenteuer: «Der ‹Nationalsozialismus› und ‹Faschismus› wären, wenn es geglückt wäre, ein Weg gewesen, ‹Europa› und seine ‹Bildung› und seinen ‹Geist› für den ‹Kommunismus› reif und bereit zu machen.»[11] Mit dem christlich-liberalen Weltverhältnis wird man den Kommunismus nämlich nicht überwinden können. Nur wer den Kommunismus als notwendiges Vehikel des Seynsgeschicks begreift, wird den Nihilismus besiegen. Es ist die pyromanische Freude am Weltenbrand, der ein Erzdialektiker wie Heidegger nicht widerstehen konnte. Und zumindest in einem hatte sich Heidegger nicht getäuscht: Der Verrat machte Geschichte. Wie sich zeigte, wirkte die Idee vom Kommunismus als gefährliches und dabei notwendiges Feindbild auch ohne Hitler.

Volksgemeinschaft

Der Kommunist ist der Hauptdarsteller im Demokratiespiel, das in der morgenjungen Bundesrepublik *con amore* aufgeführt wird, eine rabenschwarze (oder wahlweise tiefrote) Figur, einmal da, schon wieder weg, aber immer zum Fürchten. Beileibe kein Mephisto, dafür ist er zu eindimensional, aber er ist der Feind, der das Böse will und es auch schaffen könnte, wenn man sich nicht mutig gegen ihn erheben würde. Mit der dauernden Mahnung, nur ja wachsam zu sein, liefert der Kommunist dem neuen deutschen Versuch mit der Demokratie die ideologische Legitimation. Nach der Kapitulation von 1945 und den Hunger- und Versorgungsnöten der Nachkriegsjahre bildete der Antikommunismus die eine Konstante, mit der sich nach dem Untergang mit bestem Gewissen und im Gefühl neuer staatsbürgerlicher Rechtschaffenheit weiterleben ließ. Der Feind von gestern war spätestens ab 1948 auch der Feind von heute. Im Frühjahr jenes Jahres fiel die Tschechoslowakei den Kommunisten endgültig in die Hände, der Osten Mitteleuropas musste jetzt vollständig an das Sowjetreich verloren gegeben werden, der russische Einfluss endete erst kurz vor Lübeck, Hof und Passau, und der Eiserne Vorhang bot keine Garantie, dass er sich dort auch aufhalten ließe.

Der Kommunist besaß den unschätzbaren Vorteil, dass er so vertraut war, weil er sich bereits im Nationalsozialismus als Feind bewährt hatte. Der Kommunist strebte doch seit je nach der Weltherrschaft, da galt es, ihm zuvorzukommen. Ein Kommunist hatte noch den Reichstag anzünden können, aber die Nationalsozialisten hatten den Kommunisten Deutschland in letzter Minute aus den Klauen gerissen, womit der Sieg über die kommunistische Versuchung gelungen war. Wenn auch ein Mann der KPD sich den Nationalsozialisten anschließt, ist die heroische Volksgemeinschaft besiegelt. Schönstes Beispiel dafür: Wie der Heldentod des Hitlerjungen Quex im gleichnamigen Film den alten Kommunisten Heinrich George doch noch zum Nationalsozialismus bekehrt.

Der Krieg gegen die Sowjetunion, die Invasion von 1941, würde die Bekehrung insofern vollständig machen, als die Welt durch das überlegene deutsche Wesen vom Kommunismus befreit werden sollte. Hitlers Befehl, an der Ostfront gegen jedes Kriegsrecht nicht nur die russischen Offiziere, sondern auch die ihnen beigeordneten politischen Kommissare zu erschießen, war vom oberkommandierenden General Wilhelm Keitel ausdrücklich als Teil des nationalsozialistischen Weltanschauungskrieges gebilligt worden. Noch in den letzten Tagebucheinträgen, die Joseph Goebbels diktiert, geht es, als die russischen Soldaten Ostpreußen erreichen, um diesen Kampf gegen den Bolschewismus, den die Deutschen im Auftrag irgendeiner Vorsehung ausfechten müssen: «Man kann sich hier eine Vorstellung davon machen, was dem deutschen Volk insgesamt drohen würde, wenn wir jetzt die Nerven verlören und den Kampf aufgäben. (…) Aber es ist ja keine Rede davon, daß wir irgendwann einmal in diesem Kampf erlahmen würden»[12], ermahnt er sich und seine Umgebung. Bei einigermaßen gutem Willen und wenn man, wie General Ferdinand Schörner dem Frontbesucher Goebbels noch zwei Monate vor Kriegsende versichert hatte, «den Bolschewisten offensiv richtig anpackt, [war] er unter allen Umständen zu schlagen»[13]. Die Wochenschau vom 11. März 1945 bringt einen Ausschnitt aus der Rede, die Goebbels in Görlitz vor Soldaten und Volkssturmmännern hält. Die deutschen Soldaten, so veredelt ihr Anheizer seinen Befehl an die Schicksalsgemeinschaft, «werden in diesen Kampf hineingehen wie in einen Gottesdienst. Und wenn sie ihre Gewehre schultern und ihre Panzerfahrzeuge besteigen, dann haben sie nur ihre erschlagenen Kinder und geschändeten Frauen vor Augen, und ein Schrei der Rache wird aus ihren Kehlen emporsteigen, vor dem der Feind erblassen wird.»[14]

Wenige Wochen später war Deutschland besiegt, hatten die Russen ihre Fahne auf dem Reichstag aufgepflanzt, stand der Gegner mit einem Mal mitten im eigenen Land. Wenn auch sonst alles zusammengebrochen war, das bewährte Feindbild des Kommunismus und Bolschewismus lebte fort wie ein aus den Trümmern gerettetes Andachtsbild, und es musste nicht einmal entnazifiziert werden. Der Kampf gegen den Feind durfte nur nicht erlahmen, und so wurde er zur Staatsreligion der zunehmend säkularen Bundesrepublik, der Gottesdienst zur Dauerveranstaltung.

Beispielhaft dafür war das Plakat, mit dem die CDU 1953 in den Bundestagswahlkampf zog: «Alle Wege des Marxismus führen nach Moskau!», wo im Hintergrund, am Ende aller Wege, bereits ein leicht anmongolisierter Rotarmist darauf lauerte, Kinder zu erschlagen und Frauen zu schänden. Gemeint war damit natürlich vor allem die SPD, die, jedenfalls in der großen Erzählung ihrer Gegner, verdächtige Beziehungen in den Osten unterhielt. Das Motiv war inspiriert von Eberhard Taubert, der in Goebbels' Ministerium antibolschewistische und antisemitische Propaganda produziert hatte, unter anderem das Drehbuch für den Film «Der ewige Jude». Nach 1945 hatte Taubert zwar vorübergehend untertauchen und mit einer angenommenen Identität leben müssen, doch war er bald entnazifiziert und im alten Feld eingesetzt. Jetzt

durfte er mit Unterstützung des Gesamtdeutschen Ministeriums
seinen Kampf gegen den Osten fortsetzen. «Taubert hat Erfahrungen», lautete die amtliche Rechtfertigung für die Wiederbeschäftigung, und dass zu diesen Erfahrungen auch Richtsprüche
mit Todesurteilen am Volksgerichtshof gehörten, war kein Hin-
derungsgrund. Tauberts Erfahrungen machte sich auch Verteidigungsminister Franz Josef Strauß zunutze, der ihn als Berater
für «Psychologische Kampfführung» beschäftigte. Seine Studie
«Wirksamkeit und Gefahren der kommunistischen Infiltration
in der Bundesrepublik» wurde hektographiert an die Journalisten
verteilt.[15] Der Osten glühte röter als je zuvor.

Ohne den geringsten Beleg hielt der Wahlkämpfer Konrad
Adenauer 1953 zwei SPD-Kandidaten vor, sie hätten jeweils zehntausend Mark aus der sowjetisch besetzten Zone erhalten, aus der
selbstverständlich nur sogenannten DDR. Daran war zwar kein
Wort wahr – Adenauer wurde ein halbes Jahr später mit Haftan-
drohung zur Unterlassung verurteilt –, aber wenn es dem Wahlerfolg diente, war alles recht und der rote Gottseibeiuns immer
zur Stelle. Vier Jahre später, als die Umfragen wieder bedrohlich
ungünstig ausfallen, präpariert sich Adenauer wochenlang für ein
Donnerwort, das er dann am 7. Juli 1957 auf dem CSU-Landes-
treffen in Nürnberg loslässt. Die SPD dürfe niemals an die Macht
kommen, verkündet er, «weil wir glauben, dass mit einem Sieg
der sozialdemokratischen Partei der Untergang Deutschlands ver-
knüpft ist»[16].

Untergang und Überleben spielen sich mittlerweile im Welt-
theaterformat ab, denn anders als im «Dritten Reich» steht
Deutschland im Kampf gegen den Kommunismus nicht mehr
allein da. Dank des Kalten Krieges, in dem sich die ehemaligen
Alliierten entzweit haben, ist dieser Kampf jetzt keine fixe Idee ra-
dikaler Ideologen mehr, sondern zu einer weltpolitischen Aufgabe
geworden. Mit dem Sieger USA im Rücken ließ sich die eigene
Niederlage über die Jahre doch verschmerzen, zumal wenn der
Kampf weitergeführt werden durfte. In der Volksmythologie war

nicht alles schlecht, was die Nazis angestellt hatten, es brauchte
nur die richtige zeitgemäße Verstrebung. Der Feind war jetzt der
gemeinsame Feind, und noch immer lauerte er – vor Lübeck, Hof
und Passau.

Zwei Monate nach seiner apokalyptischen Beschwörung des
drohenden *Finis Germaniae* macht Adenauer auch dem Letzten
klar: In der Bundestagswahl entscheide sich, «ob Europa christlich bleibt oder ob es kommunistisch wird». Schon um das zu verhindern, hatte die Wirtschaft der CDU 18,2 Millionen Mark an
Spenden (bei Gesamtausgaben der Partei von 18,5 Millionen) zur
Verfügung gestellt. «Damit war ihr Wahlkampf rein wirtschaftsfi-
nanziert»[17], wie Frank Bösch in seinem Buch über die «Adenauer-
CDU» nachgerechnet hat. Die Botschaft wurde verstanden, die
CDU / CSU erhielt 50,2 Prozent der abgegebenen Stimmen, bis
heute der größte Wahlsieg der stramm antikommunistischen
Union. Europa blieb christlich.

Die Deutschen fanden mit ihren alten Überzeugungen beste De-
ckung in dem Kalten Krieg, der die Welt seit Ende der vierziger
Jahre teilte. Für sie stand schon vorher fest, gegen wen es Krieg
zu führen galt. Verbündet mit einem Weltkriegsgegner, den zum
Schutzpatron und Bündnispartner mutierten Vereinigten Staaten,
hatte der Westen in Gestalt des wiedererstarkten Deutschland
(Abt. West) seine Überlegenheit eindrucksvoll bewiesen und den
Osten doch noch schlagen können. Die «Verlorenen Siege», die der
Feldmarschall Erich von Manstein in seinen Memoiren wortreich
beklagte, wurden anderthalb Jahrzehnte nach Stalingrad durch den
sich anbahnenden wirtschaftlichen Triumph endlich ausgeglichen.

Den Blick auf das offenbar radikal Böse jenseits der Zonen-
grenze bewahrten sich nicht nur die alten Nazis, die damit schnell
wieder Arbeit finden konnten. In einem Brief an Theodor W.
Adorno behauptete Max Horkheimer 1958, dass ein «studentischer
Propagandist» am Institut für Sozialforschung – und er spricht von
Jürgen Habermas – mit seinem für die Begriffe des Institutsleiters

wenig staatstragenden Gebrauch des Wortes Revolution «nur den Geschäften der Herren im Osten Vorschub» leiste.[18]

Für Horkheimer muss es dann ein weiterer Schüler, oder zumindest einer, der der Frankfurter Schule nicht fernstand, entschieden zu weit getrieben haben. Als Hans Magnus Enzensberger im April 1967 der Nürnberger Kulturpreis verliehen wurde, bestand die Bundesrepublik schon achtzehn Jahre; Martin Walser hatte sie bereits zur «Bunzreplik» verniedlicht. Der Krieg war lang vorbei, Leni Riefenstahl, die durch ihren «Triumph des Willens» zur wichtigsten Propagandistin des Mannes geworden war, der wie der Messias aus den Wolken auf den Reichsparteitag niedergestiegen war, durfte keine Filme mehr machen, und in Bonn regierten zum ersten Mal die Sozialdemokraten in einer Großen Koalition mit der CDU / CSU. In dem allgemeinen Wohl- und Fortschrittsgefühl verstieß Enzensberger gegen die guten Sitten, denn er bedankte sich nicht, wie's der Brauch forderte, artig für Preis und Geld, sondern hielt eine Lobrede auf einen sonst nicht bekannten Heizer Hieronymus. Der arbeitete nach der Schilderung Enzensbergers während der Nazijahre unten im Keller der Nürnberger Bürgerhäuser, wäre als schlichter Handwerker also für einen Kulturpreis niemals in Frage gekommen. Enzensberger gelang ein doppelter Skandal: Auf den Kulturpreis, der ihm verliehen wurde, reagierte der Dichter mit einer ganz und gar unliterarischen politischen Erklärung. Er ging aber noch weiter und erinnerte seine Mitbürger daran, dass einer der Ihren Julius Streicher war, der Herausgeber des *Stürmer*, und dass sie bei den Reichsparteitagen dem Führer Adolf Hitler zugejubelt hatten.

Eines Tages war der Heizer Hieronymus plötzlich verschwunden. Was die Richter dem Heizer vorwarfen, so sein Stellvertreter auf der Bühne, «weiß ich nicht. War es Zersetzung der Wehrkraft, war es Staatsgefährdung in Tateinheit mit Geheimbündelei, war es Landesverrat, war es Verstoß gegen das Parteienverbot?»[19] Die Dankesrede in Nürnberg brachte Enzensberger nicht ohne Grund eine Anfrage im Bundestag ein, denn listig nannte er unter den

Anklagepunkten auch solche, die aus dem «Dritten Reich» in die Gegenwart herübergerettet worden waren – Geheimbündelei, Landesverrat. Die Vergangenheit war nicht vergangen, sie lebte fort als latente Bedrohung der Gegenwart.

Enzensberger war in Nürnberg aufgewachsen, er hatte Julius Streicher selber erlebt, und er hatte in einem frühen Gedicht abfällig und angstvoll zugleich vom Mann in der Masse geschrieben: «Und so denke ich vor dem Schlaf an dich / im Hotelzimmer vor dem Kino, und ich / sehe dich zum erstenmal das Koppel / schnallen und zum erstenmal zackig / grüßen und sehe, wie du dann, wenig später, / die Maschinenpistole nimmst und mit dem Kolben / an meine Tür schlägst …»[20] Koppel, Kolben, Maschinenpistole: Das war, natürlich recht pathetisch instrumentiert, das vergessene und doch gegenwärtige Unheil, das fand statt auf dem deutschen Boden, über den sich Golo Mann so zögernd bewegte, «was darunter ist, ist unheimlich».

Der Nazi war noch immer da. Die Uniform war weg, aber er war noch da. Der Nazi brauchte kein Koppelschloss mehr, er schlug nicht gegen die Tür, es ging auch ohne Kolben, subtil, ganz zivil, geschäftsmäßig. In dem Film «Rosen für den Staatsanwalt» (1959) schurigelt der ehemalige Kriegsgerichtsrat Schramm nur mehr seinen Stiefsohn, schimpft ein bisschen auf die «Negermusik», ansonsten ist er damit beschäftigt, seine Karriere aus dem «Dritten Reich», in dem er einen Gelegenheitsdiebstahl von zwei Schokoladendosen mit dem Tod bestraft hat, in der Bunzreplik so unauffällig wie möglich fortzusetzen. Die Vergangenheit soll, jedenfalls was die eigene Schuld betrifft, vergangen sein. Doch muss das Bedrohliche, das Unvergängliche an der Vergangenheit, kontrolliert werden.

«Rosen für den Staatsanwalt» erhielt einen Bundesfilmpreis, obwohl die Bundesregierung noch in letzter Minute zu intervenieren versuchte. Der zuständige Minister Gerhard Schröder (der namensgleiche spätere SPD-Kanzler war 1960 erst sechzehn Jahre alt) erschien vorsichtshalber nicht zur Preisverleihung. Schon im

Titel nämlich wurde ein leidiger Fall angedeutet, jener des Studienrats Ludwig Zind, der, schwer angetrunken, im Jahr 1957 in einem Gasthaus in Offenburg seinem Gegenüber Kurt Lieser, nach den Begriffen der Nürnberger Gesetze ein Halbjude, noch nachträglich den Tod wünschte. Zind war ein geachteter Lehrer am Ort, in seiner Klasse befand sich der spätere Politikwissenschaftler Peter Kammerer, der Zind als deutschnationalen Turner erlebt hat, «völlig unfähig zur Verantwortung». Offenburg war für Kammerer eine Kleinstadt wie in einem Roman von Heinrich Mann, in der man trotz mehrerer Lehrer mit Nazi-Vergangenheit völlig unpolitisch aufwuchs.[21] Die Sache wäre im Sand verlaufen, hätte sich Lieser nur ans Schulamt gewandt, wo man die Klage verschleppte. Er rief aber bei der Stuttgarter Redaktion des *Spiegel* an, der über den Fall so groß berichtete,[22] dass Zind vom Schuldienst suspendiert wurde, vor Gericht kam und zu einem Jahr Gefängnis verurteilt wurde. Als das Urteil erging, sollen seine Schüler ihres Lehrers mit einer Schweigeminute gedacht haben.[23] Über den Turnverein war Zind auch mit dem Druckereibesitzer Franz Burda bekannt,[24] der 1933 schriftlich versichert hatte, bei ihm seien «weder jüdisches Kapital noch Angestellte, Arbeiter oder Mitarbeiter tätig» und der 1938 auch noch in die Partei eingetreten war. Burda beschäftigte in seinem Lehrmittelverlag nach 1945 Lehrer, die noch nicht entnazifiziert waren.[25] Das Gerücht, dass Franz Burda Zind bei der Flucht geholfen habe, kann sein Sohn nicht bestätigen. Rudolf Augstein bedauerte im *Spiegel*, dass Zind ins Gefängnis sollte: «Für das, was Zind pexiert[26] hat, muß er genug Unannehmlichkeiten und Scherereien einstecken. Das verletzte Rechtsgefühl ist durch den Urteilsspruch wiederhergestellt.»[27] Dem Haftantritt entzog sich Zind wie der Nazi im Film durch Flucht ins Ausland.

Die Verurteilung eines unverbesserlichen Nazis wie Zind war die Ausnahme in den Nachkriegsjahren. Nach einer Umfrage des Meinungsforschungsinstituts in Allensbach waren 1956 noch 42 Prozent der befragten Personen der Ansicht, dass Hitler ohne den Krieg einer der größten Staatsmänner gewesen sei (im Juni

1955 waren es sogar noch 48 Prozent gewesen).[28] Ein Drittel der jungen Männer war der Meinung, der Nationalsozialismus habe auch seine guten Seiten gehabt. Nur 22 Prozent hielten den Nationalsozialismus für eine grundsätzlich schlechte Idee.[29]

In seiner Rede in Nürnberg sprach Enzensberger von wenigstens zehntausend Ermittlungsverfahren, die in der Bundesrepublik jedes Jahr gegen linke Gesinnungstäter eröffnet würden. Daher, so der Preisträger im Beschluss seiner Rede, spende er das ihm zuerkannte Geld für die Verteidigung von Menschen, die wegen ihrer Gesinnung verfolgt würden. Nach landläufigen und quasi-amtlichen Begriffen waren das also wieder nur Verräter. Der *Bayernkurier* schimpfte sofort in seiner verlässlichen Weise: «Alle von Enzensberger genannten sind Kommunisten. Und die Steuergelder, die für den Preis herhalten mußten, fließen jetzt in die Taschen derjenigen, die diesen Staat und seine Ordnung nicht wollen.»

Demokratie heißt das neue Spiel, und den dazugehörigen neuen Staat mit seiner neuen Ordnung gilt es um jeden Preis zu verteidigen, zu verteidigen vor allem gegen die Kommunisten, von denen doch die größte Gefahr droht. Der Heizer Hieronymus war ein Fremder in der Nazizeit, und er war es auch noch 1967 – er war Kommunist.

Feind hört mit!

Der Kommunist erwies sich wieder als ungeheuer nützlich, denn er war an allem schuld, notfalls – nach der überraschenden Umwertung aller Werte, die der Tod Hitlers und Goebbels' gebracht hatte – sogar am Antisemitismus. Ein Muster dafür lieferte 1960 die Behandlung der antisemitischen Schmierereien, die an den vorangegangenen Weihnachtstagen an der Kölner Synagoge entdeckt worden waren. Zwei Jugendliche, Mitglieder der rechtsradikalen Deutschen Reichspartei (DRP), hatten das wiedererrichtete

Gotteshaus mit Hakenkreuzen bemalt. Das konnte aber doch nicht sein, auch das mussten die linken Brüder aus dem Osten gewesen sein. Der Weltanschauungskrieger Franz Josef Strauß, dem mit Blick auf seine Wähler vom rechten Rand daran lag, dass das deutsche Volk endlich aus dem Schatten der Vergangenheit treten könne, bestand darauf, dass es die Kommunisten waren. Es hatten sich dafür zwar keine Beweise, nur die üblichen Gerüchte gefunden, aber Strauß forderte, dass im Untersuchungsbericht der Osten als Anstifter angeprangert werde.

Anfang 1960 lag die Entnazifizierung mit ihren leidigen Spruchkammern weit zurück, die letzten Kriegsverbrecher hatten das Landsberger Gefängnis verlassen, Adolf Eichmann befand sich noch unerkannt in Argentinien. Die Mörder waren unsichtbar in der Gesellschaft verschwunden, und zum fünfzehnten Jahrestag des Kriegsendes hätte es eine Amnestie für alle Fälle geben können. Von einer Schuld, von Verbrechen, die amnestiert werden sollten, musste keine Rede sein, da sich die totale Niederlage von 1945 in einen permanenten Feldzug gegen den Kommunismus verwandelt hatte. Vom Antisemitismus, der sich wieder regte, der vermutlich nie verschwunden war, ließe sich deshalb unschwer ablenken, wenn die Täter doch mit dem Weltkommunismus unter einer Decke steckten. Mittlerweile, meinte der SPD-Abgeordnete Adolf Arndt bei der Aussprache im Bundestag über die Vorfälle in Köln, habe der «leere, formale Antikommunismus weitgehend die Rolle des Antisemitismus übernommen» und überdecke, «woran man nicht gern erinnert wird»[30].

Arndt bezog sich in seiner Erklärung auf einen Aufsatz von Erich Kuby, der in den *Frankfurter Heften* beklagt hatte, dass durch den verordneten Antikommunismus eine «freie, vernünftige Diskussion der Politik der Regierung» verhindert werde. Jeder Versuch, das Feindbild abzubauen, bestärke es nur. Wie im alten Blockwartsystem gehe auch in der Bundesrepublik bei jeder Gelegenheit die Warnung um: «Vorsicht, Feind hört mit!»[31] Diese Warnung war im Nazireich überall plakatiert worden. Sogar ein «staatspolitisch wertvoller» Film von 1940 über einen fremden Lauscher hieß so; als Stuntfrau kam die Pilotin Beate Uhse zum Einsatz. Der Feind stand zwar im Osten, aber da blieb er nicht. Er hatte seine Vorhut geschickt, lauter *fellow travellers*. Die Angst, zum Feind gerechnet zu werden, ging auch am Frankfurter Institut für Sozialforschung um. Horkheimer gruselte sich nicht ohne Grund vor Habermas' Marx-Studien. In den Zwanzigern hatte Richard Sorge am Institut gearbeitet und zusammen mit Karl Korsch eine «Marxistische Arbeitswoche» organisiert, an der unter anderem Georg Lukács und Karl August Wittfogel teilnahmen. Sorge wechselte bald von der Theorie in die Praxis und wurde, getarnt als Journalist, Zuträger für den Komintern und den sowjetischen Geheimdienst. Als Korrespondent der *Frankfurter Zeitung* in Tokio, wo er enge Verbindung zur deutschen Botschaft hielt, konnte er im Juni 1941 die Sowjetunion detailliert über die Pläne zum bevorstehenden «Unternehmen Barbarossa» unterrichten. Stalin interessierte sich jedoch nicht dafür. Noch im selben Jahr flog Sorge auf; 1944 wurde er gehenkt. Veit Harlan drehte 1955 einen Film über Sorge, der natürlich «Verrat an Deutschland» hieß.

Auf spätere Fragen nach dem berühmten Institutsmitarbeiter reagierte Horkheimer äußerst zurückhaltend. Das Lob, Sorge sei «a most gifted person» gewesen, ungewöhnlich begabt, blieb im Entwurf; der Brief wurde nicht abgeschickt. 1962 wollte der Leiter des Instituts für Sozialforschung nicht mehr an dessen kommunistische Anfänge erinnert und schon gar nicht in näherer Beziehung zu einem sowjetischen Spion gesehen werden.[32] Horkheimer, der wie Adorno im amerikanischen Exil auf Schritt und Tritt vom FBI überwacht wurde, konnte nicht wissen, dass auch die Organisation Gehlen ein Auge auf ihn hatte und ihn in einer Notiz von 1954 tatsächlich dem «ehemaligen Sorge-Kreis» zurechnete.[33]

Spät, sehr spät befreite sich der *Spiegel* aus dem staatstragend verordneten Antikommunismus, der ihn doch stärker mit der Adenauer-Regierung verband, als den Redakteuren bewusst war. Im Februar 1961 begann eine Serie mit dem martialischen Titel

«Warten aufs letzte Gefecht», in der die Geschichte des Kommunismus bis in die Gegenwart dargestellt werden sollte. In der Einleitung zu dieser Serie verkündete Rudolf Augstein mit ungewöhnlichem Bombast: «Wir glauben, daß die Lektüre lebenswichtig ist.» Sogar einen Auflagenverlust würde er in Kauf nehmen (und vergisst nicht zu erwähnen, dass inzwischen jede Woche vierhunderttausend Exemplare verkauft werden), so wichtig ist ihm die auf fünfzehn Folgen angelegte Serie. «Ob wir überleben oder in einem Kernwaffen-Krieg, ich muß nun sagen ‹verrecken›, hängt einzig und allein von der Vorstellung ab, die wir von den Kommunisten haben und die der Kommunismus von uns hat, von der Frage in erster Linie, ob der Krieg als vermeidbar oder als unvermeidlich im System eines der beiden Partner liegend betrachtet wird.»[34] Die Leser sollten nicht ermüden dabei, sondern unbedingt durchhalten, bat er und empfahl, die einzelnen Folgen möglichst zu sammeln.

Diese Aufklärung war, erst recht bei der Auflagenhöhe, alles andere als riskant, brachte sie doch dringend benötigte Informationen über den perhorreszierten Feind. So gefährlich war er noch, dass die Münchner Polizei im Jahr darauf gegen drei Musiker vorging, weil sie auf der Straße russische Lieder intoniert oder jedenfalls eine Balalaika traktiert hatten. Als sich bei der Hausdurchsuchung auch noch ein Roman von Dostojewski fand, war der Beweis erbracht: Die Russen sind da. Es waren aber nur die Schwabinger Krawalle, ein großes Straßenfest mit Knüppeleinsatz und berittener Polizei, und alles bloß, weil plötzlich der Geschmack an der Freiheit erwachte.

Die *Spiegel*-Serie über den Kommunismus hatte allerdings nicht Augstein geschrieben, sondern Georg Wolff, ehemaliger SS-Hauptsturmführer, NSDAP- und SA-Mitglied, bei seinem akademischen Lehrer Franz Alfred Six in Königsberg zum Weltanschauungskrieger ausgebildet, jetzt stellvertretender Chefredakteur des *Spiegel*. Chefredakteur durfte er nicht werden, weil sonst wegen seiner SD-Tätigkeit während des Krieges im besetzten Norwegen mit «bösen Kommentaren» zu rechnen sei;[35] der Kampf gegen Franz

Josef Strauß ist Augstein zu wichtig. Der ehemalige Nationalsozialist Wolff hatte sich wie der ganze *Spiegel* bis in die frühen sechziger Jahre von der erlernten antikommunistischen Linie zu einer weniger ideologischen als neugierigen Haltung fortentwickelt. Wolff wird *Spiegel*-Gespräche mit Jean-Paul Sartre, Theodor W. Adorno und Max Horkheimer führen. Einer in der Redaktion kolportierten Legende zufolge soll sich Wolff vor Horkheimer als schuldig gewordener Mittäter offenbart und von dem im Alter wieder fromm gewordenen Horkheimer sogar eine Art Absolution erlangt haben.

Die Rote Kapelle

Nirgends aber wird die deutsche, die nationalsozialistische wie die bundesrepublikanische, Fixierung auf den kommunistischen Feind so deutlich wie beim Gespenst der «Roten Kapelle». Mit diesem Sammelbegriff hat die Gestapo, so Margret Boveri, «einen Treffer gemacht, der in die Literatur eingegangen ist»[36]. Die Rote Kapelle gab es schon unter Hitler nur als Phantom, weil es aber auf keinen Fall sterben durfte, musste es in der Bundesrepublik immer noch größer und noch bedrohlicher werden. In Berlin hatte sich bereits vor Kriegsbeginn eine Gruppe von Intellektuellen, Beamten und Künstlern zusammengefunden, die sich Gedanken über die Zeit nach Hitler machten. Einige waren zum Schein in die NSDAP eingetreten, einige verfügten über Auslandserfahrung, einer hatte die Sowjetunion besucht. Ein paar waren Herzenskommunisten, andere Bohemiens, manche deutschnational, andere sozialistisch eingestellt. Der Volkswirtschaftler Arvid Harnack, ein Vetter Dietrich Bonhoeffers, hatte seine Frau Mildred beim Studium an der University of Wisconsin in Madison kennengelernt. Der Fliegeroffizier Harro Schulze-Boysen arbeitete im Reichsluftfahrtministerium. Beide, Schulze-Boysen und Harnack, zeigten eine idealistische Begeisterung für das sowjetische System, in dem sie eine praktikable Alternative zum Nationalsozialismus sahen. Seit 1936 versuchten sie über die britische, die amerikanische und die sowjetische Botschaft die jeweiligen Länder vor dem Krieg zu warnen, den Hitler unweigerlich beginnen würde. Die unterschiedlichen Gesprächs- und Freundeskreise umfassten insgesamt vielleicht hundertfünfzig Männer und Frauen. Vor dem Angriff auf die Sowjetunion im Juni 1941 sollte Russland über eine Funkanlage, die fast sofort versagte, gewarnt werden. Darauf, auf dieses wenig erfolgreiche Funkspiel, bezog sich die Bezeichnung «Rote Kapelle».

In Moskau war das Interesse an den Informationen über den deutschen Aufmarsch ähnlich gering wie schon bei den Warnungen des Spions Richard Sorge. Nicht wesentlich erfolgreicher verlief der Versuch, durch Flugblätter und Aufkleber in Berlin Propaganda gegen die nationalsozialistische Politik zu machen. Die Gruppe flog auf, als ein sowjetischer Funkspruch abgefangen und entschlüsselt werden konnte, der einem Agenten in Brüssel befahl, nach Berlin zu Schulze-Boysen zu reisen. Insgesamt wurden mehr als zweihundert Personen verhaftet und unter dem Siegel «Geheime Reichssache!» vor Gericht gestellt. Nach der Festnahme der Gruppe diktierte Joseph Goebbels 1942 empört für das Tagebuch: «Es ist haarsträubend, was dort an Landesverrat geleistet worden ist. Man faßt sich an den Kopf, wie Männer aus national eingestellten Familien sich so weit verirren können, und zwar nur aus blindem Haß gegen den Nationalsozialismus. (...) Man muß hier ein blutiges Exempel statuieren, um ähnlichen Tendenzen einen Riegel vorzuschieben. Gnade wäre hier ganz falsch am Platze.»[37]

Nein, Gnade gab es hier nicht, nicht wenn Hitler ausdrücklich ein strengeres Nachurteil forderte, damit Mildred Harnack und Erika von Brockdorff, die zunächst nur zu mehrjähriger Haft verurteilt waren, doch noch geköpft wurden. Der blinde Hass gegen den Nationalsozialismus, den Goebbels beobachtet hatte, musste als Majestätsverbrechen gesühnt werden. Ludwig XV. ließ 1757

Robert François Damiens, der es gewagt hatte, dem König nach dem Leben zu trachten, vor den Augen der Pariser Damen von sechs Pferden in Stücke reißen. Adolf Hitler dachte sich als besonders schimpfliche Todesart für die Verschwörer das Erhängen am Fleischerhaken aus. Mit dem angeblichen Landesverrat beginnt die Legende der Roten Kapelle, von der im «Dritten Reich» niemand erfahren sollte. Die Angeklagten, so das Urteil, «waren noch immer fanatische Anhänger des Kommunismus»[38], der vertraute Feind, aber hier kam noch Schlimmeres hinzu: Die Mitglieder stammten aus dem Establishment, der Feind hatte sich mitten im Krieg bereits in die besseren Kreise vorgearbeitet.

Die bis heute wieder und wieder erzählte Legende, das böse Märchen von der Roten Kapelle, entsteht aber erst nach dem Krieg, und bald scheint es, als sei die Gruppe letztlich schuld daran, dass er trotz des heldenhaften Einsatzes dann doch nicht gewonnen werden konnte. «Der Historiker darf nicht warten, bis die Legende sich verfestigt hat», verkündete Gerhard Ritter 1954 in der Einleitung zu seiner Biographie des Hitler-Gegners Carl Goerdeler, der 1945 ebenfalls in Plötzensee hingerichtet worden war. Der Historiker «muß selbst Hand anlegen am Formen des Geschichtsbildes unserer Zeit».[39] Und der Historiker Ritter formte. Er war als Soldat im Ersten Weltkrieg an der Eroberung Warschaus beteiligt gewesen und vom Kaiser mit dem Eisernen Kreuz ausgezeichnet worden. Nach dem 20. Juli 1944 wurde er als Mitwisser verhaftet und entging nur durch das Kriegsende einem möglichen Todesurteil.

Mit der Autorität des verfolgten Hitler-Gegners schloss Ritter die Rote Kapelle aus dem legitimen Widerstand gegen das Naziregime aus; für ihn waren das Verräter, die mit dem kommunistischen Feind paktierten und die Wehrkraft schwächten. Günther Weisenborn, ebenfalls Hitler-Gegner, ebenfalls knapp mit dem Leben davongekommen, hoffte mit seinem Kompendium «Der lautlose Aufstand» (1953), einer vorläufigen Gesamtdarstellung des Widerstands, auch der Roten Kapelle Gerechtigkeit widerfahren zu lassen. Die Mitglieder «wollten die Welt von Hitler befreien, sie

wollten das Ende des Krieges, um Deutschland zu retten. Ihre Ent-
schlüsse waren nicht leichtfertig, manche quälten sich sehr, ehe sie
einen Entschluß faßten. Sie konnten nur verlieren, sie waren bereit
dazu, und sie verloren alles.»[40] Damit sich Weisenborns eher zag-
haftes Plädoyer für die Rote Kapelle nicht als Legende, gar als Lehr-
meinung verfestigte, verkündete Ritter im Jahr darauf apodiktisch:
«Sie stand ganz eindeutig im Dienst des feindlichen Auslandes.
Sie bemühte sich nicht nur, deutsche Soldaten zum Überlaufen zu
bewegen, sondern verriet wichtige militärische Geheimnisse zum
Verderben deutscher Truppen. Wer dazu als Deutscher imstande
ist, mitten im Kampf auf Leben und Tod, hat sich von der Sache
seines Vaterlandes losgelöst, er ist Landesverräter – nicht nur nach
dem Buchstaben des Gesetzes.»[41]

Argumente, wie sie Weisenborn vortrug, durften da nicht gelten.
So groß unmittelbar nach Kriegsende die Achtung vor den Männern und Frauen war, die im deutschen Widerstand gegen Hitler sterben mussten, so schwer fiel es der staatstragenden Schicht
der Bundesrepublik doch, ihre Handlungen gutzuheißen. In einer
Allensbach-Umfrage vom April 1956 sprachen sich 49 Prozent
dagegen aus, dass eine Schule nach einem Widerstandskämpfer
benannt würde.[42] Je stärker der Druck vonseiten der ehemaligen
Wehrmachtssoldaten und dann der politischen Führung wurde,
Deutschland wieder aufzurüsten und mit einer neuen Armee den
alten Kräften ein standesgemäßes Unterkommen zu sichern, desto
rascher sank das Ansehen der Widerstandskämpfer, die, nicht
viel anders als die Aufrührer am Ende des Ersten Weltkriegs, den
kämpfenden und selbstverständlich nur das Vaterland verteidi-
genden Truppen in den Rücken gefallen sein mussten. Es galt, die
Fiktion von einem Vaterland aufrechtzuerhalten, das unabhängig
von Hitler bestand, und dafür brauchte es den Kommunisten, der
als Kommunist naturgemäß auch Verräter war und damit für eine
schöne Kontinuität sorgte.

Otto Ernst Remer, der am 20. Juli 1944 Graf Stauffenberg im
Bendlerblock festnehmen ließ, war von Hitler für seine Helden-

tat zum Generalmajor ernannt worden. Auch Remer musste nach dem Krieg im Zivilleben untertauchen und wurde Maurer, bis sich die Sozialistische Reichspartei (SRP) formierte und ihn als Wahlredner auftreten ließ. Für die SRP und ihre Anhänger war Remer ein Held, weil er zu Hitler gehalten hatte. Nicht er, die anderen waren die Verräter. Die überlebenden «Landesverräter» würden demnächst zur Rechenschaft gezogen, versprach er unter dem Beifall seiner Anhänger.

Daraufhin erstatteten die Angehörigen Anzeige. Der Braunschweiger Generalstaatsanwalt Fritz Bauer vertrat den Strafantrag der Hinterbliebenen des 20. Juli 1944 wegen übler Nachrede und Verunglimpfung des Ansehens Verstorbener. Erich Günther Topf, der zuständige Oberstaatsanwalt, wollte das Verfahren wegen mangelnder Erfolgsaussicht zunächst nicht annehmen und wurde deshalb von seinem Vorgesetzten Bauer nach Lüneburg versetzt. Der Prozess wurde lange vor dem in Frankfurt der erste Triumph für den Staatsanwalt, der als Sozialist und seiner jüdischen Herkunft wegen 1933 Deutschland hatte verlassen müssen und den Krieg in Dänemark überlebt hatte. Bauer erreichte im März 1952 eine Verurteilung Remers, der sich dem Strafantritt jedoch entzog, indem er nach Ägypten floh, wo er unter anderem von dem ebenfalls dorthin geflohenen Nazi-Propagandisten Johann von Leers empfangen wurde.

1950 hatte sich Bundespräsident Theodor Heuss noch geweigert, eine Ansprache zum Gedenken an den 20. Juli 1944 zu halten, jetzt hatte Bauer zumindest die Attentäter um Stauffenberg rehabilitieren können. Bauer bot unter anderem drei theologische Gutachter auf, die alle mit Berufung auf Immanuel Kant die Meinung vertraten: Die Moral verlangt mehr als das Recht. In seinem Plädoyer fiel es Bauer leicht, den Vorwurf des Verrats zu entkräften, es gab gar keinen Verrat oder vielmehr einen ganz anderen: «Am 20. Juli war das deutsche Volk total verraten, verraten von seiner Regierung, und ein total verratenes Volk kann nicht mehr Gegenstand eines Landesverrats sein.» Ein Unrechtsstaat wie das

«Dritte Reich» sei gar nicht hochverratsfähig. «Der Krieg war verloren, bevor der erste Schuß gefallen war, und ihre Konzeption war, Deutschland das Schlimmste zu ersparen. Jeder Versuch, den Krieg zu verhüten, jeder Versuch, den Krieg abzukürzen, bedeutete eine Ersparnis deutscher Menschenleben, deutscher Arme und Beine, deutscher Wohnungen, bedeutete ein Plus deutscher Weltgeltung.»[43] Vorsichtshalber hatte Bauer allerdings die Familie des hingerichteten Arvid Harnack gebeten, sich dem Strafantrag gegen Remer nicht anzuschließen, um eine Auseinandersetzung über den Begriff des Landesverrats zu vermeiden.

Der Historiker Gerhard Ritter, für den sich alles um den Begriff des Landesverrats drehte, war alles andere als ein Nazi. Er hatte von 1933 an natürlich auch an die nationale Erhebung geglaubt und Briefe an Funktionäre mit «Heil Hitler!» unterschrieben. Mittlerweile sah er sich als «schlichten Staatsbürger», «der sich einen Rest des heute weithin als ‹altmodisch› verschrienen oder belächelten vaterländischen Empfindens bewahrt hat»[44]. Er war kein Mitglied der NSDAP gewesen, auch nicht der SA, und gehörte, soweit bekannt, nicht einmal dem NS-Dozentenbund an. Doch mit seinem professoralen Verdikt ist es ihm gelungen, die Männer und Frauen, die er für Kommunisten und sowjethörig hielt, auch nach dem Ende des Hitlerreiches auf lange Zeit zu denunzieren. Sein Wirken verstand er, wie er dem Kollegen Theodor Schieder schrieb, als «ein bißchen historische Seelsorge treiben an der Nation»[45]. Den «roten Gesellen» galt dabei sein besonderes Augenmerk, «wir» – er meint hier die westlichen Historiker – müssten uns «rüsten, auch diesen Kampf zu bestehen».[46] In seiner Deutung konnte ein Kommunist kein Ehrenmann sein, eben weil er Kommunist und damit Vaterlandsverräter war. Sicherlich ungewollt verband sich sein vernichtendes Urteil, *ex cathedra* verkündet, mit den Exkulpationsbemühungen von Nazi-Mittätern, NSDAP-Nachfolgern und den Kommunistenjägern der Organisation Gehlen und im Bundesamt für Verfassungsschutz. Die Jagd nach den Überlebenden der Roten Kapelle sollte sich mindestens so paranoid auswachsen wie die zeitgleiche Kommunistenhatz des berüchtigten US-Senators Joseph McCarthy. Das lag, erkannte Karl Eberhard Henke, ein langjähriger Mitarbeiter Reinhard Gehlens in der Rückschau, «so sehr gewissermaßen ‹in der Luft›, dass sich ihr kaum jemand entziehen konnte, am wenigsten gewiss ein Mann wie Gehlen»[47], und ebenso gewiss auch nicht jemand wie Ritter. Für den deutschnationalen Historiker war der Prozess vor dem Reichskriegsgericht 1942 «in einwandfreier Form durchgeführt»[48] worden, deshalb war auch die Hinrichtung von Widerstandskämpfern im Unrechtsstaat rechtens, wenn sie ihm nicht patriotisch genug erschienen. Die Rote Kapelle war es für Ritter nicht, denn sie verriet militärische Geheimnisse an den Kriegsgegner. Ritter hatte sich ans Vaterland, das teure, angeschlossen, und hing daran mit seinem ganzen Herzen.

Für die unmittelbare Zeitgeschichtsforschung war der wilhelminisch geprägte, im Zweifel monarchistische Ritter, der sich wissenschaftlich mit Martin Luther und dem Freiherrn vom Stein befasst hatte, vollkommen ungeeignet, was ihn jedoch nicht hinderte, Politik zu machen. An der Freiburger Universität bemühte er sich um die Entlastung der belasteten Kollegen. Von Martin Heidegger glaubte er «aus sehr genauer und beständiger Kenntnis» zu wissen, dass der, wie er Karl Jaspers schrieb, «seit dem 30. Juni 1934 [also dem Tag des sogenannten Röhm-Putsches] heimlich ein erbitterter Gegner des Nazitums war und auch den Glauben an Hitler, der ihn 1933 zu seiner verhängnisvollen Verirrung geführt hat, vollständig verloren hatte».[49] Ritters Einfluss beschränkte sich nicht auf die Freiburger Universität, wo er bis in die sechziger Jahre lehrte. Über seine Schüler, zu denen Hans Maier, Manfred Messerschmidt, Karl-Heinz Janßen, Hermann Heidegger und Peter von Zahn gehörten, wirkte Ritter bis in die achtziger und neunziger Jahre des vergangenen Jahrhunderts.

Sein Neffe Klaus Ritter hatte bei Reinhard Gehlen im Generalstab an der Ostfront gedient. 1945 lief er zusammen mit Gehlen zu den Amerikanern über und wurde nach seiner Promotion Abteilungsleiter in der Organisation Gehlen, die in dieser Phase noch starken Einfluss auf die Personalpolitik im Institut für Zeitgeschichte ausübte. Unter dem Decknamen «Dr. Röhl» legte der jüngere Ritter mit seinem Chef 1953 für die CIA ein Dossier über die angeblich linke oder sogar kommunistische Presse in Westdeutschland an. Die Akte ist im Bundesarchiv einsehbar, allerdings sind noch heute einige Seiten gesperrt. Der Autor entdeckt überall Kommunisten, bei der *Welt*, bei der *Frankfurter Rundschau* und bei der *Süddeutschen Zeitung*. Deren Chefredakteur Werner Friedmann sei wie der Stellvertreter Hermann Proebst «‹ansprechbar› im östlichen Sinne», der Innenpolitikredakteur Ernst Müller-Meiningen gar mit dem berüchtigten Kommunisten Arnolt Bronnen befreundet. Ritter empfahl eine «genauere Überprüfung der Redaktionsstäbe».

Klaus Ritter wurde 1964 Chef der Stiftung Politik und Wissenschaft (SWP), einer akademischen Ausgründung des BND. In einem liebevollen Porträt wunderte sich Theo Sommer in der *Zeit*, dass dieses Institut nie «in die Drecklinie gezogen worden» sei: «In 25 Jahren sind wir nie in den *Spiegel* gekommen»[50], zitiert er Ritter. Aber die Sache war ganz einfach: Axel von dem Bussche, einem seiner Regimentskameraden, gelang es, «Klaus Ritter von der Furcht zu befreien, dass der *Spiegel* mit einer entsprechenden Berichterstattung das zarte Pflänzchen SWP beschädigen könnte. Er erwirkte ohne Wissen Ritters bei dem ihm befreundeten Verlagsleiter einen entsprechenden Sperrvermerk.»[51] Der Verlagsleiter, der hier Vorsorge traf, war Hans Detlev Becker.

Gerhard Ritter engagierte sich vor allem in der volkspädagogischen Historisierung des «Dritten Reiches». 1949 wurde er zum Vorsitzenden des Deutschen Historikerverbandes gewählt und konnte damit Einfluss auf die Schulbücher nehmen. Er beriet nicht nur die Evangelische Kirche, sondern saß auch im Beirat des Instituts für Zeitgeschichte. Hier, in dieser 1949 unter dem Titel «Deutsches Institut für Geschichte der nationalsozialistischen

Zeit» gegründeten Forschungseinrichtung, konnte Gerhard Ritter seine ganze Autorität ausspielen. So sorgte er dafür, dass der erste Direktor Gerhard Kroll sehr schnell abgelöst wurde. Eine eher anekdotische Studie des Gehlen- und Institutsmitarbeiters Hermann Foertsch, eines ehemaligen Wehrmachtsgenerals, mit dem zeittypischen Titel «Schuld und Verhängnis» lobte er als «Stück echt historischer Arbeit» und «Apologie des preußisch-deutschen Soldatentums gegen vorschnelle Verurteilungen».[52]

Als erste Veröffentlichung des Instituts erschienen 1951 «Hitlers Tischgespräche im Führerhauptquartier 1941–1942», eine zusammengefälschte Kompilation von mehr oder weniger getreu aufgezeichneten Redereien, eingeleitet von Gerhard Ritter. Hannah Arendt machte sich in einer Rezension zu Recht über dieses ganz und gar unphilologische Führer-Vertrauen lustig.[53] Sie monierte auch, dass Ritter in seiner Einleitung über den Mord an den Juden so flott hinwegging. In einem Rechtfertigungsbrief an die anderen Mitglieder des Institutsbeirats sagte Ritter nicht ausdrücklich, dass Hannah Arendt schließlich als Jüdin argumentiere, sondern heuchelte Verständnis dafür, «daß gerade sie kein Hitlerbuch ertragen kann, das diese Dinge nicht ausführlich behandelt». Für eine erneute Anführung «dieser Dinge» – und er erwähnt die «Nürnberger Dokumente über Gasöfen usw.» – habe es keine Veranlassung gegeben. «Meine Einleitung ist nicht für Leser geschrieben, die ihre alte Empörung gegen Hitler und seine Judengreuel nochmal bestätigt und neu entflammt [!] zu sehen wünschen, sondern sehr sorgsam zur Aufklärung auch solcher Leute berechnet, die» – und das schreibt er wirklich so hin und gibt damit ein Bild, wie er Deutschland sechseinhalb Jahre nach Hitlers Tod einschätzt – «noch schwanken in ihrem Urteil über Hitler, ja vielleicht noch Reste von Verehrung für ihn hegen.»[54]

Der nach der Niederlage erkennbar zernichtete Martin Heidegger versuchte sich gleich an der Abspaltung der ganzen Geschichte. Für ihn sind die «anschaulich zu machenden Greuel»[55] – womit er die nach der Befreiung der Konzentrationslager von den Alliierten angeschlagenen Plakate «Diese Schandtaten: Eure Schuld!» meint – die «eigene gegen sich selbst betriebene Verräterei am eigenen Wesen»[56]. Im Oktober 1951, als Ritter seinen aufschluss- reichen Brief schreibt, gab es in Deutschland weder eine alte noch eine neue Empörung über die «Judengreuel», wohl aber die fort- dauernde über die «Verräter» und die «Eidbrecher».

In Ritters Geschichtsformung war auch sein Hamburger Kol- lege Fritz Fischer, der in seinem Buch «Griff nach der Weltmacht» (1961) das Deutsche Reich als hauptsächlichen Kriegsverursacher von 1914 dargestellt hatte, nichts Besseres als ein Landesverräter. Wenn Ritters oberster Kriegsherr, wenn Wilhelm II. den Ersten Weltkrieg angezettelt haben sollte, würde Fischer damit auch Rit- ter die Soldatenehre bestreiten. Ritter sprach daher nicht nur von einer «Selbstverdunkelung deutschen Geschichtsbewußtseins», die Fischer durch seine Thesen zu verantworten habe; er griff auch, als Fischer 1964 eingeladen wurde, seine Thesen an Universitä- ten der neuen Weltmacht USA vorzutragen, auf bewährtes, für einen unheilbar borussophilen Monarchisten allerdings nicht un- gewöhnliches Vokabular zurück: «Ich zögere nicht, das geradezu als nationales Unglück zu betrachten.»[57] Um dieses Unglück doch noch abzuwenden, richtete Ritter ein dringliches Schreiben an den Außenminister Gerhard Schröder (NSDAP-Nr. 2177050, SA-Mit- glied) und forderte ihn auf, Fischer die zugesagten Mittel für seine Amerika-Reise nachträglich zu entziehen. Für Ritter war Fischers Deutung so radikal, dass sie die «Kriegsschuldthese des Versailler Vertrages noch erheblich übertrifft», weshalb für die Kampagne gegen ihn auch der Kollege Arnold Bergstraesser rekrutiert wurde, der seiner Empörung mit einem Anruf im Außenministerium Luft machte. Der Minister folgte dem Wunsch der Fischer-Konkurren- ten und empfahl, unterstützt von seinem Staatssekretär Karl Cars- tens (NSDAP, SA), sich die «Förderungsmöglichkeit von Herrn Fischer genauer» anzusehen.[58] Die Mittel wurden gesperrt. Fischer reiste trotzdem, mit Unterstützung jetzt der amerikanischen Uni- versitäten. Die nach der Fischer-Kontroverse erregte Öffentlichkeit

wusste nicht, dass Fischer zeitweise Mitglied der NSDAP und der
SA gewesen war und 1941 vor Soldaten unter anderem über die
«Rolle des Judentums in Wirtschaft und Staat der USA» referiert
hatte. Ritter wusste davon, machte von seinem Wissen aber nur in
der verehrten Kollegenschaft Gebrauch.

Seinen ersten Historikerstreit beendete Ritter, ehe er überhaupt
begonnen hatte. In seiner Einschätzung der Roten Kapelle berief
er sich auf Fabian von Schlabrendorff, der die Gruppe in der ersten Auflage seines Buches «Offiziere gegen Hitler» (1946) noch
gar nicht erwähnt hatte, in der zweiten Auflage von 1951 aber in
der Widerstandskonkurrenz nicht mehr gelten ließ, sondern aus
dem Kreis der Gerechten ausschloss. Im Remer-Prozess erklärte
Schlabrendorff, einer der Mitverschwörer vom 20. Juli 1944, die
Angehörigen der Roten Kapelle seien keine Widerständler gewesen, weil sie anders als die vom 20. Juli keine «idealistischen Ziele»
verfolgt hätten.[59] Den Prozessberichten in den Zeitungen zufolge
bezeichnete er ihr Verhalten sogar als «niederträchtig»; es habe
sich ausschließlich um «Landesverrat aus Gewinnsucht» gehandelt.[60] Damit war die schwarze Legende von der Roten Kapelle als
einer Bande kommunistischer Verräter, die sich von den Russen
bezahlen ließen und, wie geraunt wurde, auch noch einen ganz
und gar unvaterländisch dekadenten Lebensstil pflogen, als amtlich anerkanntes Wissen in der Welt.

Der wichtigste Gewährsmann Ritters für «die zweifellos landes-
verräterische Haltung der Gruppe», für die Rote Kapelle, war ein
ausgewiesener «Kenner der Prozeßakten», der das «bisher voll-
ständigste Bild der aktenmäßig ermittelten Tatsachen»[61] geliefert
hatte, ein gewisser Manfred Roeder. Der wusste tatsächlich sehr
genau Bescheid, hatte er doch 1942 als Oberstkriegsrichter die Anklage gegen die Rote Kapelle geführt und kannte deshalb die Akten
besonders gut. Es gab ganz bestimmt keinen besseren Fachmann,
es gab auch kaum einen Historiker, der so besessen wie Ritter den
Vorwurf des Landesverrats in die Bundesrepublik hineintrug, dass
er sich deshalb bedenkenlos auf jemanden stützen konnte, der sich

rühmte, «dem Führer etwa 90 Köpfe zur Verfügung gestellt»[62] zu haben. Dieser Günstling Hermann Görings verdankte dem «Dritten Reich» eine steile Karriere, die ihn bis zum Volksgerichtshof führte. Offenbar entsprach er genau den Erwartungen. «Nie wieder habe ich von einem Manne so ausgesprochen den Eindruck der Brutalität empfangen», konnte Axel von Harnack von einem letzten Besuch bei Roeder vor der Hinrichtung seiner Cousine Mildred Harnack berichten. «Es war ein Mensch, der eine Atmosphäre von Furcht um sich verbreitete.»[63]

Anders als sein berüchtigter Vorsitzender Roland Freisler hatte Roeder den Krieg überlebt, nach dessen Ende sich seine weiteren Aussichten zunächst erheblich verschlechterten. Günther Weisenborn, Adolf Grimme, der wie Weisenborn nicht wegen Landesverrats, sondern wegen «Nichtanzeigens eines Vorhabens des Hochverrats» zu drei Jahren verurteilt worden war, sowie Greta Kuckhoff, die Witwe des hingerichteten Mitverschwörers Adam Kuckhoff, zeigten Roeder schon in den ersten Monaten nach der Kapitulation wegen Aussageerzwingung an und versuchten, auf seine Verurteilung beim Nürnberger Prozess gegen die Hauptkriegsverbrecher hinzuwirken. Roeder wurde verhaftet und verhört, aber nicht angeklagt. Stattdessen rekrutierte ihn der amerikanische Geheimdienst CIC unter dem Tarnnamen «Othello» als Informanten. Das war Politik und der zeitgeschichtliche Normalfall, die *facts of life*.

Es begann ein Wettlauf der Geheimdienste um das geheime Wissen, über das allein die Gestapo und die nachgeordneten Juristen verfügten. Neben den Amerikanern und der französischen Sûreté Nationale interessierte sich auch der englische Geheimdienst für das brachliegende Herrschaftswissen über echte und vermeintliche Kommunisten. Die Gestapo-Beamten SS-Standartenführer Walter Huppenkothen, SS-Sturmbannführer Horst Kopkow und SS-Hauptsturmführer Heinrich Reiser, alle drei mit der Bekämpfung des Widerstands befasst, verwandelten sich im beginnenden Kalten Krieg von NS-Tätern in Experten, die wussten, wo die Kommunisten hockten. Die politische Not kannte kein Gebot. Huppenkothen hatte im KZ Flossenbürg als Ankläger dafür gesorgt, dass die Widerstandskämpfer Wilhelm Canaris, Hans Oster und Dietrich Bonhoeffer hingerichtet wurden. Kopkow wurde von den Engländern sogar für tot erklärt, um seine Spuren zu verwischen und sein Wissen zu schützen.

Nach einer Aufwärmphase beim CIC diente auch der SS-Hauptsturmführer Johannes Strübing dem 1950 gegründeten Bundesamt für Verfassungsschutz als erstrangiger Experte, der sich mit der Verhaftung von Harro Schulze-Boysen hervorgetan hatte. Gestapo-Erfahrung im Reichssicherheitshauptamt war kein Einstellungshindernis, sondern ein Qualitätsmerkmal. Strübing wurde zugetraut, den neuen Staat zu schützen, weil er bereits im alten in dieser Funktion tätig war. Der Feind hatte sich nicht geändert, warum sollte Strübing sich ändern, wenn er mit seinen bekannten Fertigkeiten so nützlich war?

Wilhelm Heinrich Reiser, der in Paris echte oder auch nur angebliche Mitglieder der Roten Kapelle festgenommen hatte und für zahlreiche Repressionsmaßnahmen und Tötungen verantwortlich war, passierte die Entnazifizierung anstandslos. So konnte er sich bald wieder nützlich machen und verfasste 1950 für die Organisation Gehlen einen 370 Seiten umfassenden «Rückblick auf ihren Aufbau, Organisation und Tätigkeit bis zum Zusammenbruch 1945», gemeint war natürlich die Rote Kapelle. Bei einer der regelmäßigen internen Überprüfungen in der Organisation Gehlen war Reisers «antikommunistische Einstellung» 1952 ausdrücklich erwähnt und gelobt worden, dass er bereit sei, «frühere Erfahrungen» erneut «für deutsche Interessen zu verwerten».[64] Als fürsorgliche Behörde übernahmen die Organisation Gehlen und später der BND die wirtschaftliche Absicherung Reisers, nachdem ihm wegen seines bereits frühzeitig erfolgten Eintritts bei der Gestapo keine Ersatzleistungen nach Artikel 131 GG zustanden.

Reiser revanchierte sich, indem er in seiner umfassenden Studie das niederlegte, was erwartet wurde und was wunderbarerweise genau dem Weltbild des Ost-Aufklärers Gehlen entsprach: «In den Jahren 1945 bis 1947 schien man in den massgebenden Stellen der westlichen Alliierten noch nicht daran zu denken und nicht glauben zu wollen, dass der westlichen Welt vom Osten her gefährliche Komplikationen erwachsen könnten.»[65] Gehlen allerdings hatte das rechtzeitig erkannt, und Reiser erkennt rechtzeitig, wer über die stärkeren Bataillone verfügt und den Rat des Fachmanns dringend benötigt: «Eine sorgfältige sachliche Überprüfung aller Erscheinungen auf politisch-nachrichtendienstlichem Gebiet seit 1945 lässt ohne weiteres erkennen, dass die Arbeit der ‹ROTEN KAPELLE› bereits wieder auf vollen Touren läuft.»[66]

Mit einem dezenten Hinweis auf sein früheres Wirken empfiehlt sich Reiser neu für die alten Aufgaben: «Trotz ihrer nahezu restlosen Ausschaltung und Dezimierung im früheren deutschen Machtbereich bis zum Ende der Feindseligkeiten», schreibt einer der wichtigsten Dezimierer, handle es sich bei der Roten Kapelle, die «nach dem Zusammenbruch Deutschlands im Jahre 1945 wie der sagenhafte Vogel Phönix neu aus der Asche wieder erstand, überall wieder Fuss fassen und sich reorganisieren konnte», nach wie vor um die große Rote Gefahr. Diese Gefahr ist trotz des beispiellosen Einsatzes von Reiser, Huppenkothen, Kopkow und Roeder keineswegs gebannt, die Rote Kapelle lebt: «In Wirklichkeit war sie bei Kriegsende nur scheintot; die schon lange vor dem zweiten Weltkrieg gelegten Fundamente ihrer Organisation erwiesen sich als widerstandsfähig und überdauerten auch die stärkste Belastung. Auch damit», so beauftragt er sich gleich selber, «wird man sich noch lange Zeit zu befassen haben.»[67]

In seiner bei der Gestapo erlernten Bürokratensprache fordert Reiser in einem schlichten Fazit mehr Personal und einen größeren Etat: «Wenn man die vorliegenden Ausführungen über die ‹ROTE KAPELLE› richtig verstanden hat, wird man zugeben müssen, dass es ratsam erscheint, sich auf die unwahrscheinlichsten Möglichkeiten einzustellen und sowohl personell, organisatorisch als auch sachlich und räumlich in grossen Masstäben zu denken und danach zu handeln.»[68] Wobei, so fügt der Experte noch hinzu, nicht auszuschließen ist, dass es sich hier um ein besonders perfides kommunistisches Manöver handle, quasi einen nachrichtentechnischen *double* oder gar *triple bind*: dass nämlich die Presseberichte über das Fortleben der Roten Kapelle – er nennt die beiden Namen Günther Weisenborn und Adolf Grimme – aus dem Osten gesteuert seien, um damit zu verdecken, dass *in Wirklichkeit* sowjetischerseits ein ganz anderes, neues, aber der Roten Kapelle nachempfundenes Netzwerk aufgezogen werde. Ein einziges Spiel, aber worum geht es eigentlich?

Was gestern der Nazijustiz recht war, das erwies sich jetzt für die Kommunistenverfolgung als außerordentlich nützlich. «*After due consideration*», befand der CIC 1948, «unter Berücksichtigung seines Hintergrunds und seiner Handlungen in der Vergangenheit»[69], würde man Informationen von Leuten wie Roeder über die Rote Kapelle nutzen. Und niemand wusste doch besser Bescheid über diese Gruppe als der Ankläger. Da er sich gleichzeitig der Strafverfolgung ausgesetzt sah, nutzte er seinerseits die Gelegenheit und denunzierte als Informant all jene, die ihm gefährlich werden konnten, und das waren zuallererst Grimme, Weisenborn und Greta Kuckhoff.

Seine wichtigsten Komplizen fand Roeder bei der Staatsanwaltschaft Lüneburg, wohin er inzwischen verzogen war. Ebenfalls nach Lüneburg gekommen war Oberstaatsanwalt Topf, ehemals NSDAP und Rottenführer in der SA, bei dem Fritz Bauer mit dienstrechtlichen Ermittlungen über seine NS-Vergangenheit nicht weitergekommen war, weil ihm die Akteneinsicht verweigert wurde. Am 1. Mai 1952 ließ Topf, nunmehr in Lüneburg zuständig, das Verfahren gegen Roeder einstellen. In der Folge bewährte er sich in der Kommunistenverfolgung.

In Lüneburg federführend war Staatsanwalt Hans-Jürgen Finck, ebenfalls früher NSDAP, der nach der Anzeige von Grimme, Weisenborn und Kuckhoff nicht etwa gegen Roeder, sondern gegen den Widerstand ermittelte. Roeder war für ihn ein Kollege, dem zu seinem Recht verholfen werden musste. Finck befand 1951, dass Roeder nach Recht und Gesetz in einem einwandfreien Verfahren mitgewirkt habe, und konnte keine Schuld an ihm finden. Schuldig sind für ihn vielmehr seine Opfer, die sich – und er drückt sich dabei nicht anders aus als Propagandaminister Joseph Goebbels – «in einen maßlosen Hass gegen den nationalsozialistischen Staat hineingesteigert haben und die aus diesem übersteigerten Hass auch heute noch nicht herausgefunden haben zu einer objektiven Würdigung des Geschehens»[70]. Wie immer die objektive Würdigung eines «Feldurteils» aussehen sollte, für Topf und Finck sind Grimme und die anderen Ewiggestrige, sie haben nicht kapiert, dass doch alles mit überzeitlich rechtlichen Dingen zugegangen ist, so wie auch jetzt wieder Recht nach dem Gesetz gesprochen, das Verfahren also aufgegeben wird. 1942 war Roeder damit gescheitert, auch bei Grimme die Todesstrafe durchzusetzen, die er gefordert hatte. Deshalb könne sich der Kläger Grimme glücklich schätzen, so Finck, dass er seinerzeit mit dem Leben davongekommen sei, denn vielen gelte er noch heute als überzeugter Kommunist.[71]

Die Todesstrafe beschäftigt Roeder weiter, und ähnlich wie Carl Schmitt kokettiert er sogar mit dem, was ihm drohen könnte. Artikel 102 des am 23. Mai 1949 verabschiedeten Grundgesetzes lautet: «Die Todesstrafe ist abgeschafft», doch wird sie auch nach dem Tag der Verabschiedung auf dem Gebiet der Bundesrepublik (erst recht dem der DDR) vollstreckt – von den Besatzungsmächten und da fast ausschließlich an Nazi-Tätern. Die Deutschen überließen das Hinrichten den Alliierten und klagten dann über Siegerjustiz. Der Jurist Roeder, der seine eigenen Erfahrungen hat, ist mit dem zivilisatorischen Fortschritt nicht einverstanden. «Die Todesstrafe grundsätzlich verneinen zu wollen, hat man weder in der Vergangenheit der katholischen Kirche noch im modernen anglikanischen [er meint vermutlich das angelsächsische] Recht unternommen.»[72]

Da sich für den juristischen Interessenverbund Lüneburger Staatsanwaltschaft / Manfred Roeder die Rote Kapelle eines doppelten Verbrechens schuldig gemacht hat, in ihrem maßlosen Hass auf den Nationalsozialismus gleich mit dem alten und neuen Feind, mit der Sowjetunion, konspiriert hatte, bietet sich jetzt eine Friedensdividende an: nämlich der gegen eine weiterbestehende Rote Kapelle erhobene Vorwurf einer weiterbestehenden Konspiration mit der Sowjetunion, die sich seit der Niederringung Nazideutschlands auch für die westlichen Alliierten zum Feind entwickelt hat. Die Deutschen scheuen nichts außer Gott und den Kommunisten. Wie von Goebbels bei Kriegsende befohlen, geht der Gottesdienst also weiter.

Parallel zum Lüneburger Prozess betreibt Roeder Pressearbeit, eine flächendeckende Kampagne, durch die diese bisher kaum bekannte Spionagetruppe Rote Kapelle Bestandteil der antikommunistischen Folklore wird. Die *Frankfurter Allgemeine* berichtet mit Roeder-Material über die angeblich weiterwirkende Rote Kapelle, die deutschnationale Zeitschrift *Fortschritt* berichtet ebenfalls mit Roeder-Material, und der *Stern* geht mit größter Auflage und mit achtzig Seiten Roeder-Material in Serie, droht in der Überschrift unmissverständlich: «Rote Agenten unter uns»[73] und verkündet, was Roeder im Jahr darauf zur Gewissheit erhebt, «daß eben jetzt das Netz der ‹Roten Kapelle› von neuem gewoben wird. Die Fäden laufen bei Greta Kuckhoff, der alten Kämpferin der ‹Roten Kapelle›, zusammen.»[74] Inzwischen ist sie Präsidentin der DDR-Notenbank, die sie, wie der Autor der *Zeit* weiß, mit sorgfältig frisierten Haaren und harter Hand führt, um «Finanzdisziplin» zu erreichen. «Hinter diesem Wort versteckt sich der Würgegriff, mit dem sie regiert.» Der Würgegriff, das passt zum Netz, das sie und die Rote Kapelle über Europa geworfen haben, zu den Augen mit dem «ausdruckslosen Funktionärsblick», zu dem, was die Rote Kapelle nie war, aber posthum mit fast einhelliger journalistischer Unterstützung wird, eine «sowjetische Spionageorganisation».[75] Denn in der *Zeit* gilt, wie die folgenden Jahrzehnte zeigen werden, ausschließlich der Widerstand vom 20. Juli 1944 als Widerstand, und der wird mit jedem Jahr edler und schöner.

Der *Stern*-Chefredakteur Henri Nannen bittet Adolf Grimme immerhin um eine Stellungnahme (sie wird auch gedruckt), aber gegen die nicht einmal latente aktuelle Bedrohung dringt Grimme nicht durch mit seinem Argument, wenn er von der «tiefen Tragik des echten Deutschen in der Hitlerzeit» spricht: «Man konnte nicht wünschen, daß Deutschland den Krieg verlor, aber man konnte auch nicht wünschen, daß Hitler ihn gewann. Denn dann wäre Deutschland ein Zuchthausstaat geblieben. Und heute? Ich befürchte, dieser Zuchthausgeist geht in unserem Volk wieder um. Die Toten leider nicht, dagegen die Totengräber des Deutschen Reiches – sie stehen wieder auf.»[76]

Adolf Grimme, ein christlicher Sozialist und gegen jede bolschewistische Versuchung gefeit, war vor 1933 preußischer Kultusminister und auch nach dem Krieg wieder, diesmal in Niedersachsen. Er mochte noch so gut mit der SPD verbunden sein, es war, wie Roeder exklusiv behaupten konnte, Adam Kuckhoff gelungen, «Herrn Grimme zu 90 % von der kommunistischen Weltanschauung zu überzeugen»[77]. Grimme wird 1948 Generaldirektor des von den Engländern nach dem Muster der BBC gegründeten NWDR. Ein Kommunist also steht an der Spitze der größten deutschen Rundfunkanstalt, die, zumal sie von der Besatzungsmacht gestützt wird, für viele ohnehin ein Feindsender ist. Beim Rundfunk, so Roeder, würden «die Stellungen bereits als gefestigt angesehen»[78]. Das Netz zieht sich zusammen, es wird ernst und Zeit, dass sich die Organisation Gehlen der Sache annimmt.

Tatsächlich beginnen sich Abgesandte aus Pullach und der Außenstelle in Karlsruhe für Roeders immer phantastischere Erzählungen zu interessieren. Hans Globke immerhin hat Zweifel an diesem Informanten, da Roeder zur Sozialistischen Reichspartei (SRP) tendiert, die sich als Nachfolgerin der NSDAP versteht. In Pullach fehlt es jedoch nicht an Verständnis für diesen Mann, schon gar nicht für seine Haltung. Er sei «der Typ des wohl eiskalten und ehrgeizigen, aber doch korrekten und im Kriege (…) sehr nützlichen Militärrichters» gewesen.[79] Im «Notstand einer Nation» – so formuliert es allen Ernstes ein Mitarbeiter in nächster Nähe von Gehlen – habe sich Roeder «juristisch einwandfrei» verhalten, und dass er jetzt der SRP zuneige, sei doch allenfalls damit zu erklären, dass er ständig angegriffen werde.[80]

Mit dem deutschen Nachrichtendienst unter amerikanischer Aufsicht kommt es mehrmals zu Gesprächen, bestätigt Roeder doch den selbstgestellten Forschungsauftrag der neuen Abwehr. Immer wieder wedelt er mit bisher unbekanntem Material, immer umfangreicher wird der Personenkreis, den er der Roten Kapelle zuschlägt, die offenbar bereits alle Institutionen im Westen infiltriert hat. Zehntausend, fünfzehntausend Menschen würden in Westdeutschland für die Rote Kapelle arbeiten, behauptet Roeder und bietet gleichzeitig an, das Problem «mit 10 zuverlässigen Beamten und 1 oder 2 tüchtigen Funkern» aus der Welt zu schaffen.[81] Roeder ist inzwischen Mitglied der SRP geworden und lässt das Gerücht verbreiten, er wolle sich in den Bundestag wählen lassen, um dort in einer großen Rede namhafte Politiker der Spionage für die Sowjetunion zu bezichtigen.

Die Organisation Gehlen machte bei dieser unendlichen Aufblähung des Phantoms eifrig mit. In Pullach wurde eine Operation gestartet, die in diesem merkwürdigen Verschwörer-Deutsch «Fadenkreuz» heißen musste und auf das Jagdfieber der Verfolger und zugleich auf ihre Angst verwies, bereits selber ausgespäht zu werden. Der Feind war zur Stabilisierung des eigenen Systems und natürlich auch zum weiteren Ausbau der geheimen Truppe unerlässlich. Je größer er war, je größer die Gefahr, die von ihm drohte, desto wichtiger, dass man gegen ihn zusammenhielt. Wer Angst schürte, handelte also patriotisch, ging es ihm doch um sein Land, das er vor dem Angreifer schützen wollte. Es war der Kommunist, der treue Feind, der wie ein Gesandter Carl Schmitts die Bundesrepublik wieder und wieder heimsuchte.

Zeitweise galt der Schriftsteller Günther Weisenborn als neue Hauptfigur der angeblich wiedererstandenen Roten Kapelle. Mit seinen Theaterstücken und Dokumentationen gehörte er zu den erfolgreichsten Autoren der unmittelbaren Nachkriegszeit. Wegen seiner Kontakte nach Ostberlin betrachtete ihn die Organisation Gehlen als SED-Mitglied und KGB-Agenten, mit der Verurteilung von 1942 war er ohnehin als Spion überführt. Sein Engagement gegen die Wiederbewaffnung machte ihn beim Offizierskorps in Pullach weiter suspekt. Als Weisenborn 1950 als Dramaturg am Deutschen Theater in Göttingen im Gespräch war, drehte Reiser durch. Er verstand die Welt nicht mehr. Er frage sich, schrieb er zwei Monate nach der Invasion Nordkoreas im Süden in einem besorgten Bericht, wie «im Zeichen einer betont antikommunistischen Kampagne eine Figur wie Weisenborn so ohne weiteres einen derartigen Posten erhalten kann» und ob die «an zuständiger Stelle in Bonn» nicht über die «Vergangenheit des W.» unterrichtet seien.[82] Die Organisation Gehlen verstand sich offensichtlich nicht nur als Nachfolgeorganisation der Wehrmachtsspionagetruppe Fremde Heere Ost, sondern auch der Überwachungs- und Strafverfolgungsbehörden des «Dritten Reiches». Deren Auftrag konnte – sei es wegen Sabotage, sei es wegen der bekannten misslichen Umstände – nicht restlos ausgeführt werden, das Geschäft war unvollendet geblieben und musste endlich abgeschlossen werden.

Reiser kennt seine Rote Kapelle so gut, dass er auch in seinem Nachkriegsdossier den Decknamen «Arier» für Rudolf von Scheliha eintragen kann. Scheliha war im Auswärtigen Dienst tätig und als Gesandter von 1932 bis 1939 in Warschau, wo er Kontakt zu dem Journalisten Rudolf Herrnstadt hatte, der als KPD-Mitglied für die Sowjetunion arbeitete. Mit der Roten Armee kehrte Herrnstadt zurück nach Berlin und wurde Chefredakteur des *Neuen Deutschland* und Mitglied des ZK der SED. In der paranoiden Logik der Gehlen-Leute konnte es daher keinen Zweifel mehr geben, dass der 1942 ermordete Scheliha ebenfalls ein Agent war, der von den Russen Geld genommen hatte und zu Recht verhaftet und hingerichtet worden war.

Sein Name tauchte in der *Stern*-Serie «Rote Agenten unter uns» auf, deshalb konnte seiner Witwe keine Versorgung zuerkannt werden. Ihre Anträge wurden im Außenministerium, teilweise sogar von ehemaligen Kollegen ihres Mannes, systematisch verschleppt. Die Staatsanwaltschaft in Lüneburg weigerte sich, die Akten herauszugeben. Die Aufhebung des Todesurteils durch das bayerische Justizministerium wurde, da Scheliha in Berlin hingerichtet worden war, nicht anerkannt. Die Witwe hatte ihren Wiedergutmachungsantrag 1956 zurückgezogen, als ihr vom Bundespräsidenten ein «Gnadenerweis» zuerkannt wurde, was aber nichts daran änderte, dass ihr Mann weiter wegen «möglicher Spionagetätigkeit gegen Entgelt» von allen Ehren ausgeschlossen blieb, die den Widerständlern zögernd gewährt wurden. Das baden-württembergische Landesamt für Besoldung und Versorgung kam noch 1993 zu einem Schluss, wie ihn nur furchtbarste Bürokraten fällen können: «Die Aktenlage spricht überwiegend gegen damalige Missachtung der Menschenwürde.»[83] Haft, Folter, Hinrichtung – alles menschenwürdig.

Dass es grundsätzlich politische Verfahren waren und sich der Vorwurf des Verrats doch schon seit dem 1952 von Fritz Bauer geführten Prozess in Braunschweig erledigt haben sollte, war auch den späteren Ministern im Außenamt nicht begreiflich zu machen. Zu wichtig war die Stabilisierung der neuen Volksgemeinschaft durch die Abwehr des Feindes, der das Land bereits unterwandert haben konnte. Der Feind sah, lauschte, dachte mit. Die offizielle Ehrung Rudolf von Schelihas wurde erst im 21. Jahrhundert möglich.

Für den Wehrmachtsgeneral Gehlen, der seinen Eid auf Hitler geleistet hatte, war Widerstand nicht zu rechtfertigen. «Diese Vorstellung, die übrigens auch bei vielen früheren Abwehr-Offizieren anzutreffen war, entsprach paradoxerweise ziemlich genau den Überzeugungen, die sich in den Hirnen der Beamten der Gestapo und des SD bei der Untersuchung der landesverräterischen Umtriebe Hans Osters, Dohnanyis, Dr. Josef Müllers und anderer gebildet hatte»[84], notierte der promovierte Mittelalterhistoriker Karl Eberhard Henke (BND-Deckname Dr. Herder) für die Nachwelt, aber eben erst 1972, vier Jahre, nachdem sein Chef Gehlen aus dem Amt geschieden war. Er wolle nicht in einem Staat leben, hatte Gehlen bereits 1956 seinem CIA-Führer erklärt, in dem Herbert Wehner, Otto Lenz und Josef Müller regierten, alle drei, anders als Reinhard Gehlen, Gegner des Nationalsozialismus. Wehner war als Kommunist vor den Nazis nach Moskau geflohen. Der CSU-Mitgründer Müller war von den Nazis zusammen mit Wilhelm Canaris und Hans von Dohnanyi zum Tode verurteilt worden und nur knapp der Hinrichtung entgangen. Für Gehlen waren sie alle gleichermaßen Verräter.

Einmal Verräter

Bis zuletzt hielt Gehlen an dem Grundsatz fest, der ihm bei seinem Konkurrenten Otto John einfiel, dem ersten Chef des Bundesamtes für Verfassungsschutz, der am 20. Juli 1954 überraschend nach Ostberlin wechselte: «Einmal ein Verräter, immer ein Verräter.»[85] John hatte zu den Verschwörern des 20. Juli gehört. Er konnte rechtzeitig aus dem Bendlerblock fliehen, sein Bruder wurde noch wenige Tage vor Kriegsende hingerichtet. Otto John arbeitete beim Soldatensender Calais und versuchte (wie Philip Rosenthal und Karl-Eduard von Schnitzler) die deutsche Wehrmacht durch schwarze Propaganda zu schwächen. Verfassungsschutz-Chef wurde er mit Unterstützung der Engländer, ein Posten, bei dem er sich bald, Laie, der er war, von Fachleuten der Gestapo, der SS und des SD umgeben sah. Nach der Feierstunde zum zehnten Jahrestag des 20. Juli 1944, bei der er angeblich Gestapoleute wiedersah, die seinen Bruder misshandelt hatten, ging er in den Ostteil Berlins, bestätigte Gehlens Verdacht und befreite ihn von einem namhaften Konkurrenten.

John war einer der wenigen Emigranten, die es in der Bundesrepublik in eine höhere Position gebracht hatten. Verstört, wie John war, muss er sich eingebildet haben, im «demokratischen Teil Berlins» (wie die DDR-Sprachregelung lautete) mehr ausrichten zu können, vor allem unbehelligt von Nazis. In einer von der Stasi vorbereiteten Rundfunkansprache und auf einer einstudierten Pressekonferenz wandte sich John gegen die Wiederaufrüstung, beklagte das Wirken von Altnazis wie Werner Naumann und Ernst Achenbach und vergaß auch nicht seinen Konkurrenten Gehlen, über den damals noch fast nichts bekannt war. Deutschland sei in Gefahr, erklärte John, «durch die Auseinandersetzungen zwischen West und Ost auf ewig zerrissen zu werden. Es bedarf einer demonstrativen Aktion, um alle Deutschen zum Einsatz für die Wiedervereinigung aufzurufen.» Er habe deshalb Verbindung zum Osten aufgenommen – «in der Bundesrepublik ist mir die Grundlage für eine politische Aktivität entzogen worden».[86] In einer Bundesrepublik, deren Präsident es eben übers Herz gebracht hatte, Hitler und Himmler vorzuwerfen, dass sie die Treue nicht als wechselseitige Verpflichtung verstanden hatten. Für die Abwehrleute um den Kriegsgewinnler Gehlen war nicht mal das ein Argument. Gehlen blieb dabei, die Widerständler hätten den Eid gebrochen, den er bis zum Ende Hitler gehalten hatte, um sich dann formal von August Winter und Karl Dönitz davon entbinden zu lassen.

Ende 1955 kehrte Otto John völlig desillusioniert aus der DDR zurück und kam vor den Bundesgerichtshof. Als Zeuge war unter anderem der Lüneburger Staatsanwalt Finck geladen, der inzwischen unter dem Decknamen Vogel mit der Organisation Gehlen verbunden ist und den Bundesrichtern Auskunft über frei herumlaufende Spione geben kann; er belastet John und will dessen Verbindung zur Roten Kapelle beweisen.[87] Mittlerweile war auch eine Anzeige «wegen vielfachen Totschlags in mittelbarer Täterschaft» eingegangen. Otto Johns Hinweise hätten seinerzeit den

Engländern ermöglicht, die Raketenversuchsanstalt Peenemünde zu bombardieren, was Hunderte von Toten zur Folge hatte. Eine Verbindung zur Roten Kapelle war ihm dennoch nicht nachzuweisen. Das Urteil lautete schließlich auf vier Jahre Zuchthaus wegen «landesverräterischer Konspiration», wobei in der Beweiswürdigung negativ verzeichnet wurde, dass John 1949 im Prozess gegen Erich von Manstein gegen den General ausgesagt hatte[88] – eben einmal Verräter, immer Verräter.

Der BND oder vielmehr sein Vorläufer, die Organisation Gehlen, war aus der Abwehr hervorgegangen und lebte in einer Tradition, die bis zu den Freikorpskämpfen in Schlesien und im Baltikum zurückreichte. Immer ging es um die Verteidigung Deutschlands, das seit 1917 vom Kommunismus bedroht war. Noch nach seinem Ausscheiden aus dem aktiven Dienst blieb Reinhard Gehlen seinem Phantasma von den Spezialisten treu, die er angeführt hatte. Gehlen, so erfährt sein Nachfolger Gerhard Wessel viele Jahre später, hegte ein tiefes Misstrauen gegen den Widerstand im «Dritten Reich», und der Einfachheit halber sah er seinen Gegner Otto John als «Mitglied» oder «Mitwisser» der Roten Kapelle.[89] In einem Brief an Wessel klagte Gehlen 1971 die leider Gottes völlig demokratisierte Gegenwart mit ihrer fatalen Ostpolitik an und erhob sich zum großen Bescheidwisser: «Schon einmal waren wir in der Situation, mit einer verfehlten Kriegspolitik sehenden Auges trotz aller Warnungen ins Unglück mitgehen zu müssen; diesmal sind wir mit einer verfehlten, falsch verstandenen Friedenspolitik auf dem gleichen Wege.»[90]

Es ist die alte Geschichte: Wir wussten es besser, aber der Gefreite aus Braunau trieb uns Offiziere in den Krieg gegen die Sowjetunion, den wir, hätte er bloß auf uns gehört, am Ende doch noch gewonnen hätten. Gehlens letzter paradoxer Triumph bestand denn auch darin, dass sein Durchblick von einem weiteren Mann zunichte gemacht wurde, der darum nur ein Verräter sein konnte: In der Reichskanzlei saß nicht irgendein Spion, sondern der Reichsleiter Martin Bormann, der den Russen alles funkte, was sie brauchten, um Deutschland zu besiegen. Bereits 1949 kursierte beim amerikanischen CIC die Behauptung, der wundersam am Leben gebliebene Martin Bormann sei von den Russen zum Chef der Roten Kapelle in Deutschland befördert worden.[91] Die Russen, so behauptete Gehlen 1971 in seinen Memoiren mit dem Wissen des Experten, hätten ihren Top-Agenten bei der Eroberung Berlins herausgeholt und nach Moskau verbracht. So rundete sich ein Lebenswerk, in diesem Fall das von Reinhard Gehlen.

Der Unrechtsstaatsrat Carl Schmitt hatte gelehrt, dass Gruppenidentität einen äußeren Feind braucht, und sei er auch nur eingebildet. Für den neuesten Versuch im *nation building* gab es gar keinen besseren Hebel als die Fortsetzung des Kampfes gegen die Sowjetunion. Wenn sich dann auch noch herausstellte, dass ein Überlebender, nämlich Günther Weisenborn, Reden gegen die Wiederaufrüstung hielt und es ein anderer, Adolf Grimme, zum Rundfunkherrscher gebracht hatte (NWDR), und eine dritte, Greta Kuckhoff, die Notenbank der DDR leitete, war der Beweis erbracht, dass die Rote Kapelle bereits die Macht übernommen hatte. Die Kommunisten hatten sich ja nicht darauf beschränkt, einen Teil Deutschlands zu besetzen, sondern sie arbeiteten an der weltweiten Machtübernahme durch Russland, der in der paranoiden Logik der Abwehrstrategen damals einzig und allein Hitler entgegengetreten war. Der Verräter und der Kommunist fielen bei den Angehörigen der Roten Kapelle in eins, und dass nach dem Krieg einige wenige in wichtige Stellungen aufsteigen konnten, war nur ein weiterer Beweis, dass es sich um eine fortdauernde Verschwörung handeln musste. Der Kampf ging also weiter, und noch immer gegen den Bolschewismus.

Beim NWDR wird, unterstützt vom *Spiegel*, Personalpolitik mit den Mitteln politischer Denunziation gemacht. «Dr. Grimme», heißt es in einem «Vertraulichen Bericht», aus dem der *Spiegel* 1950 zitieren kann, «gilt als überzeugter SPD-Mann. Wenn wir ihn in diesem Zusammenhang nicht als Konspiranten nennen

können und wollen, darf doch nicht unerwähnt bleiben, daß er
während des Krieges in irgendeiner Verbindung mit der ‹Roten
Kapelle› stand, die nach amerikanischer Auffassung (Allan Dulles)
eine Spionageorganisation der Roten Armee war. Jedenfalls wurde
er deswegen inhaftiert» und war damit, so die zwingende Logik:
schuldig. Sicherheitshalber wird auch noch ein Artikel aus der
Welt angeführt, in dem von der «Allmacht des Generaldirektors»
die Rede ist, «der – bei aller Würdigung seiner menschlichen und
wissenschaftlichen Qualitäten – sich angesichts der Enthüllungen
immer weniger als der richtige Mann am richtigen Platz erweist».[92]

Adolf Grimme befindet sich in einer ähnlichen Lage wie Otto
John in seiner Behörde: Eingesetzt haben ihn die Engländer, die
wenigstens das westliche Deutschland demokratisieren wollen.
Ohne Fachleute, die bekannten Leute von gestern, kommt aber
auch Grimme nicht aus. Als Intendanten in Hamburg bestellte er
Herbert Blank, selber nicht unbelastet, gegen den sich die erste Generation der 45er wehrt, die jetzt als «Kollaborateure» (oder in der
vertrauten Sprache von gestern als «Quislinge») beschimpft werden, weil sie ihre Stellung den Engländern verdanken. Grimme
und der NWDR wurden in jenen Jahren unter anderem von August Hoppe ausspioniert. Hoppe war Mitglied der deutschnationalen FDP und ein klassischer Antikommunist, der später auch
zwei klassisch paranoide Bücher zum Thema veröffentlichte, das
«Tagebuch des Weltkommunismus: ein Fahrplan der kommunistischen Bewegung» (1964) und das «Diarium der Weltrevolution.
Eine Datengeschichte des internationalen Kommunismus» (1967),
vor allem aber wollte er Karriere machen und verband sich deshalb
mit der Spionageabwehr in Pullach, die ihrem V-2697, Deckname
Rattay, monatlich dreihundert Mark bezahlte. Dafür machte er
darauf aufmerksam, wenn im NWDR eine Sendung über die Organisation Gehlen zu erwarten sei. Wie um tendenziell schädliche
Berichterstattung auszugleichen, veranstaltet Hoppe als Informa-
tionssendungen getarnte Werbebeiträge für den BND: «Denn ohne
auf längere Zeit abgestellte Forschungen und die damit verfügbar ge-

machten Grundlagen würde das für die Interpretation der aktuellen Ereignisse erforderliche Wissen lückenhaft bleiben, wie umgekehrt ohne genügende Kenntnis der Beurteilung aktueller Ereignisse die langfristige Forschung schnell bedeutungslos werden würde.»[93]

Den «vertraulichen Bericht» über den NWDR mit seinen «Halb- und Grenzkommunisten» will Hoppe von einem CDU-Abgeordneten erhalten haben, dem der «Rotfunk» im Norden ein Dorn im Auge war. Als ein Beitrag über die Organisation Gehlen geplant wird, weiß Gehlen gleich Bescheid und notiert nach einem Gespräch mit Hans Globke: «Hinterleute wahrscheinlich Russen mit Duldung der Briten.» Der Teufel einer kommunistischen Verschwörung wird von der Auswertungsabteilung in Pullach in bewährter Weise an die Wand gemalt: «Einen entscheidenden Faktor der derzeitigen Gestaltung des NWDR nimmt die Tatsache ein, dass eine Gruppe von leitenden Personen der Generaldirektion *zwar heute der SPD angehört, jedoch früher aktiv kommunistisch wirkte* und *auch heute noch* prokommunistische Politik betreibt.» Grimme ist bekanntlich zu 90 % Kommunist, da ist Landesverrat im Verzug. Acht Jahre nach der Hinrichtung Harnacks und Schulze-Boysens wird Grimme zum «Mitglied Nr. 3» der Roten Kapelle befördert. Beiläufig werden noch die Volontäre Gerd Ruge und Erwin Behrens als erklärte Kommunisten entlarvt. Der später berühmte Reporter Peter von Zahn, im Krieg Mitglied einer Propagandakompanie, wird ebenfalls ins Visier genommen. Immerhin hat er im Gesamtdeutschen Ministerium einen Bruder, an dessen nationaler Treue nicht zu zweifeln ist. Für Spionage im Dienst der Roten Kapelle gilt der Bruder als «viel zu anständig», zumal er «Entnazifizierungsschwierigkeiten» habe erleiden müssen, für die Pullacher deshalb ein Opfer und im Zweifel ein Verbündeter.[94]

Wie rot der Rotfunk ist, spricht sich auch zum Bundesamt für Verfassungsschutz (BfV) durch, wo man sich ebenfalls an der Jagd nach den Hinterbliebenen der Roten Kapelle beteiligt. In der Sammelwut zahlt das BfV einmal zweihundertfünfzig Mark für Material über die Rote Kapelle, das Altes und Bekanntes bestätigen und die Überwachung fördern soll; am Ende sind in Köln zweitausend als Kapelle-Kommunisten Verdächtigte registriert.[95] Manfred Roeders Pressearbeit ging weiter: In einem Hamburger Verlag, der auf den Versand «nationalen Schrifttums» spezialisiert war («Innere Sammlung – Besinnung auf die eigenen Kräfte – Aufklärung über die Wahrheit»), gedruckt bei der Gruner Druck GmbH im Hamburger Pressehaus, wo sich zehn Jahre später die *Spiegel*-Affäre zutragen sollte, erschien 1952 eine Broschüre mit dem Titel «Die Rote Kapelle – Europäische Spionage». Auf dem Titel zieht eine rote Faust, die aus einem kommunistischen Stern vorstößt, Fäden über die ganze Welt, ein graphisches Komplementärstück zum CDU-Wahlplakat von 1953. Roeder zitiert einen Artikel Weisenborns von 1946, der der «deutschen Widerstandsbewegung Gerechtigkeit widerfahren» lassen möchte. Was damit gemeint ist, darf der geneigte Leser mit Roeders Hilfe gleich der (nicht weiter spezifizierten) Weltpresse entnehmen: «Ein Jahr später schreibt die Weltpresse: Auf dem Moskauer Flugplatz wurde [sic] der Schriftsteller Günther Weisenborn und die Schriftstellerin Anna Seeghers [sic] als Ehrengäste empfangen. Amerikanische Zeitungen bringen die illustrierten Aufnahmen.»[96] Braucht es mehr, um die weltumspannende Verschwörung zu belegen?

Herausgegeben hat die Aufzeichnungen, wie Gerhard Ritter exklusiv wusste,[97] Roeders Tochter, die ihren Vater im Vorwort als Kriegsgefangenen, als Angeklagten, als Opfer der Nachkriegszeit darstellte. Nachdem sie vorne den Trauerflor um ihren vorübergehend eingesperrten Vater gewunden hatte («Auf der Fürther Straße Nürnbergs, die viele Tränen gesehen hat, entglitten mir langsam die Blumen»[98]), grämte der sich im weiteren Text, weil er sein Werk nicht vollenden konnte. Bei jedem der 77 Angeklagten (mindestens vier starben an Misshandlungen in der Haft, vier begingen Selbstmord) hatte er die Todesstrafe «wegen Hochverrats u. a.» gefordert und sich zu seinem Leidwesen nur in 45 Fällen durchsetzen können. Die anderen kamen mit Gefängnisstrafen davon. Roeder ist sich nach dem Krieg keiner Schuld, sondern nur gesetzestreuer

Rechtspflege bewusst. «Nicht einem grausamen System fielen diese Widerstandskämpfer zum Opfer, sondern dem Gesetz, das international anerkannt, völkerrechtlich unbestritten ist», rechtfertigte er sich und die untergegangene nationalsozialistische Justiz 1952 und brachte zugleich die «mutmaßlichen Mehrverluste»[99] durch den Verrat der Männer und Frauen um Schulze-Boysen und Harnack ins Spiel: Absurde zweihunderttausend Mann seien allein wegen der Roten Kapelle gefallen.

Roeder verwahrte sich dabei gegen den Vorwurf, er würde eine neue Dolchstoßlegende schaffen, aber genau das tat er in den letzten Zeilen seiner Broschüre: «Es war ein Kampf, den der deutsche Soldat gegen einen getarnten Feind führte, der aus dem Hinterhalt mit neuartigen, aber heimtückischen Methoden arbeitete, der die Wörter Freiheit, Menschenliebe, Vaterlandsliebe nur im Munde führte.»[100] Mit diesem Nachweis, dass die Verschwörer unlauter gehandelt hätten, kommt eine Anerkennung als Widerstandskämpfer überhaupt nicht in Frage. Ehrenvoll haben die Soldaten gekämpft, und sei es für Hitler, während die von der Roten Kapelle gegen Hitler kämpften und damit gegen den deutschen Soldaten. Anders als der immer gesetzeskonforme Jurist haben die Überlebenden der Roten Kapelle deshalb in der neuen demokratischen Bundesrepublik nichts verloren. Ihr Treiben sei auch gar kein Widerstand gegen Hitler gewesen, ein großer Teil der Mitglieder habe bereits in der Weimarer Republik gegen den Staat gearbeitet, sie, und nicht unbeugsame Nazis wie er, sind also die Totengräber der alten wie der neuen Demokratie. «Es ist daher kaum anzunehmen», schließt Roeder in seiner eigenen zwingenden Logik, «daß sie heute der Bundesregierung nun ihre Unterstützung schenken werden.»[101] Da die Adenauer-Regierung nicht kommunistisch ist, folgt daraus, dass die ehemaligen Verschwörer immer noch Verschwörer und im Zweifel mit einer fremden Macht, mit dem Osten, verbunden sind.

Auf seine Art formt auch Roeder Geschichte. Er wird in Lüneburg wie zuvor schon in Nürnberg freigelassen und reicht, was er

hat, in die Auseinandersetzungen um die beginnende Wiederaufrüstung. Die Deutsche Partei, bis 1960 mit mehreren Ministern in
der Bundesregierung vertreten und durch Industriespenden mit
Hilfe der CDU bis zuletzt subventioniert, plakatierte in Hamburg:
«280 000 deutsche Soldaten starben durch Landesverrat der Roten
Kapelle. Was dürfen die Opfer heute vom NWDR erwarten?»[102] Die
Charakterisierung, die Beschimpfung von NDR und von WDR als
«Rotfunk», die in den siebziger Jahren den Höhepunkt erreichte,
nimmt hier ihren Ausgang. Die alten Kämpfer fühlten sich erst
von den Engländern besetzt und dann von den Sozis und den
Kommunisten verraten. Die Opfer waren auch hier die deutschen
Soldaten und ihre Angehörigen. Der CDU-Vorstand Bremerha-
ven schrieb, die Rote Kapelle habe alles zum «Sieg des Moskauer
Kommunismus tun wollen»[103]. Im Dezember 1950 geht das Roeder-Material an einen Abgeordneten der SRP. Deren Vorsitzender, der niedersächsische Landtagsabgeordnete Wolf von Westarp,
vormals SS, nennt Adolf Grimme einen «bezahlten Landesverräter»[104].

Diese Position hielt sich am hartnäckigsten im rechten Lager.
Eine Dokumentation der CIA, die sich ebenfalls auf die Kriegsge-
richtsakten stützte, trug in der deutschen Ausgabe den Untertitel
«Verrat und Verräter gegen Deutschland». So war es wieder nur
ein Schritt bis zu Reinhard Gehlens unverbrüchlicher Überzeugung, dass Hitlers Überfall auf die Sowjetunion nicht bloß kriegs-
notwendig war, sondern dass dieser Krieg auch gewonnen hätte
werden können, wenn, ja wenn nicht Verräter am Werk gewesen
wären, die Angaben über Bewaffnung und Einsatzpläne an die
Russen weitergegeben hätten.

Ein Abgrund von Landesverrat: die Spiegel-Affäre

Am schlimmsten war es, wenn der Staatsfeind mitten im Land hockte. 1962 hatte der Landesverrat besonders fröhliche Urständ feiern dürfen. Der «Abgrund von Landesverrat», der sich für Adenauer in der *Spiegel*-Affäre auftat, musste irgendwie damit zu tun haben, dass der Herausgeber Rudolf Augstein, wie Adenauer mit Blick auf sein Publikum gern behauptete, das Geschäft des Ostens besorgte und damit auch noch Geld verdiente. Der BND, in der Sache nicht völlig unbeteiligt, sammelte eifrig Beweise für diesen Verrat, allein schon, um von seiner Mitwirkung an der *Spiegel*-Geschichte «Bedingt abwehrbereit» abzulenken.

Als sofort nach der Polizeiaktion gegen den *Spiegel* neunundvierzig Schriftsteller und Künstler in einem «Manifest» auch noch «Herrn Rudolf Augstein ihre Achtung» ausdrückten, den Rücktritt von Strauß forderten und in der majestätischen dritten Person Plural verlautbarten: «In einer Zeit, die den Krieg als Mittel der Politik unbrauchbar gemacht hat, halten sie die Unterrichtung der Öffentlichkeit über sogenannte militärische Geheimnisse für ihre sittliche Pflicht, die sie jederzeit erfüllen würden»[105], ging das den Kriegsteilnehmern entschieden zu weit. Wolf Jobst Siedler empörte sich im *Tagesspiegel* über diese Anmaßung der Gruppe, die sich der Anstiftung zum «Staatsgeheimnisverrat» schuldig gemacht habe, und der Leitartikler der ehemals nazifreundlichen *Celleschen Zeitung* verlangte unter der Überschrift «Landesverräter unter uns» kurzen Prozess und, als wollte er Roeders Klage über ihre Abschaffung bekräftigen, die Wiedereinführung der Todesstrafe für die Verräter. Der anonyme Autor – Friedrich Mühe – ließ sich nicht zufällig als «Schriftleiter» führen: Er war bereits 1930 in die NSDAP eingetreten. Verrat galt in dieser Zeitung als sittenwidrig, und darum konnte der Verleger Ernst Pfingsten gleich nach dem Krieg einen Chefredakteur entlassen, weil der mit den alten Parteigenossen nicht milde genug umging.

Für die Redakteure nicht nur der *Celleschen Zeitung* galt Treue als besondere Ehre. Im Landkreis Celle, in dieser stillen Ecke an der Zonengrenze, ballte sich auf merkwürdigste Weise eine Tradition, die bis zum Anfang der achtziger Jahre gewahrt wurde. Nicht weit von Celle befand sich das Konzentrationslager Bergen-Belsen, in dem Anfang 1945 Anne Frank starb. Nicht weit von Celle, in dem Dorf Altensalzkoth, lebte bis 1950 der ehemalige Obersturmbannführer Adolf Eichmann. Ein SS-Kamerad hatte ihn nach der Flucht aus der kurzen amerikanischen Haft in Franken an seinen Bruder in Norddeutschland weiterempfohlen, der ihm Arbeit beschaffte. Das Terrain war günstig. Bei den ersten freien Wahlen stimmte fast die Hälfte für rechtsradikale Parteien. Noch im April 1945 hatten die Einwohner von Celle «Hasenjagd» auf Häftlinge «mit ihren Zebra-Anzügen» (wie sich die Heimatdichterin Hanna Fueß ausdrückte) gemacht, die einen Luftangriff auf ihren Zug überlebt hatten. In Celle trafen sich bei Hans Nolte, einem ehemaligen Mitglied der Leibstandarte Adolf Hitler, die versprengten Angehörigen der «Bruderschaft», die wie ihr Anführer Alfred Franke-Gricksch auf eine nationalsozialistische Wiederauferstehung hinarbeiteten. Im Wald bei Celle hielt Nolte Schulungsvorträge für die «Bruderschaft». Als es für Eichmann langsam unangenehm wurde, chauffierte ihn Alois Schintlholzer, ein weiterer SS-Kamerad, der in Italien wegen seiner Kriegsverbrechen in Abwesenheit zu lebenslanger Haft verurteilt wurde, im Frühjahr 1950 von Celle bis an die österreichische Grenze; von dort ging die Flucht über Innsbruck und Genua weiter nach Argentinien. Schintlholzers Todesanzeige erschien 1989 in der *Tiroler Tageszeitung* mit dem SS-Spruch «Seine Ehre hieß Treue».[106]

Verrat ist also wie die Treue nicht eine Frage der Definition, sondern der Umstände und der entschlossenen Deutung. Der Journalist Carl von Ossietzky zog sich den Hass der Nationalsozialisten zu, weil er vor 1933 über die geheime Aufrüstung der Reichswehr berichtet hatte. Diese Aufrüstung verstieß gegen den Versailler Vertrag, den Deutschland mit den Siegern des Ersten Weltkriegs eingegangen war. Da es sich bei den deutschen Unterhändlern zum Teil um Juden handelte, galten sie als Verräter an der deutschen Sache. Wenn sie nicht umgebracht wurden wie Matthias Erzberger, verfielen sie der Verachtung, und umgekehrt war es die kleingehaltene Reichswehr, die die deutsche Ehre wiederherstellen konnte, indem sie zu alter Größe strebte, die ihr die Feinde neideten. Wer daran Anstoß nahm, wer einen Vertragsbruch auch so nannte und sich als Pazifist zu erkennen gab wie Ossietzky, war ein Verräter. Nach der Machtergreifung 1933 gehörte er zu den ersten Häftlingen in einem Konzentrationslager. «Aus den zerbeulten und zerfetzten Kleidern ragten verquollene Köpfe heraus wie Kürbisse, gelb, grün und bläulich angelaufene Gesichter, die nichts mehr von einem Menschengesicht an sich hatten. Die bloßen Körperteile waren mit Striemen und geronnenem Blut bedeckt», berichtet Rudolf Diels, der als Begründer der Gestapo für die Einlieferung mitverantwortlich war. «Mir fuhr ein Schreck in die Glieder wie bei einer Geistererscheinung. Ich konnte Ossietzky kaum noch erkennen. Er trat auf Lützow und mich zu und bat nur mit schwacher Stimme, daß man ihn aus dieser Hölle befreien solle.»[107]

Ossietzky war am 28. Februar 1933, am Tag nach dem Reichstagsbrand, verhaftet worden. In einem Interview erklärte Hitler drei Tage später, er werde nur Kommunisten bestrafen; bei der Reichstagswahl am 5. März 1933 waren sie schon nicht mehr zugelassen. 1936 wurde Ossietzky der Friedensnobelpreis zuerkannt. Er durfte ihn nicht annehmen und starb anderthalb Jahre später an den Folgen der Haft.

In diese heroische Tradition des staatsbürgerlich verdienstvollen Geheimnisverrats wollten sich auch die Schriftsteller um die Gruppe 47 stellen, als 1962 mehrere *Spiegel*-Redakteure mit dem Vorwurf des Landesverrats verhaftet wurden. In der landesweiten Empörung, die erst die Kollegen, dann die Studenten, die Professoren und zuletzt auch die Parteien jenseits der CDU / CSU ergriff, wollten sie ihre spektakuläre Aktion ursprünglich sogar noch viel weiter treiben, wie einem Brief Uwe Johnsons an Hans Magnus

Enzensberger zu entnehmen ist: Aus Solidarität mit dem inhaftierten Augstein und «mit der Absicht der Provokation» wollten
die in Berlin versammelten Schriftsteller «die Behörden nötigen
zu verhaften», nach den *Spiegel*-Redakteuren auch die mutigen
Unterschreiber. Allerdings hatten sie ihre Position und ihr Pro-
vokationspotenzial erheblich geschwächt durch die Einfügung des
Wortes «sogenannt» – «sogenannte militärische Geheimnisse».[108]
Die Schauspieler Curd Jürgens und O. E. Hasse, die im ersten Feuer
mitunterschrieben hatten, zogen ohnehin vor Schreck über die
schlechte Presse zurück, doch hatte überraschenderweise niemand
Lust, sie zu verhaften. So gern man sich vorübergehend wieder in
der Tradition des Aufklärers Carl von Ossietzky glaubte, in der
Bundesrepublik Deutschland gab es 1962 keine Konzentrationslager mehr.

Dennoch ging auch dieser Verratsfall in die Geschichte ein:
Franz Josef Strauß musste, wie von den Schriftstellern gefordert,
als Verteidigungsminister zurücktreten, und Adenauer, der seinen
potenziellen Nachfolger bereitwillig über die Klinge springen ließ,
musste sich der Erpressung durch die FDP beugen und seinen
Rücktritt in absehbarer Zeit zusagen. Josef Hermann Dufhues, vor
1945 Mitglied der SS-Reiterstaffel und jetzt der Geschäftsführende
Vorsitzende der CDU, bezeichnete die Gruppe 47 als «geheime
Reichsschrifttumskammer» und sicherte ihr damit einen anhal-
tenden Nachruhm.

Gerhard Ritter wäre niemals auf die Idee gekommen, sich von
dieser antiautoritären Woge mitreißen zu lassen. Er blieb seiner
patriotischen Haltung treu und schrieb als Kommentar zur *Spiegel*-Affäre einen Leserbrief an die *Frankfurter Allgemeine*, der sogar
seine Kollegen entsetzte. Dass er von einer «Journalistengruppe
von höchster Verschlagenheit»[109] sprach, wenn er die *Spiegel*-Re-
dakteure meinte, könnte noch als gehobenes Feuilleton durchgehen, und auch dass er die Hände rang und «diesmal wirklich
an unserer Bonner Demokratie verzweifeln»[110] wollte, gehörte
in die leserbriefübliche Rhetorik. Interessant wurde es, als Ritter

das «ewige Starren auf die Schrecknisse der Hitler-Diktatur»[111] als Grund für die Aufregung vor allem der Intellektuellen und Journalisten entdeckte, die in seinen Augen den eigentlichen Skandal, den angeblichen Verrat militärischer Geheimnisse (womöglich an das Ausland!), unterschlugen.

Geschichte wird gemacht: noch einmal die Rote Kapelle

An der Formung der Geschichte beteiligte sich deshalb zuletzt auch noch der *Spiegel.* Obwohl er in einer mehrjährigen juristischen Auseinandersetzung den Vorwurf des Landesverrats schließlich abwehren konnte und zumindest die erwachende antiautoritäre Intelligenz den Begriff Verrat nicht mehr mit Vaterland und Todesstrafe verbunden haben wollte, wurde es noch einmal sehr ernst. Die Kriegsgeneration war nach wie vor im Amt und bestand auf ihrem Recht und ihrer Deutungshoheit. 1966 hatte Heinz Höhne, der Redakteur für Zeitgeschichte, die Serie «Der Orden unter dem Totenkopf» über die SS mit der glatten Geschichtsfälschung eingeleitet, die SS habe nichts mit den Konzentrationslagern zu tun gehabt. Höhne, eigener Aussage nach ehemaliger Soldat im Panzerkorps «Großdeutschland», hatte für diese «bedeutendste zeitgeschichtliche Dokumentation» des *Spiegel* nicht nur Tausende von Akten «gesichtet», sondern sich von ehemaligen SS-Angehörigen wie Werner Best auch manche Legende aufschwatzen lassen. Am 20. Mai 1968, siebzehn Jahre nach der Roeder-gestützten *Stern*-Serie «Rote Agenten unter uns», begann der *Spiegel* seine eigene Serie über die Rote Kapelle, die fest und treu auf dem Schlachtfeld des Kalten Krieges stand. Wiederum stützte man sich auf das Material und die Sicht Roeders und konnte sich außerdem die Mitwirkung des BND sichern.

Reinhard Gehlen, der zum Start der Serie eben aus dem Amt geschieden war, wird sich gefreut haben, dass sein Hirngespinst einer weltumspannenden kommunistischen Bedrohung ausgerechnet in seinem hassgeliebten *Spiegel* fortwesen durfte.

Da der Kommunist nach wie vor der Kommunist war, bedurfte es der Fachleute von früher, die den Feind genau kannten. Sie waren auch für Höhne und den *Spiegel* unentbehrlich, die am Ende der Verwertungskette Gestapo – Roeder – Nachkriegs-, aber vollkommen NS-besetzte Staatsanwaltschaft – Organisation Gehlen / Bundesnachrichtendienst standen. Zum Beginn der *Spiegel*-Serie «Kennwort: Direktor» konnte Höhne schreiben, er habe «Anhänger der Gruppe Schulze-Boysen / Harnack» konsultiert, «noch lebende Mitglieder der einstigen deutschen Gegenspionage» befragt und «sich Aktenunterlagen» gesichert, «die bisher noch nie veröffentlicht wurden».[112] Es waren natürlich wieder die Roeder-Akten, mit denen der Schatzhüter bereits nach dem Krieg und während seiner juristischen Auseinandersetzungen hausieren gegangen war.

Die noch lebenden Mitglieder der einstigen Nazi-Gegenspionage fanden sich praktischerweise in Pullach, wo der BND-Abteilungsleiter Karl Eberhard Henke die Erlaubnis erhalten hatte, mit dem *Spiegel* über die geplante Serie zu sprechen.[113] Auf diese Weise bekam Höhne Einsicht in die Akten der Staatsanwaltschaft Lüneburg, die von ebenjenem Staatsanwalt Finck stammten, der nicht bereit war, die Akten für den Wiedergutmachungsprozess Rudolf von Scheliha zur Verfügung zu stellen. Als nebenberuflicher Mitarbeiter der Organisation Gehlen hatte er sie nach der von ihm erfolgreich verschleppten Klage gegen den Kriegsrichter a. D. Roeder nach Pullach weitergeleitet, weshalb im *Spiegel* die Rote Kapelle ein weiteres Mal als Feind erstehen konnte, der die Bundesrepublik von innen her bedrohte. Offensichtlich taugte das alte Feindbild auch noch 1968, um die Leser das Gruseln vor der Roten Gefahr zu lehren.

Wie heftig dabei das alte und das neue Deutschland zusammenstießen, zeigte das *Spiegel*-Titelbild der Ausgabe vom 24. Juni 1968, in der die fünfte Fortsetzung der Serie erschien. Während im Heft vor der nach wie vor drohenden Gefahr gewarnt wurde, präsentierten draußen unter der Schlagzeile «SDS – Revolution in Deutschland?» lauter Langhaarige Poster mit den Gesichtern von Lenin, Mao, Ho Chi Minh, Rosa Luxemburg, Karl Liebknecht und Karl Marx.[114] Zum ersten Mal, wurde zum Auftakt behauptet, werde die «Gesamtgeschichte» der Roten Kapelle «sachlich» und «differenziert» dargestellt, folglich handelt es sich bei dieser Widerstandsgruppe wie schon bei der Gestapo wieder um eine «sowjetische Agentengruppe» und um «Sowjetspione», wenn ihr Name auch nicht von der Gestapo, sondern – so viel Aufklärung muss sein – «von den nüchternen Spionage-Profis der Abwehr» erfunden wurde.

Diese Formulierung stammte mit Sicherheit nicht von Höhne, sondern von einem ehemaligen Spionageprofi, dem tüchtigen Funker Hans Detlev Becker, mit Jahrgang 1921 unweigerlich bei der HJ, möglicherweise (da sind die Angaben undeutlich) zur NSDAP transferiert,[115] seit 1947 *Spiegel*-Redakteur, später Chefredakteur und Verlagsdirektor und die rechte Hand Rudolf Augsteins, der nicht wissen durfte, dass sein Freund und Lehrmeister zumindest am Anfang seiner *Spiegel*-Zeit nebenberuflich auch noch für die I-Stelle arbeitete, für den nordrhein-westfälischen Verfassungsschutz. Dafür geworben hatte ihn sein ehemaliger Vorgesetzter Johannes Horatzek (Horaczek), im Krieg Oberstleutnant bei der Abwehr; Becker war sein Unteroffizier bei der Funkabwehr beim Oberkommando der Wehrmacht gewesen. Becker behauptete wiederholt, er habe bei der Enttarnung der Roten Kapelle mitgewirkt.[116] 1957 wechselte Horatzek zum BND.

Der *Spiegel* hielt von Anfang an engste Verbindung zur Organisation Gehlen, es bestand dafür ein ungeschriebener Vertrag zu beiderseitigem Nutzen. «Die Redaktion hatte ein professionelles Interesse an einem dauerhaften Kontakt zum Auslandsnachrichtendienst, um sich besser über Geheimdienstliches informieren zu können. Das Risiko, geleimt zu werden, nahm man in Kauf»[117], heißt es im historischen Rückblick einer viel späteren Genera-

tion. Und der *Spiegel* wurde nach allen Regeln der Kunst geleimt.
Die Titelgeschichte, die Hans Detlev Becker 1954 über Reinhard
Gehlen schrieb («Des Kanzlers lieber General»), war nicht bloß
«schmeichelhaft» für den Porträtierten, sondern ein «Desinfor-
mationserfolg» für den Geheimdienst, wie 2012 dann auch der
Spiegel zugeben musste. Der Geheimdienstmann Gehlen band
dem aufmerksam lauschenden Becker einen klassischen Bären
auf. «Als V-Leute und Forscher stehen zwar ehemalige SD- und
Gestapo-Beamte hier und da in Gehlens Diensten», heißt es da aus
erster Hand informiert und gleich mit der besten Rechtfertigung
versehen, «da sie bei ehemaligen Kameraden auf der Gegenseite
eine gute Ansprache haben und in einer Reihe von Fällen erfolgreich in den gegnerischen Dienst eingedrungen sind.» Natürlich
kann weder Gehlen noch Becker 1954 wissen, dass es die «gute
Ansprache» dem sowjetischen Geheimdienst bereits ermöglicht
hatte, den ehemaligen SD- und Gestapo-Mann Heinz Felfe an-
zuwerben und als Maulwurf in Pullach zu platzieren, wo er, man
glaubt es nicht, mit der Abwehr des Kommunismus befasst war.
«Eines aber», so schließt die mustergültige Lobbyisten-Geschichte
schwärmerisch, «wird Konrad Adenauer auf sein Wort nehmen
können, wenn er der Organisation Gehlen die politische Reife bescheinigt: In Gehlens Stab gibt es nicht einen ehemaligen SD- oder
Gestapo-Mann.»[118]

Die Geschichte sei mit den «Emotionen einer mißglückten
Vergangenheitsbewältigung aufgeladen»[119], heißt es in der so spät
nachgetragenen Serie über die Rote Kapelle scheindifferenziert,
aber der *Spiegel* bewältigt die Vergangenheit eben auf seine Art.
Mit einer unnachahmlichen Mischung aus Detailkenntnis und
scheinbarer Neutralität wird ein NS-Gerichtsverfahren zu einem
Widerstandsakt, wenn sich nämlich Hitlers Gefolgsleute, Leute
wie Roeder, ihrem Führer und dessen Paladin Göring heldenmütig
widersetzen:

«Die drei Herren waren sich einig: Der Vorschlag des Ge-
stapo-Chefs Heinrich Müller, den Prozeß vor dem Volksgerichts-

hof zu führen, sei ein Attentat auf die selbständige Wehrmachtsjustiz. Hammerstein, Lehmann und Roeder traten diesem Plan entschieden entgegen.

Sie redeten so lange auf Göring ein, bis er nachgab. Nur schweren Herzens wagte Göring sich Ende Oktober vor seinen Führer. Um jedoch dem Diktatoren-Zorn zuvorzukommen, schlug er vor, Roeder solle mit der Anklagevertretung betraut werden. Hitler stimmte zu, denn der Oberstkriegsgerichtsrat Roeder galt als einer der härtesten und regimetreuesten Militärrichter.«[120]

Der raunende Erzähler bekommt gar nicht genug von seiner Geschichte aus dem tiefsten Inneren des «Dritten Reichs»:

«Manfred Roeder konnte mit seiner düsteren Arbeit beginnen. Von nun an war die Geschichte der Berliner Roten Kapelle weitgehend seine Geschichte, die Chronik ihres Untergangs seine Chronik. Der ‹Blutrichter Hitlers›, wie ihn die Häftlinge oft nannten, wurde zum Alpdruck der Angeklagten.

Roeders martialisches Auftreten war nur allzusehr dazu angetan, ihn als den eigentlichen Bösewicht des Stücks erscheinen zu lassen. Seine barschzackige, an Zynismus grenzende Art bedrückt noch heute die Überlebenden der Roten Kapelle so heftig, daß sie Roeder als Mörder verteufeln.«[121]

Die Überlebenden sind also so bedrückt, dass sie den armen Roeder noch immer – 26 Jahre nach den Unrechtsurteilen – wegen seiner «düsteren Arbeit» «verteufeln» müssen. Höhne fehlt dafür erkennbar jedes Verständnis. Er faselt von «sexueller Unrast» in der Gruppe Harnack / Schulze-Boysen, macht sich lustig über «sensible Antifaschisten», die daran Anstoß nähmen, und weiß von fünfhundert Funksprüchen, die Mitglieder der Roten Kapelle an die Russen abgesetzt hätten. Rudolf von Scheliha wird als «Lebemann» bezeichnet. «Seit spätestens 1937 stand ‹Arier› – so Schelihas Deckname – im festen Sold der Sowjets und lieferte alle ihm bekannten AA-Vorgänge nach Moskau.» Dass Scheliha in die Schweiz reiste, um den westlichen Alliierten Informationen über das Euthanasieprogramm zu liefern, wurde nicht erwähnt.

Manfred Roeder wird in der *Spiegel*-Serie immerhin als «antikommunistischer Rechthaber» bezeichnet, der noch heute, 1968, die Urteile des Reichskriegsgerichts verteidige, aber dem *Spiegel* mit Auskünften behilflich war. Paul Schmidt, SS-Obersturmbannführer und Pressesprecher im Außenministerium, nach dem Krieg unter dem eindrucksvolleren Namen Paul Carell *Spiegel*- und BND-Mitarbeiter und mit seinen Büchern wie «Die Wüstenfüchse» oder «Unternehmen Barbarossa» Erfinder der «sauberen Wehrmacht», wird als Publizist bezeichnet, der «differenzierter» argumentiere. Zwar behauptet Schmidt-Carell, die Sowjetunion habe wegen der Roten Kapelle die Panzerschlacht von Kursk gewonnen, aber anders als die *National-Zeitung* nicht auch noch, dass sie «Millionen von deutschen Soldaten auf dem Gewissen» habe.[122]

Höhnes antikommunistisches, letztlich vom Reichskriegsgericht geprägtes Geschichtsbild fand weitere Verbreitung in einem Buch und schließlich in einer ARD-Fernsehserie, «Die Rote Kapelle – Geschichte eines Agentennetzes». Die sieben Folgen liefen im Frühjahr 1972 nicht nur in Deutschland, sondern auch in Frankreich, Italien und der Schweiz. Erst auf Vorhaltungen von Stefan Roloff, dem Sohn des Mitangeklagten Thomas Roloff, scheint Höhne mit jahrzehntelanger Verspätung so etwas wie Reue angewandt zu haben. «Die fünfhundert Funksprüche, von denen in der Literatur – und leider auch bei mir – die Rede ist, sind natürlich nur eine Behauptung von Leuten, die ein gewisses Wissen über die Dinge hatten, aber nicht über diese Funksprüche verfügten.»[123]

Das gewisse Wissen von Leuten ist das Wissen von Leuten wie Roeder und Gehlen, die von ihrem Feindbild nicht lassen wollten, für die es keine Zweifel gab oder im Zweifel alles, alles Verrat war. «Kaum jemals wird ein Beamter schwerer durch einen anderen Beamten zu ersetzen sein, als der alleinige Schöpfer des Bundesnachrichtendienstes»[124], weinte Hans Detlev Becker seinem Idol noch 1967 in der *Zeit* nach. Später, als Gehlen dann doch zu ersetzen war, muss Becker seine Liebedienerei ein bisschen peinlich geworden sein. Er habe auf Gehlen und Günther Nollau, den Chef des Bundesamtes für Verfassungsschutz, gehört, weil er sich «publizistisch um die Versöhnung von Demokratie und Geheimdienst im Rechtsstaat mühte», schrieb Becker 1980, als Gehlen bereits gestorben war. Dabei war Gehlen, wie Becker mit sehr großer Verzögerung erschreckt feststellen muss, womöglich schon 1954 nicht mehr zu retten, als ihn Becker und der *Spiegel* so feierten: «Wie, wenn ihn [Becker spricht von sich in der dritten Person] damals das Glimmern des Abendglanzes einer beginnenden Dementia senilis in Gehlens Augen genarrt hätte und er sich dafür heute einen Düffel-Döffel schelten müßte?»[125] Nein, muss er nicht. Kollaborateur reicht schon.

Roeder zog Ende 1963 vom Gut Neetze bei Lüneburg nach Glashütten im Hochtaunus. Angeblich fürchtete er im zonengrenznahen Lüneburg eine Entführung durch die Russen und fühlte sich in der Nähe von Oberursel sicher, wo sich nach 1945 die Amerikaner und in ihrem Gefolge die Organisation Gehlen niedergelassen hatten. In dem kleinen Ort Glashütten wirkte Roeder als Beigeordneter im Gemeinderat und vertrat mehrmals den Bürgermeister Franz Johann Gottschalk, wenn der im Urlaub weilte. Am 12. Juli 1968, zwei Tage nach dem Erscheinen der *Spiegel*-Folge, in der es um die Rolle Roeders im Verfahren gegen die Rote Kapelle ging, rief der Landrat den Bürgermeister an und bat um Auskunft über Roeder. Der werde, antwortete ihm Gottschalk, selbstverständlich gegen den Autor der Serie, gegen Heinz Höhne, «Schritte unternehmen». Im Übrigen, so Gottschalk etwas ungelenk, stehe es weder ihm noch der Öffentlichkeit zu, «die angesehene Person durch die bis heute in keiner Weise belegbaren Anschuldigungen mit irgendwelcher Manipulation abzuwerten».[126] Auch hier verteidigte sich Roeder damit, dass er «weisungsgemäß» gehandelt habe. Weitere Untersuchungen unterblieben. Noch 1956 hatte der Bundesgerichtshof festgestellt, dass es keine Terrorurteile gegeben habe und die Richter stets nach Recht und Gesetz gehandelt hätten. Auf Antrag seines Bruders wurde das Urteil gegen Harro Schulze-Boysen am 24. Februar 2006 aufgehoben, nach 63 Jahren.

In der Ausgabe vom 30. Juni 1969 hatte Manfred Roeder eine Gegendarstellung im *Spiegel* erwirkt, weil tatsächlich etwas Ungeheuerliches geschehen war: Das Magazin hatte ihn mit einem Zitat fälschlich den Idealismus der Verschwörer würdigen lassen. Mit dieser Verleumdung wollte er sich nicht abfinden, es musste sich um ein Missverständnis handeln. «Ich habe gegenteilig immer den Standpunkt vertreten und vertrete ihn auch heute unverändert, daß ein Unterschied zwischen Hoch- und Landesverrat besteht und daß Landesverrat, insbesondere Landesverrat im Krieg, ein durch nichts zu rechtfertigendes, verwerfliches Verbrechen ist. Die angeblich von mir gebrauchten Worte geben also meine wahre Erkenntnis gegenteilig-unrichtig wieder. Es handelt sich bei dem Zitat um eine Fälschung nach Wortlaut und Sinn. Dr. Manfred Roeder Generalrichter a. D.»[127] Für ihn, darauf legte er Wert, waren Canaris, Oster und Dohnanyi immer noch «Verräter».

Als Manfred Roeder 1971 starb, ging eine mustergültige Juristenkarriere zu Ende. «Es war», wie die Todesanzeige im Amtsblatt wusste, «ein Mann, der ruhig und sicher, in unbedingter Aufrichtigkeit, Verläßlichkeit und demokratischer Verantwortung seinen Weg ging.» Niemand schien sich mehr an sein Wirken im «Dritten Reich» zu erinnern, und die Fortsetzung mit anderen Mitteln in der Bundesrepublik vollzog sich ohnehin im juristischen und journalistischen Hintergrund.

3. EINE FRAGE DER EHRE. MIT HITLERS SOLDATEN WIRD DIE BUNDESREPUBLIK REMILITARISIERT

Am 5. Juni 1967 geht ein Traum in Erfüllung. «Sie rollten wie Rommel, siegten wie Patton und sangen noch dazu. ‹Dies ist eine singende Armee. Ihre Krieger singen wie die Helden Hemingways›, staunte Kriegskorrespondent James Reston.» Es war nur leider nicht das deutsche Heer, das wie in alten Zeiten mit einem fröhlichen Lied auf den Lippen voranstürmte, es war das israelische, aber immerhin waren es richtige Soldaten. «In 60 Stunden zerschlugen die gepanzerten Söhne Zions den arabischen Einkreisungsring um Israel, scheuchten sie die panarabischen Propheten aus ihren Großmacht-Träumen, stürzten sie Ägyptens Nasser in niltiefes Jammertal. Der Pharao nahm die Verantwortung für den verlorenen Krieg auf sich und jonglierte mit seinem Rücktritt.»[1]

Mit dieser martialischen Kriegslyrik beginnt der *Spiegel* seinen Bericht über den Sechstagekrieg. Auf dem Titelblatt steht ein israelischer Panzer unter der dreizeiligen Überschrift: «Israels / Blitz / Krieg». Was Deutschland (Rommel) nicht mehr durfte, das gelang den Israelis mit amerikanischer Waffenhilfe (Patton), der Blitzkrieg gegen die Nachbarn, wie ihn ein Vierteljahrhundert zuvor Hitler ähnlich schnell gegen die Niederlande, Belgien, Luxemburg und Frankreich geführt und dabei alle überrannt hatte. Die Freude muss groß gewesen sein im *Spiegel*, als es endlich wieder losging. Ein Zeitgenosse, der gleichzeitig beklagt, dass sich das Blatt in den Jahren seither «so gewaltig verzeitgeistigt» habe, erinnert sich: «Wir tranken am sechsten Tage des Blitzkrieges in unserem Ressort eine Flasche ‹Heidmärker› auf die Sieger.»[2]

Im Stil der «Sondermeldungen» des «Dritten Reiches» verkündete ausgerechnet der sonst so autoritätskritische *Spiegel* diese Siegesmeldungen. Zu Hause gab es keine Siege zu vermelden, es wurde höchstens von den Millionenschäden berichtet, die das Herbst- oder Frühjahrsmanöver auf den Fluren Niedersachsens oder Bayerns angerichtet hatte. Mit einem Mal flutete eine kriegsbegeisterte, aber auch philosemitische Welle durch das Land. Israel musste ausfechten, was die Deutschen nicht mehr durften. Nicht nur der ehemalige Wehrmachtsgeneral Reinhard Gehlen, der auf dem Gelände der ehemaligen Reichssiedlung Rudolf Heß, der späteren Martin-Bormann-Siedlung, Schießübungen mit dem Mossad-Chef veranstaltete, hatte sich mit den ehemaligen «Reichsfeinden» angefreundet. Sogar Gerhard Frey, der Besitzer und Chefredakteur der *Deutschen Soldaten-Zeitung*, hatte 1960 in einem Brief seine Bewunderung geäußert. Israel, so schrieb er, sei für ihn «geradezu vorbildhaft»[3]. Geopolitiker wie Klaus Mehnert und Giselher Wirsing, die bereits im «Dritten Reich» auf der richtigen Seite standen, hatten sich vergeblich gegen die diplomatische Anerkennung Israels ausgesprochen, die 1965 endlich gelang. Im selben Jahr wurde bekannt, dass die Bundesrepublik schon seit Ende der fünfziger Jahre Waffen an Israel lieferte, Waffen, die zum Teil im Sechstagekrieg eingesetzt werden konnten, womit auch die zur militärischen Untätigkeit verdammte Bundesrepublik einen bescheidenen Anteil am Sieg über die (immer noch der *Spiegel*) «degenerierten Nachfahren des Propheten Mohammed» beanspruchen durfte.

Die Titelgeschichte ist gespickt mit präzisen Angaben zu den Panzern, den Geschützen und den Jagdbombern, die den Blitzkrieg möglich machten und mit denen in einem Stellvertreterkrieg dem alten Feind aufs Haupt gegeben wurde: «Die Panzer mit dem Davidstern am Turm überrollten auf ihrem Marsch an den Suezkanal auch die Positionen der Sowjet-Union im Nahen Osten.»[4] Verantwortlich für die Titelgeschichte war der studierte Historiker Dieter Wild, Fachkenntnisse lieferte Carl-Gideon von Claer, ein ehemaliger Bundeswehroberst, der es, wie eine Hausmitteilung bei seinem Eintritt in die Redaktion drei Jahre zuvor verkündet hatte, in der Wehrmacht «zum Oberstleutnant i. G. und Ersten Generalstabsoffizier der Panzergrenadierdivision ‹Grossdeutschland›» gebracht hatte. Die Begeisterung über den Vormarsch war allgemein. Die «Hilfsgemeinschaft auf Gegenseitigkeit der ehemaligen Angehörigen der Waffen-SS» (HIAG) fand den Einsatz Israels «ganz großartig», allerdings war man sich sicher, dass die israelische Armee «Lebe gefährlich», die Aufschneidergeschichte des SS-Obersturmbannführers Otto Skorzeny, genau studiert hatte. (Wie genau, konnte 1967 niemand wissen, nämlich dass der von Hitler gefeierte Held der Mussolini-Befreiung mittlerweile dem Mossad zuarbeitete.) Fast tausend Deutsche meldeten sich als Freiwillige zum Kriegseinsatz, für den sie aber schon zu spät kamen. Ein Mitglied der Reiter-SS spendete tausendfünfhundert Mark zum Zeichen, dass «nicht alle SS-Mitglieder Verbrecher waren», andere gaben Blut. Es war die zweite *Spiegel*-Ausgabe nach dem Tod Benno Ohnesorgs am 2. Juni, aber neben der Rekonstruktion der Erschießung und dem Bericht über die Demonstrationen beherrschte der Sechstagekrieg das Heft. Rudolf Augstein verkündete in einem Leitartikel «Israel soll leben». Erst weiter hinten im Blatt gelang dem *Spiegel* eine gewisse Distanzierung vom Tonfall der NS-Propagandakompanien seligen Angedenkens: «Mit einem Blitzkrieg, der schneller gewonnen wurde als je ein deutscher Sieg, eroberten die Israelis in der vergangenen Woche die Halbinsel Sinai und die ganze Bundesrepublik. Mit einer Musterdemonstration stählernen Soldatentums – für die Deutschen seit je die imponierendste aller Eigenschaften – schossen sie sich in die Herzen jenes Volkes, in dessen Namen einst alle Juden ausgerottet werden sollten.» Offenbar schrieb hier bereits eine jüngere Generation, die nicht ganz verleugnete, was die Wehrmacht angerichtet hatte. «Ausgerechnet Juden, die deutsche Nazis für feig, faul und verkommen hielten, gewannen im Gegensatz zu deutschen Herrenmenschen schon zum drittenmal den Krieg gegen eine erdrückende Übermacht.

Ausgerechnet Juden riefen deutschen Veteranen ihren Rommel in Erinnerung und erwiesen sich als wahre Wüstenfüchse.»[5]

Hintergrund der militärischen Enthaltsamkeit war ein Grundgesetz, das sich die Bundesrepublik nach zwei verlorenen Kriegen selber gegeben hatte und offenbar nur unter Gewissensqualen befolgen mochte, nämlich dass von deutschem Boden nie wieder Krieg ausgehen solle. Allenfalls durften die Veteranen «verlorenen Siegen» nachtrauern und Hitler die Schuld daran geben. Der Historiker Friedrich Meinecke hatte schon 1946 über den «radikalen Bruch mit unserer militaristischen Vergangenheit» geseufzt, «den wir jetzt auf uns nehmen müssen»[6]. Die große Zeit, die Zeit der deutschen Macht und Herrlichkeit, war vorbei.

Nach 1945 verbreitete sich ein Gekränktheitsnationalismus, eine Folge der nie verkrafteten Schmach, mit Leib und Seele dabei gewesen zu sein, zumindest als Teil der Volksgemeinschaft, um dann nur rasend enttäuscht worden zu sein. In seinem letzten Funkspruch aus der Festung Brest erinnerte General Hermann-Bernhard Ramcke die Wehrmachtsleitung in Berlin im September 1944 an ein Versprechen: «Erbitte Erbhof zur Erhaltung meines Blutes.»[7] Die Belohnung blieb für ihn wie für die meisten anderen aus; die versprochenen Rittergüter im Osten waren mit einem Mal verschwunden. (Generalfeldmarschall Wilhelm Ritter von Leeb war schlauer und ließ sich von Hitler ein ansehnliches Gut in Bayern schenken.) Der alte Nationalismus war erledigt, ein neuer erstand in der Schuldabwehr, die durch die Anwesenheit der Besatzungsmächte erleichtert wurde; für die Mehrheit, die Hitler und den Nationalsozialismus bis fast zuletzt unterstützt hatte, begann die Unfreiheit erst mit dem Einmarsch der Alliierten. Ernst Jünger nennt sein zeitgenössisches Tagebuch «Jahre der Okkupation», Ausdruck tiefer Depression.

Es war eine Kleinigkeit, Adolf Hitler und die Seinen, also nicht viel mehr als zwölf treue Jünger, die praktischerweise wie ihr Führer bereits alle tot waren, für das Unglück, das Verhängnis, die

Tragik oder wenigstens den Zusammenbruch verantwortlich zu machen. Hatte man nicht selber Unmenschliches erleiden müssen? Die Bombennächte, die Toten, die Vermissten, die Verwundeten? Die Versorgungsnot, die galoppierende Inflation, die fremde Besatzung, die Vertreibung der Deutschen aus den Gebieten jenseits von Oder und Neiße und aus dem Sudetenland, erst recht die Massenvergewaltigungen nicht nur durch russische Soldaten – das alles schien bald das Gefühl zu rechtfertigen, selber das Opfer zu sein, erst das Hitlers, dann der Besatzer, die einen zum Besuch der befreiten Konzentrationslager nötigten und auf Plakaten verkündeten «Eure Schuld!». Nichts lag näher, als das Unglück gegeneinander aufzurechnen. Martin Heidegger findet dafür wie immer die größten Worte, wenn er vom «planetarischen Terror einer Weltöffentlichkeit» spricht, «mit dem verglichen die massive Brutalität des geschichtslosen ‹Nationalsozialismus› die reine Harmlosigkeit ist – trotz [so viel ist er immerhin bereit zu konzedieren] der unübersehbaren Handgreiflichkeit der von ihm *mit*angerichteten Verwüstung.»[8]

Nach der erzwungenen Entwaffnung sind Militärs wie Zivilisten mit der einzigen noch erlaubten Wehrübung beschäftigt, dem großen Ablenkungsmanöver: Nicht ich, Adolf Hitler ist es gewesen. Jürgen Habermas spricht bei Heidegger von einer «eigentümlich uneinsichtigen Enttäuschungsverarbeitung»[9]; nach der Niederlage nahm sie jene radikale Form an, die sich in den erst in den letzten Jahren aus dem Nachlass veröffentlichten «Schwarzen Heften» äußert. Bereits in den dreißiger Jahren fürchtete er die Rache «der Juden», an deren Vertreibung er nicht ganz unbeteiligt war. Im Krieg steigert er sich in einen irrationalen Hass: «Das Weltjudentum, aufgestachelt durch die aus Deutschland hinausgelassenen Emigranten, ist überall unfaßbar und braucht sich bei aller Machtentfaltung nirgends an kriegerischen Handlungen zu beteiligen, wogegen uns nur bleibt, das beste Blut der Besten des eigenen Volkes zu opfern.»[10] Ein jüdischer Emigrant, sein ehemaliger Schüler Herbert Marcuse, schreibt ihm 1947 und bittet seinen Lehrer um

eine Rechtfertigung für seine Kollaboration mit dem Nationalsozialismus und dem Führer: «Ein Philosoph kann sich im Politischen
täuschen, dann wird er seinen Irrtum offen darlegen. Aber er kann
sich nicht täuschen über ein Regime, das Millionen von Juden umgebracht hat – bloß weil sie Juden waren, das den Terror zum Normalzustand gemacht hat und alles, was je wirklich mit dem Begriff
Geist und Freiheit und Wahrheit verbunden war, in sein blutiges
Gegenteil verkehrt hat.»[11]

Heidegger lässt sich mit der Antwort fast fünf Monate Zeit,
um Marcuse dann vorzuhalten, «wie schwer ein Gespräch mit
Menschen ist, die seit 1933 nicht mehr in Deutschland waren».
Im Übrigen brauche er nur «Juden» durch «Ostdeutsche» zu ersetzen, dann sei der Unterschied nur noch, dass die Russen ihre
Verbrechen in ihrer Zone in aller Öffentlichkeit begehen würden.
Wie sein gelehriger Schüler Ernst Nolte hat es Heidegger mit dem
Vergleichen, wenn er in einem Vortrag in Bremen mit unbändiger
Durchsetzungslust dekretiert: «Ackerbau ist jetzt motorisierte Ernährungsindustrie, im Wesen das Selbe wie die Fabrikation von
Leichen in Gaskammern und Vernichtungslagern, das Selbe wie
die Blockade und Aushungerung von Ländern, das Selbe wie die
Fabrikation von Wasserstoffbomben.»[12] Wieder wird aufgerechnet:
Die Bombe ist Teil der Verrohung der Welt durch die Technik, ein
Fortschritt gegenüber dem KZ, nur schlimmer (womit die deutschen Untaten schon wieder verkleinert sind). Dem Philosophen
scheint in seiner Raserei gegen die moderne Welt gar nicht mehr
bewusst zu werden, wie ihn sein Ressentiment zum Barbaren
macht.

Ernst Jünger ist nicht viel besser, er kann, indem er sein berühmtes kaltes Herz sprechen lässt, sein Ressentiment nur besser
verkleiden; auch bei ihm, dem Autor des «Arbeiters», ist der Nationalsozialismus nur eine Folge der fortgeschrittenen Technik: «Der
Gedanke, daß Millionen deshalb die Welt verlassen, weil ein Herr
Himmler am Hebel der Vernichtungsmaschine zieht, gehört zu
den optischen Täuschungen. Wenn einen langen Winter hindurch

der Schnee fiel, genügt die Pfote eines Hasen, und die Lawine geht zu Tal.» Dabei übergeht er die Opfer Himmlers keineswegs: «Im Augenblick, in dem das Opfer das Tor der Herrlichkeit durchschreitet, vergißt es seinen Henker.»[13] Es grassiert eine regelrechte Opfersucht, alle müssen sich ihre Leidensgeschichten erzählen. Selbst der Schriftsteller Hans Erich Nossack, der immerhin Mitglied der KPD gewesen war, fühlte sich 1947 als ausgebombter und hungernder Hamburger in der Opferkonkurrenz zurückgesetzt: «Das deutsche Volk hat in diesem Winter viel abgebüßt, sollen die Leute doch jetzt aufhören, uns etwas von KZ zu erzählen, es ist unmodern.»[14] Ernst von Salomon, der an der Ermordung Walther Rathenaus mitwirkte, lieferte in seinem ungeheuer erfolgreichen Roman «Der Fragebogen» (1951) allen Mitläufern das Alibi, wenn er berichtete, wie er von den Amerikanern im Internierungslager gefoltert worden sei. Zusammen mit dem ehemaligen SS-Mann Hans Rudolf Berndorff schrieb der von der *Zeit* entlassene Chefredakteur Richard Tüngel ein weiteres Abrechnungsbuch in dieser Tonlage: «Auf dem Bauche sollst du kriechen ...».

Vor allem Tüngel war ein Meister der Relativierung, der auf den staatsideologischen Gebrauch des Wortes «Arier» verwies, um den Stempel «Nazi» für die Parteimitglieder als genauso ideologisch abzuwehren. «Reue aber setzt ein Schuldgefühl voraus, ja, geradezu ein Bekenntnis, daß jeder einzelne Deutsche teilhabe an den Verbrechen, die geschehen sind. Und dieses Schuldgefühl ist nicht vorhanden, dieses Bekenntnis wird von der überwiegenden Mehrheit des Volkes abgelehnt.»[15] Ansonsten verweist er auf das «stille Heldentum», den «Abscheu vor dem Regime der Nazis» und darauf, dass es die Besatzungsmacht so arg treibe.[16]

Die Besatzung war in mancher Hinsicht ein Geschenk. Die Jüngeren würden sich vielleicht an kaugummikauende, gern schwarze GIs erinnern, die im Jeep heranbrausten, Schokolade verteilten und die Kurzgeschichten von Ernest Hemingway mitbrachten.

Die Soldatengeneration musste sich mit der Niederlage abfinden und konnte es nicht. Die alliierten Luftangriffe auf die deutschen Städte hatten die Bevölkerung demoralisieren und vom blinden Glauben an den Führer abbringen wollen. Kaum war Hitler tot, rückte die Volksgemeinschaft wieder zusammen, diesmal im Hass auf die Besatzer. Sie (und nicht Hitler und die Seinen) wurden für die Versorgungs- und Ernährungsschwierigkeiten verantwortlich gemacht.

Der *Spiegel* ist der beste Beleg dafür. Er wurde nicht als «Sturmgeschütz der Demokratie» geboren, sondern entstand im Trotz gegen die englische Besatzungsmacht. In seiner Vorform als *Diese Woche* berichteten junge deutsche Journalisten unter Aufsicht britischer Presseoffiziere in Hannover über die mangelnde Lebensmittelversorgung durch die britische, aber auch durch die französische und amerikanische Militärregierung und beklagten das deutsche Schicksal: «Wenn das Gewissen der Menschen wieder einmal zu schlagen beginnt, dann werden die Vertreibungen zu der unauslöschlichen Schande aller derer gezählt werden, die sie begingen oder ihnen zustimmten.»[17] Das schrieb zwar der gerade dreiundzwanzigjährige Rudolf Augstein, er zitierte damit aber vorsichtshalber den britischen Verleger Victor Gollancz, der sich für die Nachkriegsdeutschen einsetzte. Das traf die Lage und noch mehr die Stimmung im Land, die Leser rissen den Verkäufern das Heft aus der Hand, der Unmut der Militärregierung regte sich sofort, oder wie es der ehemalige Soldat und Redakteur Leo Brawand formulierte: «Die deutschen Leser aber hat Augstein mit dieser Sprache gegen die Sieger im Sturm genommen»[18], genauer gesagt, hat er ihnen ihre dankbare Rolle als Opfer vorformuliert. Die Militärregierung forderte die sofortige Trennung vom britischen Mandat, und von einer Ausgabe auf die andere musste das Blatt deshalb in deutsche Hände übergeben werden. Eine Zensur konnte nicht stattfinden, da den Deutschen doch der Segen der Pressefreiheit vorgeführt werden sollte. Am 4. Januar 1947 erschien der erste *Spiegel*, und der neue Chefredakteur war Rudolf Augstein.

Die nationale Kränkung ließ sich erst aufheben in der Remilitarisierung, die der Bundesrepublik 1955 mit der Aufnahme in
die Nato schließlich die verlorene Souveränität brachte. Das Land
stand endlich nicht mehr unter Kuratel, es war wirtschaftlich leis-
tungsfähig, verfügte über eine stabile Regierung und einen Feind,
der verlässlich von Osten herüber drohte, aber dafür gab es jetzt
die Bundeswehr. Bis sie etabliert war, bis die ersten Rekruten einge-
zogen werden konnten, mussten einige Hindernisse überwunden
werden, nicht zuletzt der greifbare Wehrunwille der Bevölkerung,
die immer weniger als «Volk» angesprochen werden und immer
weniger ein «Vaterland» verteidigen, gar Blut dafür geben wollte.
   Der Punkt, an dem sich der Hebel ansetzen ließ, war die Ehre
des Weltkriegssoldaten, die verloren zu gehen drohte. Nebenbei
ging es um die Versorgung der Offiziere, die ihre Karriere nicht
fortsetzen konnten und durch die Kapitulation verabschiedet
wurden, ohne dass sich jemand Gedanken über ihre Weiterver-
wendung gemacht hätte. Dabei wusste auch die junge zwangspa-
zifizierte Bundesrepublik den deutschen Soldaten in Ansehen zu
halten. Der FDP-Vorsitzende und Vizekanzler Erich Mende bestand darauf, bei gehobenen Anlässen sein vom Führer verliehenes
Ritterkreuz zu tragen, und wollte auf das mitgelieferte Hakenkreuz
auf keinen Fall verzichten.

«Soll man die Deutschen bewaffnen?»

Bald nach der Währungsreform und noch ehe sich die Bundesrepublik im Mai 1949 als eigenständiger Staat unter überwiegend
amerikanischer Aufsicht konstituiert, wird die Wiederbewaffnung
zum beherrschenden Thema. Unter dem alttestamentarischen
Pseudonym Jens Daniel fragt sich Rudolf Augstein im Oktober
1948 im *Spiegel*: «Soll man die Deutschen bewaffnen?» Augstein
scheint sich zunächst selber nicht schlüssig zu sein und lässt die

Leser an seinen Überlegungen teilhaben, die viel von einem Sand-
kastenspiel haben. Aber schließlich hat er als Oberleutnant in der
Wehrmacht gedient und gegen die Sowjetunion gekämpft, die seit
einem halben Jahr die ehemalige Reichshauptstadt Berlin blockiert
und von der Versorgung auf dem Landweg absperrt. «Nichts würde
die Russen so sicher vom Kriege zurückhalten wie eine deutsche
Armee. Nichts würde sie sicherer in einen Krieg treiben als eine
deutsche Armee – das ist die Kehrseite», so schwankt er hin und
her und greift dann ungescheut zu Propagandaklischees, die sich
auch in der neuen Zeit als recht wirksam erweisen: «Ihr Mißtrauen
dagegen, das Mißtrauen der Asiaten, das Mißtrauen der leninis-
tischen Revolutionäre, das Mißtrauen der Diktatoren, das einge-
fleischte Kreml-Mißtrauen könnte sich durch eine deutsche Armee
bis zur Wahnsinnstat steigern.»[19]

Die Affinität zum Militär, die generationstypisch die gesamte
Redaktion (und nicht nur die des *Spiegel*) pflegt, lässt den Chefredakteur Rudolf Augstein auf einer Rundreise die alten Haudegen
besuchen, darunter Hasso von Manteuffel, den ehemaligen General
der Panzertruppe «Großdeutschland», der erst im Jahr zuvor aus
britischer Gefangenschaft entlassen worden ist. Manteuffel galt als
«überzeugter Nationalsozialist» und «kompromissloser Unterstützer Hitlers»[20]. Am 19. Februar 1945 hatte er in einer Rundfunkansprache geschworen, mit seinen Soldaten «noch fanatischer [das
Lieblingswort von Goebbels], noch härter und fleißiger an uns und
am Endsieg zu arbeiten»[21]. Adolf Hitler hatte ihm dafür am Tag
vorher zum Eichenlaub und den Schwertern auch noch die selte-
nen Brillanten ans Ritterkreuz gepappt.

Der Zwangszivilist Manteuffel empfiehlt für das deutsche Heer,
das es seiner Meinung nach unbedingt braucht, die Aufstellung
von dreißig Divisionen. Mit diesem frisch erworbenen Wissen
reist Augstein weiter zu Konrad Adenauer, dem Präsidenten des
Parlamentarischen Rates und mutmaßlichen kommenden Bundespräsidenten, bei dem dieser ebenso provisorische wie hochgemute Bewaffnungsplan Zustimmung findet.

Schon drei Jahre später wird Augstein der erbitterte Gegner
Adenauers sein und ihm die einseitige Aufrüstung Westdeutschlands vorhalten, mit der die Chance auf eine Wiedervereinigung
zunichte gemacht werde. Im Herbst 1948 herrscht noch so herz-
liches Einvernehmen, dass Adenauer seinen Bewunderer mit
einem Auftrag entlässt: «Sie als Journalist können vieles sagen,
was ich als Politiker nicht sagen darf», so nämlich zitiert ihn Augstein 1963 in einem Kalenderblatt zum Abschied aus dem Kanzleramt. «Nehmen Sie diese Frage deutscher Divisionen. Wir müssen
sie erst einmal ins Gespräch bringen und dann das Weitere ab-
warten.»[22] Der ehemalige *Spiegel-* und Panorama-Redakteur Peter
Merseburger, der diese Sätze in seiner offiziellen Augstein-Biogra-
phie zitiert, setzt *Spiegel*-trocken hinzu: «Augstein bringt sie ins
Gespräch.»[23]

Hans Speidel, Adjutant des legendären Erwin Rommel, entwirft
ein Sicherheitskonzept und trägt das Memorandum «Die Sicherheit Westeuropas» im Juni 1948 vor, wonach die Sowjetunion auf
dem Weg zur angestrebten Hegemonie über Europa erst die Vorherrschaft in Deutschland erringen wolle. Speidel wusste das aus
erster Hand, nämlich von dem Mann, der ihn bis zu seiner stan-
desgemäßen militärischen Wiederverwendung in Lohn und Brot
hielt. «Gestützt auf zuverlässiges Zahlenmaterial, das der mir aus
Friedens- und Kriegszeiten gut bekannte Generalmajor Reinhard
Gehlen zur Verfügung gestellt hatte, wies ich das Übergewicht
nach, das damals die Rote Armee mit ihren Landstreitkräften besaß.»[24]

Diese Botschaft kann Speidel auch höheren Orts anbringen, als
er im Dezember 1948, kurz nach Augsteins Besuch, ebenfalls von
Adenauer empfangen wird. Augstein wiederum bringt nicht nur
die Wiederbewaffnung, sondern den *Spiegel* als Verständigungs-
organ der Soldaten ins Gespräch. Nirgendwo sonst wird derart lie-
bevoll und gründlich über Kriegsauszeichnungen, Veteranentref-
fen, Ausrüstungsmaterial und die Personalien einer kommenden
Bundeswehr berichtet wie im *Spiegel*, und auch der Soldatenhu-

mor kommt nicht zu kurz. Augstein bleibt ganz in der Kohorte,
wenn er die beiden Wehrmachtsgeneräle Hans Speidel und Adolf
Heusinger in einem Kommentar 1951 mit dem Gutachten wei-
terempfiehlt: «Unsere beiden Militär-Sachverständigen in Bonn
gehören zu den besten Leuten, die wir haben.»[25] Besondere Bewunderung gilt Manteuffel «mit fünf Nennungen im Ehrenblatt,
Ritterkreuz, Eichenlaub, Schwertern, Brillanten». Der *Spiegel* bezeichnet ihn als den «zweifellos tapfersten Ziethen unter Hitlers
Panzergenerälen» (der Vergleich bezieht sich auf einen friderizia-
nischen Reitergeneral) und weiß, dass er «große Aussicht hat, der
Oberbefehlshaber eines deutschen Kontingents innerhalb einer
europäischen Unionsarmee zu werden».[26] Augstein und Adenauer
sind sich darin einig, dass die drei westlichen Zonen gegen die
Sowjetunion und ihren Satellitenstaat DDR wehrfähig gemacht
werden sollen, und Manteuffel weiß, wie.

Manteuffel ist ein für die Nachkriegsgeschichte exemplarischer
Fall, weil er jetzt statt Krieg Erinnerungspolitik machen kann. Er
lässt sich von der FDP aufstellen und in den Bundestag wählen, wo
er eine Zeitlang als verteidigungspolitischer Sprecher der Fraktion
wirkt und gern auf seine Erfahrungen aus dem Krieg zu sprechen
kommt. Man befand sich schließlich unter Gleichgesinnten und
konnte in gemeinsamen Erinnerungen schwelgen. Der FDP-Ge-
schäftsführer Wolfgang Döring, ein ehemaliger Berufssoldat, den
Theodor Heuss in seinen Privatbriefen gern als «Nazi» bezeichnete, hatte Manteuffel für die Liberalen geworben. Als man in der
Fraktion über das Gedenken für den deutschen Widerstand de-
battierte, erklärte Manteuffel, er sei «stolz darauf, nicht zum Kreis
des 20. Juli zu gehören, sondern seinen Eid gehalten und bis zuletzt
seine Pflicht erfüllt zu haben wie Millionen anderer Soldaten»[27].

Er liebe sein Vaterland von ganzem Herzen, versichert Manteuffel in seinem «Bekenntnis eines freimütigen Deutschen», das im
November 1949 an den nunmehr als Kanzler und nicht als Bundespräsident installierten Konrad Adenauer geht und im *Spiegel*
in Auszügen erscheint. Neben solchen patriotischen Erklärungen

und dem vorgeschriebenen Hinweis auf das «Weltübel» Bolschewismus geht es um das «Menschenpotential Deutschlands», das
«in dem Kampfe gegen die fortdauernde bolschewistische Revolution ausschlaggebend für die Errettung der europäischen Völker-
familie sein» wird. «Der Russe», so die ernste Sorge des Patrioten
Manteuffel, könnte in den ersten Monaten einer bewaffneten Auseinandersetzung siegreich sein. «Er ist hartnäckig, unvorstellbar
zäh, dazu äußerst anspruchslos und ferner grausam.» Doch ist
Deutschland deshalb noch lange nicht verloren, ein schlagkräftiges
Heer muss her, die bereits bekannten dreißig Divisionen kommen
wieder ins Spiel, und der ehemalige General, der jetzt zivilistisch
als «Exportleiter in Westdeutschlands größter Schraubenfabrik
Bauer & Schaurte, Düsseldorf-Neuß» überwintern muss, ist zu
einigen Zugeständnissen bereit – es ginge notfalls auch ohne deutsche Luftwaffe und Marine. «Unabänderlich ist dagegen die Aufstellung reinrassiger deutscher Verbände unter deutscher Führung
bis zum Korpsverbande.»[28] Der *Spiegel* versieht das rassebewusste
Bekenntnis mit einem wehrkundlichen Kurzgutachten: «Wenn der
künftige Oberbefehlshaber ein loyaler und unpolitischer Soldat
sein soll, so ist Manteuffel zweifellos richtig.»[29]

Im Frühjahr 1950, im Zwielicht der verdeckt vorangetriebenen
und dabei offen diskutierten Wiederaufrüstung, gilt Hasso von
Manteuffel auch auf Seiten der vorfühlenden Organisation Geh-
len als «eine im Krieg bewährte, untadelige *Führer*persönlichkeit».
Mit seiner Ostfront-Erfahrung schien er auch über die wichtigsten
Voraussetzungen zu verfügen, sodass er als «etwaiger späterer
‹Führer›» in Frage kam, doch das ebenfalls geforderte «politische
Fingerspitzengefühl»[30] ließ er durch seine Kontakte zur «Bruder-
schaft», dieser Splittergruppe deutschnationaler oder gleich nazis-
tischer Offiziere, dann doch vermissen.

Die Soldatenverbände erwarteten nicht bloß ein rasches Ende
der «Siegerjustiz», sondern allen Ernstes eine Entschuldigung der
Sieger für die Diskriminierung und Diffamierung des deutschen
Soldaten. Die Zeitungen schrieben es doch auch, dass «kein eh-

renvoller Mann Lust verspürt, den feldgrauen Rock anzuziehen, den man ihm auf so unehrenhafte Weise ausgezogen hat»[31] Als müssten aufgrund verschiedener Misslichkeiten unterbrochene Gespräche im Offizierscasino fortgesetzt werden, als wäre nichts weiter geschehen, wird die Frage von Ehre und Unehre als reines Soldatenthema verhandelt. Kriegsverbrecher gab es da keine, sondern nur aus unerfindlichen Gründen verurteilte Kameraden, ohne deren Freilassung die Ehre der Soldaten nicht wiederherzustellen war. Paul Sethe, der 1933 den Machtantritt Hitlers begeistert begrüßt hatte und später in der Propagandakompanie wirkte, erkannte als einer der Herausgeber der neugegründeten *Frankfurter Allgemeinen* in der Verurteilung von Leuten wie Krupp und Ernst von Weizsäcker eine «verfeinerte Morgenthau-Politik», mit der «das einfachste Selbstgefühl der Deutschen verwundet werden» sollte. Diese verdienten Männer mussten nach Meinung von Sethe freigelassen werden. «Was soll eine deutsche Kompanie denken, die an den Mauern von Landsberg vorbeimarschiert, wenn solche Männer dahinter sitzen?»[32]

Die Neigung zur Remilitarisierung ist bei den ehemaligen Soldaten am größten und am geringsten bei den Opfern der vorangegangenen Diktatur. Der Publizist Dolf Sternberger, der sich zuletzt zusammen mit seiner jüdischen Frau verstecken musste, warnte in der Zeitschrift *Die Gegenwart* vor dem «verbrecherischen Unfug», der sich da abzeichne. «Die Deutschen sollten an *einem* Stalingrad genug haben.» Es ist in diesen Übergangsjahren nicht anders als bei der Demontage: Während noch Industrieanlagen abgebaut und nach England oder Frankreich verschifft werden, entstehen mit Mitteln des Marshallplans bereits neue Bauten. «Den Deutschen wird schon allmählich zugemutet, militaristische und antimilitaristische Gesinnung so häufig wie (hoffentlich) ihre Hemden zu wechseln. Sie sollen nun jetzt wieder tun, was ihnen befohlen wurde, als den Inbegriff des Bösen anzusehen.» Anders als Sethe, anders als die Vertreter der Soldatenverbände oder die klandestin operierende Organisation Gehlen sieht Sternberger ein nicht geringes moralisches Problem in dem abgesprochenen Treiben zwischen Politik, Justiz und Interessenverbänden: «Es ist schwer, noch zu wissen, was Recht und Unrecht ist, wenn man gleichsam Generäle aus Zuchthäusern herausholt, damit sie wieder Armeen kommandieren.»[33] Zuletzt mussten die Amerikaner aber doch auf die Forderung ihrer ehemaligen Kriegsgegner eingehen, weil sie einen deutschen Wehrbeitrag im Kalten Krieg für notwendig hielten.

Manteuffels Gesuch, in der Bundeswehr (deren Name angeblich auf ihn zurückgeht) Dienst tun zu dürfen, wurde zu seinem Ärger nicht entsprochen. Mit einem Mal wirkten seine Tagesbefehle an die kämpfende Truppe nicht mehr so neutral und unpolitisch, wie es von einem General der neuen Bundeswehr erwartet werden konnte. Bei einem Vortrag in der Gesellschaft für Neue Staatspolitik am 7. Dezember 1954 musste er die traurige Mitteilung machen, dass durch die Beschlüsse beispielsweise des Deutschen Gewerkschaftsbundes gegen die Aufrüstung die Jugend «vergiftet» werde; zuvor war er in Wiesbaden bei einer FDP-Veranstaltung von Wiederbewaffnungsgegnern gestört worden. Bei der «Ohne-Michel»-Bewegung hätten sich «deutsche Politiker und aus dem Ausland zurückgekehrte Emigranten mit Ausländern der ‹Reeducation› zusammengefunden. Die Soldaten hätten die Diffamierung noch nicht vergessen.»[34] Zum Ausgleich verkündete der ehemalige Generalfeldmarschall Albert Kesselring in der BBC wieder einmal, dass in den SS-Elitetruppen «das beste deutsche Blut vertreten» gewesen sei.[35] Kesselring war wegen Geiselerschießungen 1947 von einem britischen Gericht in Venedig zum Tode verurteilt, dann zu lebenslanger Haft begnadigt und bereits 1952 entlassen worden.

Zu seiner großen Überraschung traf es auch Manteuffel. 1959 wurde er vom Schwurgericht beim Landgericht Düsseldorf wegen Totschlags zu einer Gefängnisstrafe von anderthalb Jahren verurteilt. Der eben aus dem Amt geschiedene Bundespräsident Theodor Heuss (FDP) schrieb an den zuständigen NRW-Justizminister

Otto Flehinghaus (CDU), er möchte doch bitte den armen Verurteilten freilassen, es handele sich um «einen Konflikt mit echter Tragik». Die Tragik bestand darin, dass der General 1944 in
Russland einen Obergefreiten, den das Armeegericht wegen eines
Dienstvergehens zu zwei Jahren verurteilt hatte, mit Berufung auf
einen Führerbefehl wegen Feigheit vor dem Feind hinrichten ließ.
Zuvor – so viel Menschlichkeit zeigte Manteuffel doch – ließ er den
Feigling noch antreten, aber vor Gericht hatte er keine Erinnerung
mehr an ihn: «Der stand im Tarnanzug vor mir, da sehen die Leute
alle gleich aus …» Der unbekannte Soldat wurde vor versammelter
Mannschaft füsiliert. Weil er nicht gleich tot war und sich am Boden wälzte, musste ihm einer den Gnadenschuss geben. Anschließend zogen ihm die Kameraden die Stiefel aus; schließlich war es
Winter in Russland.

Der Angeklagte Manteuffel hatte 1959, in der letzten Phase der
Adenauer-Republik, nicht bloß die Justiz, sondern auch die Politik auf seiner Seite. Für die gab es keinen Konflikt. Fritz Bauer,
der sich in Frankfurt um die Strafverfolgung von Naziverbrechen
kümmerte und mit Berufung auf Kurt Tucholsky die Beschimpfung von Soldaten als Mörder für zulässig erklärte, war für Nordrhein-Westfalen nicht zuständig. Der Generalstaatsanwalt im Düsseldorfer Gericht begrüßte den Angeklagten mit Verbeugung und
Handschlag, weil Manteuffel sein ehemaliger Vorgesetzter war;
damit er die Anklage leichter ertrug, war ein Polsterstuhl für ihn
herbeigeschafft worden. Verbrechen der Wehrmacht existierten im
Jahr 1959 noch nicht, nur Vaterlandsverteidiger, die Deutschland
vor dem Bolschewismus bewahrt hatten. «Wenn nicht tapferste
und tapfere Soldaten ausgehalten und ihre Aufgaben pflichtbe-
wusst erfüllt hätten», dröhnte Manteuffel in seinem Schlusswort
vor Gericht, «dann würden wir uns alle heute nicht der Tatsache
erfreuen, in unserer Art und in einem Rechtsstaat zu leben, zumindest in unserem Teil des Vaterlands. Seien wir dem Herrgott
dankbar dafür.»

Der Herrgott hing gut sichtbar im Gerichtssaal, doch war die

Bundesrepublik 1959 noch längst nicht der Rechtsstaat, der sie
und Manteuffel zu sein behauptete. Der Rechtsfrieden wurde
auf bescheidenem Niveau hergestellt. Gnade für Unrecht gab es
gleichwohl. Bei einer Aussprache im Bundestag hatte Manteuffel
1956 bestritten, vor Kriegsende überhaupt etwas von der Judenverfolgung erfahren zu haben, weil er immer nur Soldat gewesen sei. Auch vor dem Gericht in Düsseldorf wurde Manteuffel
als «genialer Soldat» gerühmt, und wieder erhielt er besonderes
Lob für seine «hohen Führerqualitäten». «Bei notwendiger An-
spannung des Gewissens», so das Gericht, hätte der Angeklagte
jedoch erkennen müssen, dass der Führerbefehl nicht anzuwen-
den sei, der General habe vielmehr rechtswidrig das weit mildere
Standgerichtsurteil aufgehoben. Für Manteuffel war der Soldat,
den er hatte hinrichten lassen, nicht bloß ein Niemand, sondern
vor allem ein Verräter, was sich recht gut zur Verratspsychose
fügte, in der die frühe Bundesrepublik sich so wohlfühlte. Seine
Anhänger waren dennoch betrübt, weil einer der Ihren verurteilt
wurde, einer, der, im milden Licht der Veteranenerinnerung betrachtet, doch nur den Rechtsstaat gegen die Russen verteidigt
hatte.

Bemerkenswert war das Plädoyer, das ein ehemaliger Kamerad
und Regimentspfarrer, der es inzwischen zum Dekan der Theolo-
gischen Fakultät an der Hamburger Universität gebracht hatte, in
der *Zeit* für ihn hielt. Für Hans-Rudolf Müller-Schwefe gab es erst
recht keinen Konflikt, sondern nur Tragik, die Tragik des Soldaten,
der seine Pflicht getan und einen neunzehnjährigen Gefreiten zu
Ehren des Führers hatte umbringen lassen. *Die Zeit* hatte sich 1959
zwar bereits vom deutschnationalen Richard Tüngel getrennt, war
aber noch weit entfernt von der linksliberalen Wochenzeitung, als
die sie in den sechziger und siebziger Jahren bekannt werden sollte.
Die Evangelische Kirche wiederum bewies in Gestalt ihrer Spitzen-
kräfte (mit Ausnahme von Männern wie Martin Niemöller und
Gustav Heinemann), dass sie die Nähe zum Militär nicht scheute
und damit auch die Wiederaufrüstung wohlwollend begleiten

konnte. In der guten Tradition der Kirche, die noch immer bereit war, die Waffen zu segnen, geht es auch Müller-Schwefe um das Recht auf Gnade für einen «Waffenträger unseres Volkes» (Adenauer) und hier im Namen Gottes.

Das Urteil – achtzehn Monate Haft für die vorschriftswidrige Hinrichtung eines Soldaten – findet Müller-Schwefe (SA und NSDAP seit 1933) immerhin «ganz in Ordnung», wenn er sich auch fragt, ob in diesem besonderen Fall ein Schwurgericht, besetzt mit Zivilisten, «darunter auch eine Frau», überhaupt «kompetent» gewesen sei. Ihm geht es um den «tapferen Offizier», der die «große Last der Verantwortung» zu tragen hatte, und dabei «einmal», ein einziges Mal, «die Gewalt über das Recht hinaus, das ihm zustand – bona fide, im Sinne des Dritten Reiches» benutzte. Aber wozu? Natürlich «um der Ordnung in außerordentlicher Situation zu dienen» – dass dieser Ordnung ein gemeiner Soldat geopfert wurde, bleibt an dieser Stelle unerwähnt.

Wichtiger ist es dem Pastor, «Vergangenheit zu bereinigen», und dann folgt ein Satz in der protestantischen Tradition der Zwei-Reiche-Lehre, in der die Obrigkeit doch von Gott kommt und folglich nur durch Gnadenwahl zu erreichen ist: «Wäre es nicht an der Zeit, zu dokumentieren, daß die Obrigkeit auch die Vollmacht besitzt, Vergangenes durch Gnade zu befrieden?» Natürlich ging es nicht ganz ohne den lieben Herrgott ab: «Man spricht Recht, im Namen des Volkes. Aber man kennt nicht mehr das Recht der Gnade, das im Namen Gottes geübt wird.»[36]

Ein Vierteljahrhundert später hat der Militärseelsorger die Auseinandersetzung mit dem General nochmal anders dargestellt. Diesmal verteidigt er ihn nicht, sondern spricht seinem Kriegskameraden plötzlich das Recht ab, sich auf den Führer zu berufen. Das Todesurteil sei vielleicht im Sinn des Führers gewesen, aber nicht in dem Gottes: «Es gibt nur einerlei Gerechtigkeit.»[37] In den fünfundzwanzig Jahren, die nach dem Urteil vergangen waren, hatte die Staatsmacht so viel an Autorität eingebüßt, dass endlich auch den gläubigen Hitler-Offizieren der grundsätzliche Respekt versagt wurde. In den frühen Jahren der Bundesrepublik konnte davon noch keine Rede sein.

Manteuffel kam 1960 nach Landsberg in das Kriegsverbrechergefängnis, in dem sonst kein einziger Kriegsverbrecher mehr inhaftiert war, an dem aber inzwischen etliche Kompanien draußen vorbeimarschieren konnten. Mehr als vier Monate seiner Strafe musste er bei der allgemeinen Unterstützung aber nicht absitzen. Der gutmütige Max Prinz zu Waldeck und Pyrmont bat in Briefen an Kriegskameraden und Industrielle, sich des armen Generals anzunehmen und ihm mit Spenden den Bau eines «kleinen Heims am Ammersee» zu ermöglichen. Ansonsten konnte der entlassene Manteuffel seine Kriegserfahrung als Berater bei amerikanischen Militärfilmen weitergeben. Nicht nur der Rechtsstaat zeigte sich gnädig: Generalinspekteur Ulrich de Maizière sorgte dafür, dass Manteuffel ab 1971 wieder seinen bewährten Rang führen durfte; die 1959 zunächst ausgesetzte, dann um ein Viertel gekürzte Generalsrente bezog er da längst wieder. Über die Höhe darf nach dem Bundesversorgungsrecht keine Auskunft erteilt werden. Bisher ist nichts darüber bekannt geworden, dass die Hinterbliebenen des neunzehnjährigen Feiglings in irgendeiner Form eine Entschädigung erhalten hätten.

Kriegsheimkehrer im Bundestag

Im Jahr 1971 war die Bundeswehr längst etabliert, und es gab kein drängenderes Problem als die langen Haare der Rekruten, die aber mit dem «Haarnetzerlass» des Verteidigungsministers Helmut Schmidt gebändigt werden konnten. Am 7. Dezember 1970 war der Warschauer Vertrag mit der Volksrepublik Polen abgeschlossen worden, in dem die Oder-Neiße-Linie von der Bundesrepublik als polnische Westgrenze akzeptiert wurde. 21 Jahre zuvor, am 22. September 1949, hatte der Abgeordnete Max Reimann (KPD)

im Bundestag in der «Aussprache über die Erklärung der Bundesregierung» die von den alliierten Siegern des Zweiten Weltkriegs
festgelegte Oder-Neiße-Linie als «Grenze des Friedens» bezeichnet
und für Tumulte im Saal gesorgt. «Schickt ihn nach Moskau!» rief
der Abgeordnete Strauß (CSU) in den «fortgesetzten Lärm». Der
Bundestagspräsident Erich Köhler läutete streng die Glocke, einer
schrie: «Das war Landesverrat!»

Wieder also das Generalthema der frühen Bundesrepublik:
der Verrat. Reimann war als Kommunist neun Jahre zuvor wegen
«Vorbereitung zum Hochverrat» zu einer Gefängnisstrafe verurteilt worden und mehrere Jahre im Konzentrationslager Sachsen-
hausen eingesperrt. 1948/49 amtierte er als Mitglied des Parlamentarischen Rates, der das Grundgesetz erarbeitete. Jetzt galt er
wieder als Verräter, weil er die Bundesrepublik als amerikanische
Kolonie bezeichnete und gegen die sich abzeichnende Westbindung der Bundesrepublik und für ein Gesamtdeutschland (allerdings letztlich unter kommunistischer Führung) eintrat. Sein Sohn
Joseph war erst wenige Tage zuvor von der SED-Parteischule in
Torgau geflohen und wollte nichts mehr mit dem Kommunismus
zu tun haben, was bei den Abgeordneten in der Mitte und rechts
für gehörigen Spott sorgte.

Bei den Wahlen zum ersten Bundestag galt noch nicht die
Fünf-Prozent-Klausel, die KPD kam auf fünfzehn Abgeordnete,
zwei weniger als die Bayernpartei, zehn mehr als die Deutsche
Konservative Partei – Deutsche Rechtspartei (DKP-DRP). Konrad Adenauer war mit einer Stimme Mehrheit von CDU/CSU,
FDP und der Deutschen Partei (DP) zum Kanzler gewählt worden; durch großzügige finanzielle Unterstützung auch der kleine-
ren Parteien begann die Union danach den konservativen Block
zu stabilisieren und konnte ihrem Kanzler bald eine deutlichere
Mehrheit sichern.

Reimann überzog die ihm zugeteilte Redezeit gewaltig, sodass
Bundestagspräsident Köhler mehrfach einzugreifen versuchte.
Vor Reimann hatte Hans Ewers gesprochen, ein Abgeordneter

der rechtskonservativen DP, und hatte verlangt, dass «nur politisch ‹Schuldige› nicht mehr bestraft» würden (die «Schuldigen» stehen tatsächlich mit Anführungszeichen im offiziellen Protokoll des Bundestages). «Man bestrafe Vergehen gegen die Gesetze oder gegen die allgemeine Moral, aber keinen politischen Irrtum.»[38] Die Vergangenheit soll um des lieben Nachkriegsfriedens endlich vergangen sein. Sie ist es nur nicht, sondern platzt doch wieder hervor.

Während Ewers damit für die von vielen erhoffte Amnestie plädierte, hatte es der Kommunist weit schwerer, weil seine Partei noch aus der Weimarer Republik als Gegner der bürgerlichen Parteien bekannt war. Reimann betonte mehrfach, dass die KPD sich gewandelt habe, dass sie aus dem Ende der Weimarer Republik gelernt und sogar für Kurt Schumacher gestimmt habe, der bei der Wahl des Bundespräsidenten gegen Theodor Heuss angetreten und unterlegen war. Reimann gehörte trotzdem nicht dazu: Wegen seiner Bemerkung über die Oder-Neiße-Grenze solle er sich als Deutscher schämen, meinte ein Zwischenrufer, und der Abgeordnete Franz Josef Strauß, da noch ganz am Anfang seiner Laufbahn als Parteiredner, wurde grundsätzlich: «Wir wollen Sie hier gar nicht sehen!»

Das Sitzungsprotokoll berichtet dann von einem Zuhörer, «seinem Aussehen nach ein Heimkehrer aus russischer Gefangenschaft», der sich «unter erregten Zurufen und Hinweis auf seine Kleidung und Schuhe durch die Reihen der Abgeordneten zum Rednerpult»[39] vorarbeitet, bald aber auf Veranlassung des Präsidenten wieder hinausgeleitet wird. Vorher kann er noch mit zwei Sätzen Reimanns Rede kommentieren: «Kein Heim und nichts zu essen, und dann soll man diesen Mann in dieser Weise reden hören! Wenn ich ihn kriegen könnte, würde ich ihm den Hals umdrehen.»[40] Im Plenum wird noch immer über Reimanns Äußerungen, aber auch über den angeblichen Heimkehrer gestritten. Die KPD-Abgeordneten halten den Auftritt für eine Provokation und machen die Fraktionen auf der rechten Seite nicht nur dafür verantwortlich. Reimann, der noch immer nicht zum Ende seiner Ausführungen gekommen ist, ruft, offenbar nach rechts gewandt, wo die Nazi-Nachfolgeparteien sitzen: «Sie haben Menschen vergasen lassen! Sie!»[41]

Das Vergasen gehört zur Vergangenheit und ist deshalb kein Thema für eine Bundestagsdebatte, und darum geht niemand darauf ein. Dafür ist der Auftritt des Heimkehrers viel zu interessant. Der Mann ist nicht allein, er hat noch einen Gefährten, der ähnlich abgerissen und in Holzschuhen nach Art der Russland-Soldaten ausstaffiert ist. Es ist wie die Kostümprobe für die weitgehend erfundene Geschichte des Clemens Forell, die der ehemalige Wehrmachtspropagandist Josef Martin Bauer (NSDAP seit 1937) in dem Buch «So weit die Füße tragen» (1955) erzählt wird, einem der größten Erfolge der Nachkriegszeit, der sich durch die anschließende Verfilmung noch steigerte. Bei den angeblichen Heimkehrern im Bundestag handelte es sich um Thilo Wagner und Siegfried Kluger, zwei gewöhnliche Kleinkriminelle, die sich in der Nachkriegszeit ganz auf der Höhe der Wehrdebatte durchzuschlagen versuchen. In Russland waren sie nicht, können aber leicht den Anschein eines leidgeprüften Werdegangs erwecken. Vom Bonner Bahnhof brachte sie ein CDU-Abgeordneter direkt ins Bundeshaus, bewirtete sie königlich (als Adenauers Gäste aßen sie «ein rundes Dutzend Silberplatten, die sie nach Fleisch und Pasteten absuchten. Kartoffeln blieben liegen», wie der *Spiegel* fast live von der Speisekarte berichten konnte) und stattete sie mit Eintrittskarten für den Plenarsaal aus. Adenauer sorgte persönlich dafür und weihte auch den Bundestagspräsidenten Köhler in das geplante Schauspiel ein.[42] Im Jahr darauf wurden Wagner und Kluger in Karlsruhe wegen fortgesetzten Betrugs und Diebstahls verurteilt, ohne dass das Gericht näher auf die antikommunistische Inszenierung im Bundestag eingegangen wäre.

Kaum dass Reimann seine überlange Rede beendet und sich der Tumult einigermaßen gelegt hatte, ergriff Adenauer das Wort und bedauerte, dass «dieser Saal und diese Rednertribüne durch eine solche Rede des Abgeordneten Reimann, die den deutschen Interessen absolut zuwiderläuft, entweiht worden ist»[43]. Was den deutschen Interessen nicht zuwiderlief, das bestimmte der, der auch sonst die Richtlinien der Politik bestimmte: der Kanzler.

Die Weihe des Bundestages geht munter weiter, als Franz Richter ans Rednerpult tritt. Er ist Lehrer von Beruf, aber wegen seiner radikalen Äußerungen vor einem halben Jahr entlassen worden. Jetzt vertritt er die rechte Splitterpartei DKP-DRP. In seiner Rede verwendet er sich für die Berufssoldaten und fordert, dass die hoffentlich bald kommende Versorgung auch ehemalige Angehörige der österreichisch-ungarischen Armee umfassen solle. Als Dr. phil. erfreut er das Plenum mit Prunkzitaten von Burckhardt bis Bodenstedt, hat jedoch noch Höheres im Sinn. Dem deutschen Volk seien «groß aufgemachte Rechnungen» präsentiert worden über Vergehen, «die einzelne unseres Volkes, wie das bei jedem Volk vorkommen kann, begangen haben». Und dann macht er die Gegenrechnung auf: «Wenn man überhaupt von Verbrechen gegen die Menschlichkeit spricht, dann – auf diesem Standpunkt stehe ich – muß man zuallererst das größte Verbrechen, das jemals gegen die Menschlichkeit begangen worden ist, hervorheben, nämlich die viehische Vertreibung von Millionen Deutscher aus den urdeutschen Ostgebieten.»[44] Das ist populär, das hat auch der junge Redakteur Rudolf Augstein mit Berufung auf Victor Gollancz geschrieben, das findet nicht unerwartet breite Zustimmung im Parlament. Das Protokoll hält fest: «Beifall rechts und in der Mitte.»

«Crimes against humanity» waren ein für den Nürnberger Prozess gegen die Hauptkriegsverbrecher 1945 neu eingebrachter Anklagepunkt. Nach dem Eichmann-Prozess formulierte Hannah Arendt 1963 beißend: «Das den Nürnberger Prozessen zugrunde liegende Londoner Statut hat, wie bereits erwähnt, die ‹Verbrechen gegen die Menschheit› als ‹unmenschliche Handlungen› definiert, woraus dann in der deutschen Übersetzung die bekannten ‹Verbrechen gegen die *Menschlichkeit*› geworden sind – als hätten es die Nazis lediglich an ‹Menschlichkeit› fehlen lassen, als sie Millionen in die Gaskammern schickten, wahrhaftig *das* Understatement des Jahrhunderts.»[45] Franz Richter kommt der Begriff aber gerade recht, er ist mit der Schuldumkehr befasst, schließlich denkt er ausschließlich an deutsche Opfer.

Noch längst ist er mit seinen Ausführungen nicht zu Ende, er geht auch noch auf das Goethe-Jahr ein, das in Ost- und in Westdeutschland gefeiert wird. Bei Goethe hat er ein passendes Zitat entdeckt, findet den Dichter aber entehrt durch einen Mann, «der in Wirklichkeit gar kein deutscher Mann ist». Mehr muss er nicht sagen. Wieder geht es um Verrat, Verrat an den Deutschen, und jeder weiß, dass Richter von Thomas Mann spricht, der 1936 ausgebürgert wurde und inzwischen amerikanischer Staatsbürger ist. Wahrscheinlich ist seither im Bundestag nie wieder Literaturkritik in Form einer Kurzrezension geübt worden, wie sie der Abgeordnete Richter unternimmt. Er muss dem Nobelpreisträger Mann, den er nie beim Namen nennt, in dieser literarischen Sternstunde des Bundestages tatsächlich vorhalten, er habe «Dinge, die in Klarheit und Eindeutigkeit und Einfachheit mit wenigen Sätzen in der Bibel zum Ausdruck gebracht sind, in zwei dicken Schmökern verarbeitet». Außerdem habe er, statt Deutschland in der Not beizustehen, «die ganze stinkende Jauche seines ätzenden Spottes über das deutsche Volk» ausgegossen. «Ich muß sagen, daß es eigentlich beschämend für Deutschland gewesen ist, daß man diesen Mann in den Mittelpunkt der Ehrungen stellte», womit er bedauerte, dass ausgerechnet der Verräter Thomas Mann die Festreden zum Goethe-Jubiläum halten durfte. Es hätte doch andere, bessere Redner gegeben. Richter weiß einen ganz besonderen und zitiert deshalb zum Schluss seiner Rede «einen wirklich großen Dichter», nämlich den Nazi-Dichter Erwin Guido Kolbenheyer: «Ihr wollt Europa retten? – Rettet zuerst Deutschland, dann werdet ihr Europa retten können!»[46]

Das Sitzungsprotokoll verzeichnet darauf Rufe von der KPD «Sieg Heil! Sieg Heil! Sieg Heil!», die, wie der Bundestagspräsident bemerkt, bestimmt nur ironisch gemeint sein können. Sieg Heil war die Vergangenheit, war die Hitler-Diktatur, und hier wurde doch eben feierlich die neue Demokratie eingeweiht (auch wenn Köhler, Adenauer und Strauß den Kommunisten gern ihren Auftritt verwehrt und die Redefreiheit beschränkt hätten). Doch niemand, auch keiner der KPD-Abgeordneten, wusste, wie angemessen ihr Zwischenruf war. Der Kollege Franz Richter, dem sie da zugehört hatten, war ein «Braun-Schweiger», der 1945, als es mit dem Sieg Heil endgültig vorbei war, die Flucht in den Schutz durch die Öffentlichkeit angetreten hatte. Unter seinem richtigen Namen Fritz Rößler hatte er als Gauhauptstellenleiter der NSDAP in Sachsen gewirkt. Gut möglich, dass er und seinesgleichen bei längerer Herrschaft auch Kommunisten wie Max Reimann vergast hätten.

Nach dem Krieg hatte Richter seine Frau, die ihn für tot erklären hatte lassen, mit seinem guten neuen Namen ein zweites Mal geheiratet und versuchte jetzt, die NSDAP-Politik in verschiedenen Rechtsparteien in der Bundesrepublik fortzusetzen. Den Systemwechsel überbrückte er leichten Herzens mit seiner Doppelexistenz. Unter seinem alten Namen konnte er 1951 sogar zu einem neofaschistischen Treffen in Malmö reisen, wo die Gründung einer paneuropäischen rechten Bewegung beschlossen wurde. Da war Richter-Rößler bereits zur Deutschen Reichspartei gewechselt, liebäugelte aber auch mit der Sozialistischen Reichspartei und hospitierte schließlich bei der Wirtschaftlichen Aufbau-Vereinigung (WAV), die sich vor allem für die Flüchtlinge aus den Ostgebieten einsetzte. Enttarnt wurde er erst im Februar 1952.

Eine weitere Splitterpartei, die sich durch Zuwendungen aus dem Reptilienfonds des Bundeskanzleramts über mehrere Legislaturperioden als Koalitionspartner der Union etablieren konnte, war der Bund der Heimatvertriebenen und Entrechteten (BHE). Zu den Entrechteten zählten sich vor allem die jüngeren Berufssoldaten, die nach der Kapitulation einen sozialen Absturz hinnehmen mussten, weil es keine Verwendung mehr für sie gab und die Pensionen und alle Versorgungsleistungen ausgesetzt wurden.

Nach der Kapitulation war das Ansehen der Soldaten rapide gesunken. Eben noch waren sie die Stütze von Partei und Führer, die Verteidiger des Vaterlandes, doch nach dem 8. Mai 1945 gab es für sie weder Ruhm noch Ehre und vor allem keine parlamentarische Vertretung. Dennoch bildeten die entlassenen Soldaten eine außerparlamentarische Opposition, mit der zu rechnen war. Noch ehe wieder ein nennenswerter Staat existierte, waren sie bereit, sich als seine Verteidiger zur Verfügung zu stellen.

Die Soldaten waren zwar nicht ärmer dran als die übrige Bevölkerung, aber sie verstanden sich auf die bessere Propaganda. Der Mythos von der «sauberen Wehrmacht» entstand bereits mit der Kapitulation. Ein Beispiel lieferte die Bewertung des Malmedy-Prozesses 1946 in Dachau, der für den bereits angeführten Richard Tüngel ein «Verbrechen» war. Ein SS-Kommando unter der Verantwortung von Standartenführer Joachim Peiper von der Leibstandarte Adolf Hitler hatte während der Ardennenoffensive im Dezember 1944 zweiundsiebzig amerikanische Gefangene getötet, nicht das einzige, aber eines der schlimmsten deutschen Kriegsverbrechen an der Westfront. Im Prozess wurden dreiundvierzig Todesurteile und zweiundzwanzig lebenslange Freiheitsstrafen verhängt.

Für Tüngel, für die *Zeit*, auch für die anderen Zeitungen waren die Deutschen die Opfer. Es kam gar nicht darauf an, dass gegen jedes Kriegsrecht zum Teil verwundete Gefangene umgebracht worden waren, sondern dass den Tätern angeblich Unrecht widerfuhr. Obwohl keinerlei Beweise für Misshandlungen vorlagen, gaben die Angeklagten über ihre Anwälte bekannt, dass sie während der Haft gefoltert worden seien. Tüngel wusste exklusiv, dass den Angeklagten eine schwarze Kapuze über den Kopf gezogen wurde, «die noch feucht war von dem Blut derjenigen, die vorher in ihr mißhandelt worden waren». Sie seien dann geschlagen und zum Schein exekutiert worden, «doch auch dieser letzte Höhepunkt der Folterung habe zu keinen Geständnissen geführt»[47]. Im *Spiegel* stand das Gegenteil, «74 erzwungene Geständnisse von 74 Gefangenen»[48]. Die

Legende von dem unschuldigen SS-Standartenführer kolportierte
Karl-Heinz Janßen noch 1976 in der *Zeit*, als Peiper in seinem
Haus in Frankreich umgebracht wurde, mutmaßlich von kommunistischen Arbeitern. Der *Spiegel* konnte eine Selbstentlastung Pei-
pers zitieren: «Krieg ist nun mal Krieg.»[49]
   In der *Zeit* konstatierte Claus Jacobi 1950, dass die Mehrzahl
der in Dachau arbeitenden Vollzugsbeamten «frischgebackene
US-Staatsbürger» seien, «die bis 1939 aus Deutschland emigrier-
ten und nach Kriegsende als ‹Racheengel› wiederkehrten»;[50] dass
es sich folglich um Juden handelte, die einigen Grund zur Emigration hatten, erwähnte der Reporter nicht. Das ehemalige SS-Kommando von Malmedy konnte das Mitleid kirchlicher und einschlä-
gig politisch interessierter Kreise wecken. Helene Prinzessin von
Isenburg, genannt der «Engel von Landsberg», nahm sich ihrer an.
Sie bezeichnete sich als direkte Nachfahrin der hl. Elisabeth von
Thüringen, die den Armen Brot gebracht hatte. Die Armen von
damals waren jetzt die Landsberger: «An die Landsberger Häftlinge denkt keine Organisation, und ihre Angehörigen bekommen
keine Unterstützung.»[51] Vorsichtshalber fügte sie hinzu: «Wenn es
heute noch verfolgte Juden gäbe, ich würde mich ihrer genau so
annehmen.» Dass zu ihren Schützlingen Leute wie Otto Ohlendorf
zählten – auf seinen Befehl waren 90 000 Juden mit Genickschuss
getötet worden –, schien sie nicht zu stören. Für ihn und die anderen Kriegsverbrecher intervenierte die Prinzessin beim amerikanischen Hochkommissar und wandte sich sogar an den Präsidenten
Harry S. Truman. Im Senat setzte sich Joseph McCarthy für die
Gefangenen ein.
   Groß war das Bedürfnis nach Unschuld. Man wollte endlich die
Militärtribunale und Spruchkammern los sein, mit Persilscheinen
als «entlastet» eingestuft werden und aller Vorwürfe ledig sein. Wie
Nossack festgestellt hatte, das deutsche Volk hat genug gelitten,
und vom KZ zu reden ist unmodern. Tüngel war in dieser Diszi-
plin nicht zu übertreffen, wenn er nicht bloß Shakespeare über die
Gnade zitiert («Sie ist ein Attribut der Gottheit selbst»), sondern

darauf verweisen kann, dass er den Vers aus dem «Kaufmann von Venedig» auch schon 1942 unter Hitler habe drucken lassen.

Das christliche Gebot, Gefangene zu besuchen, galt selbstverständlich auch für NS-Täter, doch da wurde es zum Mythos von der doppelt verfolgten Unschuld: erst von Hitler, dann von den Besatzern. So setzte ein regelrechter Gefangenentourismus ein: Nicht nur Hans Speidel besuchte seinen wegen Kriegsverbrechen in Landsberg eingesperrten Bruder, auch Friedrich Flick konnte sich dort regelmäßig mit seinen Prokuristen über den Wiederaufbau seines Firmenkonsortiums beraten. Ein anderer Mittäter beim Malmedy-Massaker, SS-Obersturmführer Benoni Junker, sentimentalisiert in der Tradition von Ernst Tollers Gefängnistagebuch in seiner Sammlung «Unter dem Galgen gesungen» (1954) das Schicksal der Todeskandidaten. Der Grund für das Gerichtsverfahren und die Verurteilung wird überhaupt nicht erwähnt, Unrecht ist nur ihm und den anderen «Rotjacken» widerfahren, wie die zum Tode Verurteilten genannt werden. «Ein Recht, gebrochen und gebeugt / durch Schelmenstück und Lüge»[52], hätten sie erleben müssen. Ein Jahr Haft besteht «aus je rund 24 Stunden / mit Rübenfraß und andrer Plage»[53]. Dabei nutzt Junker das verbreitete Ressentiment gegen die Besatzungsmächte, die wie die Barbaren im Kulturland Deutschland hausten. «Infolge widriger, mit den Zeitläuften zusammenhängender Umstände»[54] sei er an Uniformierte, an die Amerikaner, geraten, die ihn dann scheinbar grundlos als Huren- oder Hundesohn bezeichneten. Von Schuldbewusstsein keine Spur, um so mehr von kultureller Überlegenheit, die auch unter den Zumutungen der Haft bewahrt werden musste.

Benoni Junkers Buch erschien 1954 im Verlag C. W. Leske, ein intellektuelles Versorgungsunternehmen für bewährte SS-Kameraden. Leske wurde mit Geld von Friedrich Flick von dem Amnestie-Anwalt Ernst Achenbach und seinem Kompagnon Werner Best übernommen und vom «Gegnerforscher» Franz Alfred Six, einem ehemaligen SS-Brigadeführer, geleitet. Flick und er kannten sich aus der Haft in Landsberg, in der Junker wie Peiper den Tod erwarteten. Beider Todesurteil wurde erst in lebenslange Haft umgewandelt, dann wurden sie – wie vor ihnen schon Six und Flick – vorzeitig entlassen. Peiper fand Arbeit als Werbeleiter bei Porsche, wo bereits Six versorgt wurde. Bei Leske erschien auch der Band «1954 – Der Frieden hat eine Chance» der beiden *Spiegel*-Redakteure Horst Mahnke und Georg Wolff, die, wie erwähnt, bei Six studiert und ihr Handwerk bei der SS erlernt hatten.

Auch der ehemalige Kriegsberichterstatter Joachim Fernau wusste in seinem Buch «Deutschland, Deutschland über alles ...» an die Kränkung des deutschen Kulturempfindens zu appellieren: «Schwerfällig, aber beharrlich drückten amerikanischer Stahl und Eisen die Dämme ein, und vorher nie gesehene Völker und Rassen pirschten sich vorsichtig, aber in Scharen hinterdrein, mit ganz präzisen Vorstellungen von Deutschland im Kopf und tadellosen amerikanischen Kreppsohlen an den Füßen.»[55] Auf der dazugehörigen Zeichnung steuert ein rauchender schwarzer Chauffeur in Uniform zwei Ladys durch die deutsche Ruinenlandschaft. Im Hintergrund hockt eine ausgebombte deutsche Familie an einem behelfsmäßigen Tisch. Die Botschaft war kaum misszuverstehen: Degenerierte herrschen über ein Kulturvolk.

Für die von Hitler gehätschelten Generale war es nicht einfach, sich in zivile Verhältnisse zu finden. Hermann-Bernhard Ramcke wurde in der Kriegsgefangenschaft von den Engländern abgehört, sodass er der Nachwelt ein Beispiel seiner Führertreue liefern konnte: «Die Weltgeschichte wird dem FÜHRER mal recht geben, dass er diese grosse, jüdische Gefahr für alle Völker erkannt und dass er die jüdisch-kommunistische Gefahr im Osten für EUROPA erkannt hat.»[56]

Die Besiegten sahen sich von den Siegern ins Unrecht gesetzt, was offenbar weit schwerer wog als alles, was in den zwölf Jahren davor geschehen war. Natürlich wurde von den Siegern «Siegerjustiz» geübt, im *Spiegel* war sogar die Rede von den «zwielichtigen Urteilen des Nürnberger Internationalen Militärtribunals»[57], der

Chefredakteur der *Zeit* sprach von der «Tragödie von Nürnberg»[58].
Auch Heidegger war um starke Worte nie verlegen. Dass er aus der
Freiburger Universität 1945 entlassen wurde, werde sich «mit der
Zeit als ein Vorgehen» herausstellen, «das an das Übelste grenzt,
was Deutsche gegen Deutsche aushecken und das im Bereich, wo
angeblich Wahrheit und Sittlichkeit und Ehre und Ansehen der
Wissenschaft und der Kultur in besonderer Weise gewahrt sein
sollen»[59] – eine einzige Leidensgeschichte.

Deutschland braucht Soldaten

Es war tatsächlich ein Befreiungsschlag, als der ehemalige Wehr-
machtsoberleutnant Richard von Weizsäcker, der 1943 bei der Be-
lagerung und Aushungerung Leningrads mitgewirkt hatte, 1985 als
Bundespräsident vor dem Parlament vom 8. Mai 1945 als dem Tag
der Befreiung sprach. Das war gegen die Wehrmachtsfraktion in
der eigenen Partei gerichtet, aber inzwischen konsensfähig. Unmittelbar nach dem Krieg hatte der Großteil der Bevölkerung die
Kapitulation ganz anders empfunden. Deutschland galt als größtes
Opfer, erst das Hitlers und seiner Nazis und dann das der Besatzungsmächte. Es brauchte die Westintegration, das heißt die lange
verhandelte deutsche Beteiligung an einer gegen die Sowjetunion
aufgebauten Streitmacht, um zumindest bei den Deutschen in den
drei westlichen Besatzungszonen das Selbstwertgefühl wieder zu
heben. Dass es so weit kam, war nicht zuletzt dem Einsatz der Soldatenverbände zu verdanken.

Seit Friedrich II. von Preußen als Soldatenschinder in die Geschichte einging, genossen Soldaten und insbesondere Offiziere
höchstes Ansehen im Deutschen Reich. Nach dem Zweiten Weltkrieg bezogen viele arbeitslose Offiziere die Universität, um sich
den bis dahin selbstverständlichen Status für die Zivilgesellschaft
zu erstudieren. Ralf Dahrendorf berichtet in seinen Erinnerun-

gen, dass man die älteren Jahrgänge an der Hamburger Universität als «die Offiziere» bezeichnete,[60] insbesondere waren damit die ehemalige Oberleutnants Helmut Schmidt (später Verteidigungsminister), Willi Berkhan (Wehrbeauftragter) und Major Hans Schmelz (Organisation Gehlen, dann *Spiegel*-Redakteur und zuletzt Mitarbeiter im Planungsstab des Verteidigungsministeriums) gemeint. Auch an anderen Universitäten wie Erlangen und Göttingen herrschte das Offiziersregiment. In dem teilweise autobiographischen Film «Der Ruf» (1949) kehrt Fritz Kortner nach Deutschland auf seinen Lehrstuhl zurück, nur um die Erfahrung zu machen, dass das nationalsozialistische Denken fortherrscht und niemand einen Emigranten haben will.

Bis in die sechziger Jahre gibt es eine nicht weiter überraschende Scheu, Kriegsverbrecher Kriegsverbrecher zu nennen, lieber spricht man von «Kriegsverurteilten» und kann die Schuld dann «den Siegern» anlasten, die tapfere deutsche Soldaten, die ja nur ihre Heimat verteidigt haben, unbedingt deswegen verurteilen und ins Gefängnis stecken mussten. Zu Verurteilungen kam es nur im Ausland oder durch das Besatzungsregime. Daher das allgemeine Unverständnis für die Haftstrafen gegen die Generäle Erich von Manstein und Hasso von Manteuffel. Unverständnis auch für die Offiziere, die am 20. Juli 1944 versucht hatten, ihren Oberbefehlshaber zu töten. Graf Stauffenberg und die anderen Verschwörer waren noch weit davon entfernt, in eine deutsche Heldengalerie aufgenommen zu werden. Der *Spiegel* nannte das Datum noch 1952 «einen der schwärzesten Tage der Geschichte des deutschen Soldatentums»[61]. Stauffenberg wurde von kundiger Seite, nämlich von Bernhard Wehner, einem ehemaligen Abteilungsleiter des Reichssicherheitshauptamtes und späteren Chef der Düsseldorfer Kriminalpolizei, im *Spiegel* als «linksschwärmender Soldat» bezeichnet, der am liebsten mit dem Russen gegen den Westen paktiert hätte: «Der einzige Revolutionär unter den Putschisten, der Graf Stauffenberg, war bei allen menschlichen und geistigen Qualitäten ein politischer Wirrkopf.» Wie es sich für das Weltbild der

Nachkriegszeit gehörte, ließ sich mit Hilfe Stauffenbergs auch noch posthum mit den Russen drohen: «Wäre dieser eindrucksvolle Initiator und Organisator des Putsches voll zum Zuge gekommen, ständen die Russen heute nicht an der Elbe, sondern mindestens am Rhein.»[62]

Die Währungsreform 1948, mit der nach der Legende das westdeutsche Wirtschaftswunder anhebt, war von einer mysteriösen Selbstmordwelle begleitet.[63] Nicht nur waren die Sparguthaben im Verhältnis 10:1 (Reichsmark gegen die neue Deutsche Mark) abgewertet worden, es drohte auch der vollständige Verlust der Pensionen für Berufssoldaten (zu dem es aber nie kam), die keine andere ehrbare Beschäftigungsmöglichkeit außer dem erlernten Kriegshandwerk sahen. Wie schlimm musste es um sie stehen, wenn sie sich reihenweise umbrachten? Der ehemalige General Victor Krocker trat am 18. November 1948 vor die CDU-Fraktion des Parlamentarischen Rats und nannte Phantasiezahlen: Allein in Lüneburg hätten sich seit der Währungsreform bis Anfang August 23 Offiziere das Leben genommen; 30 in Nord-Württemberg. Zumeist handelt es sich dabei um Fälle von Selbsttötungen, wie sie 1945 beim «Zusammenbruch» (wie der Offiziersjargon dafür lautete) vorgekommen waren, denn belegen ließ sich diese angebliche Selbstmordwelle nicht, sie war nichts weiter als ein Druckmittel. Es galt der Grundsatz, «je weiter entfernt, desto präziser und höher die Zahlenangaben»[64].

Dass die Zeitungen darüber kaum berichteten, galt erst recht als Beweis für eine geheimgehaltene Selbstmordwelle. Die konfessionellen Organe gingen dafür umso eifriger darauf ein. In Lüneburg stieg im *Sonntagsblatt* die Zahl auf 43, dann erhöhte ein weiterer Interessenvertreter, General von Schack aus Goslar, auf 47, steigerte weiter auf 49 und behauptete dann, es seien dabei die Familienangehörigen, die im erweiterten Selbstmord gestorben waren, noch gar nicht mitgezählt. Die offizielle Statistik wusste von keinem Anstieg der Selbstmordzahlen; in Lüneburg selber gab es ausgerechnet im entscheidenden 3. Quartal 1948 keinen einzigen

Selbstmord. Es war alles lautere Soldatenwerbung, Begleitmusik zur ersehnten Wiederaufrüstung.

Sogar der junge Journalist Klaus Harpprecht beteiligte sich an dieser Propagandaschlacht und schlug mit Verweis auf die Statistik mit wachsenden Selbstmordzahlen in der Wochenzeitung *Christ und Welt* vor, die Beamtenpensionen zu kürzen, um die Ansprüche von Flüchtlingsbeamten und Militärs erfüllen zu können.[65] Es war dann der Krieg, der sich seiner Soldaten annahm. Was in verschiedenen Gesprächskreisen, Soldatenverbänden, Büros und nicht zuletzt bei der amerikanisch finanzierten Organisation Gehlen, deren Chef sich ebenfalls Hoffnung auf eine Wiederverwendung in einem kommenden deutschen Heer machte, mehr oder weniger heimlich verhandelt worden war, konnte mit dem Überfall Nordkoreas auf den Süden im Juni 1950 plötzlich ganz offen besprochen werden. Konrad Adenauer war den Alliierten mit seiner frühen Bewerbung um einen deutschen Wehrbeitrag so lästig geworden, dass bereits ein Jahr nach seinem Amtsantritt ernsthaft über seine Ablösung nachgedacht wurde. Ernst Reuter, der Regierende Bürgermeister von Berlin, der sich in der Blockade so bewährt hatte, stand nicht zur Verfügung, Kurt Schumacher war den Amerikanern in seinem Nationalismus doch zu rabiat, sodass man am Ende an Adenauer festhielt und nicht in die allmähliche Demokratiewerdung eingriff.[66] Adenauer mochte über eine weiße Weste verfügen, aber das hinderte die ihm vorgesetzten alliierten Hochkommissare nicht, ihn die ganze Verachtung der Kriegsgegner spüren zu lassen. Vom britischen Hochkommissar Brian Robertson ist die Aufforderung überliefert, er, Adenauer, möge die Wiederbewaffnung doch bitte in kleinen Schritten angehen, «ähnlich wie dies Herr Hitler in so vorbildlicher Weise verstanden habe»[67].

Doch nicht nur für den Zivilisten Adenauer verband sich mit der Frage eines deutschen Wehrbeitrags die viel wichtigere Frage, wann wenigstens die westlichen Besatzungszonen souverän sein würden. Die Presse half, so gut sie konnte, also besser, als es der

Kanzler überhaupt erwarten durfte. Kokett spricht er deshalb davon, ihm sei «ein bißchen unheimlich», weil die Debatte über den Wehrbeitrag und die unvermeidliche Frage nach der Wehrpflicht so schnell aufkam. «Daß wir wirklich eine aufklärende Propaganda betreiben können, dafür ist alles noch zu unbestimmt», teilte er den zur Teerunde geladenen Journalisten im Sommer 1951 mit. «Wenn wir soweit sind, können wir gemeinsam überlegen, wie wir aufklärend wirken können. Wer von Ihnen ein gutes Wort findet anstelle von Remilitarisierung, dem wäre ich dankbar.»[68]

Es galt nämlich weiter, nicht nur die wenig wehrwillige Bevölkerung und vor allem die künftigen Wehrpflichtigen zu beruhigen, sondern auch die alten und jungen Soldaten aus dem «Dritten Reich». Gottfried Hansen, der Vorsitzende des Verbandes versorgungsberechtigter ehemaliger Berufssoldaten, fand es ungeheuerlich, dass ausgerechnet General Dwight D. Eisenhower, der Oberbefehlshaber der Sieger, der auch noch die Wehrmacht als verbrecherisch bezeichnet hatte, neuer Oberkommandierender der Nato-Truppen in Europa und damit auch Chef der ehemaligen Wehrmachtsangehörigen werden sollte. Bei einem Treffen mit den Wehrmachtsgenerälen Hans Speidel und Adolf Heusinger in Bad Homburg lenkte Eisenhower erfreulicherweise ein: «Ich für meinen Teil glaube nicht, daß der deutsche Soldat als solcher seine Ehre verloren hat.»

Das war ein klassischer Lobbyistenerfolg, dem bereits die Begnadigung und Strafminderung von Industriellen, Diplomaten und vor allem von Soldaten vorangegangen war, die wegen ihrer Kriegsverbrechen verurteilt worden waren. Speidel und Heusinger formulierten Eisenhower eine noch weitergehende Erklärung vor, die der General am 22. Januar 1951 im Wesentlichen billigte, wenn er sie auch nicht zur Veröffentlichung freigab. Es war der weißeste Persilschein, der je ausgestellt wurde: «Der deutsche Soldat hat für seine Heimat tapfer und anständig gekämpft. Wir wollen alle für die Erhaltung von Frieden, Freiheit und Menschenwürde in Europa, das uns allen ja die Kultur geschenkt hat, gemeinsam eintreten.»[69] Die nationale Kränkung war endlich gelindert, der Bundeswehr und der Soldatenversorgung stand damit fast nichts mehr im Weg.

Robert Kempner, einer der stellvertretenden Ankläger in Nürnberg, hat später berichtet, dass die Bundeswehr als Tauschgeschäft etabliert wurde: «Der Verteidiger der verurteilten Generäle hat mir selbst gesagt: so lange noch ein kriegsgefangener General sitzt, so lange werden wir dafür sorgen, daß die Pläne von Adenauer zum Aufbau der Bundeswehr nicht zustande kommen ... und genauso ging es mit den SS-Leuten.»[70] Es ist kein Zufall, dass Richard Tüngel in der *Zeit* deutlich wurde: «Einem Schädling muß das Handwerk gelegt werden»[71]. Der Schädling war für Tüngel Kempner, der wegen seiner jüdischen Herkunft 1933 hatte fliehen müssen.

Allerdings schien dann Generaloberst Johannes Frießner, Held diverser Schlachten an der Ostfront, im September desselben Jahres die schönen Erfolge wieder zunichte zu machen. Frießner war eben zum Vorsitzenden des Verbandes deutscher Soldaten (VDS) gewählt worden, als er in Bad Godesberg eine Pressekonferenz gab, die eigentlich der Werbung für den VDS und seine Ziele, die Amnestierung der Kriegsverbrecher und den Aufbau einer neuen Armee (oder jedenfalls die gleichberechtigte Aufnahme in ein europäisches Heer), dienen sollte. Stattdessen schwelgte der Vorsitzende als klassischer *miles gloriosus* in der Vergangenheit. Selbstverständlich verstand er sich als Eidwahrer, der für die Eidbrecher, die im Juli 1944 in der Wolfsschanze, im Bendlerblock und in Paris mit dem Unternehmen Walküre das Hitler-Regime beenden wollten, nur tiefste Verachtung übrig hatte. «Als Soldat und als christlicher Mensch lehne ich den politischen Mord ab, insbesondere wenn der Soldat an der Front im schwersten Ringen um Sein oder Nichtsein steht.»[72] Der gute Christ Frießner lehnte aber nicht nur das Stauffenberg-Attentat ab, sondern lobte bei dieser Gelegenheit auch noch «die anständig kämpfende Waffen-SS» und berief sich dafür auf den «zeitlosen Wert des Soldatentums».[73] Im Vorbeigehen rechtfertigte er den Überfall auf Polen als Akt der Notwehr

und so, dass er der aktuellen antikommunistischen Ideologie entsprach. «Die rote Flut musste aufgehalten, und die Bevölkerung
im Grenzgebiet musste vor den ewigen polnischen Schikanen be-
schützt werden», wie ihn die *Times* wiedergab.[74]
Paul Sethe, der nur wenige Jahre später auf Betreiben des Kanzlers aus der *Frankfurter Allgemeinen* hinausgedrängt wurde, weil
er ihm nicht nach dem Munde schrieb, ist die schönste Definition von Pressefreiheit zu verdanken – es handle sich nämlich um
die «Freiheit von zweihundert reichen Leuten, ihre Meinung zu
verbreiten»[75]. Der Zeithistoriker Bert-Oliver Manig gibt in seiner
gar nicht genug zu preisenden Arbeit über die «Politik der Ehre»
ein schönes Beispiel für die übersichtliche Schar von Akteuren,
die in der frühen Bundesrepublik das Sagen, das Schreiben und
die Macht hatte. Da es sich bei Frießners Auftritt um eine Pressekonferenz für die Auslandskorrespondenten handelte, war das
Interesse der deutschen Journalisten an der Veranstaltung gering.
Viele bezogen sich auf den Agenturbericht des UP-Korresponden-
ten Rüdiger von Wechmar. Der spätere Bundespressesprecher und
UN-Botschafter war der Sohn Irnfried von Wechmars, der (wie
auch sein Sohn) in der Wehrmacht gedient hatte und jetzt zum
Pressesprecher des VDS bestimmt war. Der jüngere Wechmar
schrieb einen auffallend salzlosen Bericht für die Zeitungsredaktionen, dem so gut wie nichts von den anstößigen Äußerungen
des Generals zu entnehmen war. Erst über die Empörung der ausländischen Zeitungen erfuhren auch deutsche Leser von Frießners
nostalgischen Gefühlen für die «anständige SS».
Frießner war nicht der Einzige, der den alten Zeiten nach-
trauerte. General Ramcke, der Held der aussichtslosen und mör-
derischen Verteidigung der Festung Brest, floh aus französischer
Kriegsgefangenschaft und wurde als Volksheld von Adenauer
freundlich empfangen. Kempner nannte so etwas die «die sogenannte praktische Politik»[76]. Weniger begeistert war Adenauer,
als Ramcke im Jahr darauf als Ehrengast beim «Suchdiensttref-
fen» der «Hilfsgemeinschaft auf Gegenseitigkeit der Soldaten der

ehemaligen Waffen-SS» abrechnete und die seiner Meinung nach
wahren Kriegsverbrecher anklagte: «Es sind die, die den unseligen Frieden gemacht haben, die ohne taktische Gründe ganze
Städte zerstörten, die die Bomben auf Hiroshima warfen und
neue Atombomben herstellen.»[77] Adenauer musste sich sogleich
beim britischen Hochkommissar für diese Entgleisung entschuldigen, aber schließlich bot die Bombe allen Entlastung, die nichts
mehr von Auschwitz und vom KZ hören wollten. Hannah Arendt
schrieb ihrem Mann Heinrich Blücher 1958: «In vorderster Reihe
[der Atomtod-Bewegung] marschiert Günther [Anders, ihr erster
Mann], und Heidegger, der eben keine Volksbewegung auslassen
kann, hat sich auch schon hübsch angeschlossen.»[78] Als Ramcke
1968 starb, marschierte zu seinen Ehren eine Kompanie der Bundeswehr am Grab auf.

Nach Frießners freimütigen Äußerungen war Konrad Adenauer
gezwungen, seinerseits eine regierungsoffizielle Ehrenerklärung
für den Widerstand abzugeben, auch wenn er damit die Soldaten
verärgerte, deren Ehre untrennbar mit dem Eid auf den Führer
verbunden war: «Die Welt empfing durch die Männer und Frauen
des 20. Juli noch einmal den Beweis, daß nicht die Gesamtheit
des deutschen Volkes dem Nationalsozialismus verfallen war. Damit wurde eine entscheidende Grundlage dafür geschaffen, daß
Deutschland in Zusammenarbeit mit der freien Welt wieder aufgebaut werden kann.»[79]

Wie bestellt kam Zuspruch aus dem Ausland, und zwar ausgerechnet von einem erbitterten Gegner, der seine Landsleute einst
mit Blut, Schweiß und Tränen zum Widerstand gegen die Deutschen aufgerufen hatte. «In Deutschland lebte eine Opposition,
die quantitativ durch ihre Opfer und eine entnervende interna-
tionale Politik immer schwächer wurde, die aber zu dem Edelsten
und Größten gehört, das in der politischen Geschichte aller Völker je hervorgebracht wurde», hatte der mittlerweile abgewählte
Kriegspremier Winston Churchill 1946 im britischen Unterhaus
verkündet. «Diese Männer kämpften ohne Hilfe von innen oder

von außen, einzig getrieben von der Unruhe ihres Gewissens. Solange sie lebten, waren sie für uns unerkennbar, da sie sich tarnen mußten. Aber an den Toten ist der Widerstand sichtbar geworden. Diese Toten vermögen nicht alles zu rechtfertigen, was in Deutschland geschah. Aber ihre Taten und Opfer sind das unzerstörbare Fundament eines neuen Aufbaues. Wir hoffen auf die Zeit, in der das heroische Kapitel der inneren deutschen[80] Geschichte seine gerechte Würdigung findet.»[81]

Daran hat es nicht gefehlt: Churchills noble Sätze sind in den klassischen Zitatenschatz aufgenommen worden. Nicht nur der CSU-Mitgründer Josef Müller, der selber im Konzentrationslager Flossenbürg saß und dem Henker nur mit Glück entging, verwendet sie 1975 in seinen Memoiren.[82] Der Bundestagspräsident Norbert Lammert griff das Zitat 2004 in seiner Gedenkrede im Bundestag zum sechzigsten Jahrestag des Stauffenberg-Attentats auf und verkündete von der höchsten Bühne die inzwischen etablierte Lehre: «Der Widerstand war Voraussetzung und Grundlage für die Wiederherstellung des Ansehens Deutschlands in der Welt.»[83] Auch Christian Wulff, da noch niedersächsischer Ministerpräsident, nutzte das Zitat 2009 bei einem Vortrag in der Konrad-Adenauer-Stiftung.

Das Problem ist nur, dass Churchill diese Sätze nie gesagt hat. Spätestens seit 1999 hätte bekannt sein können, dass es sich bei dieser Ehrenrettung für den deutschen Widerstand um eine mundgemalte Legende handelt.[84] Sie taucht zum ersten Mal 1946 im Dezemberheft der vom nationalkonservativen Schriftsteller und Regimegegner Rudolf Pechel herausgegebenen *Deutschen Rundschau* auf, wird dann 1950 noch einmal gedruckt, diesmal mit dem Bemerken, es sei bisher auch durch Nachfrage beim angeblichen Redner nicht gelungen, einen authentischen Wortlaut dieser angeblichen Rede zu erhalten. 1953 wird das Zitat ohne Quellenangabe in eine Broschüre der Bundeszentrale für Heimatdienst (der späteren Bundeszentrale für politische Bildung) aufgenommen, aparterweise betitelt «Die Wahrheit über den 20. Juli 1944». Die

Veröffentlichung folgt einem neuen Bildungsauftrag der Regierung: Der Widerstand im «Dritten Reich» soll legitimiert, es soll, wie der Bearbeiter Hans Royce formuliert, ein weiteres Mal «ein anständiges Deutschland» präsentiert werden. Es dürfte sich um eine der ersten Gelegenheiten handeln, dass von offizieller deutscher Seite die sechs Millionen ermordeten Juden erwähnt werden, «die größte Judenverfolgung der Weltgeschichte», doch geht das nicht ohne den Hinweis («das sei dem Ausland einmal deutlich gesagt»), dass die Nazis im Konzentrationslager «Hunderttausende von deutschen Staatsbürgern vernichteten, bevor der erste Ausländer ein Kz betrat»[85], dass also am meisten wieder die Deutschen zu leiden hatten. Jakob Kaiser, Fabian von Schlabrendorff, Annedore Leber und einige weitere aus dem Widerstand kommen zu Wort, auch der Remer-Prozess, den Fritz Bauer in Braunschweig führte, ist ausführlich dokumentiert, aber in der Bildergalerie der Widerständler fehlen die Angehörigen der «Roten Kapelle» vollständig; der Gewerkschafter Wilhelm Leuschner natürlich auch, erst recht der Arbeiter Georg Elser, der Hitler 1939 im Bürgerbräukeller töten wollte. Das anständige Deutschland ist nichts links, sondern aristokratisch und stramm konservativ.

Da es sich um eine volkspädagogisch ungeheuer wichtige Veröffentlichung handelte, mussten Lehren für die Gegenwart gezogen werden. «Sehen wir also nicht tatenlos zu, wenn sich die Termiten von früher wieder in unser aus Trümmern neu aufgebautes Haus einnisten!» Noch einmal wird der alten Garde recht gegeben, denn sie wird bei der neuen Bundeswehr doch dringend gebraucht: «Nichts gegen die, die sich 1944 in den verzweifelten Kampf mit ihrem Gewissen für die ‹Treue zum Führer› entschieden. Aber alles gegen die Termiten.» Der Herausgeber Hans Royce sagt nicht wie Richard Tüngel «Schädlinge», er spricht von Termiten. Um was oder wen es sich dabei handelt, verrät er nicht. Sind's die alten Nazis? Eher doch die Kommunisten.[86] Der alte Feind schläft nicht, also Vorsicht: «Sonst wären die Männer vom 20. Juli umsonst gestorben.»[87]

Ausgerechnet der Kriegspremier Winston Churchill hat den deutschen Widerstand geadelt und den deutschen Soldaten damit die Erlösung von den schwarzen Tagen ihrer Geschichte gebracht. Wenn die Wahrheit noch schöner als die Legende wirkt, läuft die Legende am Ende auf die Wahrheit hinaus. So nahm die Wehrdebatte als Ehrensache doch noch einen glücklichen Ausgang. Die «Angehörigen der früheren Wehrmacht», (wie sich Adenauer im Bundestag ausdrückte), wurden als Voraussetzung für den erwünschten Wehrbeitrag der Bundesrepublik wieder eingegliedert. Am 1. April 1951 trat der Artikel 131 des Grundgesetzes in Kraft, nach dem Beamte (und damit auch die Berufssoldaten) aus dem «Dritten Reich» – und zwar ausdrücklich auch jene, die bisher wegen ihrer Verstrickung in den Nationalsozialismus vom öffentlichen Dienst ausgeschlossen waren – Anspruch auf eine der alten vergleichbare Stelle erheben konnten. Das neue Recht kannte keine Nazis mehr, sondern nur noch Deutsche.

4. HEISS' MICH NICHT REDEN, HEISS' MICH SCHWEIGEN. JEAN AMÉRY UND HANS EGON HOLTHUSEN: WENN EIN KZ-ÜBERLEBENDER AUF EINEN SS-MANN TRIFFT

In der Bundesrepublik tauchte Mitte der Sechziger ein Gespenst auf, ein Untoter, der, statt endlich Ruhe zu geben, unter den Lebenden umging, ein ständiges Memento für das, was einmal geschah und worüber nach Möglichkeit nicht mehr gesprochen werden sollte. Er hatte das, was nicht zur Sprache kommen sollte, am eigenen Leib erfahren. Verstanden hat es kaum einer, es wollte doch auch keiner hören.

Jean Améry machte keine gute Figur, wenn er im deutschen Fernsehen auftrat, wie auch? Er blieb zeitlebens der Fremde, ein Besucher aus einer ganz anderen Welt mit diesem Leiden schon im Gesicht. Warum konnte er nicht einfach aufhören mit diesen alten Geschichten? Konnte er nicht.

Lange bevor der amerikanische Feminismus die Körperpolitik entdeckte, wurde sie für Améry zum Lebens- und Überlebensthema. «In der Welt der Tortur aber besteht der Mensch nur dadurch, dass er den anderen vor sich zuschanden macht.» Auskunft über sich gab er jedoch nur unter größten Skrupeln. 1943 war Améry als Widerstandskämpfer in Belgien verhaftet worden. Die Nazis machten ihn zum Juden, der er bis dahin gar nicht hatte sein wollen. In einem Bunker wurde er mit mittelalterlichem Sadismus und deutscher Gründlichkeit gefoltert: «Und nun gab es ein von meinem Körper bis zu dieser Stunde nicht vergessenes Krachen und Splittern in den Schultern. Das eigene Körpergewicht bewirkte Luxation, ich fiel ins Leere und hing an den ausgerenkten, von hinten hochgerissenen und über dem Kopf nunmehr verdreht geschlossenen Armen.» Schläge mit dem Ochsenziemer waren noch das Harmloseste, verabreicht von einem Offizier, der «auf seiner feldgrauen Uniform die schwarzen Aufschläge der SS» trug. Ein Kaufmann versicherte ihm später großzügig, das deutsche Volk «trage dem jüdischen nichts nach».

Améry war schon weit über vierzig und längst nicht bekannt genug, als dass er den Deutschen etwas hätte nachtragen können. Er hatte Auschwitz und Bergen-Belsen überlebt und musste sich jetzt als Journalist durchschlagen. Fünfzehn Jahre lang schrieb er für Schweizer Zeitungen Hunderte von Artikeln über Filmstars, Mode, Jazz, *faits divers*. In Deutschland gab es keine Arbeit für ihn, obwohl er genug zu sagen hatte. «Den Deutschen freilich, die in ihrer überwältigenden Mehrheit sich nicht oder nicht mehr betroffen fühlen von den zugleich finstersten und kennzeichnendsten Taten des Dritten Reiches», schrieb er im Vorwort von «Jenseits von Schuld und Sühne», «würde ich gern hier manches erzählen, was ihnen vordem noch nicht eröffnet wurde. Schließlich hoffe ich manchmal, es sei diese Arbeit zu einem guten Ende gebracht worden», und endet sehr hochgestimmt: «dann könnte sie alle angehen, die einander Mitmenschen sein wollen.»[1]

Anfang 1964 fand Jean Améry im späteren Goethe-Institut in Brüssel zumindest seinen entscheidenden Mitmenschen, einen Deutschen zwar, stahlblauen Auges und dem fehlenden Arm nach sichtlich ein Kriegsteilnehmer, einer von den Mördern, aber (Améry spricht von sich hier in der dritten Person) «wo es einer mit dem Tode hatte, dort gehörte er dazu». Der Lyriker Helmut Heißenbüttel, im Hauptberuf Rundfunkredakteur, gab Améry Gelegenheit, von sich zu sprechen, also vom Tod.

Nach «zwanzig Jahren des Schweigens», Mitte der sechziger Jahre, nach dem Prozess gegen Eichmann in Jerusalem und gegen die KZ-Wärter Wilhelm Boger und Oswald Kaduk in Frankfurt, gab es plötzlich Interesse für die Opfer. Amérys Beiträge liefen

jetzt im deutschen Rundfunk, der *Merkur* brachte unter dem Titel «Die Tortur» einen Vorabdruck aus seinem Buch «Jenseits von
Schuld und Sühne». Er musste sich als Marketender seiner Leidensgeschichte sehen und bekam auch bald den Neid zu spüren.
Günther Anders schrieb ihm 1976: «Ich habe nie zuvor eine so
fruchtbare Verdüsterung gesehen.»[2] Diese Verdüsterung und sein
Leiden machten ihn berühmt, und der Erfolg für einen Gleichaltrigen zum Gegenstand der Eifersucht.

Ganz am Anfang seiner kurzen Laufbahn fand am 19. Januar
1966 im Bayerischen Rundfunk eine Diskussion zu dem immer-
grünen Thema «Macht und Ohnmacht der Intellektuellen» statt,[3]
Teilnehmer: Friedrich Torberg, Horst Krüger, Hans Egon Holthusen und Améry. Der Schriftsteller Krüger war Améry sehr ge-
wogen und verschaffte ihm in der Folge mehrmals Aufträge beim
Rundfunk. Torberg war Herausgeber der österreichischen Zeit-
schrift *Forvm* und wurde später mit seinen Geschichten von der
«Tante Jolesch» berühmt. 1951 war er aus der Emigration in den
USA zurück nach Wien gekommen, wo er zusammen mit dem
Theaterkritiker Hans Weigel einen Aufführungsboykott gegen den
Kommunisten Bert Brecht durchsetzen konnte. Einigen war auch
bekannt, dass Torberg der CIA zuarbeitete. Wegen seiner häufigen
Auftritte im Radio und Fernsehen bezeichnete er sich selber als
den «Jud vom Dienst». Für Améry gab es einen entscheidenden
Unterschied – er war tatsächlich im KZ gewesen und von den Na-
zis gefoltert worden: «Es war ihm offenbar nicht angenehm, ge-
rade mir als Tschiffen und Auschwitzer gegnerisch vor der Nase
zu sitzen»[4], wie Améry seinem Jugendfreund Ernst Mayer schrieb.
Im selben Brief erwähnte er als seinen eigentlichen Gegner in der
Diskussion «einen zwei Meter langen Ex-Nazi und (wenn ich recht
berichtet bin) sogar zeitweiligen SS-Mann» – Holthusen.

Während Améry in der Diskussion betont, dass Intellektuelle seit
der Dreyfus-Affäre immer links seien und sich über das Unrecht
in der Welt empörten, besteht Holthusen auf einem intellektuellen
Recht zu schweigen, sich eben nicht in Tagesereignisse einzumi-

schen und nicht Partei zu ergreifen. Das hindert ihn aber nicht, aus der Position des Schweigens seinerseits Politik zu machen. Kritik an der Kollaboration des Bürgertums im «Dritten Reich» bezeichnet er als «publizistischen Lärm» und «rückwirkendes Wahnbild» der Jungen und wirft der Linken insgesamt «moralisches Erpressertum» vor. Wie ein Militärpfarrer verkündet er: «Die deutsche Intelligenz hat nicht versagt, sie ist geschlagen worden.»

Améry verweist darauf, dass die kritische Intelligenz vor 1933 häufig jüdisch war und deshalb nicht etwa geschlagen, sondern umgebracht wurde, soweit sie nicht rechtzeitig emigrieren konnte. Heute gebe es immerhin nichtjüdische Linksintellektuelle wie Günter Grass und Martin Walser, «denen man nicht vorwerfen kann, sie seien wurzellose Zugereiste. Eines der positivsten und versöhnendsten Fakten, die es in Deutschland gibt, [ist,] dass es sie gibt und dass sie sich Gehör verschaffen können.» 1964 war ein Stück Walsers aufgeführt worden, das aus der Erfahrung der Auschwitzprozesse entstanden war, «Der Schwarze Schwan» – der alliterierende Titel ein Code für SS. Vergeblich versucht darin ein Sohn seinen Vater, der Lagerarzt war, zum Reden und möglichst zu einem Schuldeingeständnis zu bringen. Rudi sagt zu den anderen: «Ich gehöre nicht zu euch, nicht ins Gehege der Schuld»[5], muss aber, was seinen Vater betrifft, resigniert erkennen: «Und siehe: die Schuld schläft ein wie das Kätzchen in der Sonne.»[6] Gerade deshalb wird er sich stellvertretend bestrafen und umbringen. Erst 1998, 34 Jahre später, sollte Walser in der Paulskirche von der «Drohroutine» sprechen, zu der Auschwitz geworden sei. Nicht auszudenken, Holthusen hätte schon Anfang 1966 gewusst, was Grass erst vierzig Jahre später bekannt machte: dass er mit siebzehn freiwillig zur SS gegangen war.

Neben Martin Heidegger und dem Kunsthistoriker Hans Sedlmayr gehörte Holthusen nach dem Zweiten Weltkrieg zu den Stichwortgebern der konservativen Kulturkritik. Unabhängig voneinander, aber mit großem Zuspruch wollten sie den Untergang des Abend-

lands aufhalten, den sie durch die Moderne noch befördert sahen.
Sedlmayr beschwor den «Verlust der Mitte», Heidegger rettete
sich in immer gültige Zivilisationskritik und warnte vor dem Vormarsch der Technik, und der mit ihm befreundete Schweizer Germanist Emil Staiger sprach im gleichen Jahr 1966 ganz unverblümt
von «Psychopathen», die die moderne Literatur beherrschten, die
überhaupt zu einer «Kloake» verkommen sei.

Holthusen war jünger als die anderen, aber wahrscheinlich
im Biotop der neugegründeten Zeitschriften der Erfolgreichste.
Er verstand sich zunächst als Dichter, wurde aber erst nach dem
Ende des Krieges gedruckt. Der Pastorensohn hatte 1937 über
Rainer Maria Rilke promoviert und begann nach dem Krieg, abgesichert durch Lehraufträge in den USA und die Tätigkeit für verschiedene Akademien oder als Leiter der Siemens-Stiftung, eine
erfolgreiche Doppelkarriere als Lyriker und Kritiker. Der Titel
seiner frühen Essaysammlung «Der unbehauste Mensch» (1951)
wurde sprichwörtlich. Für Rilke findet er die passende Formel: «Es
ist der Versuch einer mythischen Selbsterlösung des ästhetischen
Menschen»[7], die als Selbstentschuldung auch seine Lösung wird:
Der ästhetische Mensch kann niemals der schuldige Mensch sein,
weil er ja anders ist als die Barbaren, die Hitler aus wirtschaft-
licher Not nachgelaufen sind oder weil sie seine aufpeitschenden
Reden genossen. Holthusen zitiert aus dem X. der «Sonette an
Orpheus»:

«alle, die man dem Zweifel entreißt,
grüß ich, die wiedergeöffneten Munde,
die schon wussten, was Schweigen heißt.
Wissen wir's, Freunde, wissen wir's nicht?»

Holthusen wurde 1913 geboren und war damit ein Jahr jünger als
Améry. Wie bei diesem begann auch seine Karriere mit einem Auf-
tritt im *Merkur*, allerdings fast zwei Jahrzehnte eher. 1946, zu einer
Zeit, als Améry noch ums Überleben kämpfte, lernt der Kriegs-

heimkehrer Holthusen den ehemaligen Abwehroffizier Hans Paeschke kennen, der eine neue Zeitschrift plant. Paeschke liest Holthusens episches Gedicht «Trilogie der Heimkehr» und feiert es in einem Brief an den Autor sofort als «nationale Tat». Sie haben, schreibt er begeistert, «den deutschen Soldaten, den Überlebenden, aus seinem Schweigen erlöst, Sie haben ihm das Totenmal errichtet, aus dem auferstehende Kraft für uns alle neu erblühen wird – und nicht nur für uns haben Sie das getan, sondern für die jungen Menschen unseres Kontinents.»[8] In seinem Überschwang bietet ihm Paeschke jede erdenkliche Hilfe bei Veröffentlichungen an, will ihn in England und Frankreich bekannt machen und bittet inständig darum, sein Freund sein zu dürfen.

Der Kriegsheimkehrer ist nicht nur ein literarischer Topos – bekanntestes Beispiel ist der Beckmann in Wolfgang Borcherts Drama «Draußen vor der Tür» –, sondern tatsächlich allgegenwärtig im ersten Nachkriegsjahrzehnt. Der Krieg hat ihn fast zerstört, sein Heldenmut wurde missbraucht, zu Hause ist er fremd, jede Anerkennung bleibt aus, und wem sollte er erzählen können, was er an der Ostfront erlebt beziehungsweise mitgemacht hat? 1945 dürfte Brechts Gedicht «An die Nachgeborenen» in Deutschland kaum bekannt gewesen sein, das er sechs Jahre zuvor in Paris veröffentlicht hatte und in dem es heißt, ein Gespräch über Bäume sei «fast ein Verbrechen, weil es das Schweigen über so viele Untaten einschließt». Bei Holthusen gebiert das erzwungene Schweigen jedenfalls einen ungeheuren Sprachrausch, und der blühende Markt der neu gegründeten Zeitschriften eröffnet dem bisher ungedruckten Dichter den Zugang zu einem bildungs- und deutungshungrigen Publikum. Gleich das erste Heft des *Merkur*, der von Paeschke herausgegebenen «Zeitschrift für europäisches Denken», bringt ein Gedicht von Holthusen. Es heißt «Heimkehr» und endet ähnlich trunken wie der Werbebrief des Redakteurs:

«Aus dem Munde des Freundes empfangend die Küsse der
  Wahrheit,
Teil ich mit ihm den zeitlichen Augenblick wie einen Becher
Klaren geistigen Wassers vom Wasser der schaffenden Gnade.»

Das Wasser vom Wasser der schaffenden Gnade ist das hohepries-
terliche Wort zum Kriegsende. Dieser Sums aus Heidegger und
Rilke ist das geniale Loslösungswort nicht nur für den Soldaten,
sondern für das ganze niedergedrückte Volk, weil es das unausgesprochene Schuldbekenntnis sogleich aufhebt mit der Forderung
nach Gnade, die damit vor allem Recht zu ergehen hätte. Hintergrund sind die von der Mehrheit der Deutschen nicht akzeptierten
alliierten Prozesse in Nürnberg, die schon deshalb abgelehnt wurden, weil die Russen mit am Richtertisch saßen, Sieger auch sie,
aber in schlechtester Erinnerung als der altböse Feind, mit dem
der Nationalsozialismus im Namen der freien Welt ein für alle
Mal aufräumen wollte. Statt des Gerichts, anstelle jeder Rechtspre-
chung, fordert Holthusen nicht etwa den reinen, sondern den mit
einem Wisch leergefegten Tisch: *tabula rasa*. Die anderen sollen
endlich vergessen, damit er seinen Weg weitergehen kann. Auch in
der ersten Ausgabe der neuen, von Dolf Sternberger herausgegebenen Zeitschrift *Die Wandlung* erscheint ein Gedicht Holthusens.
Es trägt diesen sehnlichen Wunsch nach Vergessen und Neuanfang
schon im Titel, «Tabula rasa», und will den Autor und im erzählen-
den «wir» gleich alle Deutschen zu Opfern erklären:

«Und doch, wir leiden. Sprachlos. Aber wer,
Wer schweigt aus uns, und was wird uns verschwiegen?
Wer zählt die Trümmer unsrer Welt – und mehr:
Die Dunkelheiten, die dazwischen liegen?»[9]

Schweigen, Trümmer, Dunkelheit: Das war deutsch und dunkel
genug, um eine ernsthafte Reflexion, wie sie Karl Jaspers in seiner Denkschrift «Die Schuldfrage» gleich 1946 versuchte, von

vornherein auszuschließen. Für den Dichter Holthusen, dem das
Kriegsende und seine Kriegserfahrung zum Druck verhalfen, gab
es gar keine Schuld, jedenfalls keine, der er sich bewusst gewesen
wäre, was ihn aber nicht hindern musste, sie im Rundfunkgespräch
mit Améry als «moralisches Erpressertum» zurückzuweisen.

Wer schweigt aus uns, ja, wer? Als Albert Speer, Hitlers Rüstungsminister, seine «Spandauer Tagebücher» (1975) veröffentlichte und sich unter beifälligem Gemurmel der kommentierenden
Klasse als in die Boheme entlaufener Bürgersohn präsentierte, ein
verführter Idealist eigentlich, rief Améry mit guten Gründen dazu
auf, das Buch zu boykottieren, und fragte als eins seiner Opfer den
so eindrucksvoll reuigen Sünder, ob Schweigen nicht in seinem
Fall und bei seiner Lebensgeschichte das angemessene Verhalten
gewesen wäre. «Es scheint mir, als habe keiner der einstigen Mittäter das moralische Recht, mit ergreifenden Expektorationen an
die Öffentlichkeit zu treten. Sühne und Umkehr werden würdig
nur in Einsamkeit vollzogen: ohne Geste an der Rampe.»

Speer schwieg keineswegs, vielmehr bereute er, wie Améry befand, «aufs Lukrativste», und dafür war ihm jede Rampe, jedes
Podium recht. Améry war einer jener Zwangsarbeiter gewesen, an
die sich Speer, der das Lager Mittelbau-Dora besucht hatte und
anschließend nach einem Schnaps verlangte, naturgemäß nicht
mehr erinnern konnte. Für jemanden wie Améry gab es jedoch
keine Hoffnung ohne die Ehrlichkeit, ohne Erinnerung. Nur wenn
alles ans Licht gebracht wird, wenn alles ausgebreitet ist, besteht
die Chance auf einen Weg nach vorn. Den reinen Tisch – 1978 ausgerechnet bei einem Auftritt zusammen mit Speer – forderte auch
Améry und meint es doch so ganz anders als Holthusen, denn in
die Zukunft könne nicht geschaut werden, «ehe nicht vollkommen
tabula rasa gemacht wurde».

Die schwarze Uniform der SS

Dazu müsste allerdings erst von manchem berichtet werden, was vordem noch nicht zur Sprache gekommen war. Holthusen, der 1966 fürs Schweigen plädierte, wollte nicht zuletzt seine eigene Vergangenheit verschwiegen haben. Schon früh waren Vorwürfe gegen ihn laut geworden. 1959 weigerte sich Mascha Kaléko, den Fontanepreis der Berliner Akademie anzunehmen, weil Holthusen der Jury angehörte. 1961, während des Eichmann-Prozesses, wurde von der Mitgliedschaft Holthusens in der SS-Standarte «Julius Schreck» nicht mehr bloß getuschelt, sondern öffentlich gesprochen. Holthusen leitete damals zusammen mit dem deutschen Botschafter, dem Forsthoff-Schüler Wilhelm Grewe, das Goethe House in New York, war also für den deutschen Kulturexport zuständig und musste um seine Karriere fürchten. Im Februar 1961 erschien in der Zeitschrift *Die Kultur* im Kurt-Desch-Verlag ein Doppelporträt, das auf einem Foto links Wilhelm Grewe brachte, «ehemals Mitglied der NSDAP und Völkerrechtler im Dritten Reich, heute Botschafter der Bundesrepublik in den USA», und daneben, als «Mitarbeiter des neuen Goethe-Hauses für die Gestaltung des Programms» ausgewiesen, Holthusen, «der sich 1944 in SS-Uniform zeigte». 1962 widerrief Paul Celan seine Zusage, sich in die Berliner Akademie aufnehmen zu lassen, weil er nicht zusammen mit Holthusen an deren Sitzungen teilnehmen wollte.

Bereits 1947 war beim *Merkur* ein Denunziationsschreiben von einem Ob. Reg. Rat W. Deeg eingegangen. Deeg lobt den *Merkur*, tadelt aber, dass Holthusen darin auftritt: Es sei «weiss Gott nicht einzusehen, wie dieser Mann, der der Allgemeinen SS angehörte und als Schulungsredner doch lebhaft in der SS seiner Heimatstadt gewirkt hat, nun schon wieder – als sei nichts gewesen – publizieren darf. H. ist m.W. Sohn eines Hildesheimer Pastors, und als ehemaliger Hildesheimer Bürger entsinne ich mich seiner sehr gut, wie er noch als Student in den Semesterferien jahrelang in der schwarzen Uniform zu sehen war und in der SS eifrigst Vorträge zur ‹Schulung› hielt.»[10] Die schwarze Uniform kehrt in den Berichten über Holthusen mehrmals wieder.

In einer Sammelrezension im *Merkur* hatte Holthusen 1954 «Fünf junge Lyriker»[11] behandelt. Paul Celan, dem Dichter der «Todesfuge» – «eines der großartigsten Zeitgedichte, die wir besitzen» –, rühmt er nach, dass er das Thema «in einer träumerischen, überwirklichen, gewissermaßen schon jenseitigen Sprache zum Transzendieren gebracht hat, so daß es der blutigen Schreckenskammer der Geschichte entfliegen kann, um aufzusteigen in den reinen Äther der Poesie». Wieder also ästhetische Sinnstiftung, Entschuldung durch Transzendenz, Sühne durch Sprache, der Judenmord im Gedicht veredelt – besser als durch diese vom Rezensenten herbeigeredete Entrealisierung das Grauens lässt sich gar nicht belegen, wie berechtigt das Dogma sein konnte, das Adorno 1949 verkündet hatte: «Nach Auschwitz ein Gedicht zu schreiben, ist barbarisch.»[12]

Adorno hat zumindest später Celans Gedichte, die er 1949 noch nicht kennen konnte, akzeptiert: «Celans Gedichte wollen das äußerste Entsetzen durch Verschweigen sagen.»[13] Holthusen bricht das Schweigen Celans 1954 auf besonders aggressive Art durch seinen Wortschwall, lobt die «Todesfuge» brav dafür, dass sie «eines der schrecklichsten und bedeutsamsten Ereignisse der jüngsten Geschichte, den massenhaften Verbrennungstod der Juden in deutschen Konzentrationslagern, in einer Sprache» besinge, «die von der ersten bis zur letzten Zeile wahre und reine Dichtung ist». Bei aller wortreichen Schwärmerei hält der protestantische Deutsche Holthusen den Juden Celan aber mit der Charakterisierung als «Fremdling» auf Abstand, und die «Mühlen des Todes», die Celan als Metapher für die Todesfabriken der Nazis gebraucht, nennt er allen Ernstes «trivial».

Celan wiederum fühlt sich von Holthusen verfolgt, zumal er von Hanne Lenz, der Frau des Dichters Hermann Lenz, erfahren hat, dass Holthusen einst auch an der Münchner Universität in seiner schwarzen SS-Uniform aufgetreten sei. Zehn Jahre nach der ersten Beschäftigung mit Celan bespricht Holthusen in der *Frankfurter Allgemeinen* Celans neuen Gedichtband «Die Niemandsrose». Der Kritiker, der inzwischen selber keine Gedichte mehr schreibt, kann es nicht lassen, dem Dichter Celan bei allem Lob ein weiteres Mal die «damalige Vorliebe für die ‹surrealistische›, in X-Beliebigkeiten schwelgende Genitivmetapher (‹Weißhaar der Zeit›, ‹Mühlen des Todes›, ‹weißes Mehl der Verheißung›)» vorzuhalten.

Daraufhin schreibt der Literaturwissenschaftler Peter Szondi, selber ein Überlebender aus Bergen-Belsen, empört an den Redakteur Rolf Michaelis: «Hans E. Holthusen aber, der einst ebenfalls [wie Adolf Eichmann] die SS-Uniform trug, darf im Literaturblatt der FAZ (vom 2. Mai 1964) behaupten, der Ausdruck ‹Mühlen des Todes› sei bei Celan das Zeichen einer ‹Vorliebe für die ›surrealistische‹, in X-Beliebigkeiten schwelgende Genitivmetapher› gewesen.» Bei der Qualifizierung der X-Beliebigkeit der Genitivmetapher handle es sich «immer noch [um] einen bewussten oder unbewussten Versuch, die Erinnerung an das Geschehene zu unterbinden, zu verdrängen»[14]. «Die Todesmühlen» hieß aber vor allem ein Aufklärungsfilm über die Judenvernichtung, der im Auftrag der amerikanischen Militärregierung entstand und 1946 den Deutschen im Rahmen der *re-education* gezeigt wurde. Szondi meint, Adolf Eichmann habe den Ausdruck «Mühlen des Todes» gebraucht. Tatsächlich hatte Eichmann damit gedroht, die «Mühlen in Auschwitz arbeiten» zu lassen, als seine Opfer nicht kooperieren wollten, und später die Filmkarriere seines Einfalls aufmerksam verfolgt.[15] Eichmann scheint sogar stolz darauf gewesen zu sein, dass seine Arbeit auf diese Weise Anerkennung fand. In Jerusalem notierte er für seinen Anwalt: «Nach dem Krieg gab es einen Film ‹Die Mühlen› oder ‹Die Todesmühlen›, irgendwie müssen [sie] sich nach dem Kriege diesen Ausspruch zusammengereimt [haben] und mir wird solch ein Blödsinn zugeschrieben.»[16] Aber vielleicht versteht Szondi Holthusen besser als der sich selber: «Diese Koinzidenz ist kein Zufall: weder beim Dichter, dem der einstige Euphemismus noch gegenwärtig ist, noch beim Kritiker, der die Erinnerung an das, was gewesen ist, durch den Vorwurf der Beliebigkeit zu vereiteln trachtet.»[17]

Die FAZ leitete Szondis Brief an Holthusen weiter, der sich missverstanden fühlte. Nach sieben Wochen wurde Szondis Leserbrief schließlich gedruckt. Nach Beratung mit ihrem Anwalt hatten die Herausgeber allerdings den Hinweis auf Holthusens SS-Uniform getilgt. In seiner Stellungnahme, die gleichzeitig mit Szondis Brief am 25. Juni 1964 erschien, beklagte Holthusen, dass «das eigene Volk durch die Schandtaten des Hitlerregimes vor den Augen der Welt gebrandmarkt ist: als das unbegreiflich böse Volk, das Paradigma des Bösen»[18]. Das Böse war es also wieder gewesen. Wenn das ganze Volk böse war, kann er, der eine Einzelne, es nicht gewesen sein, es waren ja alle so.

Zu den fünf jungen Lyrikern, die Holthusen 1954 im *Merkur* vorstellte, gehörte auch George Forestier, der sich freiwillig zur Waffen-SS gemeldet hatte,[19] später in die Fremdenlegion ging und mittlerweile verschollen war. Dessen Gedichtband «Ich schreibe mein Herz in den Staub der Straße» erschien 1952 aus dem Nachlass und ging bereits zwei Jahre darauf in die fünfte Auflage und längst über die unteren Zehntausend. Auch dieser Autor erlöste den deutschen Soldaten von seinem Schweigen, auch er setzte ihm ein Totenmal, es war sein eigenes. Das ganze Weh und Ach der Kriegsgeneration kam in diesem Trostbüchlein zur Sprache («Wer wird deine braunen Knospen, / deine festen kleinen Brüste, / zärtlich mit den Lippen streicheln?»), die Seemannssehnsucht nach der Ferne durfte nicht fehlen (Chinatown und Alabama) und auch nicht der gottlose Russe («Vor den ausgetretnen Stufen / spuckt der Rotarmist die Schalen / seiner Sonnenblumenkerne / der Madonna vor die Füße»). Sein Verlag war von der Bedeutung des Frühvollendeten überzeugt: «Forestier hat für die junge deutsche Lyrik eine Schlacht geschlagen.»[20]

Gedichte waren seit je eine esoterische Veranstaltung, etwas für Ästheten, für Träumer, Phantasien für andere Dichter. Wer brauchte schon Gedichte, wenn draußen der erste Italien-Urlaub im eigenen Käfer lockte? Doch Forestiers gespenstisch schlechte Gedichte waren ungewöhnlich populär, sie lieferten genau das Klischee vom weltmüden Soldaten, das eine ganze Generation bestätigte, und sie kamen deshalb beim Leser viel besser an als alles von Paul Celan und Ingeborg Bachmann. «Ich geh durch die Jahre / zerschossener Felder, / gesprengte Brücken / weinen im Wind.» Wer so existenzialistisch in den Wind weinen konnte, wurde auch in den *Akzenten* gedruckt, in der «Zeitschrift für Dichtung», herausgegeben von Walter Höllerer und Hans Bender, die ebenfalls den Krieg mitgemacht hatten und denen folglich dieses hinuntergeschluckte Pathos nicht fremd war. Aber George Forestier, der deutsch-französische Dichter, der über gesprengte Brücken stolperte und irgendwo im Dschungel von Indochina verlorenging, war ebenso typisch für die frühen Fünfziger wie der nachgeholte Urlaub vom Krieg, so typisch, dass er nur erfunden sein konnte; er war, wie sich bald herausstellte, die Erfindung eines Werbeleiters mit dem guten deutschen Namen Karl Emerich Krämer.

Der Schöpfer war tatsächlich Soldat gewesen, Oberbannführer der Hitlerjugend, und hatte für den nationalsozialistischen Studentenbund ein Weihefestspiel mit dem Titel «Volk, deine Feuer brennen wieder» geschrieben, das 1938 in der Bonner Universität uraufgeführt wurde,[21] an jener Universität, die Thomas Mann 1936 den Ehrendoktortitel wieder aberkannt hatte. Als Holthusen über Forestier schrieb, war der noch nicht enttarnt, war vielmehr von Heinz Piontek (Wehrmacht), Karl Krolow (NSDAP seit 1937) und sogar von Gottfried Benn (evangelisches Pfarrhaus, Wehrmacht) gefeiert worden, dem offenbar gefiel, dass Forestiers «letzte Verse sich zwischen Gedichtblättern Gottfried Benns in einer kleinen schmutzigen Kladde» fanden, wie die dem Buch beigegebene Legende raunte. Für den elitären Holthusen hatte dieser Dichter «nicht viel Geschmack und Kunstverstand, aber er hat Poesie im Leibe», und die Genitivmetaphern waren ihm dann auch nachzusehen.

Holthusen wehrte sich selbstverständlich gegen die Vorwürfe, die immer wieder gegen ihn erhoben wurden. Einem Leser erklärte er, dass er die SS schon 1937 wieder verlassen habe,[22] erwähnte aber nicht, dass er, da es für seine weitere Laufbahn nach der Promotion wichtig schien, im selben Jahr in die NSDAP eintrat. Im Nachlass Holthusens findet sich auch der Brief, den Theodor W. Adorno 1963 wegen seiner eigenen «dumm-taktischen Sätze» an die Studentenzeitschrift *Diskus* richtete. Der sonst von Holthusen wenig geschätzte Adorno musste sich nämlich rechtfertigen, als ihm ein Student seine dreißig Jahre zuvor formulierten liebedienerischen Rezensionsworte für einen Chorsatz nach Gedichten des Reichsjugendführers Baldur von Schirach vorgehalten hatte: «Ohne im mindesten zu beschönigen, was ich bereue», hatte er seinem Kritiker entgegengehalten, «möchte ich es doch der Gerechtigkeit anheimstellen, ob die inkriminierten Sätze gegen mein oeuvre und mein Leben ins Gewicht fallen.» Die letzten Worte hat Holthusen rot unterstrichen.

Auf ein Lebenswerk konnte Holthusen seine Kritiker noch nicht verweisen, wohl aber auf die Entlastung durch die Spruchkammer, die ihm am 24. März 1948 bescheinigt hatte, als SS-und (das unterschlug er aber lieber) NSDAP-Mitglied «vom Gesetz betroffen, aber überhaupt nicht belastet» zu sein. Mit seiner «christlich-humanitären Weltanschauung» soll «der Betroffene», so das Gutachten weiter, «in seinem gesamten Wirken damit stets einen bewussten Widerstand gegen die Ideologie des Nationalsozialismus geleistet» haben. Es stehe fest, «dass die Gesamthaltung des Betroffenen ihn dauernd von 1933–1945 in unmittelbare Gefährdung seiner Freiheit und Existenz gebracht hat».[23] Diese Legende vom Widerstand durch Mitmachen wird nach dem Untergang im Staffettenlauf weitergereicht. Sie findet sich auch in der Einleitung zu dem Band «Die große Kontroverse» (1963), in dem die Auseinandersetzung zwischen Thomas Mann und Frank Thiess in den ersten Monaten nach der Kapitulation 1945 dokumentiert wird. Der Herausgeber J. F. G. Grosser spricht da allen Ernstes von der «utopistisch-widerständlerischen SS»[24].

Diese Bewertung reicht weit hinter die sogenannte «Stunde Null» zurück, nach der es 1945 neu anzufangen galt. In einem Brief an den Emigranten Thomas Mann hatte Thiess sein Daheimbleiben als «innere Emigration» verteidigt und dafür die legendären Worte gefunden: «Falls es mir gelänge, diese schauerliche Epoche (über deren Dauer wir uns freilich alle getäuscht hatten) lebendig zu überstehen, würde ich dadurch derart viel für meine geistige und menschliche Entwicklung gewonnen haben, daß ich reicher an Wissen und Erleben daraus hervorginge, als wenn ich aus den Logen und Parterreplätzen des Auslands der deutschen Tragödie zuschaute.»[25]

Aber dann ist der Krieg aus, und wer nicht bei der Organisation Gehlen unterkommt, muss schauen, wo er bleibt. Holthusen konnte seiner ästhetischen Selbsterlösung und seinem großen weltgeschmerzten Pathos treu bleiben: «Ach, es war die Stunde der Schlachtung am düsteren Stein der Geschichte, / Während Vernunft, sich verschleiernd, zurücktrat. Die Völker sind schrecklich.»

Schrecklich, ja, und zugleich praktisch, denn wo alle schrecklich sind, ist es am Ende keiner, und schon sieht die Tafel wieder sauber aus. *Tabula rasa* – genau diesen Begriff gab auch Konrad Adenauer 1949 bei einer der ersten Kabinettssitzungen als Parole für das Aufbauprogramm der Bundesrepublik aus: vorwärts und alles vergessen. Zumindest für Holthusen ging der Wunsch in Erfüllung, er sorgte dafür, dass seine Vergangenheit zwar nicht vollständig ausgelöscht, aber geradezu märchenhaft überschrieben und umgewertet wurde.

Neben seinen Gedichten, die sofort gedruckt wurden, schrieb Holthusen nach Kriegsende mehrere Verständigungstexte, die nie veröffentlicht wurden, aber in einer Art Samisdat im engeren Kreis kursierten und auf die Zustimmung Gleichgesinnter oder doch ähnlich Gesinnter vertrauen konnten. Der Staatsrechtler Ernst Forsthoff, berüchtigt für sein Werk mit dem Carl-Schmitt-Titel

«Der totale Staat» (1933, NSDAP-Mitglied seit 1937) rühmte sich 1951 in einem Brief an Schmitt (NSDAP seit 1933), Holthusen habe die Abhandlung «Amnestia substantia pacis» (Amnestie ist die Voraussetzung für den Frieden) auf seine Anregung hin geschrieben.[26] Der knapp vierzigseitige Aufsatz, dem Forsthoff fälschlich und gleichzeitig vollkommen zutreffend den Titel «Amnesia substantia pacis» gibt (Vergessen sei die Voraussetzung für den Frieden), entstand 1946 und führt die Grundmelodie im abendländischen Existenzialismus fort. Der Text muss vielen aus übervollem Herzen gesprochen haben, denn er liefert eine allgemeine Rechtfertigung für ein privates Versagen, eben die «Analyse eines politischen Irrtums», die der Untertitel verspricht. Nicht ich, nein, der Zeitgeist war's!

«So setzte sich damals in vielen gutwilligen, politisch ergriffenen Köpfen der Gedanke fest, die Nazi-Bewegung, deren epochale Bedeutung und zeitgeistige Rechtmässigkeit man nach einem so überwältigenden Siege nicht mehr zu bestreiten wagte, intellektuell anzuerkennen und sich ihren Formationen anzuschliessen, um in ihrem Rahmen, das heisst im Rahmen des grossen Ganzen, das von nun an deutsches Leben, deutsche Politik, deutsche Kultur heissen sollte, die eigenen sittlichen und vernünftigen Impulse zur Geltung zu bringen und auf diese Weise die noch rohen und ungeformten Kräfte des Nationalsozialismus womöglich zu lenken und zu modifizieren.»[27] Die Konsequenz ist für einen Intellektuellen bestechend einfach: «Man zog also irgendeine Uniform an.»[28] Das Mitmachen als *sacrificium intellectus* – besser, sauberer, persilgewaschener konnte man gar nicht davonkommen. Wer war man schon, was wusste man schon, wer wusste überhaupt etwas? «Hitler war damals mehr oder weniger ein Irrtum der Welt.»[29] Und das Böse, mit dem Holthusen später Deutschland gebrandmarkt sah? «Das Böse, das Übermass des Bösen, das diese Zukunft bringen sollte, lag noch unerweckt im Keim.»[30] Dann muss es aber irgendjemand irgendwann aufgeweckt haben, mutmaßlich ein ganz Böser.

Wozu ist man schließlich Intellektueller und weiß es besser, ist was Besseres als diese rohen Kräfte, die da sinnlos walten, nur halt leider die stärkeren sind? Durch die Möglichkeit, diese ungeformten Nazi-Horden zu erziehen, womöglich gar zu lenken, wirkt die Kollaboration mit dem Regime doch sofort ungleich gefälliger. Am besten daran ist, dass man sich nach dem Krieg nicht einmal dafür schämen muss. Wofür auch, wenn man in einem Handstreich für die *tabula rasa* gesorgt hatte? Heidegger hat es doch nicht anders gehalten. Ganz heideggersch wird Holthusen, als er die «fatale kosmische Konstellation» beklagt, in der man, ja doch: machtlos war. «Kosmische Konstellation» klingt durch die Alliteration sogar noch schöner als das ewige planetarische Geschick, aber das kann Holthusen auch, wenn er von der «fluchbeladenen Menschheit» faselt. Der Zeitgeist, der von Rechts wegen statt der eigenen irrenden Person rechenschaftspflichtig wäre, wird ein weiteres Mal in einem Text angerufen: «Sind wir nicht immer die Generation der Katastrophe gewesen?», fragt Holthusen gleich nach der Kapitulation 1945 in bester O-Mensch-Rhetorik in einem «Brief an einen Engländer» und bietet einen «Beitrag zur deutschen Selbstbesinnung in dieser Stunde». «Hat uns nicht schon als Zwanzigjährige der Zeitgeist mit kaum erträglichen Visionen von der abendländischen Apokalypse bedrängt, sodaß wir mit begeisterten Herzen den Todesengel erwartet haben?»[31] Dieser proteische Zeitgeist, einfach nicht zu fassen, dieser Schlingel!

Ganz so widerwillig kann Holthusen in der Kriegszeit dem Zeitgeist aber gar nicht gefolgt sein. Schon 1940 war er ein großer Europäer, der sich mit vielen Ländern Mitteleuropas vertraut machen konnte – in seinem Fragebogen erwähnt er dienstlich, nämlich durch die Wehrmacht veranlasste Reisen nach Polen, Belgien, Frankreich und Russland. Als Kriegsberichterstatter weiß der Rilkeaner das Kriegsgerät sachlich zu preisen. Für den Band «Funker am Feind», herausgegeben von der Nachrichtenabteilung im Oberkommando des Heeres und erschienen 1941 im Wilhelm-Limpert-Verlag in Berlin, lieferte der «Gefreite Holthusen» Beiträge, die keineswegs unbemerkt blieben. Der bereits erwähnte Kompanieführer und Herausgeber J. F. G. Grosser gedenkt ihrer dankbar, wenn er die «Vernichtung» der französischen Armee schildert.

Ganz gelang diese Vernichtung bekanntlich nicht, vernichtet waren am Ende die Deutschen samt ihrer gloriosen Wehrmacht, diesem «herrlichen Instrument», wie Ernst Jünger befand, deren Zerschlagung er Hitler nicht verzeihen mochte.[32] Wie Jünger verwandelte sich auch Holthusen nach der Kapitulation eilig vom Krieger in den Friedenskämpfer, für den die Vorgeschichte nur eine Episode und die eigene Verstrickung nichts weiter als eine modische Verfehlung darstellte.

Die Auseinandersetzung mit dem Emigranten Thomas Mann

Als wollte er seine christlich-humanitäre Weltanschauung noch bekräftigen, wählte sich der konservative Intellektuelle Holthusen als Gegner den Emigranten Thomas Mann. Karl Heinz Bohrer nennt das Werk später eine «Laubsägearbeit», aber unmittelbar nach dem Krieg wird Manns «Doktor Faustus» (1947) zur Bewährungsprobe für die junge Intelligenz. Reinhard Baumgart, Wolfgang Harich und Walter Boehlich schreiben über den Ideenroman; für Joachim Kaiser eröffnet die Auseinandersetzung die spätere Karriere. Holthusen beteiligt sich ebenfalls an der Mann-Debatte, die ein Streit um Deutschland und (wie könnte es anders sein?) deutsches Verhängnis wird. Er kann dabei in seinem Ressentiment auf das verbreitete Ressentiment gegen den exilierten Autor bauen, der in seinen Rundfunkansprachen («Deutsche Hörer!») die Alliierten unterstützte und sogar die Luftangriffe rechtfertigte. Die Einladung des Schriftstellers Walter von Molo, doch aus dem Exil nach Deutschland zurückzukehren, schlug er nicht einfach nur aus, sondern sprach gleichzeitig ein Verdammungsurteil über die Literatur der letzten zwölf Jahre: «Es mag Aberglaube sein, aber in meinen Augen sind Bücher, die von 1933 bis 45 in Deutschland überhaupt gedruckt werden konnten, weniger als wertlos und nicht gut in die Hand zu nehmen. Ein Geruch von Blut und Schande haftet ihnen an; sie sollten alle eingestampft werden.»[33]

Holthusen hatte zwar bis 1945 außer seiner Dissertation noch nichts veröffentlicht, aber so apodiktisch, wie sich Mann äußerte, wurde auch dem noch jungen Dichter die kulturelle Grundlage entzogen, die Rechtfertigung, dass er sich den Nazis nur angeschlossen hatte, um deutsches Leben und deutsche Kultur zu retten. Thomas Mann akzeptiert das nicht: «Es war nicht erlaubt, es war unmöglich, ‹Kultur› zu machen in Deutschland, während rings um einen herum das geschah, wovon wir wissen. Es hieß die Verkommenheit beschönigen, das Verbrechen schmücken.»[34]

In Holthusens Nachlass findet sich eine parteiamtliche Beurteilung von 1938, die er wahrscheinlich aufgehoben hat, weil sie ihm zutreffend, vielleicht sogar nützlich erschien. Bei ihm handle es sich, heißt es da, um «ein eigenartiges Mittelding zwischen (nach aussen hin) einem Nationalsozialisten und (nach innen) einem einseitig konfessionellen Lutheraner»[35]. Nur der Rilke-Schüler fehlt, der Dichter. Protestant war Holthusen sicher, Nazi nur soweit erforderlich oder wie es seinem jugendlichen Fortkommen diente, aber aufrechter Deutscher immer. Als aufrechter Deutscher kann er Thomas Mann vorhalten, er kokettiere mit seiner «kosmopolitisch-deutschen Herkunft»[36] und präsentiere eine «metaphorisch verbrämte Kollektivschuldthese»[37], wie sie nach Meinung der Besiegten ohnehin beständig vorgebracht wurde. Als Dichter vermisst er im «Doktor Faustus» das Deutsch-Innige, das bei Mann zugunsten des Barbarisch-Deutschen «verschwiegen» werde.[38] Als Pfarrerssohn muss er ihm die missbräuchliche Anrufung des allerhöchsten Namens vorwerfen, dem von Martin Luther. Thomas Mann sah einen «Blutstaat, dessen schnaubende Agonie wir nun erleben, der unermeßliche Verbrechen, lutherisch zu reden, ‹auf seinen Hals nahm›».

Diese Referenz empört Holthusen mehr als alles, was Mann aus dem Exil den Deutschen vorwirft: «Es kann nicht verschwiegen werden, daß es niederträchtige Taschenspielerei ist, den Namen Luthers mit den Verbrechen der Nazis in einem Atem zu nennen. Diese Untaten wurden im Namen Deutschlands begangen, aber wurde denn dieser Name nicht mißbraucht?»[39] Die Nazis haben also Luther missbraucht – dass sie sich vielleicht nicht ganz zufällig auf den Judenhasser Luther beriefen, unterschlägt Holthusen vorsichtshalber –, und nun missbraucht ihn Thomas Mann *more nazismo* ein weiteres Mal, er ist, indem er es wie die gottlosen Nazis macht, nicht besser als sie. Aber nicht bloß Luther, ganz Deutschland wurde (von wem auch immer) missbraucht, darunter auch er, Holthusen, in seiner schwarzen SS-Uniform.

Holthusen hat keineswegs die Treue vergessen, die er Thomas Mann 1933 ins Tagebuch schwor, der Verräter ist vielmehr der Mann selber, der einst die antirepublikanischen «Betrachtungen eines Unpolitischen» geschrieben hat und der jetzt, Kosmopolit, der er ist, nicht mehr davon wissen will. Und dann ruft Holthusen zur Bekräftigung ausgerechnet die Widerstandskämpfer an, die «am Strick des Henkers ihre Passion vollenden mußten, während jemand anders auf kalifornischem Boden die Manen Luthers verdächtigte und die Theologie als Teufelswissenschaft ‹entlarvte›»[40] – tja, die berühmten Logenplätze!

Nachdem «die Ströme des vergossenen Blutes von der ungeheuren Trockenheit Russlands aufgesogen» seien, müsse «die Kette der Vergeltung, der Kreislauf des Hasses einmal abgebrochen werden», hatte Holthusen 1946 gefordert. «Der politische Begriff für eine so hochherzige Entscheidung lautet: Amnestie.» Die ersehnte Amnestie folgte, nicht für die ganze fluchbeladene Menschheit zwar, doch sollte das Straffreiheitsgesetz, das am 9. Dezember 1949 fast einmütig vom Bundestag verabschiedet und nach Prüfung durch die Hohen Kommissare der Alliierten am letzten Tag des Jahres im Bundesgesetzblatt veröffentlicht wurde, genau das sein: ein Gnadenakt für die Täter. Der Überdruss an der «Siegerjustiz» und der

Willkür der Spruchkammern war allgemein, kleinere Vergehen wie Kohlenklau und Schwarzmarkthandel bedurften dringend einer administrativen Lösung, um die noch schwach besetzten Gerichte zu entlasten. Und dann war da der nicht geringe Erfolgsdruck: Das Wahlvolk wünschte eine klare Regelung, nach der Tabula rasa auch noch den Schlussstrich.

Mit der Lebenserfahrung des Dienstältesten konnte Konrad Adenauer in der Kabinettssitzung am 26. September 1949 verkünden: «Amnestien wurden besonders aus Anlaß besonderer Ereignisse erlassen, so, wenn in der Monarchie ein König den Thron bestieg.» Adenauer, 1876 geboren, hatte in Preußen und im Deutschen Kaiserreich tatsächlich noch mit Bewusstsein die beiden Thronbesteigungen im Jahr 1888 erlebt, als auf Wilhelm I. dessen Sohn Friedrich III. und bereits nach drei Monaten der Enkel Wilhelm II. folgte. Die Monarchie war untergegangen, und der König heißt jetzt Adenauer beziehungsweise, wie Adenauer sich ausdrückte: «Nun ist der Bund ins Leben getreten, der Bundespräsident ist da. Mit Rücksicht auf dieses Ereignis erwarten weiteste Kreise des deutschen Volkes eine Amnestie»[41], einen quasi-monarchischen Gnadenakt also.

Das «Gesetz über die Gewährung von Straffreiheit» war das erste in einer Reihe von Amnestierungen und Entlastungen, die zunehmend auf NS-Täter hin formuliert wurden. Gegenläufige Versuche, die Straffreiheit für diese Tätergruppe aufzuhalten, wirkten durch die Verlängerung der Verjährungsfrist zumindest dilatorisch, bis der Bundestag 1979 schließlich mit knapper Mehrheit die Verjährung für Mord grundsätzlich aufhob, womit die Bestrafung der Täter auch noch vierzig Jahre nach dem Ende des «Dritten Reiches» möglich wurde.

Unmittelbar nach dem Krieg war die Neigung äußerst gering, Nazitäter zu bestrafen, zumal die Haupttäter bereits hingerichtet waren oder praktischerweise Selbstmord begangen hatten. Obwohl der spätere Justizstaatssekretär Walter Strauß Straftaten, die im Nationalsozialismus begangen worden waren, in einem ersten

Entwurf ausgeschlossen haben wollte, obwohl dem bayerischen
Justizminister Josef Müller eine Amnestie für Verbrechen gegen
Juden wie bei der Reichspogromnacht 1938 «rechtlich und politisch untragbar» erschienen, verständigte sich eine riesengroße
Koalition im Bundestag darauf, dass sämtliche Gewalttaten, die
vor dem 15. September 1949 begangen worden waren und nicht
mit einer Gefängnisstrafe von mehr als sechs Monaten geahndet
würden, amnestiert waren. Aus einer hoheitlichen Gnade sollte demokratisches Recht werden, und der Rechtsfrieden wurde groß-
herzig ausgelegt. Die Amnestie konnte sogar für Strafen von bis
zu einem Jahr gelten, solange der Täter nicht aus «ehrloser Gesinnung» gehandelt hatte. Zum Jahreswechsel 1949/50 waren damit
im Zweifel sogar schwere Misshandlungen bis zum Totschlag von
der Verfolgung freigestellt worden. Innerhalb der folgenden drei-
zehn Monate wurden annähernd achthunderttausend Personen
amnestiert, darunter schätzungsweise zwölftausend Nazi-Täter.
Einer davon war der SA-Standartenführer Georg Engelmann, der
einen italienischen Fremdarbeiter erschießen ließ, weil der damit
gedroht hatte, seine Aufseher umzubringen oder sie den bereits
näherrückenden Amerikanern zu melden. Engelmann hatte den
Italiener vor seinem Tod sogar das eigene Grab schaufeln lassen,
erhielt dafür aber nur ein Jahr Gefängnis auf Bewährung wegen
Totschlags und wurde dann mit Hilfe des neuen Gesetzes begnadigt, da seine Untaten dem Gericht weder grausam noch ehrlos,
sondern offenbar angemessen erschienen.[42]

Die ersten Jahre der Bundesrepublik waren nicht nur der Wiederherstellung einer staatlichen Ordnung, der Förderung des Wirt-
schaftswachstums, der Integration der Vertriebenen und rituellen
Gesten für die Brüder und Schwestern im Osten gewidmet, sondern vor allem der Rehabilitierung der Mitläufer und Mittäter des
«Dritten Reiches». Adenauer verstieg sich im Bundestag sogar zu
der merkwürdigen Ankündigung, unterbrochen durch «Zustimmung rechts» im Sitzungssaal, man dürfe «nicht mehr zwei Klas-

sen von Menschen in Deutschland unterscheiden: die politisch Einwandfreien und die Nichteinwandfreien»[43]. Das brachte nicht nur der Wehrmacht eine Ehrenerklärung ein, sondern auch der SS.

Die Rehabilitierung der SS war nicht nur ein Anliegen der Adenauer-Regierung, auch Kurt Schumacher, der erste Nachkriegsvorsitzende der SPD, bemühte sich darum. Angeleitet von Herbert Wehner, traf er sich im Oktober 1951 mit zwei SS-Generälen und hörte sich deren Klage über die «Kollektivdiffamierung»[44] von «rund 900 000 Menschen ohne soziale und menschliche Aussicht»[45] an. Die Zahl war stark übertrieben, wurde aber noch jahrzehntelang als Argument dafür angeführt, dass man «diese große Menschengruppe der früheren Waffen-SS, der es so außerordentlich schlecht geht», nicht irgendwelchen Werbern, womöglich aus dem Regierungslager, überlassen dürfe, von denen sie «auf das schamloseste umschmeichelt» werde.[46] In einem Brief an einen Schweizer Sozialisten rechtfertigte sich Schumacher mit der «menschlichen und staatsbürgerlichen Notwendigkeit»[47], diesen SS-Leuten «den Weg zu Lebensaussicht und Staatsbürgertum freizumachen»[48]. Die HIAG, die Hilfsgemeinschaft ehemaliger SS-Angehöriger, war als Interessenverband nicht bloß geduldet, sondern wurde im Rahmen der Integrationsbemühungen ein wichtiger Gesprächspartner. Hatte man die Nürnberger Prozesse schon weitgehend ignoriert, geschah auch sonst Bemerkenswertes, um wenigstens das Volk nicht mit allzu viel Erinnerung zu erschrecken. So erschien das Buch Gerald Reitlingers «The SS. Alibi of a Nation» in Deutschland 1957 unter dem einfühlsamen Titel «Die S. S. Tragödie einer deutschen Epoche».[49] Das änderte sich erst langsam in den sechziger Jahren, als die Forschung über die Nazi-Organisationen auch in Deutschland nicht mehr gebremst werden konnte.

1965 berichtete *Le Monde*, der sozialdemokratische Bundestagsabgeordnete Helmut Schmidt habe einem Treffen der HIAG ein Grußtelegramm geschickt. Schmidt widersprach dem Bericht in einem Leserbrief, der auch an die *Zeit* ging, die das ebenfalls gemeldet hatte. Er habe kein Grußwort geschickt, sondern lediglich schriftlich abgesagt. Bei der Gelegenheit hat er die «Kameraden von der SS», wie er sie bei einem früheren Treffen persönlich angeredet hatte, wissen lassen, dass er weiter für ihre versorgungsmäßige Gleichstellung eintreten werde. Man dürfe nicht in den Fehler verfallen, so der wehrpolitische Sprecher der SPD in seinem Brief, «alle 900 000 Soldaten der Waffen-SS mit einer besonderen Kollektivschuld zu beladen und sie mit den SS-KZ-Bewachungsmannschaften in einen Topf zu werfen». Man könne «weder alle Soldaten der ehemaligen Wehrmacht noch alle Soldaten der Waffen-SS gemeinsam und ohne Unterschied öffentlich ächten oder brandmarken».[50]

Plädoyer für den einzelnen SS-Mann

Nichts hätte Holthusen ferner liegen können, als in einem Topf mit allen anderen SS-Männern zu landen. Er möchte, das ist der *basso continuo* seiner Rechtfertigung, zu der er sich jetzt gedrängt fühlt, «für den Einzelnen plädieren». Die ab 1933 vollzogene menschliche Entwicklung führte Holthusen in die SS, und dass er freiwillig eintrat, bestätigte für die Spruchkammer nur, wie sehr er zum Widerstand entschlossen war.

Jean Amérys «Tortur» war 1965 im *Merkur* erschienen und der Grund, dass der Autor in den Bayerischen Rundfunk eingeladen wurde. Im Herbst 1966, neun Monate nach der Sendung, veröffentlichte der «zwei Meter lange Ex-Nazi» im gleichen *Merkur* sein eigenes Bekenntnis in zwei Folgen, keineswegs schuld-, sondern recht selbstbewusst überschrieben «Freiwillig zur SS»[51]. Während sich Améry in seiner Schwäche beobachtet und die eigentliche Barbarei in der Erniedrigung erkennt, die er durch andere erleiden musste, setzt sich Holthusen sehr abstrakt mit seiner jugendlichen Begeisterung auseinander. Dem Leser stellt er sich als «Mensch» (und sicherlich nicht als Mitmensch) vor, denn sein Verhalten war nur menschlich oder, wie er immerhin konzediert, «fahrlässig». Der «Mensch, den ich im Auge habe», ist der Autor, der sich beim Studium seiner Tagebücher «mit Seufzen, mit Kopfschütteln» einen «Kurs einschlagen» sieht, «der ihn ins Unrecht setzen wird». Das Schicksal schlägt also zu mit eiserner Faust, und er weiß nicht, wie ihm geschieht.

«Freiwillig zur SS» hat nichts Martialisches, es wird nicht marschiert, schon gar nicht gemordet, es ist beinahe ein verspäteter pietistischer Bildungsroman. Obwohl regelmäßig der «Sturm» ruft und Übungen für etwas absolviert werden, das nicht ausgesprochen wird, geht der geheimnisvolle Weg zur SS hier im Wesentlichen nach innen. Es ist alles da: evangelisches Pfarrhaus, Streit mit dem Vater, dann wieder Sohnesgehorsam, Liebäugeln mit dem Kommunismus, dazu viel Goethe und Thomas Mann («ich werde ihm immer treu bleiben»), der Papst schließt sein Konkordat mit Hitler, Churchill lobt ihn. Bei so viel überkonfessioneller Zustimmung – wie soll er da nicht auch fallen und «fahrlässig» werden? Er ist doch erst 21 Jahre alt und alles andere als ein Antisemit, und da ist auch die für solche Romane vorgeschriebene «jüdische Dame», in die er sich verliebt, da sind auch die vertrauten «braunen Gangster», und wenn gar nichts mehr hilft, dann hilft «das Geheimnis, das wir Gott nennen».

Die unmittelbare Begegnung mit einem Leidenden ändert noch lange nichts an den eigenen Gewissheiten. Das himmelschreiende Unrecht, das Améry an seinem Leib erleben musste, wird gut abendländisch zerredet und zuletzt in einem modischen Problem aufgelöst. «Die schwarzuniformierte Organisation mit dem Totenkopfemblem der Schillschen Offiziere galt als eine Auslese, sie galt als chic, galt als elegant, und darum wurde sie von vielen exklusiv eingestellten Jünglingen bevorzugt, weil sie sich zu fein waren, in der ‹kackbraunen› Kluft der SA herumzulaufen.» Und in seinem Sündenstolz schneidert sich Holthusen 23 Jahre danach im *Merkur* die fesche Uniform der SS noch einmal auf den Leib.

«Darf man erwarten, daß der Fall Interesse findet?» fragt der Freiwillige Holthusen 1966 kokett. Holthusen hatte sich am Schluss vorsichtshalber, als müsste er von dort Kritik fürchten, gegen «Hexenjäger, Denunzianten, Kolporteure und die bekannten Virtuosen des ‹Missverstehens›» gewandt, doch es erhob sich kein Mediensturm, kein *J'accuse!* Es versteht sich beinah von selbst, dass Holthusen nichts geschah. Die meisten Generationsgefährten schienen sich in diesem Werdegang, der den Einzelnen zum Verführten, am Ende zum Opfer machte, ohne weiteres wiederzuerkennen. Von den Jüngeren war es immerhin Peter Hamm (Jahrgang 1937), der im klassischen Organ der bundesrepublikanischen Gesellschaftskritik, in den *Frankfurter Heften*, sein heftiges Missfallen an dem späten «Geständnis» äußerte.

Holthusens Wagemut war gar keiner, denn sein Bekenntnis erwies sich als Entlastungstext für eine ganze Generation. Die Zeitschriften hatten längst die große Bedeutung eingebüßt, die sie zwei Jahrzehnte vorher, im kurzen Zeitraum zwischen Kapitulation und Währungsreform erlangt hatten, aber ein solcher Text im *Merkur* strahlte so kurz vor der heißen Phase der Studentenbewegung unter den Gleichaltrigen weithin aus. Trotz des Eichmann-Prozesses, trotz der Prozesse in Frankfurt, hatte eine Vergangenheitsbewältigung kaum oder allenfalls auf dem Niveau der Anekdote stattgefunden, die Adorno unübertroffen kolportiert hat: «Wenigstens dieses Mädchen hätte man verschonen sollen», sagte angeblich eine Besucherin, die in New York eine Dramatisierung des Tagebuchs der Anne Frank gesehen hatte. Der *Spiegel* brachte im selben Jahr 1966 die zweiundzwanzigteilige SS-Serie «Der Orden unter dem Totenkopf», auf die 295 Leserbriefe eingingen, was der «Resonanz auf die Einzelbeiträge über NPD und Notstand und auf die Berichterstattung über die Regierungskrise in den Ausgaben Nr. 48 bis 50/1966» gleichkam.[52] Holthusen sprach einer Alters- und Erfahrungskohorte aus dem Herzen, deren Deutungshoheit über die eigene Geschichte noch nahezu unumstritten war – erst recht, wenn sie nach außen verschwiegen wurde. Schon wenige

Monate später musste sie sich Fragen einer jüngeren Generation gefallen lassen.

In Holthusens Nachlass, der in der Universität Hildesheim liegt, finden sich zustimmende Briefe des Suhrkamp-Verlegers Siegfried Unseld (früher Wehrmacht) und des Dichterkollegen Heinz Piontek (ebenfalls bei der Wehrmacht), der «persönlich (...) gern noch mehr über den Dienst bei der SS gehört» hätte. «Das Unblutige, Spießerhafte, Sportliche, Doofe und Selige – das alles hätte man vielleicht noch ausführen, deutlicher machen können.» Auch Hans Sahl, der als Jude zur Emigration gezwungen wurde und Holthusen aus New York kannte, fand den Text gut. 1973 wird er in einem Gedicht die Nachgeborenen auffordern: «Wir sind die Letzten. / Fragt uns aus. / Wir sind zuständig.» In Holthusen grüßt er den konservativen Intellektuellen, einen, der sich programmatisch gegen die Linken stellt: «Weil mich dein Beitrag bewegte, aufwühlte, unmittelbar ansprach und weil ich darin einen entscheidenden Wendepunkt in deiner Karriere sehe, einen Durchbruch, eine Katharsis, die sich ‹auszahlen› wird.»[53] Erwiesen ist ein solcher Erfolg nicht, doch hat sein «Freiwillig zur SS» Holthusen in seinem kulturkonservativen Umfeld nicht geschadet.

Auch Klaus Harpprecht (Reserveoffiziersanwärter beim Heer, wie Holthusen Pfarrerssohn) ist dem Autor grundsätzlich gewogen, er sollte sogar einmal sein Nachfolger im Goethe House in New York werden.[54] Bereits 1952 hat Harpprecht in der damals einflussreichen Wochenzeitung *Christ und Welt* den Autoren um die Gruppe 47 die Strenge vorgehalten, mit der sie über die jüngste Vergangenheit urteilten: Schriftstellern wie Hans Carossa werde die «Geburtstagsadresse an Hitler aufs Butterbrot geschmiert»[55]. Harpprecht nennt die «Wahrhaftigkeit» des Textes «eindrucksvoll», fragt Holthusen aber freundschaftlich: «Muss es denn sein?»[56] Es musste nicht sein, doch der Beitrag erschien genau zum richtigen Zeitpunkt, nämlich nicht nur als intellektuelle Folge der langen *Spiegel*-Serie, sondern zufällig zum Amtsantritt des neuen Bundeskanzlers Kurt Georg Kiesinger, der zwölf Jahre lang Mitglied der NSDAP und im Außenministerium für die Verbindung zum Propagandaministerium zuständig gewesen war.

Die CDU hatte Bundeskanzler Ludwig Erhard plötzlich die Unterstützung entzogen, allerdings nicht, weil der den Schriftsteller Rolf Hochhuth wegen dessen Kritik an der Regierungspolitik als «Pinscher» bezeichnet hatte, sondern weil die Wachstumskurve sank und eine leichte Inflation drohte. Der Wirtschaftsprofessor hatte auf seinem eigenen Feld versagt. Otto C. A. zur Nedden erwähnt in seinem Brief an Holthusen die «Zugehörigkeit zur NSDAP», auf der die Leute jetzt bei Kiesinger wieder alle «herumreiten» würden.[57] Die Parteimitgliedschaft wurde eifrig diskutiert, doch zehn Tage später war Kiesinger bereits Bundeskanzler. In beinah letzter Minute hatte sich im *Spiegel*-Archiv eine entlastende Notiz von 1944 gefunden, wonach Kiesinger «nachweislich die antijüdische Aktion» hemme. Conrad Ahlers, der vier Jahre zuvor die legendäre Geschichte «Bedingt abwehrbereit» mitgeschrieben hatte, übergab den Zettel Kiesinger, der Kopien in der CDU / CSU-Bundestagsfraktion und sicherheitshalber auch in Washington verteilen ließ, und sicherte ihm damit die Erhard-Nachfolge. Ahlers wurde stellvertretender Pressesprecher der neuen CDU / SPD-Regierung.

Kiesingers Karriere sowohl unter Außenminister Joachim von Ribbentrop wie nach dem Krieg in der südwestdeutschen CDU wurde entscheidend von dem Pfarrerssohn und SA-Sturmbannführer Gerhard Todenhöfer (NSDAP-Eintritt 1930) gefördert, den Goebbels als seinen «Mitarbeiter» bezeichnet, als er ihn in den letzten Kriegswochen an der Ostfront besucht. Dort leistet Todenhöfer seinem Vorgesetzten General Ferdinand Schörner «vor allem in der politischen Formulierung seiner Aufrufe und Befehle wertvollste Dienste»[58], wie Goebbels zufrieden notiert. Ein Teil davon sind die Schilder, die den Deserteuren beim Aufhängen um den Hals gelegt werden, damit sie auch jeder als Verräter erkennt: «Ich bin ein Deserteur und habe mich geweigert, deutsche Frauen und Kinder zu beschützen.»[59]

In einem beispiellos kniefälligen Porträt, das Harpprecht wenige Monate nach dem SS-Bekenntnis Holthusens dem neuen Bundeskanzler in der von der CIA finanzierten Zeitschrift *Der Monat* widmet,[60] bedient sich der Autor einer Argumentation, die der Selbstverteidigung Holthusens erstaunlich nahekommt. «In Wirklichkeit», da geht es zwar um die Studien- und Berufswahl – Jura statt Literatur oder Schriftstellerei –, aber es wird bereits das Kommende präludiert, «sicherte ihm sein Instinkt durch den Entschluß zur Anpassung ‹an die Verhältnisse› das nötige Maß der inneren Freiheit.»[61] *In Wirklichkeit* – das Spiel hatte also nicht erst 1949 begonnen, im Rückblick war 1933 für Geistesmenschen wie Kiesinger und Holthusen und ihre Verteidiger wie Harpprecht vor allem ein Versteckspiel gewesen, ein Untertauchen (bei Wolfgang Koeppen ist es das «Unterstellen» beim Film). Die perfekte Mimikry bestand darin, mitten in den Millionen Parteigenossen und Soldaten zu verschwinden, ohne sich als Teil davon fühlen zu müssen. Die Volksgemeinschaft, das waren jetzt die anderen. Dagegen stand die Gemeinschaft derer, die mit der Anpassung nur spielten, ein geheimes Deutschland, das sich in diesen Monaten des Bonner Regierungswechsels in der Erinnerung an alte, schlimme Zeiten wieder zusammenfand.

Die Frage, ob einer in der Partei war oder nicht, gehört für Harpprecht zu den «Purismen». Die neue Gemeinschaft bilden für ihn die «Dreiviertel oder Zweidrittel der Deutschen, die jene dunklen zwölf Jahre als Erwachsene bestanden». Gewiss, sie seien «auf die eine oder andere Weise ‹formal belastet›», aber das ist für ihn ganz in der Denkweise der frühen Nachkriegszeit vor allem eine «Vokabel aus dem Wörterbuch des Unmenschen (II. Teil)».[62] Der Lossprecher Harpprecht wird aber noch besser: Kiesinger habe 1938 die Emigration nach Brasilien erwogen, «ein Sieg des Nazismus im Großen Krieg hätte ihn gewiß zur Flucht aus Deutschland getrieben». Woher er die Gewissheit bezieht, verrät er nicht, aber sie erlaubt ihm eine kühne Wendung, nämlich zum (unvermeidlich in dieser erhabenen Prosa) «Schicksal seines Koalitionspartners Willy Brandt». Harpprecht baut vor, wer weiß schon, was die Zukunft bringt, und der künftige Redenschreiber Brandts exzelliert in diesem Wechsel zwischen innerer und äußerer Distanz: «Wer in künftigen Kampagnen hinter vorgehaltener Hand von Brandts norwegischen und schwedischen Jahren zu flüstern versucht, meint auch ihn, den Kanzler Kiesinger.»[63] Der Kollaborateur war also genau genommen auch schon fast so gut wie Emigrant, den Harpprecht aber, anders als Brandts politische Gegner, kein weiteres Mal ausbürgert. Das immerhin unterscheidet ihn von der unmittelbaren Nachkriegs- und Landsergeneration, die Albert Vigoleis Thelen «Emigrantendeutsch» vorwarf, weil er allzu barock schrieb.

Und noch einer meldet sich in diesen aufregenden Wochen, als der SPD nach siebzehn Jahren in der Opposition endlich wenigstens die Machtteilhabe gelingt. Henri Nannen schreibt allerdings nicht auf Holthusens Bekenntnis hin, sondern aus Sorge um die neue Jugend und fast noch mehr um die alte Nazi-Herrlichkeit. Im Krieg war Nannen bei der Operation «Südstern» unter anderem mit antisemitischer Propaganda befasst, von der er auch im *Stern* nicht lassen konnte. Gelegentlich, wenn er es übertrieb, gab es Klagen, aber die überlebenden Juden, die sich an den Deutschen bereicherten, gehörten um 1950 noch zum Standardrepertoire von *Stern* und *Spiegel*. Ende Juni 1950, nur wenige Wochen, nachdem der ehrbare Mitbürger Otto Heninger nach Buenos Aires verzogen war, erschien im *Stern* eine Reportage über die Schieber, die beim «Judenlager» Belsen ihre Geschäfte machten, Schmuck horteten und die Einheimischen über den Tisch zogen. Heninger wurde nicht erwähnt, obwohl auch er Geschäfte gemacht hatte. In seiner neuen Heimat hieß er Ricardo Klement, war seinen Freunden aber mit seinem alten Rang und Namen als Obersturmbannführer Adolf Eichmann bekannt, wenn er ihnen von seinem regen Tauschhandel mit den überlebenden Juden von Bergen-Belsen erzählte: «Donnerwetter, und die sollen wir alle umgebracht haben?»[64]

Ein weiterer SS-Mann namens Willem Sassen, Südamerikakorrespondent des *Stern*, zeichnete das alles auf Tonband auf und konnte den halbwegs tageslichttauglichen Teil der Abschrift 1960, nach der Ergreifung Eichmanns, dem *Stern* verkaufen, wo ein Kriegskamerad als Chefredakteur wirkte, eben Henri Nannen. Ganz im Sinn seiner Leser unterstützte Nannen 1952 die Flucht zweier verurteilter deutscher Kriegsverbrecher; der Schriftsteller Ernst von Salomon beherbergte sie in seinem Haus auf Sylt und feierte sie in einer Reportage im *Stern*. Ebenfalls 1952 griff Nannen einen Konkurrenten an, den Journalisten Hans Habe, der 1938 in die USA geflohen, danach mit der amerikanischen Armee wiedergekommen war. Habe wird nicht bloß der amerikanische Umerziehungsauftrag vorgeworfen, sondern dass er einen jeden begeifere, «der im Dritten Reich irgendwo einmal einen Türsteherposten bekleidet hat» – ganz zeitgemäß, adenauergetreu und voller Ressentiment, von dem auch der junge Harpprecht nicht frei ist. Als ginge es darum, einen Steckbrief zu formulieren, legt Nannen los: «Hans Habe alias Janos Békessy, galizischer Immigrant» mit «jäh erblondeten Haaren» und einer «demagogischen Begabung von Goebbels' Gnaden». Nicht schlecht für einen ehemaligen Angehörigen der SS-Propaganda-Kompanie «Kurt Eggers».

Zur Jahreswende 1966/67 hat sich das Interesse des *Stern*-Chefredakteurs teilweise in die Politik verlagert. Er unterstützt die beginnende Ostpolitik von Willy Brandt und Egon Bahr und möchte die FDP, der er angehört, an die SPD und Brandt heranführen. Der bisherige Regierende Bürgermeister von Berlin ist Außenminister in der ersten Großen Koalition geworden. In einem seiner vielen hundert Editorials muss Nannen dem «Lieben Sternleser!» aber gleich von einem Skandal berichten. Zwei von Willy Brandts minderjährigen Söhnen hatten für jeweils tausend Mark Gage in der Verfilmung der Novelle «Katz und Maus» von Günter Grass mitgewirkt. Darin kommt es zu einem Onanierwettbewerb, und ein entwendetes Ritterkreuz, gut kaschubisch «Dingslamdei» genannt, spielt dabei am Rand auch eine Rolle. Der Film war weit züchtiger als

das Buch, aber Nannen empörte sich im Namen zwar nicht des gesunden Volksempfindens, aber doch des deutschen Soldaten: «Daß
der Vorsitzende der SPD und jetzige Bundesaußenminister seinem
Sohn erlaubte, mit dem ‹Dingslamdei› zu spielen und das jugendliche Laster der Selbstbefriedigung mit jener Kriegsauszeichnung
zu dekorieren, halte ich für schlicht unbegreiflich.»[65]
    Der Krieg war zwar seit zweiundzwanzig Jahren vorbei, ein sol-
ches Sakrileg konnte der ehemalige Propagandasoldat Nannen jedoch nicht durchgehen lassen. Er berief sich auf die Leserbriefe, die
deswegen eingegangen waren, auf die Stimme des Volkes also, für
die er sich nach einem wieder und wieder kolportierten Bonmot
ohnehin hielt. Nannen war nicht immer das Lieschen vom Dienst,
sondern auch ein Soldat gewesen, den es nach Auszeichnungen
wie dem Ritterkreuz dürstete. Und jetzt dieser Missbrauch! Es sei
zwar von einem Mann gestiftet, «für dessen Wahnvorstellungen
Millionen ihr Leben gelassen haben», dennoch hätten die Soldaten
«für ihr Vaterland und damit für eine gute Sache» gekämpft, und
diese Überzeugung sei nicht «unehrenhaft». Wie ehrenhaft sein
eigenes Bekenntnis zu Adolf Hitler war, wonach der «Führer aus
unserer innersten Mitte gleichsam als Verdichtung unseres ganzen
Volkes»[66] zu verstehen sei, sagte Nannen nicht.
    Wie seine ganze Generation hält der Kriegsteilnehmer Nannen
an der Legende von der «sauberen» und im Zweifel von Hitler
missbrauchten Wehrmacht fest. Gleichzeitig will er seinen Lesern,
die vom *Stern* lang genug mit Geschichten über Soldatenheroismus
und fremdländische Schurken genährt wurden, daran gewöhnen,
dass auch Brandt, der anders als Nannen nicht mitmachte, sondern 1933 Deutschland verließ, ein «deutscher Patriot» sei. «Willy
Brandt ist in diesem Krieg nicht Soldat gewesen», meldet er dem
Stern-Leser, aber das sei in diesem Fall kein Makel, weil er damit
beweisen konnte, «daß nicht alle Deutschen Judenmörder sind».
Nannen stellt ihm ein weiteres Leumundszeugnis aus: «Ich kenne
Willy Brandt, ich weiß, daß an seiner Gesinnung zu keiner Zeit
etwas Unehrenhaftes war.»

Brandt war also, obwohl kein Soldat, sondern Emigrant, ehrenhaft. In diesem entscheidenden Moment, wo die SPD endlich an eine Teilmacht gelangt ist, bürgt ein mit mehreren Kriegsorden ausgezeichneter deutscher Soldat für ihn. Ein Daheimgebliebener, der nicht von den Logenplätzen in Oslo und Stockholm aus dem Untergang zugesehen hat, sondern einer, der für dieses Deutschland gekämpft hat, stellt die Einbürgerungsurkunde in die neue Volksgemeinschaft aus. «Heute ist er ein deutscher Politiker, der sich die Aufgabe gesetzt hat, die Überbleibsel des Bösen in unserem Volk zu überwinden.» Das ist gut, das ist wichtig, aber in einem entscheidenden Punkt hat Brandt im Patriotismustest schon jetzt versagt: «Er hätte wissen sollen, daß eine Verächtlichmachung des Ritterkreuzes niemanden überzeugt. Im Gegenteil, daß auf diese Weise das Böse nur verhärtet, der Haß gesteigert und der Geifer zum Schäumen gebracht wird.» Die Einbürgerung Brandts ist also wie jeder Kredit an bestimmte Klauseln gebunden: Der Mann, der wegen der Zeitumstände daran gehindert wurde, ordnungsgemäß in der Wehrmachtsuniform zu kämpfen, muss jetzt wenigstens verhindern, dass mit den Ehrenzeichen dieser ehrenhaften Armee Schindluder getrieben wird. Denn sonst, das ist der unausgesprochene Vorwurf, denn sonst bekommen die reaktionären Kräfte wieder Recht, die Brandt seit je vorwerfen, er habe in norwegischer Uniform auf deutsche Soldaten geschossen, er sei also kein Deutscher, sondern – nicht anders als der seinerzeit im *Stern* angegriffene Adolf Grimme – ein Vaterlandsverräter. Im Zweifel fällt also selbst ein Mann wie Nannen, der sich für eine Modernisierung Deutschlands einsetzt, auf seine Prägung als Soldat Hitlers zurück. Gegen den Verratsvorwurf verteidigt er Brandt, aber die Ehrenzeichen des «Dritten Reiches» sind ihm dann doch heilig.

«Was haben Sie eigentlich gelernt aus dem Irrtum von dazumal?»

Erstaunlicherweise fand Jean Améry Holthusens hochgemute Rechtfertigung «Freiwillig zur SS» nicht ganz so eindrucksvoll wie Klaus Harpprecht und andere Kriegsteilnehmer und verfasste deshalb einen Offenen Brief an den «Generationskameraden». Nach langen redaktionellen Auseinandersetzungen mit Hans Paeschke erschien der Text ebenfalls im *Merkur*.[67] In seiner Entgegnung weist Améry darauf hin, dass er keiner von den Denunzianten und Hexenjägern sei, «ich bin nur einer, der Angst haben mußte vor Ihrer feschen Uniform, als ‹Einzelner› und zugleich als Teil einer Gemeinschaft von Unterdrückten.»[68] Der Häftling Améry bekam es mit einem SS-Mann zu tun, der mit einem stilbewusst in eine Lederschlaufe gefassten Ochsenziemer auf ihn zutrat und ankündigte: «Jetzt passiert's.»

Freundlich geht Améry mit seinem Widerpart um, man habe, schreibt er ihm, zu gleicher Zeit Rilke und Spengler gelesen: «Sie gingen zur SS, freiwillig. Ich kam anderswo hin, ganz unfreiwillig. (...) In der Generation unserer Väter holten sich junge Leute aus dem Bürgerstand manchmal die Syphilis, welche Schande und welches Unglück. In unserem Jahrgang holte man sich, eine stimmige Ahnentafel vorausgesetzt, die SS.»

Nicht angesprochen wird der Standesunterschied, den der gemeinsame Auftritt im *Merkur* verdeckt: Hier der gebildete Pfarrerssohn, der sogar die SS als Garantie für eine machtgestützte Innerlichkeit betrachten konnte, ohne je aus dem europäischen Kulturbürgertum zu fallen, und dort ein halber Proletarier, ohne Abitur, ohne Studium, zwischen den Klassen, als Jude zur Flucht gezwungen, als Linker im Widerstand und dafür gefoltert worden – das ist seine Bindung an die europäische Kultur. Der Standes- ist dann erst recht ein Erfahrungsunterschied: «Ich spreche als Opfer und untersuche meine Ressentiments. Das ist keine vergnügliche Unternehmung, weder für [den Leser] noch für mich, und vielleicht täte ich gut daran, mich einleitend zu entschuldigen für meinen Mangel an Takt, der hierbei leider an den Tag treten wird. (…) Wie wichtig er aber auch sei, er taugt nicht für die radikale Analyse, um die wir uns hier gemeinsam bemühen, und darum werde ich von ihm absehen müssen, auf die Gefahr hin, eine schlechte Figur zu machen.»

Das gemeinsame Bemühen ist, wie Améry sehr wohl weiß, eine Fiktion. Schon Karl Jaspers musste daran verzweifeln, obwohl er im Herbst 1945 seine Vorlesung an der wiedereröffneten Heidelberger Universität mit dem Vorsatz begann: «Wir wollen lernen, miteinander zu reden.»[69] Das Gespräch scheitert schon daran, dass Holthusen keine Antwort auf die Frage aller Fragen hat: «Was haben Sie eigentlich gelernt aus dem Irrtum von dazumal?» Niemand hat ihm etwas abverlangt. Holthusen musste bei der SS und bei der Wehrmacht nicht auf seinen Rilke verzichten und konnte sich auch nach dem Krieg weiter an den Dichter halten. So durfte er sich sogar noch bestätigt sehen, wenn er mit seinem Bekenntnis, das kein Geständnis sein wollte, im *Merkur* auftrat und dafür so viel Zustimmung erfuhr. Für Améry hatte sich in den vorausgegangenen drei Jahrzehnten mehr verändert. Voller Verachtung sprach er von seiner jüngeren Version als dem «Waldläufer». In den Dreißigern sei er selber auf dem besten Weg zum Faschisten gewesen. Erst der Austrofaschismus von 1934 holte ihn aus dem schönen ländlichen Irrationalismus heraus, und als Deutschland dann größer wurde und immer gewaltiger, blieb von der schönen deutschen Kultur, die Holthusen im «Doktor Faustus» vermisste, nur mehr die Gewalt. Im Gestapokeller herrschte, wer über den Körper des anderen bestimmte.

Améry kann daher direkt an das Gespräch im Bayerischen Rundfunk im Januar 1966 anschließen, als ihm Holthusen das Recht absprechen wollte, sich als Intellektueller politisch zu engagieren. Mit der Freundlichkeit ist es aus, er wird boshaft: «Man gleitet in unseren Jahren übrigens immer nach rechts aus, das ist ein merkwürdiges equilibristisches Phänomen, und vom feinstillen Kulturkonservativismus rutschen wir dann unversehens in die groblaute Reaktion ab.»[70] Allerdings habe Holthusen nichts zu befürchten, er werde nicht verschickt werden, versichert ihm Améry. «Es wird Ihnen nichts zustoßen, wenn Sie als Wortführer der Rechten die Fahne hochhalten.» Holthusen ist kein neuer Wortführer der Rechten geworden, der 1964 als Nachfolgepartei der NSDAP gegründeten NPD beispielsweise, doch Hans Paeschke strich den Satz aus dem Manuskript, Holthusen bekam ihn nicht zu sehen.

Hat Holthusen aus seinem Irrtum oder wenigstens dem der Welt gelernt? Mit einer einzigen Stelle kann Améry seinem Gegner nachweisen, wie sehr er nach wie vor vom Nazijargon und dem entsprechenden Denken kontaminiert ist. Holthusen wehrte sich gegen die Nachgeborenen, die damals nicht dabei waren, aber jetzt mitreden wollen, die «klugen Kinder der Wohlstandsgesellschaft mit Nickelbrille und Brechtfrisur». «Nickelbrille, Brechtfrisur. Diese klugen Kinder», entgegnet Améry, «müssen ja wahre Intelligenzbestien sein, ganz so wie jene anderen mit Hornbrille und schwarzem Kraushaar, von denen damals immer gesprochen wurde. Hat Ihr Irrtum Sie nicht gelehrt, daß man dergleichen Formulierungen seinen Nerven nicht gestatten und denen seiner Gegner nicht zumuten darf?»[71] In der Änderung, die ihm Paeschke abverlangt hat, kann er immerhin auf die Verantwortung des Einzelnen, auf die Verantwortung des SS-Mannes Holthusen zu sprechen kommen. Das Hinausreden auf das Münchner Abkommen von 1938, mit dem England und Frankreich Hitler die Zerschlagung der Tschechoslowakei ermöglicht hatten, verbittet sich Améry. Der französische Ministerpräsident Édouard Daladier mag dabei vor der Weltgeschichte versagt haben: «Er war ein miserabler Franzose, das ist eine Sache. Nicht *er* aber war verantwortlich für das Schicksal Deutschlands, sondern *Sie*; das ist die andere.»[72]

Von Schuld, gar von Scham war bei Holthusen nichts zu lesen, es war ein Bekenntnis zum Künstler, zum Freibeutertum, zur Boheme, die er bei der SS zu verlängern hoffte. Nachdem beide Texte erschienen sind, meldet sich Ernst Klett, der bald darauf Amérys großzügiger Verleger werden wird und bei dem auch die späteren Bücher Holthusens erscheinen werden. Er beschäftigt sich erst gar nicht mit dem Text, sondern ergreift Partei für Holthusen und gegen Améry: «Man versucht immer wieder, sich diesen Menschen verständlich zu machen, aber es gelingt nicht», schreibt Klett an Holthusen. «Das gilt schon für sozusagen normale Emigranten (mit Ausnahmen, etwa Golo Mann), erst recht natürlich für Menschen, die ein Schicksal hinter sich haben wie Améry.» «Diese Menschen» können nur die Juden sein, die Juden und die Emigranten, Fremdlinge alle. Es ist, als sollte die «Grenzverletzung meines Ichs durch den Anderen», die Améry als Erfahrung der «Tortur» beschreibt, immer nur weitergehen. «Mich dagegen», so fährt der entlastete Klett fort, im Krieg Panzerfahrer, «hat Ihr Aufsatz ‹Freiwillig zur SS› sehr erfreut. Mir ging auch auf, wie ähnlich eine gewisse Menschengruppe reagiert hat, zu der auch ich mich rechne, obwohl ich mich insofern schwerer tat, als ich mich ohne nennenswerten Protest in einer extrem deutschnational-bürgerlichen Familie bewegte.»[73]

Améry hatte die Nazi-Folterkeller und die KZs überlebt und lebte weiter mit der Scham, sich nicht gewehrt zu haben. Dass er und seine Kameraden sich nicht gegen die Unterdrücker erhoben hätten, und sei es noch so sinnlos gewesen, «bleibt unsere immer wieder sich öffnende, sehr schmerzhafte Wunde». Sollte er später schweigen, wie es sein Gesprächspartner aus dem Rundfunk empfohlen hatte, oder musste er sich nicht gegen jede Form von Unrecht wehren?

Zuständig war, darauf legte Améry Wert, «wer die Ereignisse im Fleische erfuhr». Aber wie schon im Rundfunkgespräch freut er sich, dass Deutschland «zum erstenmal in seiner Geschichte» eine «Schicht nichtjüdischer wacher junger Intellektueller» habe,[74] eben jene Wohlstandskinder mit Nickelbrille und Brechtfrisur.

Deshalb konnte er auch nicht verurteilen, dass die kolonialisierten Schwarzen in Afrika, die bedrängten Nordvietnamesen, die Black Panthers in den nordamerikanischen Ghettos für ihre Befreiung Gewalt brauchten. Wie Jean-Paul Sartre sah er ihre Gewalt als Gegengewalt, wie Frantz Fanon empfand er sie als zutiefst «human». Die «gelebte Erfahrung der Schwarzen (...) entsprach in manchem Bezuge eigenen, prägenden und unverlierbaren Erlebnissen, die ich als jüdischer KZ-Häftling gehabt hatte».

Holthusens Bekenntnis «Freiwillig zur SS» erschien Ende 1966, als Benno Ohnesorg und Martin Luther King noch lebten und niemand sich in der Bundesrepublik eine deutsche Stadtguerilla mit Namen Rote Armee Fraktion (RAF) vorstellen konnte. Die Kriegsgeneration, die sich von Holthusen, nein, nicht auf das Schamloseste, sondern auf das Literarischste bestätigt fühlen durfte, bestimmte nicht nur den Kulturbetrieb, sondern auch Politik und Wirtschaft. Zeit, sich mit der Vorgeschichte, also mit dem eigenen Karrierebeginn, auseinanderzusetzen, gab es nicht, und wenn, dann drehte sich die Diskussion um die Frage, ob Albert Speer, der im selben Herbst nach vollständiger Verbüßung seiner Haftstrafe von zwanzig Jahren freigekommen war, nicht zu Unrecht in Spandau eingesperrt worden war. Niemand aus dieser Generation konnte einen Mann wie den Rechtsanwalt Otto Schily verstehen, der «das jüdische Kind im Ghetto, das mit erhobenen Händen auf SS-Leute zugeht, und die vietnamesischen Kinder, die schreiend, napalmverbrannt dem Fotografen entgegenlaufen nach den Flächenbombardements», miteinander verglich – oder vielleicht wurde es einfach nur zu gut verstanden.

«Es ist Schicksal, in jene Zeit hineingeboren worden zu sein»[75], schrieb Franz Schönhuber 1981, als er sein Bekenntnisbuch «Ich war dabei» veröffentlichte. Das «dabei» bezog sich ebenfalls auf die SS, doch anders als fünfzehn Jahre zuvor bei Holthusen schlug ihm dafür breite Ablehnung entgegen. Auch der stellvertretende

Chefredakteur des Bayerischen Rundfunks hatte mit diesem Buch die Flucht nach vorn und Gerüchten entgegentreten wollen, die seinen weiteren Aufstieg unmöglich machten, aber er wurde für seine Ehrlichkeit nicht etwa gelobt, sondern aus dem Franzensclub ausgestoßen, dem Freundeskreis um Franz Josef Strauß, und er wurde beim Rundfunk entlassen. Die Ablehnung durch die kulturtragende Mehrheit fand ihre Entsprechung in den fest geschlossenen Reihen derer, die sich wie schon Henri Nannen durch Kritik und Spott entehrt und in ihrem Einsatz fürs Vaterland missachtet fühlten. Schönhuber – «Wortführer der Rechten» – konnte eine Partei von CSU-Abtrünnigen um sich scharen, «Die Republikaner», die zwischendurch, vor allem bei den Europaparlamentswahlen, erstaunlich erfolgreich waren.

Noch deutlicher fiel die Reaktion aus, als Günter Grass, weitere fünfundzwanzig Jahre später, 2006 bekanntgab, dass er mit siebzehn mehr oder weniger freiwillig in die SS eingetreten war. Hier war die Kritik der reine Hohn, weil der unermüdliche Moraltrompeter nun selber erwischt worden war. So hatte Günter Grass 1985 einen flammenden Appell formuliert, um den CDU-Kanzler Helmut Kohl, der so viel weniger auf ihn hörte als sein geliebter Willy Brandt, am Besuch des Bitburger Soldatenfriedhofs zu hindern, auf dem mehr oder weniger zufällig auch drei SS-Leute lagen.

1966 galt Grass nicht nur wegen der Knabenspiele mit dem «Dingslamdei» bei den weniger an Literatur Interessierten als Pornograph, ein Faun, dem nichts heilig war. Der frühe Grass war auch viel weniger pathetisch als Holthusen, er hatte den Ritterkreuzkult der Nazis, den Nannen noch begeistert mitmachte, bereits 1961 in der Novelle «Katz und Maus» der Lächerlichkeit preisgegeben und noch früher, 1954, das Pathos seiner eigenen Generation ironisiert:

«Wer lacht hier, hat gelacht?
Hier hat sichs ausgelacht.
Wer hier lacht, macht Verdacht, daß er aus Gründen lacht.
Wer weint hier, hat geweint?
Hier wird nicht mehr geweint.
Wer hier weint, der auch meint, daß er aus Gründen weint.
Wer spricht hier, spricht und schweigt?
Wer schweigt, wird angezeigt.»

«Wer schweigt, wird angezeigt» – vielleicht fürchtete Grass ja wirklich, dass ihn die Selbstanzeige um den Nobelpreis bringen würde, der ihm 1999 endlich zuerkannt wurde. Anscheinend erinnerte sich keiner seiner ehemaligen SS-Kameraden (im Kriegsgefangenenlager will er Henri Nannen und Joseph Ratzinger, den späteren Papst Benedikt XVI., kennengelernt haben) an den Grass, der den Hass der Kriegsgeneration auf sich zog, weil er den «Vaterlandsverräter» Brandt unterstützte.

Der Verleger Klaus Wagenbach und der Schriftsteller Peter Turrini haben bekräftigt, dass Grass ihnen jedenfalls seine Mitgliedschaft in der SS keineswegs verschwiegen habe. Mitten in den langen Jahrzehnten zwischen der 10. SS-Panzerdivision «Frundsberg» und der Offenbarung darüber in dem autobiographischen Werk «Beim Häuten der Zwiebel», im Sommer 1969, nicht lange nach Holthusens Bekenntnis, ereignete sich ein merkwürdiger Vorfall. «Hunger nach Gerechtigkeit» lautete das Motto des Evangelischen Kirchentags in Stuttgart, auf dem Günter Grass innerhalb der Arbeitsgruppe «Der Einzelne und die anderen» aus seiner Novelle «örtlich betäubt» las. Ein nicht mehr junger Mann stand auf im Publikum, allem Anschein nach verwirrt, er fühlte sich eindeutig ungerecht behandelt. Klar und verständlich kamen nur seine Worte: «Ich grüße meine Kameraden von der SS.» Dann setzte er ein braunes Fläschchen an die Lippen und trank. Bevor er umsank, lieferte er als letzten Triumph seiner Nachbarin die sachliche Erklärung: «Das war Zyankali, mein Fräulein.»

In dem Buch «Das falsche Leben» hat Ute Scheub die Geschichte ihres Vaters rekonstruiert, die zielbewusst vor den Füßen von Grass endete. Grass weilte in Stuttgart nicht bloß als Schriftsteller, sondern war als Agent der Wählerinitiative für Willy Brandt unterwegs und empfahl, sogar in Reimform, bei den Bundestagswahlen in zwei Monaten die «Espede» zu wählen. Der Selbstmörder Manfred Augst hatte «Zuchtwart» werden und als Wissenschaftler auf die Reinheit der Rasse achten und Züchtungsergebnisse optimieren wollen. Der Nationalsozialismus, das Soldatentum, die Selbstauslöschung in der Kameradschaft kamen ihm in seiner Schwäche gerade recht. In der Rotte wurde gemeinsam marschiert, auch gesungen, gern auch zugeschlagen und so gründlich ausgerottet, wie es einer Herrenrasse doch zukam. Der Einzelne verschwand mit den anderen in der Uniform und in der kontrollierten Masse. Die Welt, das Leben hatte endlich einen Sinn, den der Führer und viele Unterführer vorgaben; diesem Befehl brauchte man bloß zu folgen.

Das war nicht der SS-Mann Holthusen, aber auch für Augst bot die SS die zeitgemäße Lösung. Nach dieser Erhebung des Herzens, nach dieser zwölfjährigen Euphorie mit Koppelschloss und dem Wahlspruch «Unsere Ehre heißt Treue» und am eigenen Geiste erfahrenem rassischen Größenwahn musste das Normalleben für den in die Freiheit entlassenen SS-Offizier die wahre Katastrophe werden. Anders als bei Holthusen ist da niemand, der ihn auffängt. Nach dem Krieg arbeitet Augst im Sozialdienst, engagiert sich in der Bewegung gegen den Atomtod, unterstützt sogar seine älteren Söhne, als die den Wehrdienst verweigern wollen, und er schweigt. Er schafft in einer Apotheke, holt das Pharmaziestudium nach und schweigt. «Mein Vater hatte einen Erstickungstod erlitten», schreibt die Tochter und meint es auch metaphorisch. Bei der Einnahme von Blausäure hört die Atmung auf, aber mit diesem finalen Akt hat Manfred Augst doch nur abgeschlossen, was er all die Jahre praktiziert hatte: «Er war an seinem Schweigen erstickt.»

Was er nicht sagen kann, versucht er zu schreiben. Er verfasst endlose Pamphlete mit schrecklich verkrampften Sätzen und immer voller Vorwürfe gegen die Welt. Er ist damit beschäftigt, seinen Ausbruch zu planen, seinen Opfergang für Deutschland, für die alten Werte, für die verlorene Kameradschaft der SS. Nicht der öffentliche Tod des Vaters vor zweitausend kirchentagsbewegten Menschen war das Trauma für die Familie, sondern sein ganzes Leben. Niemand verstand ihn, aber es gab auch keine Sprache, in der er sich hätte verständlich machen können. Dafür rächte er sich und saß als Steinerner Gast immer dabei, ein Memento der Vergangenheit, die doch nicht vergangen war.

Und Grass? Fühlte er sich bei den Abschiedsworten für die «Kameraden von der SS» denn gar nicht ertappt? Er sah zu, sagte nichts und notierte die Geschichte in seinem Tagebuch. Den Mann, der da ins Mikrophon stammelte, hatte er schon oft gesehen: «Ich kannte die Aufgeregtheit fünfzigjähriger Männer, die alles, aber auch alles in einem einzigen, randvollen Bekenntnis los werden, quitt machen wollen. Ich kannte ihre leeren, Werte beschwörenden Gesten, ihren Kriegsbilderbuchtraum, als Einzelkämpfer (wie damals bei Monte Cassino oder am Kuban-Brückenkopf) auf verlorenem Posten zu stehen, ihren haltsuchenden Griff in die Luft, ihre flatternde ‹Ein einziges ewiges Deutschland!› suchende Stimme und jene aufsteigende Hitze, die ihre Gesichter fleckig werden lässt.»[76]

Er kannte sie, die SS-Männer? Im Sommer 1969 diente Grass der gerechten Sache und sah sich auf einer historischen Mission. Sein Einsatz für die SPD, für Willy Brandt, lohnte sich, Brandt wurde im Herbst zum Bundeskanzler gewählt, womöglich hat Grass der SPD die entscheidenden Stimmen auch der Jüngeren eingebracht. Die Geschichte der Kriegsgeneration ist da aber noch nicht zu Ende.

Ein Auftritt in Werner Höfers «Internationalem Frühschoppen»

Am 17. November 1974 wurde im «Internationalen Frühschoppen» in Rauchschwaden halb erstickt der Ernstfall diskutiert, in den die Terroristen der RAF die Gesellschaft befördert hatten: «Leben als Wegwerfware?» Eine Woche vor der Sendung hatte sich Holger Meins im Gefängnis zu Tode gehungert; Berliner Sympathisanten brachten daraufhin den Kammergerichtspräsidenten Günter von Drenkmann um.

Der Moderator Werner Höfer wusste über das Leben und das Leben als Wegwerfware ziemlich gut Bescheid, war er doch gleich 1933 in die NSDAP eingetreten, hatte als Journalist im Rüstungsministerium und für Joseph Goebbels' Zeitschrift *Das Reich* gearbeitet. Höfer war nicht bei der SS gewesen, er hatte niemanden gefoltert und erschlagen, aber das Seine dazu getan. Als Journalist hatte er 1943 in einem Artikel die Hinrichtung des defätistischen Pianisten Karlrobert Kreiten gebilligt. Dem noch jungen Journalisten wird es nicht geschadet haben, dass er dem «ehrvergessenen Künstler» im *12 Uhr Blatt* ins Grab hinein das zeitgemäße Urteil nachrief, wer nämlich «statt Glauben Zweifel, statt Zuversicht Verleumdung und statt Haltung Verzweiflung stiftet», habe es nicht besser verdient und müsse aus der Volksgemeinschaft ausgeschlossen werden. Kreiten wurde am 7. September 1943 mit 185 anderen Defätisten in Plötzensee erhängt. Die Familie des Justiz-Mordopfers erhielt für Prozess und Hinrichtung eine Kostenrechnung in Höhe von RM 639,20, während Höfer die eigene Karriere in der Nachkriegszeit ungehindert fortsetzen konnte.

Höfers «Frühschoppen» lief seit 1952 jeden Sonntagmittag im Radio, im Jahr darauf auch im neu etablierten Fernsehen, und entwickelte sich schnell zum Ersatzgottesdienst der säkularisierten Bundesrepublik. In einer frühen Phase, als das noch sehr ungewöhnlich für ein Land war, das plötzlich ohne Obrigkeit auskommen musste, wurden bei Werner Höfer plötzlich dezidierte

Meinungen geäußert. Dass dabei manchmal richtiger Unsinn entstand, war fast unvermeidlich: Höfer verglich einmal die Attentäter von der Untergrundbewegung OAS, die es 1962 auf Charles de
Gaulle abgesehen hatten, mit den Männern um Stauffenberg und
bezeichnete sie als «Patrioten». Zehn Millionen Zuschauer waren
jeden Sonntag voller Andacht dabei. Dafür empfing Höfer 1973
natürlich nicht das Ritterkreuz, aber das Bundesverdienstkreuz.

Gut möglich, dass Höfer von seiner Kanzel aus nicht nur einen
Sendungsauftrag wahrnahm, sondern mit der Internationalisie-
rung auch eine Wiedergutmachung nicht nur für sich anstrebte.
Nicht mehr Volk und Vaterland verteidigte er, sondern eine Bundesrepublik, die wie er geläutert war. Das Prinzip «Sechs Journalisten aus fünf Ländern» zeigte allen eine moderne, wiederum
zeitgemäße Bundesrepublik, die allen Chauvinismus hinter sich
gelassen hatte, die im Gegenteil begierig darauf war, sich der Kritik
von Ausländern zu stellen.

Erst 1987 musste Höfer von seinem Amt als WDR-Fernsehdi-
rektor zurücktreten und seine Sendung aufgeben, weil der Nach-
wuchs drängte. Der Journalist, der 1943 dem Urteil des Volksge-
richtspräsidenten Roland Freisler gefolgt war und Kreiten aus der
Volksgemeinschaft ausgeschlossen hatte, wurde jetzt seinerseits
aus der Gemeinschaft ausgeschlossen. Nach einem Generationswechsel machte der *Spiegel* den hämischen Text aus dem *12 Uhr
Blatt* allgemein bekannt. Denn natürlich hatten alle, fast alle Kollegen Kriegsberichterstatter vom ZDF-Intendanten Karl Holzamer
über den Humanisten Peter Grubbe bis zum *Stern*-Propagandisten
Henri Nannen von Höfers Systemkonformität gewusst. Sie hatten
sich doch nicht anders verhalten, hatten Hitler und seiner Bewegung mehr oder weniger martialisch gehuldigt, aber immer fest
entschlossen, die Gelegenheit zum Fortkommen nicht ungenutzt
verstreichen zu lassen.

Schon 1962 hatte Albert Norden, der Chefpropagandist der
DDR, den Text Höfers zum ersten Mal wieder bekannt gemacht.
Da der Hinweis aus der DDR kam, war es für Höfer ein Leich-

tes, den Vorwurf, er sei ein Systemknecht gewesen, abzuwehren. Die bewussten Sätze seien ihm «hineinredigiert» worden, versicherte Höfer in einer eidesstattlichen Erklärung, was tatsächlich gut möglich ist. Jedenfalls war der Artikel «Künstler – Beispiel und Vorbild» beim WDR so bekannt, dass über ihn gesprochen wurde, ohne dass es für Höfer Folgen gehabt hätte.

Der Germanist Peter Wapnewski, der 1943 wegen Wehrkraftzersetzung angeklagt wurde und knapp mit dem Leben davongekommen war, schrieb 1987 über den Höfer-Nachruf: «Man sträubt sich, das ekelhafte, das mörderische Getön weiter zu zitieren, weil man das Gefühl hat, es krieche auf einen über.»[77] Wiederum viele Jahre später, 2003, wurde bekannt, dass Wapnewski 1938 oder 1939 von der HJ in die NSDAP (Mitgliedsnummer 7747 334) wechselte. In seinen grandseigneuralen Memoiren «Mit dem anderen Auge», die erst 2005 erschienen, will er Höfer gern glauben, dass die entsprechenden Sätze gar nicht von Höfer selber stammten. «Denn hätte sich, was da gedruckt war, nicht nur mit seinem Namen, sondern mit seiner Person gedeckt, er wäre vor verzweifelndem Entsetzen in sich zurückgekrochen, wäre leise geworden, stumm geworden, die Reue hätte ihm den Mut, die Scham die Zunge gelähmt.»[78] Der Journalist Höfer aber schwieg nicht, er redete, er plauderte in einem fort, nur das eine, das wollte er nicht gedacht, gesagt und geschrieben haben, er schwieg also und hätte sich in dem bestätigt sehen können, was der Philosoph Hermann Lübbe (NSDAP-Mitglied Nr. 9 952 954) der bundesrepublikanischen Aufbaugesellschaft 1983 zäpfchenglatt als bewusstseinstheoretisches Vademecum verschrieben hatte: Ein «kommunikatives Beschweigen» wäre in den Nachkriegsjahren der Normalfall gewesen, ein allseitiges stilles Vergessen, wonach es «politisch weniger wichtig sei, woher einer kommt als wohin er zu gehen willens ist».[79]

Die «Frühschoppen»-Teilnehmer vom 17. November 1974, zu denen die deutsche Journalistin Carola Stern gehörte, der Anwalt und *Zeit*-Redakteur Hans Schueler, der Amerikaner Paul Moore, der eine auffallend verständnisvolle Biographie des verurteilten

Kindermörders Jürgen Bartsch geschrieben hatte, und von der *Sunday Times* in London Anthony Terry, konnten von Höfers journalistischer Vorgeschichte zumindest gehört haben. In der Diskussion gaben sie alle reihum ihre wohlabgewogene Meinung zum Hungerstreik kund und wurden ganz am Schluss von Höfer um eine Botschaft an die RAF-Gefangenen gebeten, die, wie der tote Meins bewies, zum Äußersten entschlossen waren und den Hungerstreik auch um den Preis weiterer Menschenopfer fortsetzen wollten. Carola Stern, als einzige Frau in dieser männlichen Debattengesellschaft geduldet, hatte Ulrike Meinhof bereits zum Aufgeben aufgefordert, als zuletzt Jean Améry an die Reihe kam, von dem nur seine wenigen Leser wussten, was er am eigenen Leib erlebt hatte, was aber den Zuschauern der Sendung nicht erklärt wurde. Höfer hatte Améry nur wie gewohnt als «Publizist mit Wohnsitz Brüssel» und damit als einen der üblichen ausländischen Journalisten vorgestellt. Er war und blieb der Fremde. Um ein kurzes Statement gebeten, sagte Améry nach langem Zögern in den Sendeschluss hinein auf Höfers Angebot «Aufgeben, zur Besinnung kommen?» nur «Nicht aufgeben!» Danach war die Sendung vorbei.

Bereits am nächsten Tag begann die Springer-Presse gegen den «österreichischen Journalisten» zu hetzen, behauptete, Améry habe die RAF «zur Fortsetzung ihrer Aktionen aufgefordert», und erreichte, dass der Staatsanwalt gegen ihn ermittelte. Die Untersuchung wurde bald eingestellt, aber Améry ermittelte sogleich gegen sich selber. Selbstverständlich könne er nicht die Taten einer Gruppe billigen, die es mit den Palästinensern halte, überlegte er, aber «ich weiß, dass der Hungerstreik die äußerste und einzige Waffe ohnmächtiger Inhaftierter ist».

Jean Améry nahm sich 1978 das Leben. Der alte SS-Mann Hans Egon Holthusen setzte die Auseinandersetzung mit Améry noch über dessen Tod hinaus fort. Am 4. November 1974, zwei Wochen *vor* dem «Frühschoppen», hatte Jean-Paul Sartre Andreas

Baader mitten im Hungerstreik der RAF in Stammheim besucht, von Holthusen 1982 nach dem Tod beider als Ergebnis einer «demonstrativen Lehrer-Schüler-Beziehung»[80] gedeutet, als «Bekenntnis des Meisters zum Adepten zwecks öffentlicher Schützenhilfe und persönlicher Rückenstärkung»[81]. Mit der Assoziations- und Beschuldigungskette Sartre-Baader-Améry konnte er ein letztes Mal Améry kritisieren, der für ihn zur Linken gehörte, zur kulturrevolutionären Generation, die durch kaum etwas mehr beeinflusst sei als durch Sartres Vorwort zu Frantz Fanons Pamphlet «Die Verdammten dieser Erde» (1961; deutsch 1966). Die Bestätigung, dass das Thema «Gewalt und Gegengewalt» von Sartre und Fanon herrühre, holt sich Holthusen bei Améry selber, ein, wie er betont, «dezidierter Sartreaner bis fast an das selbstgewählte Ende seines Lebens»[82]. In seiner Rechthaberei wirft Holthusen alles durcheinander, behauptet, Améry habe sich «zweieinhalb Jahre vorher (…) öffentlich an die damals noch flüchtige Ulrike Meinhof gewandt». Sollte er wirklich vergessen haben, dass Höfers Frühschoppen zwei Wochen *nach* dem Besuch Sartres in Stammheim gelaufen war, als Ulrike Meinhof keineswegs mehr flüchtig, sondern bereits seit zweieinhalb Jahren im Gefängnis saß? Solche Fakten hätten Holthusens Rachegelüst nur gehemmt.

Die Zeitgeschichte ist nicht das Weltgericht, noch weniger ist es die Psychoanalyse, aber auffällig ist doch, was sich tatsächlich «zweieinhalb Jahre vorher» zugetragen hat. Da hatte am 6. Juli 1972 der Präsident der Bayerischen Akademie der Schönen Künste den jüngsten Preisträger auszuzeichnen, den eine Jury ausgewählt hatte. Die Akademie ehre ein außerordentliches Werk, hieß es in der Begründung, «in dem die radikale und schonungslose Analyse der Person mit der eines Zeitalters zusammentrifft». Das war fein formuliert, denn der Empfänger, der Schriftsteller Jean Améry, war nicht denkbar ohne die jüngere deutsche Geschichte. Améry hungerte nach Anerkennung, er wollte diese Auszeichnung, und er brauchte das Geld. Dafür nahm er sogar in Kauf, dass ihm der

Literaturpreis von Hans Egon Holthusen überreicht wurde, dem Präsidenten der Akademie.

In den Nachkriegsjahren kam es zu manchen peinlichen Begegnungen, bei denen es den Opfern nicht möglich war, den Tätern etwas nachzutragen. Jacob Taubes traf sich mit Carl Schmitt, Paul Celan wandte sich an Ernst Jünger und Martin Heidegger («Ich wollte, dass er mit mir spricht. Ich wollte ihm verzeihen»), und Jean Améry war ein weiteres Mal an Holthusen geraten. Grotesker und präziser zugleich ist das Verhältnis von Tätern und Opfern kaum darzustellen: Améry wurde für sein Werk ausgezeichnet, das nicht ohne die Gewalt denkbar war, die ihm von Gestapo und SS angetan wurde, und den Preis verlieh ihm jemand, der noch zwei Jahrzehnte nach dem Krieg stolz erzählte, dass er die Uniform der SS tragen durfte. In einem Brief bedankte sich Améry hinterher höflich für den «freundlichen Empfang», der «mir von der Akademie bereitet wurde». An dem festlichen Abendessen habe er leider nicht teilnehmen können, da er bereits andere Verpflichtungen eingegangen sei. Im Übrigen wünsche er Holthusen – immer noch höflich oder schon ironisch? – «eine fruchtbare dichterische und akademische Saison».[83]

So half am Ende nur dichterische Freiheit, um Améry ein letztes Mal zu treten. «Vor Millionen von Zuschauern», behauptete Holthusen in seinem Aufsatz «Sartre in Stammheim», habe Améry die Terroristin Ulrike Meinhof «in einer von Werner Höfer geleiteten Fernsehdiskussion aufgefordert, ‹nicht aufzugeben›, und niemand hatte ihm widersprochen.»[84] Das war dreist gelogen: Améry hatte in Werner Höfers «Frühschoppen» die längst verhaftete Ulrike Meinhof keineswegs aufgefordert, den Untergrundkampf fortzusetzen, sondern als jemand, der die Folter durch die SS überlebt hatte, den Hungerstreik als legitimes Mittel betrachtete. In Höfers Runde wurden sehr wohl andere Ansichten geäußert, nur konnte nach Améry keiner mehr erwidern, weil die Sendung schlicht zu Ende war. 1982, als Holthusen seine Darstellung zusammenphantasierte, war sein Kontrahent bereits seit vier Jahren tot. Der

Verleger Ernst Klett, der ja Mühe hatte, Emigranten vom Schlage Amérys zu verstehen, druckte Holthusens elaborierte Tirade unbesehen, und der SS-Freiwillige hatte diesen postmortalen Triumph gegen den Mann, der ihm zu Lebzeiten den Sündenstolz einfach nicht gönnen wollte. Es war nicht Améry, dem niemand widersprach, sondern Holthusen konnte 1966 von der schönen schwarzen Uniform schwärmen, ohne nennenswerten Widerspruch zu ernten, vielmehr erkannten sich seine Generationsgenossen in diesem Bekenntnis wieder. Der gefolterte Widerstandskämpfer hatte in dieser Gemeinschaft nichts verloren.

5. WER BIN ICH? AUS HANS SCHNEIDER WIRD HANS SCHWERTE

Erst sehr spät kann das Experiment Bundesrepublik als geglückt betrachtet werden. Es war ein zweiter Versuch mit der Demokratie, und diesmal ging es gut, und zwar nicht trotz der alten Nazis, sondern mit ihrer Hilfe, jedenfalls ihrer Anpassungsfähigkeit, der Bereitschaft, dieses Experiment zu unternehmen, sicherlich mit weniger Enthusiasmus als jenes andere 1933.

Zu seinem fünfundsechzigsten Geburtstag im August 1968 empfing der Frankfurter Germanist Heinz Otto Burger eine «Festgabe» seiner Schüler und Kollegen. Der Band «Literatur und Geistesgeschichte» besteht aus mehr als zwei Dutzend Aufsätzen zu Themen aus der deutschen Literaturgeschichte vom Minnesang über die Weimarer Klassik bis in die Gegenwart. Das übliche Werkverzeichnis fehlte allerdings. Das lag keineswegs daran, dass der Jubilar nichts veröffentlicht hätte, er hatte vielmehr während seiner gesamten wissenschaftlichen Laufbahn eifrig publiziert, unter anderem über das «Schwabentum in der Geistesgeschichte» (1933) und über die «Kunstauffassung der frühen Meistersinger» (1936), später über das «Abendländische Bildungsideal» (1948). Er hatte sich mit den schwäbischen Dichtern Friedrich Schiller und Friedrich Hölderlin, aber auch mit Hugo von Hofmannsthal beschäftigt und war neuerdings, ganz auf der Höhe der Zeit, auch mit Untersuchungen zur Trivialliteratur hervorgetreten.

Fünfunddreißig Jahre zuvor stand Burger noch am Anfang seiner wissenschaftlichen Laufbahn. Er war dreißig Jahre alt, wissenschaftlicher Assistent in Tübingen und entschlossen, die Chancen zu nutzen, die ihm die neue Zeit bot. Deshalb interessierte er sich für einen Forschungsbereich, der noch völlig unerschlossen war, aber umso mehr Aussichten für eine Karriere bot: die Rassenlehre, wie sie beispielsweise Hans F. K. Günther in seinem Buch «Rassenkunde des deutschen Volkes» niedergelegt hatte. Der Literaturwissenschaftler Burger schreibt also über «rassische Kräfte im deutschen Schrifttum» und sortiert, kaum dass die ersten Bücher verbrannt worden sind, deutsche Autoren nach den neuesten wissenschaftlichen Kriterien: «Der erste Schritt auf dem tatsächlich noch fast unbegangenen Gelände kann nur dieser sein: unter Zugrundelegung der Güntherschen Typen physiologisch verhältnismäßig reine Vertreter der verschiedenen Rassen herauszugreifen und auf ihre geistige Eigenart hin zu betrachten.»[1] Es war ein Versuch, sich den neuen Machthabern anzubiedern – auch Hitler und Himmler studierten das populäre Werk des «Rasse-Günther» eifrig –, der klassische Opportunismus, ohne den es kein Fortkommen gibt. Dazu gehörte der strenge Ton, mit dem die schöne Literatur aufgenordet und für alle Fälle ein gewisser Machtanspruch behauptet wurde: «Wenn heute die Gemeinschaft danach strebt, sich nicht mehr so sehr stammesmäßig als vielmehr rassisch zu verstehen, so hat die Literaturwissenschaft dem zu dienen.»[2] Hier tönt das aggressive Selbstbewusstsein der «Generation des Unbedingten», die der Historiker Michael Wildt ausgiebig untersucht hat.[3] «Die Notwendigkeit, trotz allem einmal anzufangen, ist mir – und wohl jedem – nicht weniger deutlich.»[4]

Burger verbreitete sich nicht nur über «Die deutsche Sendung im Bekenntnis der Dichter», sondern waltete auch als Rottenführer der SA. Bei Kriegsende kam er in Gefangenschaft, wurde aber 1947 von der Stuttgarter Spruchkammer als «nicht belastet» zurück an die Erlanger Universität entlassen, wo er sich fortan «deutschen Bildungsidealen» widmete. 1963, kaum dass er nach Frankfurt berufen war, wurde Burger zum Rektor der Johann-Wolfgang-Goethe-Universität gewählt. Dann allerdings entdeckte ein Student, was auch in Erlangen nicht unbekannt gewesen war: Burger, der deutsche Geistesgeschichte vertreten sollte, hatte sich beizeiten in die Geistesgeschichte eingemischt. Er verteidigte sich damit, dass er als Deutscher in Deutschland geblieben sei, und gab immerhin umständlich zu: «Ich will nicht behaupten, daß ich an den Verirrungen meines Volkes in gar keiner Weise teilhabe.»[5] Noch immer war er nichts und seine Kollaboration nicht viel, aber das Volk war noch immer alles. Die Universitätsleitung und auch der hessische Kultusminister legten Burger nahe, die Wahl nicht anzunehmen. Sein Assistent Reinhold Grimm wollte im Deutschen Seminar einen Fackelzug zu Ehren des angegriffenen Professors organisieren, aber am Ende verzichtete Burger doch auf das Rektorat und blieb bis zu seiner Emeritierung der Professor, dessen Wirken, wie ihm seine Mitarbeiter nachrühmten, durch einen «humanistischen» Geist bestimmt war.[6]

Unter den Beiträgern der Festschrift, die fünfunddreißig Jahre nach der Machtergreifung erschien, befand sich auch Hans Schwerte, der 1948 bei Burger in Erlangen promoviert und sich bei ihm 1958 auch habilitiert hatte. Schwertes akademische Laufbahn hatte verspätet begonnen, aber inzwischen war er selber auf einen Lehrstuhl gelangt. In seiner Antrittsvorlesung an der Rheinisch-Westfälischen Technischen Hochschule Aachen (RWTH) sprach er 1967 über den «Begriff des Experiments in der Dichtung», und den überarbeiteten Text dieses Vortrags widmete er seinem Lehrer für die Festgabe. Schwerte, der in Erlangen die jährlich stattfindenden «Internationalen Theaterwochen» betreut hatte, befand sich mit seinem Thema ganz auf der Höhe der Gegenwart: 1966 hatte Peter Handkes bewusst antitheatralisches Stück «Publikumsbeschimpfung» bei der Frankfurter «Experimenta» seine Premiere, der Schriftsteller Helmut Heißenbüttel beschäftigte sich in seinen «Versuchen» mehr mit Literaturtheorie als mit Literatur, die Beatles experimentierten mit indischer Meditationstechnik und führten die ungewöhnlichsten Effekte in die Popmusik ein, und überhaupt war die Zeit vorbei, als die CDU unter Konrad Adenauer die Wahlen mit einem Slogan wie «Keine Experimente!»

gewinnen konnte. Nur die Studentin Gudrun Ensslin appellierte noch an ein seliges Früher, als sie für die Werke ihres verstorbenen Schwiegervaters warb. Die Bücher des Nazi-Dichters Will Vesper, schrieb sie an die Zeitschrift *Das Deutsche Wort* (ein rechtsradikales, aber erstaunlich einflussreiches Winkelblatt, das zeitweise aus Mitteln des Kanzleramtes finanziert wurde), seien nicht nur eine «Aufgabe für das nationale Deutschland», sondern «ein Genuß für jeden, der sich durch modische Experimente und allzu grüblerische Haltung mancher modernen Autoren noch nicht den Genuß am Erzählten, an der Geschichte selbst, am spannenden Stoff hat nehmen lassen».[7]

Nichts hätte dem Schwerte des Jahres 1968, dem Jahr der Festschrift für Burger, ferner sein können als das nationale Deutschland. Schon in seiner Habilitationsschrift «Faust und das Faustische» hatte er beschrieben, wie sich die Ideologie der Literatur bemächtigt, und als Gegenbild in einer Fußnote sogar Arno Schmidt zitiert, den am wenigsten zugänglichen Autor der Gegenwart.[8] Als Motto nutzt Schwerte in seiner Abhandlung über das Experiment eine Formulierung von Max Frisch, die er in der *Zeit* gefunden hat: «Darstellen heißt auskundschaften». Der Spruch stammt nicht aus einem Drama oder einem Roman Frischs, sondern aus einem Gespräch über dessen neues Stück «Biografie: Ein Spiel». Schwerte musste auf Frisch aufmerksam werden, der seit dem Roman «Stiller» (1954) die Identität zum Problem gemacht hatte. Berühmt geworden ist der erste Satz: «Ich bin nicht Stiller», ebenso berühmt der Titel eines anderen Frisch-Romans: «Mein Name sei Gantenbein». Die Überschrift über dem ausgedehnten Gespräch in der *Zeit* über Identität und ihre literarische Gestaltung lautet: «Noch einmal anfangen können».

Das Experiment

Neu anfangen, das könnte auch die Überschrift über Schwertes Leben sein, das er bis 1968 und noch fast drei Jahrzehnte länger äußerst erfolgreich als sein eigenes Experiment betrieben hat: als sein Verschwinden in die Öffentlichkeit. Es ist ein Leben, das geradezu symbolhaft für das Deutschland des 20. Jahrhunderts ist, quasi eine literarische Phantasie, aber ausgespielt in der Wirklichkeit. Alles hatte 1909 harmlos unter dem Namen Hans Schneider in Königsberg begonnen. Schneider war nur drei Jahre jünger als die Großbürgertochter Hannah Arendt, die ebenfalls in Königsberg aufwuchs. Er ist Teil der Jugendbewegung, tritt 1921 dem Nationalsozialistischen Deutschen Studentenbund bei, im Jahr darauf der SA. Ob er seine Doktorarbeit über erste Übersetzungen Turgenjews je abgeliefert hat, ist zweifelhaft. Er ist arbeitslos, dilettiert als Schriftsteller, aber bereits im richtigen Feld, sodass sein Name in der antisemitischen «Geschichte der deutschen Literatur» von Adolf Bartels auftaucht, findet zur SS und zu seiner Berufung im SS-«Ahnenerbe», einer Himmler'schen Obsession. Der Reichsführer SS will eine historische Erst- und Letztbegründung des Nationalsozialismus, und Schneider ist begeistert dabei.

Wegen ihres Gegenstands ist die Germanistik als speziell deutsche Wissenschaft – abgesehen von den Karriereaussichten, die sie plötzlich bietet – besonders anfällig für den Nationalsozialismus, aber es braucht dann auch entschlossene Männer wie Julius Petersen, den Präsidenten der Goethe-Gesellschaft, der 1935, in der nationalen Erhebung mit retroprophetischer Gabe gesegnet, Goethe zum Vorreiter der Gardeschützenkavalleristen erhebt: «So wie er im Frühjahr 1813 Lützowschen Jägern, die in den Freiheitskampf zogen, an der Elbe die Waffen segnete, so würde er auch den schwarzen Gesellen und den braunen Kameraden, die 120 Jahre später für die innere Befreiung Deutschlands sich zu opfern bereit waren, seinen Gruß nicht versagt haben.»

Schneider profilierte sich als Studentenführer, als er 1935 mit Aplomb aus seiner Burschenschaft austrat, weil sie die Juden nicht sofort ausstoßen wollte. Das half seiner Karriere im «Dritten Reich» weiter, später hat niemand mehr danach gefragt. Ein Literaturwissenschaftler muss anders auftreten, wenn er im «Dritten Reich» Karriere machen will. Schneider studierte in Königsberg und auch in Wien, hörte bei dem Literaturhistoriker Josef Nadler, dessen «Literaturgeschichte des deutschen Volkes» genau der rassistischen Ideologie des «Dritten Reiches» entsprach, entschloss sich dann aber, nicht ungewöhnlich für einen Akademiker zwischen den Klassen, einer der schwarzen Gesellen zu werden und in die SS einzutreten. Im «Ahnenerbe» war er zuständig für Volkskunst, Laienspiel und Volkstanz, verstand es jedoch gleich, sich mit besonderem Einsatz nach oben zu empfehlen.

Der Weltkrieg erforderte den «totalen Kriegseinsatz der Geisteswissenschaften», das heißt, dass Schneider nicht an die Front musste, sondern zum Persönlichen Stab des Reichsführers SS abgeordnet wurde. Die besetzten Niederlande erhielt er als Betätigungsfeld für Brauchtumspflege und Großgermanenkult. Ganz im Ton der Zeit wusste er dort vom «innersten Stolz des nordischen Menschen» zu berichten. Seinem Vorgesetzten Wolfram Sievers kann er am 27. August 1941 melden, dass er bei seinem Forschungsunternehmen in den Niederlanden einen besonderen Fund gemacht hat. Es handelt sich um eine «sehr schöne beschnitzte Holztruhe», die man für die «hier aufgebaute Sinnbilder-Ausstellung» gut gebrauchen könne, «da sie ein besonders schönes Stück war und vor allem auf ihr im Schnitzwerk Hakenkreuze zu sehen waren, was auf solchen Holztruhen verhältnismässig selten vorkommt. Es würde gerade dieser Umstand auch für die Niederlande eine gute ‹wortlose› Demonstration bedeuten.»[9]

In Schwerte bei Dortmund erscheint im Schwerter-Verlag die Zeitschrift *Die Weltliteratur*, die Schneider von 1941 an leitet und in strenger Form führt. Im Rezensionsteil klagt er – wozu hat er schließlich studiert? – über mangelnde «Sprachzucht» und nennt das, was nicht nordisch genug ist, «krankhaft». Ein Mitarbeiter namens Hans Rößner entdeckt in der «Verjudung des Georgekreises» die Wurzel allen Übels, Schneider selber stellt bei Ernst Wiechert fest, dass dessen Werk «ungesund und lebensstörend» sei. Ganz in den Exekutionston fällt er, wenn er nach dem «Bromberger Blutsonntag» von 1939, bei dem es zum massenhaften Mord an Volksdeutschen gekommen war, kriegsvorbereitend schnarrt, dass da «für alle Zeiten dieser verderbliche deutsche Humanitätsirrtum ausgelöscht» sei.

Ob Schneider, wie man ihm später vorwerfen sollte, 1939 bei der Sonderaktion in Krakau dabei war, als es um den Raub polnischer Kunstschätze ging, ist nicht belegt. Hans Schwerte hat bestritten, an Mordaktionen beteiligt gewesen zu sein. Von Konzentrationslagern wollte er nur vage gehört, von Deportationen überhaupt nichts gewusst haben. Zu seinen Aufgaben gehörte aber auch, sich um medizinische Geräte der Universität Leiden zu kümmern, die für Unterdruckkammerversuche im Konzentrationslager Dachau eingesetzt wurden. Verglichen mit Volkstanz und nordischen geschnitzten Truhen war das schon fast richtige Wissenschaft, und dass es sich dabei um Menschenversuche handelte, wollte Schwerte wieder nicht gewusst haben. Beides, der Volkstanz wie die KZ-Wissenschaft, diente der höheren Ehre des Nationalsozialismus.

Noch im Oktober 1944 verfasste Schneider eine Denkschrift, in der er fast schon Goebbels imitiert: «Der totale Krieg in seinem gegenwärtigen Höhepunkt erfordert eine Zusammenfassung aller Volkskräfte zum Zweck der militärischen und politischen Kriegsführung.» Diesem Gebot der schweren Stunde hätten sich auch die Geisteswissenschaften zu unterwerfen und sich «restlos den unmittelbaren Aufgaben unserer politischen Kriegsführung mit ihren außenpolitischen, innenpolitischen, propagandistischen und führungsmäßigen Aufgaben und Problemen zur Verfügung zu stellen»[10].

Und dann war es plötzlich vorbei mit dem «Ahnenerbe» und dem ganzen «Dritten Reich». Ende April 1945, im Chaos der letzten Kriegstage, holte Schneider dreitausend Reichsmark von der Bank, die angeblich für den Kauf eines Cembalos aufgespart wurden, und folgte der allgemeinen Fluchtroute in Richtung Schleswig-Holstein, wo sich die versprengte Reichsführung um Karl Dönitz und Albert Speer scharte. Die SS hatte für die Ihren Ausweichquartiere eingerichtet, und so ist unklar, wann sich Schneider aus dem totalen Krieg verabschiedete. Seiner Darstellung nach radelte er von Berlin, wo er fast bis zuletzt in Führernähe gewirkt hatte, nach Lübeck, wo er Bekannte hatte und sich vor den Russen sicher wusste. Bei einer SD-Außenstelle änderte er, was offenbar niemanden wunderte, seinen Namen, besorgte sich damit auf dem Meldeamt neue Papiere und hieß fortan Hans Schwerte. (Weil Nazis manchmal nicht nur Verbrecher, sondern auch noch Kleinbürger sind, darf man annehmen, dass bei der Namenswahl Rücksicht auf das eingestickte Wäschezeichen zu nehmen war, das so nicht geändert werden musste.) Es wurde höchste Zeit, die Engländer rückten in Lübeck ein, aber er verfügte ja jetzt über eine harmlose Wehrmachtsbiographie. Nie hatte es ein Hochstapler leichter.

Das Deutscheste vom Deutschen und der Fall Harlan

Das Kriegsende 1945 brachte keineswegs sofort den Frieden. Die Berichte aus Ostpreußen, wo die Russen schon im Januar 1945 durchgebrochen waren, die Aufforderung des sowjetischen Dichters Ilja Ehrenburg, die deutschen Frauen als Kriegsbeute zu nehmen, die von Goebbels noch verstärkte Gräuelpropaganda und hie und da auch ein plötzlich erwachendes Schuldbewusstsein trieben Hunderte dazu, bei Kriegsende Selbstmord zu begehen. Amtsträger, Funktionäre und höhere SS-Männer wurden nach der Kapitulation auf alliierte Anweisung in *automatic arrest* genommen und sollten sich vor Gericht verantworten. (Stalin hatte zunächst vorgeschlagen, einige zehntausend Mann vorsorglich zu erschießen.) Jetzt schien sich zu bewahrheiten, was Martin Heidegger in seinen Notizbüchern als den «endlich ‹zum Zuge gekommenen› Vernichtungswillen des Auslandes» fieberphantasiert. «Noch bleibt die Aufgabe» – und er unterstreicht in den Aufzeichnungen eigens, was er als seinen schlimmsten Alptraum fürchtet – «*die Deutschen geistig und geschichtlich auszulöschen.*»[11] Das war der sogenannte Morgenthau-Plan: Deutschland sollte nach einem Entwurf des amerikanischen Finanzministers Henry Morgenthau, der einer der ersten Juden in einer US-amerikanischen Regierung war, so geschwächt werden, dass es nie wieder zu einem Angriffskrieg in der Lage sein würde. Der Plan wurde bereits im September 1944 in Deutschland bekannt und von Goebbels zur Propaganda für den Durchhaltewillen im Endkampf genutzt: Das Weltjudentum, so die seither immer wieder gern kolportierte Verschwörungstheorie, will das heilige Deutschland in ein industriebefreites Agrarland zurückverwandeln und dabei möglichst viele Deutsche ausrotten! Morgenthau verließ sein Amt, als Harry S. Truman im Frühjahr 1945 Präsident wurde; aus dem Plan wurde nichts, zumal er nicht mehr dem neuen Weltbild nach dem Sieg über Hitler entsprach. Es musste vielmehr möglichst rasch wieder aufgerüstet und das westliche Deutschland zum Bündnispartner gegen die immer expansiver und aggressiver auftretende Sowjetunion aufgebaut werden.

Die Schreckensvorstellung, dass aus dem Land, das zwölf Jahre lang auf Blut und Boden neu gegründet wurde, tatsächlich ein allseits entmachtetes Bauernland werden könnte, überlebte die Nachkriegszeit und die Besatzungsjahre. Noch im Februar 1967, wenige Monate vor seinem Tod, nutzt Adenauer diese deutsche Ur-Angst aus der Untergangsphase des «Dritten Reiches», um sich gegen den geplanten Atomsperrvertrag zu wehren, der unter anderem verhindern sollte, dass Deutschland Atomwaffen in die Hand bekommt. Henry Morgenthau war gerade gestorben, da bringt Hans Georg von Studnitz (NSDAP seit 1933, SD-Mitarbeiter, im Ribbentrop-Außenministerium zuständig für den täglichen «politischen Bericht» mit der Sprachregelung für Journalisten) den Nazi-Kampfbegriff in der *Welt am Sonntag* wieder ins Spiel: «Morgenthaus Geist?» Als wären nicht inzwischen zweiundzwanzig Jahre seit dem Krieg vergangen, greift Adenauer das antisemitische Stichwort sofort auf und zetert im sonst so gehassten *Spiegel* von einem «Morgenthau-Plan im Quadrat». In bester Wahlkampfmanier macht der Uralt-Kanzler weiter: «Was dahintersteckt ist, daß die deutsche Wirtschaft konkurrenzunfähig gemacht werden kann. Dieser Vertrag würde eine Not bei uns zur Folge haben und eine Bewegung nach links. Und wem das nützen würde, das will ich Ihnen sagen: den Kommunisten und der SED. Das wollen die Russen, und die Amerikaner scheinen es nicht zu merken.»[12] Nur Franz Josef Strauß greift noch weiter zurück in die Geschichte. Er erinnert an die Schmach des verlorenen Ersten Weltkriegs und benutzt einen anderen bewährten Kampfbegriff: «Das ist ein neues Versailles, und zwar eines von kosmischen Ausmaßen.» In seiner Russenfurcht, so gespielt und rhetorisch sie sein mag, schlägt der einundneunzigjährige Adenauer sogar einen Pakt der Länder vor, die bei dem geplanten Vertrag leer ausgehen und keine Atomwaffen erhalten sollen: Deutschland, Italien und Japan.[13] Dieser Pakt war nicht ganz neu, er wurde bereits 1940 zwischen den faschistischen Achsenmächten geschlossen, und der Stichwortgeber Studnitz, der nach dem Krieg im vertrauten Stil weiterwirken konnte, hatte damals die Anti-Komintern-Zeitschrift *Berlin Rom Tokio* betreut.

Aus dem Morgenthau-Plan wurde nach dem Krieg jedenfalls nichts, und ebenso wenig aus der befürchteten Vernichtung des deutschen Geistes. Der erlebte im Gegenteil nach 1945 seine schönste Blüte. Der Historiker Friedrich Meinecke empfahl als Heilmittel in der «deutschen Katastrophe» die Gründung von Goethe-Gemeinden und die festliche Lektüre von Gedichten. «Lyrik von der wunderbaren Art, wie sie in Goethe und Mörike gipfelt, und Seele zu Natur und Natur zu Seele wird, und tiefsinnige Gedankendichtung von der Art der Goetheschen und Schillerschen sind vielleicht das Deutscheste vom Deutschen in unserem gesamten Schrifttum. Wer sich ganz in sie versenkt, wird in allem Unglück unseres Vaterlandes und inmitten der Zerstörung etwas Unzerstörbares, einen deutschen *character indelebilis* spüren.»[14] Der deutsche Geist kam wider Erwarten ungeschoren davon. Niemand wurde wegen seines künstlerischen oder intellektuellen Beitrags zum «Dritten Reich» angeklagt – keine Riefenstahl, kein Heidegger, kein Benn, kein Blunck oder Johst. Heidegger durfte zwar nicht mehr auf seinen Freiburger Lehrstuhl zurückkehren, wurde aber dank der französischen Affenliebe für deutsche Rätselhaftigkeit ein Star. Der Kronjurist Carl Schmitt sollte auch kein Lehramt mehr ausüben, durfte sich aber weiter mit dem Titel «Preußischer Staatsrat» schmücken, der ihm mehr galt als ein möglicher Nobelpreis; seine offenen und heimlichen Schüler wurden Legion.

Veit Harlan, der in Goebbels' Auftrag den Hetzfilm «Jud Süß» gedreht hatte, wurde in einem aufsehenerregenden Verfahren 1950 von einem Hamburger Gericht zweimal freigesprochen. Was wäre ihm schon vorzuwerfen gewesen? Er wollte als Opfer von Joseph Goebbels gesehen werden, aber in der Nachkriegszeit wurde es noch schlimmer, da fühlte er sich «auch gesellschaftlich geächtet». «Jud Süß» hatte seinen Regisseur zu einem der bestbezahlten Künstler im Deutschen Reich gemacht. Harlan wurde zum Professor ernannt und durfte den opulentesten Film drehen, den sich die deutsche Filmindustrie bis dahin leistete, «Kolberg». Goebbels griff auch hier ein und sorgte dafür, dass im Freiheitskampf gegen Napoleon, wie ihn der Film am Beispiel der Feste Kolberg vorführt, das Echo der Sportpalastrede widerhallt: «Nun, Volk steh auf, nun, Sturm brich los!» Zum Drehbeginn dieses Durchhaltefilms hatte Harlan für den *Völkischen Beobachter* formuliert, worauf es ihm ankam, nämlich «dieser leidenden Gegenwart zu sagen, dass das, was sie leistet unter den Bombenteppichen eines entarteten Feindes, von jeher zu den Bewältigungen deutschen Schicksals gehört» hat.[15] Entartet ist, wer sonst, der Feind, der Deutsche trägt Kultur,

und er trägt sie im «Dritten Reich» ebenso wie danach. Harlan be-
wältigte weiter, drehte klassische Publikumsfilme und tauchte damit unter im Unterhaltungskino der Fünfziger, das sich um keinen
Preis vom Unterhaltungskino des «Dritten Reiches» unterscheiden
wollte.

Nach Harlans zweitem Freispruch erklärte der Journalist Ralph
Giordano: «Nein, das war nicht mein Staat – dieser nicht.»[16] Er
habe keinen Verhandlungstag ausgelassen, schreibt Giordano in
seinen «Erinnerungen eines Davongekommenen», «ein Marty-
rium, wie es schlimmer nicht hätte kommen können. Mir sind
viele Hardliner der Unbelehrbarkeit begegnet, aber Harlan war der
Unbelehrbarste von allen.» Jede Anschuldigung sei an «Harlans
gigantischer Indolenz» abgeprallt, er habe sich nichts vorzuwerfen,
wie er immer wieder betonte.[17] «Ich bin gezwungen worden, ‹Jud
Süß› zu drehen», trotzte dagegen der arme Verfolgte. «Warum soll
ich mich jetzt dafür entschuldigen?»[18] Veit Harlan hatte wirklich
schwer zu tragen, erst an seinem Ruhm im «Dritten Reich» und
danach wieder an seinem Ruhm im «Dritten Reich». Der Gutach-
ter Herbert Kraus empfahl, «den Mantel des Vergessens über das
Dunkel der hinter uns liegenden Zeit zu breiten». Worüber beklagten sich die Juden eigentlich? Der Vorsitzende Richter Walter
Tyrolf verfiel in der Urteilsbegründung auf das irrsinnigste aller
Argumente: «Hätten die Juden nicht schon damals, 1940/41, ins
Kino gehen und Strafantrag wegen Beleidigung stellen können?»[19]
Doch, genau so heißt es in der Begründung des Landgerichts
Hamburg, Schwurgericht II, Urteil vom 29. April 1950. Die Juden
hatten die Einspruchsfrist versäumt, nichts zu machen, Einspruch
abgelehnt. Deutscher Geist ist auch in Rechtsfragen unzerstörbar.

Harlan hatte also kein Verbrechen gegen die Menschlichkeit
begangen, sondern nur seine Filme gemacht. In einer Schlussapo-
theose, wie sie auch er selber hätte inszenieren können, wurde er
von seinen Anhängern vor dem Gericht auf die Schultern genommen und gefeiert wie der Sieger, der er wieder einmal war. Dass
dieses Triumphbild der Nachwelt erhalten blieb, dafür sorgte ein

anderer Professor aus dem «Dritten Reich», Heinrich Hoffmann, Baldur von Schirachs Schwiegervater, der als sogenannter Leibphotograph über Jahre als Einziger über das Recht am Bild von Adolf Hitler verfügte.

Der Hamburger Senatsdirektor Erich Lüth forderte nach dem Freispruch zu einem Boykott von Harlans Filmen auf. Dessen Filmfirma verklagte Lüth daraufhin, Harlan selber verleumdete Lüth, behauptete, sein Gegner habe Loblieder auf Adolf Hitler geschrieben und arbeite – Kommunismusangst geht immer – mit der ostzonalen DEFA zusammen; Lüth musste diese Behauptung gerichtlich untersagen lassen.[20]

Der Richter Walter Tyrolf, der Harlan gleich zweimal freisprach, war (anders als der Angeklagte) Mitglied der NSDAP gewesen und hatte als Staatsanwalt an einem Sondergericht bei Todesurteilen wegen «Rassenschande» und Plünderung mitgewirkt, die in fünfzehn Fällen auch vollstreckt wurden. Tyrolf, gegen den Ende der Fünfziger immerhin ein Ermittlungsverfahren lief, nachdem die DDR eine Kampagne gegen die «Blutrichter» begonnen hatte, wehrte sich mit der Begründung, er sei «der Letzte, welchem man den Vorwurf machen könnte, dabei sich ‹die Hände mit Blut befleckt› zu haben». Das Verfahren gegen ihn wurde eingestellt.

Kristallisationspunkt Erlangen

Hans Schneider konnte sich jedem öffentlichen Aufsehen entziehen, er tauchte nicht bloß unter, er verschwand einfach, gefallen irgendwann in den Kriegswirren. So musste er jedenfalls nicht mit einem Verfahren rechnen. Schneiders Experiment geht nach dem Krieg mit einem neuen Versuch weiter. Aus dem Germanisten wurde ein Germanist und das sonst so unauffällige Erlangen seine Wirkungsstätte. Der Mann mit dem neuen Ausweis auf den

Namen Hans Schwerte war nach dem, was allgemein als der «Zusammenbruch» galt, nicht der Einzige, der einen solchen Versuch
wagte. Die Zahl der «Braun-Schweiger» wurde auf bis zu acht-
zigtausend geschätzt, wahrscheinlich waren es sehr viel weniger.
Doch aus den stolzen SS-Mannen mit ihrer schwarzen Uniform
waren Tankwarte, Gärtner, Maurer und Lexikonverkäufer geworden, denn nicht alle fanden ein Obdach in der von den Amerikanern finanzierten Organisation Gehlen.

Als Schwerte in seiner Aachener Antrittsvorlesung 1967 ausdrücklich fürs Experiment plädierte, meinte er sein höchstpersön-
liches, die Selbstentnazifizierung. Hatte er eine Wahl? Zunächst
sah es doch so aus, als hätte ihm wegen seiner hohen Funktion
im «Ahnenerbe», seiner Arbeit für die SS, seiner möglichen Beteiligung an Menschenversuchen eine lange Haftstrafe und vielleicht
sogar Schlimmeres gedroht. Sein direkter Vorgesetzter Wolfram
Sievers wurde 1948 in Landsberg hingerichtet. Die Möglichkeit,
sich wie Alois Brunner, Josef Mengele oder Adolf Eichmann ins
Ausland abzusetzen, hatte Schneider offenbar nicht, so entschied
er sich, Schwerte zu werden, ein gewöhnlicher Wehrmachtsange-
höriger (die SS-Tätowierung hatte er von einem verständnisvollen
Arzt entfernen lassen).

Er hatte es tatsächlich geschafft, noch einmal ganz neu anzufangen. Er musste gar nicht Zigaretten holen und in die weite Welt
hinausziehen, sondern seine Frau erwartete ihn zusammen mit der
gemeinsamen Tochter im Fränkischen und ließ ihn für tot erklären.
Anschließend heiratete sie den angeblichen entfernten Verwand-
ten ihres nunmehr glücklich verschiedenen Ehemannes Schneider,
der auf wundersame Weise, eigentlich eine «Amphitryon»-Ge-
schichte, in neuer Gestalt als der alte zurückgekehrt war. Reine
Literatur also und praktischerweise von Stund an ohne Rassismus,
ohne Auschwitz, die besten Voraussetzungen für eine ganz neue
Karriere in Erlangen, wo genug Durcheinander herrschte, wo ein
paar belastete Professoren zunächst tatsächlich entlassen wurden,
aber damit Platz schufen für andere, die aus dem Osten vertrieben

waren. Schwerte war nicht belastet, er hatte in einer höchst privaten Stunde Null seine SS-Geschichte entsorgt.

In seinem Referat 1967 in Aachen geht es um Literatur, um Sprache, es geht aber auch um Verschlüsselung und die «verborgensten Zusammenhänge», also um den umgewandelten Schneider. Schwerte stützt sich auf den Weltkriegssoldaten Helmut Heißenbüttel, der einen Arm eingebüßt hat: «Dies alles geschieht auch nicht als ‹Verschlüsselung› irgendwelcher Art. Es geschieht als Versuch, ein erstesmal einzudringen und Fuß zu fassen in einer Welt, die sich noch der Sprache zu entziehen scheint. Und die Grenze, die erreicht wird, ist nicht eine zum Nichts, zum Sprachlosen, zum Chaos (…), es ist die Grenze zu dem, was noch nicht sagbar ist.»[21] Er wird es nicht sagen, wenn es sich vermeiden lässt, oder erst, wenn er dazu gezwungen wird. Sein Vorleben soll sein Geheimnis bleiben.

Im neuen Leben wechselt Schwerte von Hamburg nach Erlangen, wo er eine zweite (oder doch die erste?) Dissertation verfasst, diesmal sind es «Studien zum Zeitbegriff bei Rainer Maria Rilke». Er wird bei dem ehemaligen Rottenführer Heinz Otto Burger promoviert, der nach Gefangenschaft und Spruchkammerverfahren eben auf seinen Lehrstuhl zurückgekehrt ist.

In Erlangen war der deutsche Geist auf sonderbarste Weise konzentriert, es ist fast absurd, welche Lebenslinien sich hier kreuzen, die des neu geschaffenen Hans Schwerte ist nur eine davon. Die Erlanger Friedrich-Alexander-Universität ist nicht besser und nicht schlechter als andere mittelgroße Universitäten, aber zumindest nach dem Zweiten Weltkrieg muss sie ein Hort der Reaktion gewesen sein. Das hatte mit den Studenten zu tun, die zu einem Großteil Kriegsheimkehrer waren, Unteroffiziere, deren Laufbahn durch die Niederlage jäh unterbrochen worden war. Als der evangelische Pfarrer Martin Niemöller 1946 in Erlangen predigte, rebellierten die Studenten in der Kirche. Er kam in einem Auto der amerikanischen Besatzer angefahren und wurde

als Verräter beschimpft, doch worin bestand sein Verrat? Dass
er es mit den Siegern hielt? Dass er, obwohl er zunächst mit
dem Nationalsozialismus sympathisierte, gegen Hitler gepredigt
hatte?

Während die Studenten in Freiburg, Göttingen und Heidelberg
gegen die Aufführung des Films «Hanna Amon» demonstrierten,
durfte sich der Regisseur Harlan am 26. Januar 1952 in Erlangen
vor den versammelten Studenten damit rechtfertigen, dass ihm der
Tod gedroht hätte, wenn er Goebbels nicht gefolgt und «Jud Süß»
gedreht hätte. Die Erlanger Studenten, angeführt von einem Kor-
porierten mit frischer Mensur, waren von dem Vortrag so beein-
druckt, dass sie eine Resolution verfassten, wonach sie «moralisch
verpflichtet» seien, «im Sinne einer wahren Demokratie und der
Gerechtigkeit für alle Menschen Herrn Veit Harlan von der Schuld
an einer Verstärkung des Rassenwahnsinns, wie er von NS-Seite
propagiert wurde, freizusprechen».

1932 war der frisch habilitierte Benno von Wiese auf eine außer-
ordentliche Professur nach Erlangen berufen worden. Wie Gottfried Benn, wie Martin Heidegger bemühte sich auch Wiese um
einen Platz an der neuen Sonne. Bei der Bücherverbrennung am
12. Mai 1933 war er nicht dabei, bezeichnete aber in der Broschüre
«Dichtung und Volkstum», die mit dem Satz «Es werde Deutschland!» endete, den Parteidichter Dietrich Eckart als «Philosoph
und Dichter des erwachenden Nationalsozialismus»[22]. Auch über
die völkischen Autoren Hermann Claudius und Hans Grimm
hielt er Vorträge und schwärmte in einer Festrede vom «Volksstaat
Adolf Hitlers»[23]. Als es bei Weiterbewerbungen Zweifel an der Lau-
terkeit seiner nationalsozialistischen Gesinnung gab, konnte sich
dieser gnadenlose Opportunist darauf hinausreden, dass einer
seiner Kritiker Jude war.[24] Die neuen Machthaber folgten dem
Germanisten aufs Wort: Die Juden wurden sofort aus den Universitäten vertrieben, und karrierebewusste junge Männer wie Wiese
lieferten die scheinwissenschaftliche Begründung dafür nach: «Es
genügt nicht, Volk ‹der Dichter und Denker› zu sein. ‹Humanität›

und ‹Idealismus› werden zum volksfremden Liberalismus, wenn sie sich nicht auf das autoritative Ganze der deutschen Volksgemeinschaft ausrichten.»[25] Die Machtergreifung hatte bei Benno von Wiese sofort auf die Wissenschaft durchzuschlagen. In seiner Antrittsvorlesung hatte er nur neun Monate zuvor noch über die «Humanitätsidee in der deutschen Klassik» gesprochen, jetzt waren, ohne dass ihn etwa die Gestapo bedrängt hätte, Humanität und Idealismus der Autorität und der Volksgemeinschaft unterworfen.

Da Wissenschaft aber nicht alles ist, trat Wiese im April 1933 auch noch in die NSDAP ein, der NS-Dozentenbund folgte; sogar als Blockwart machte er sich nützlich. In seiner Autobiographie erklärte er später seinen Eintritt in die Partei mit einem «Mangel an Tapferkeit», einer grundsätzlichen «Lebensangst»,[26] der wirtschaftlichen Sorge um seine junge Familie. Außerdem habe ihm sein Freund Friedrich Scheid erklärt, «daß wir nicht draußen bleiben dürften, daß wir verpflichtet seien, ‹Schlimmes oder noch Schlimmeres zu verhüten›».[27] Deshalb, nur deshalb, forderte er also in seinen «49 Thesen zur Neugestaltung deutscher Hochschulen»: «Die deutsche Hochschule gehört nach Lehre, Unterricht, Forschung und Verwaltung den Deutschstämmigen, das heißt all denen, die dem natürlichen Lebensraum und der räumlich-geschichtlichen Welt deutscher Nation blutsmäßig entstammen.»[28]

Dass Blut ein besonderer Saft ist, wusste er ja schon aus dem «Faust», es wurde ein Lieblingsbegriff in der raunenden Politik, mit der der Nationalsozialismus auch die Universitäten überzog. Wiese blieb dem Denken treu, so gut es ging. Kurz zuvor hatte er sich von seiner Freundin Hannah Arendt getrennt, die seiner Einschätzung nach (aber auch das ist schon fast wieder der «Faust») «weder ‹hübsch› noch ‹schön›» war,[29] wie er nach ihrem Tod befand, außerdem: «Triebhaft war sie nicht, wohl aber schwärmerisch. So groß und so reich dieses weibliche Gefühlssensorium auch war, die völlige Hingabe an das männliche Du konnte ihr trotzdem nicht gelingen, weil sie, gegen ihren Willen, stets dominieren mußte. So weckte sie bei den intellektuellen Männern, die enger mit ihr verbunden waren, ein Bewußtsein der Unterlegenheit.»[30] Angeblich hätten sein Doktorvater Karl Jaspers und dessen «jüdische Frau» gern eine Verbindung der beiden gesehen, eine weitere «existentielle Kommunikation», allein, ach: «Ich war dazu nicht ‹geistig› genug und Hannahs ‹moralischen› Ansprüchen nicht gewachsen.» Es geht aber noch schlimmer: «Wenn sie ‹richtete›, so doch niemals nach engen moralischen Maßstäben. Es ging um das Versagen oder Nicht-Versagen vor dem Richterstuhl einer sittlich verstandenen Humanität»,[31] einer Humanität, die er, Wiese, im raschen Wechsel preisen und ablehnen konnte.

Im Stalingrad-Jahr 1943 rühmte der Rektor Hermann Wintz die Friedrich-Alexander-Universität als «die erste nationalsozialistische Hochschule des Reiches», denn bereits 1929 hatte der Nationalsozialistische Deutsche Studentenbund bei den Wahlen die Mehrheit im AStA errungen.[32] Der Chirurg Otto Goetze initiierte 1933 eine Loyalitätserklärung der Universität für Adolf Hitler, weshalb er 1945 entlassen wurde, doch amtierte er 1951/52 schon wieder als Rektor. Der Theologe Hans Preuß setzte in einer Schrift «Luther und Hitler» gleich, der Romanist Adalbert Hömel wollte ganz sichergehen und wurde Mitglied der NSDAP, der SA und der SS. Der Historiker Helmut Weigel trat bereits 1931 in die Partei ein, wurde im November 1935 allerdings wieder ausgeschlossen, weil er sich weigerte, sich von seiner Frau, die nach den Nürnberger Gesetzen als «Mischling ersten Grades» galt, scheiden zu lassen. Wäre ihm nicht die Lehrbefugnis entzogen worden, hätte er noch im Sommersemester 1936 das bereits angekündigte Seminar «Ausgewählte Reden des Führers, 2 st, Do, privatissime» abgehalten.

Man kann sich also ungefähr vorstellen, wie entsetzt die Erlanger Professoren um das Jahr 1953 waren, als ihnen der Student Hans Magnus Enzensberger (wie er behauptet) vorschlug, sich in seiner Doktorarbeit mit der Rhetorik Adolf Hitlers zu befassen.[33] Sie redeten ihm das Vorhaben schnell aus, und er schrieb ganz brav eine werkimmanente Interpretation im Geiste Emil Staigers über «Das dichterische Verfahren in Clemens Brentanos lyrischem Werk» bei Wolfgang Baumgart (NSDAP seit 1940), der so klassisch vom «Wald in der deutschen Dichtung» zu raunen wusste. Heinz Otto Burger waltete als Koreferent.

Den Studenten, jedenfalls soweit sie nicht einer schlagenden Verbindung angehörten und Veit Harlan zujubelten, muss wider alles Erwarten die Emanzipation von diesem Lehrkörper gelungen sein. «In den Jahren 1946 bis 1950 hatte ich es an der Universität Erlangen mit den heimgekehrten Frontsoldaten aus der ehemaligen Hitlerjugend zu tun, der – rückblickend geurteilt – besten Studentengeneration, die ich je erlebt habe», urteilt der Historiker Hans-Joachim Schoeps in seinen Erinnerungen. «Fast alle waren sie enttäuschte Idealisten, denen ich etwas zu sagen hatte, weil ich sie von innen her verstand.»[34] Aber was genau verstand Schoeps? Ihr Gefühl, für den Führer gekämpft zu haben und besiegt und betrogen worden zu sein? Schoeps jedenfalls wollte bei den Siegern sein, nicht anders als Benno von Wiese, der wie er aus der zivilisationskritischen bündischen Jugend kam, die einst aus grauer Städte Mauern in eine literarisierte Natur aufbrechen wollte, 1933 aber zerschlagen und in die Hitlerjugend überführt wurde.

Wiese war nicht der einzige Erlanger, der es vorübergehend mit den Nazis hielt, Schoeps konnte das auch. Der preußische Nationalmasochist gründete 1933 den «Deutschen Vortrupp. Gefolgschaft der Juden» und bot sich den neuen Machthabern mit einer solchen Begeisterung an, dass Gershom Scholem in einem Brief an Walter Benjamin darüber staunte, wie eifrig Schoeps «Anschluß an den deutschen Faschismus zu gewinnen» suchte[35]. «Auch wenn uns unser Vaterland verstößt, bleiben wir: Bereit für Deutschland», verkündete Schoeps im besten Jünger-Ton. Als es zu den ersten Judenpogromen kommt, werden selbst die noch verteidigt; Einmischung aus dem Ausland ist unerwünscht: «Gerade wir Juden haben gewiß keine Veranlassung, mit der Form, in der zurzeit in Deutschland die Judenfrage behandelt wird, einverstanden zu sein. Aber wir wünschen, diese Erörterungen als Deutsche mit den deutschen Regierungsstellen selbst zu führen.»[36] Rudolf Diels, der Gründer der Gestapo, rühmt Schoeps nach, dass der sich «besonders um die *geistige* Einordnung der deutschen Juden in das Dritte Reich»[37] bemüht hätte. Und tatsächlich verkündete Schoeps trotz zunehmender Repressalien, dass aus den Juden vielleicht Preußendeutsche werden müssten. Er forderte die «vollständische Eingliederung einer haltungsmäßig gewandelten deutschen Judenschaft, die sich durch staatliche Haltung und nationale Leistung (…) auszuweisen vermag, in das deutsche Volk und den deutschen Staat».[38] Der «Verband nationaldeutscher Juden» unterstützte denn auch die Volksabstimmung, mit der 1934 die Zusammenlegung der Ämter des Reichskanzlers und des Reichspräsidenten in der Person Adolf Hitlers bestätigt werden sollte, und feierte die «Nationale Erhebung vom Januar 1933» als «das einzige Mittel», um «den in vierzehn Unglücksjahren [der Weimarer Republik] von undeutschen Elementen angerichteten Schaden zu beseitigen».[39]

Der Monarchist Schoeps glaubte an Deutschland, und von 1933 an war Deutschland Hitler. Eine Zeitlang konnte Schoeps in der nationalen Erhebung mitjubeln. Das Lehrerexamen durfte er noch ablegen, aber zum Schuldienst wurde er nicht mehr zugelassen. Veröffentlichen durfte er nur unter dem Pseudonym Hans-Joachim Schulz. Wolfgang Frommel aus dem George-Kreis half ihm mit Rundfunkaufträgen, 1938 wurde Schoeps jedoch von der Gestapo eingesperrt. Im Jahr darauf erlaubte man ihm die Ausreise nach Schweden. Er kam mit dem Leben davon, aber sein Vater und seine Mutter starben in Auschwitz beziehungsweise Theresienstadt.

1946 kehrte Schoeps aus dem Exil nach Deutschland zurück. In Marburg habilitierte ihn Rudolf Bultmann, dann erhielt er einen Ruf nach Erlangen auf den eigens geschaffenen Lehrstuhl für Religions- und Geistesgeschichte. Schoeps war einer der wenigen Emigranten, die nach dem Krieg tatsächlich an eine Universität geholt wurden. An seiner Haltung musste er nichts ändern. In einem weiteren Brief, diesmal an Hannah Arendt, bezeichnete ihn Scholem als «gescheiterten Nazijuden (der es *horribile dictu* sogar offenbar ernst gemeint hat)»[40].

Heute ist von Schoeps eigentlich nur noch bekannt, dass er als preußischer Monarchist 1971 den Urenkel des letzten deutschen Kaisers, Friedrich Wilhelm Prinz von Preußen, zum Dr. phil. mit einer Arbeit promovierte («Magna cum laude»), die zu einem Drittel wörtlich aus anderen Dissertationen abgeschrieben war. Der erklärte Demokratiefeind konnte einfach nicht der Ehre widerstehen, einen echten kaiserlichen Nachfahren zum Schüler zu haben. Noch verwirrender war Schoeps' Interesse an Waldemar Pabst. Der ehemalige Erste Generalstabsoffizier der Garde-Kavallerie-Schützen-Division war ein Wiedergänger aus einer ganz anderen Zeit, aus der sich jedoch das Abendland, das es gegen die Russen zu verteidigen galt, das Volk, das bei jeder feierlichen Gelegenheit angerufen wurde, und der Verrat, der überall und jederzeit drohte, herübergerettet hatten. Mit Pabst besprach Schoeps 1958 seine Lieblingsidee, gegen das demokratische Durcheinander in Deutschland wieder zur Monarchie zurückzukehren.

Für Waldemar Pabst war die Schmach des Versailler Vertrags noch ein lebendiger Begriff, und in Erlangen konnte er sich am rechten Ort fühlen. Von dort waren 1919 dreihundertfünfzig Studenten aufgebrochen, um mit dem Freikorps Epp der Münchner Räterepublik den Garaus zu machen. Stolz verwies Pabst darauf, dass er 1919 ebenfalls in die deutsche, wenn nicht sogar die Weltgeschichte eingegriffen habe. Unter der kontinuitätsstiftenden Überschrift «Moskau griff schon einmal nach Berlin» trug er in der Zeitschrift *Das Deutsche Wort* am 5. Januar 1962 seine Rechtfertigung vor: «Es lag nur im Interesse unseres Deutschlands, daß wir es damals vor dem Schicksal bewahrten, das ihm heute Herr Ulbricht und seine Drahtzieher bereiten möchten, (...) der Sieg des Kommunismus in Deutschland hätte bereits 1919 das gesamte christliche Abendland zum Einsturz gebracht. Die Beendigung dieser Gefahr wog bestimmt wesentlich mehr als die Beseitigung von zwei politischen Verführern.» Im *Spiegel* ging Pabst noch weiter, sprach davon, dass er es war, der – und zwar mit dem Segen der SPD-Politiker Friedrich Ebert und Gustav Noske – die beiden Revolutionäre Rosa Luxemburg und Karl Liebknecht habe «richten» lassen.

In Erlangen stellte sich Pabst, der mittlerweile als Rüstungslobbyist arbeitete, als «Berufsreaktionär» vor. Schoeps' Sohn hatte ein Mikrophon im Blumenstrauß für den Gast versteckt und konnte so festhalten, wie unbekümmert Pabst auch nach über vierzig Jahren noch davon erzählte, dass er es war, der die beiden «politischen Verführer» liquidieren hatte lassen.[41] Freundlicherweise aber hatte Felix von Eckardt, der Pressesprecher der Bundesregierung, Pabst 1962 durch ein offizielles Bulletin zugesichert, dass es sich dabei um eine «standrechtliche Erschießung» gehandelt habe, in der Deutschland ein weiteres Mal vor dem Kommunismus bewahrt werden musste, eine strafrechtliche Verfolgung also nicht zu befürchten war.

Wer hätte in diesem wundersamen Erlangen etwas über den Germanisten Hans Schwerte sagen sollen, der offensichtlich eine Vorgeschichte hatte, die in manchem der manch anderer ähnelte, also gar nicht weiter der Rede wert war? Ein Mitläufer? Ein Mittäter? Es gab wohl sogar Mitwisser, wie der Literaturwissenschaftler Ulrich Wyss herausgefunden hat, einigen kam dieser Schwerte von Ostpreußen her bekannt vor, sogar von der SS wurde geflüstert, aber es gab kein öffentliches Aufsehen. Heinz Otto Burger dagegen galt als belastet, schließlich hatte er bis 1947 warten müssen, ehe er nach einem Spruchkammerbescheid seine Stelle antreten konnte. Enzensberger will «Leute wie Burger instinktiv» abgelehnt haben. «Wir ‹rochen› damals, was an den älteren Germanisten faul war, und gingen unsere eigenen Wege»[42], sagt er 1998 zu Claus Leggewie. Enzensberger wechselte deshalb für ein paar Semester nach Freiburg und Hamburg, kehrte aber zum Promovieren nach Erlangen zurück, zu den Nazis, denn es gab nur Nazis in unterschiedlichen Läuterungsstadien. In seiner Doktorarbeit fehlt nicht der Verweis auf das Erste Gebot der Moderne, wenn er bei Clemens Brentano den «Unterschied, der sich auftut zwischen empirischem und dichterischem Ich», anspricht. «‹Je suis un autre›, dieses Wort von Arthur Rimbaud bezeichnet mit größter Deutlichkeit dieses Auseinandertreten»[43] – zwischen dem erdichteten Ich und jenem, das zurückgeblieben war: an der Ostfront, im «Zusammenbruch», in der Spruchkammer oder, wie im Fall Hans Ernst Schneiders: im Einwohnermeldeamt von Neuendettelsau, das die Toterklärung als Kriegsfolge ohne weiteres akzeptiert hatte.

Diese anderen, eigenen Wege gab es deshalb jedenfalls in Erlangen auch nicht ohne Schwerte, der sich nicht nur Verdienste um das Studententheater erwarb, sondern seine Studenten in einem Lesekreis mit der neuesten Literatur, mit tagesfrischer Onomatopoesie vertraut machte, mit Ernst Jandl und H. C. Artmann. Es gab sie auch nicht ohne den verrückten Schoeps: Wo sonst, so ein ehemaliger Student, als beim deutschnationalen «Heil-Hitler-Juden» (Wolf Biermann) hätte man von dem mystischen Barockdichter Quirinus Kuhlmann und von den Rosenkreuzern gehört? Da durfte Schoeps ruhig der Monarchie nachtrauern und Waldemar Pabst einladen. Die Nähe zu Mitläufern und Mittätern des «Dritten Reiches», in dem doch seine Eltern dem Rassenwahn zum Opfer gefallen waren, den Burger und Schwerte (in seiner früheren Inkarnation als Schneider) propagiert hatten, scheint Schoeps nicht völlig unerträglich gewesen zu sein.[44] Es gab, so das Fazit des Rektors Gotthard Jasper, «keine braunen Seilschaften, schon eher die Regeln der Kommunikation in einem Kollektiv der Verstrickten, was heißt, es wurde nicht darüber geredet». Aber es gibt die Literatur, es gibt das Schreiben, in dem sich das Schweigen äußern kann. In einem Vers Enzensbergers in dem Band «Landessprache» (1960) heißt es einmal: «was da Hölderlin sagt und meint Himmler». Himmler hatte sich umgebracht, Schwerte hielt es mit Rilke und Goethe.

Seit 1949, als auch Hans Magnus Enzensberger nach Erlangen kommt, arbeitet Schwerte als Assistent Heinz Otto Burgers und betreut dessen Seminare. Nebenher hält er, wie es in den Dreißigern Benno von Wiese getan hat, außerhalb der Universität allgemeinbildende Vorträge und schreibt regelmäßig für eine Beilage der *Erlanger Zeitung*. Im Goethe-Jahr 1949 beschäftigt er sich naturgemäß mit Goethe, und er bekennt sich zu einem «Deutschtum, das weltverantwortlich denkt und handelt, das sich nicht in sich selbst verschließt und vergrollt, sondern spendend, annehmend und vermittelnd der Welt offen wirkt»[45]. Wie alle jüngeren Intellektuellen setzt Schwerte sich mit Thomas Mann auseinander, der nach 1933 das Land verlassen hat, amerikanischer Staatsbürger geworden ist und in seinen Radioansprachen für «Deutsche Hörer!» am Ende sogar den Krieg der Alliierten gegen Deutschland unterstützte, damit das Hitler-Regime ein Ende nehme. In seinem Roman «Dr. Faustus» (1947) hat Mann den Faust-Mythos als deutsche Schicksalsgeschichte erzählt, die von Martin Luther zum Verhängnis des Nationalsozialismus führen musste.

In einem Aufsatz, der 1951 ebenfalls in der *Erlanger Zeitung* erscheint, beweist Schwerte, dass er noch immer wie ein strammer Nationalsozialist denkt und schreibt. Ganz im alten Jargon bewertet er die Gegenwartsliteratur nicht literaturkritisch, sondern so kommissarhaft wie früher. Thomas Mann hat 1949 in Weimar und Frankfurt, in der DDR und in der Bundesrepublik, zum Goethe-Jubiläum gesprochen, er hat den Goethe-Preis in Empfang genommen, aber er wollte offensichtlich nicht in das Land zurückkehren, in dem selbst den Büchern der «Geruch von Blut und Schande» anhaftet. Mann ist Emigrant, ein Vaterlandsverräter und kann schon deshalb nichts von deutscher Geschichte verstehen. Statt «jener großgearteten ritterlich-geistigen staufischen Welt der Wende vom 12. zum 13. Jahrhundert», so lautet Schwertes Vorwurf, biete Thomas Mann dem Leser das falsche, «ein schon bürgerlich verschnörkeltes und oft dumpf verwinkeltes ‹Spätmittelalter›, das nichts mehr von jenem weltweiten Raum christlich-geistiger Ordnung und höfisch-imperialer Gestaltung in sich wußte».[46] Thomas Manns altfränkische Schreibweise geht ihm nicht einfach auf die Nerven, sondern er muss monieren, dass sie nur dort «befreiend» wirke, «wo durch ihre Uebertreibung Seinsgrund aufgedeckt wird».[47] Wenn Mann die Gregorius-Legende aufgreift, dann ist das für Schwerte nur ein «amüsantes Verarbeiten eines alten Legendenstoffes zum Gebrauch moderner, grund- und bundloser Seelenproblematik». Hier muss er überhaupt der Gegenwart den Marsch blasen: «Literaten und ‹Politiker›» – er schreibt Letztere in Anführungszeichen, als gelte es noch einmal, die Weimarer Republik zu bekämpfen – «beteiligen sich an der ‹allgemeinen Glaubens- und Wertzerstörung der Neuzeit›.»

Schwerte ist wahrlich nicht der Einzige, der die völkische Literaturverdrängungspolitik des «Dritten Reiches» in eine Kulturkritik überführt, die sich an der glaubens- und seelenlosen Nachkriegszeit stört. Der Stuttgarter Ordinarius Fritz Martini (Partei- und SA-Mitglied seit 1933) konnte zwar thematisch rasch vom «Bauerntum im deutschen Schrifttum» (1944) zum Expressionismus (1948) wechseln, doch verrät seine populäre «Deutsche Literaturgeschichte» (zuerst 1949), wie sehr er sich auch in der Bundesrepublik der jeweils neuesten Zeit angepasst hat. In der zweiten Auflage von 1950 dröhnt es kaum leiser als eineinhalb Jahrzehnte zuvor bei Adolf Bartels, wenn von «Schuld und Tragik, die im Schicksal des eigenen Volkes liegt», geraunt und die «schwersten Jahrzehnte deutscher Geschichte» beschworen werden. Elisabeth Frenzel war nicht in der Partei, doch sie promovierte 1940 über «Die Gestalt des Juden auf der neueren deutschen Bühne» – wie bei Martini war ihr Doktorvater Julius Petersen – und arbeitete anschließend zum gleichen Thema ganz unliterarisch im Amt Rosenberg. Auf wundersame Weise wurde sie entnazifiziert, und von 1953 an trug sie die immer wieder aktualisierten «Daten deutscher Dichtung» zusammen. Es sollte das erfolgreichste Nachschlagewerk der deutschen Literaturgeschichte werden, das bis über die Jahrtausendwende verkauft wurde und Schüler und Studenten darüber belehrte, was man von der Literatur der fünfziger Jahre zu halten habe. Von «entarteter Kunst» war mit Bezug auf sie zwar nicht mehr die Rede, aber doch von «Abbild, Zerrbild, Vexierbild».

Thomas Mann, erklärte Schwerte 1951 dem Erlanger Publikum, könne sich nicht ausschließen «von diesem Mithelferdienst und der Mithelferverantwortung» und trage ebenfalls Schuld an diesem Werteverfall. Damit mag er sich aber nicht begnügen, es geht gegen den Emigranten, der das Vaterland im Stich gelassen hat, es geht um den Aufsatz «Bruder Hitler», den Schwerte mit einer atemberaubenden Infamie gegen den Autor wendet: «Das vermessene, übermütige Wort vom ‹Bruder Hitler›, das Thomas Mann 1934 in einer Pariser Emigranten-Zeitung[48] schrieb, dürfte, wie immer es gemeint war, von unheimlichster dämonischer Wahrheit und Selbsterkenntnis sein.»[49] Entweder will Schwerte seine Leser in die Irre führen, oder es liegt ihm eine ganz andere Wahrheit auf der Zunge, mit der er aber, wo er sich einmal entschlossen hat, in der Germanistik seinen Lebensunter- und -inhalt zu finden, nicht mehr herausrücken kann. Thomas Manns Aufzeichnungen über den «Bruder Hitler» ist ohne größere psychologische Vorbildung zu entnehmen, dass er als Künstler eine allerdings sehr unangenehme Verwandtschaft mit dem «verhunzten» Künstler Hitler sieht, aus dessen Künstlertraum nichts wurde. Es ist der SS-Mann Schneider, der zwar nicht mit dem erfolglosen Maler, aber mit dem Gewaltherrscher Adolf Hitler so eng verbunden war, dass er sich von der Mithelferverantwortung nicht auszuschließen vermag, was er aber nicht offen zugeben kann. Zu Claus Leggewie wird er immer wieder sagen: «Ich habe die Uniform von Auschwitz getragen.» Wenn der SS-Hauptsturmführer Hans Ernst Schneider unter dem neuen Namen Schwerte sein altes Ich exorzisieren will, dann scheitert er bei solchen Gelegenheiten, weil der alte Kunstwart mit ihm durchgeht, der mit dieser «Moderne», die keinen «Seinsgrund» (wie immer der gemeint war) mehr hat, nichts anfangen kann und die vermeintlich dafür Verantwortlichen denunzieren muss.

Muss man's sagen? Martin Heidegger, ein weiterer Mithelfer, re-
det in seinen «Schwarzen Heften» um das Jahr 1948 ganz genauso.
Hier äußert sich ein fast schon irrationales Abwehrverhalten, und
es fehlt nicht viel, und die Juden wären an Auschwitz schuld gewesen. So sehr der Konvertit Ernst Jünger, der zwischen den Kriegen
nicht genug vom Stoßtrupp und vom Schützengraben erzählen
konnte, von 1945 an den «Frieden» predigt, einmal fällt er doch aus
der Rolle, als ihn ein Emigrant, der Polemiker Kurt Hiller, angreift:
«Ich halte Hiller für einen der Hauptschuldigen an den Judenpogromen», ereifert sich Jünger 1949 in einem Brief an seinen Verleger Ernst Klett, «er war es, der durch jahrzehntelange Beschmut-
zung alles Deutschen dem *Stürmer* das Material lieferte.»[50] Hiller
war selber alles andere als ein Friedensengel, vielmehr ein gran-
dioser Übertreibungskünstler, wenn er meinte, Jünger sollte «als
einer der widerwärtigsten Kriegsverbrecher vor dem Nürnberger
Tribunal stehen», zumal er keine Reue zeigte und nie ein Wort der
Entschuldigung für die hatte, die er vor 1933 ständig angegriffen
hat. «Dieser Verherrlicher des Massenmords l'art pour l'art ist der
unvornehmste Schreiber, der je drucken ließ.»[51] Bei einem Vortrag in London hatte Hiller 1945 bereits ähnlich gewettert: «Ernst
Jünger ist gefährlicher als [der Schriftsteller] Adolf Hitler; Thomas
Manns ‹Betrachtungen eines Unpolitischen› sind gefährlicher als
Jünger.»[52]

Das ist die Gesellschaft des geistigen Deutschland, das solche
Anpassungsschwierigkeiten hat. Hans Schwerte ist deshalb kein
Einzelfall. Er spricht vielleicht für sich und von sich, aber er wird
weitum verstanden. Gelegenheit, sich mit dem «Doktor Faustus»
auseinanderzusetzen, mit Thomas Manns Fassung der deutschen
Geistesgeschichte als Höllenfahrt, die zu Hitler und dem Nationalsozialismus führt, hatte Schwerte 1947 nicht, weil er da sein
Schnellstudium der Germanistik absolvieren musste. Jetzt aber
nimmt er das Erscheinen der Erzählung «Der Erwählte» (1951)
wahr, um Mann mit einer Formulierung Franz Werfels anzugreifen, den Emigranten also mit dem Juden zu kritisieren. Ohne den

Juden geht es nicht, so viel Ahnenerbe ist dann doch überliefert: Schwerte bezeichnet Thomas Mann als «Vorheizer der Hölle».

Dass die Hölle die anderen sind, diese faule Ausrede, die Jean-Paul Sartre auch den desillusionierten Anhängern Heideggers als Allheilmittel gegen die Nachkriegsgegenwart anbot, wusste man 1951 in Erlangen noch nicht. Die Hölle war echt, sie war wie bei Elisabeth Langgässer im «Unauslöschlichen Siegel» wahlweise die von Stalingrad oder Auschwitz. Nichts schöner, als wenn sich einer fand, der dafür verantwortlich war, und noch schöner, wenn sich ein so dankbarer Fürsprecher wie Werfel fand. Werfel kam aus dem Prager Expressionismus, aber er ließ sich als Kronzeuge nutzen, schließlich hatte er zum christlichen Glauben gefunden und einen tiefkatholischen Roman geschrieben, «Der veruntreute Himmel», und, noch schlimmer und hollywoodesker, «Das Lied der Bernadette». Dieser ehemalige Bohemien bezichtigt sich, bereits todkrank im Exil, in letzten Aufzeichnungen seiner Vergangenheit, doch obwohl Schwerte diese Sätze gegen den Deutschlandkritiker Mann wendet, könnte er damit auch sich selber und seine radikale Nazi-Vergangenheit denunzieren: «Ich habe viele Arten von Hochmut erlebt, an mir und an andern. Da ich aber in meiner Jugend eine Zeitlang selbst dazugehört habe, kann ich aus eigener Erfahrung bekennen, daß es keinen verzehrenderen, frecheren, höhnischeren, teufelsbesesseneren Hochmut gibt als den der avantgardistischen Künstler und radikalen Intellektuellen, die von eitler Sucht bersten, tief und dunkel und schwierig zu sein und wehe zu tun. Unter dem amüsiert empörten Gelächter einiger Philister waren wir die unansehnlichen Vorheizer der Hölle, in der nun die Menschheit brät.»[53] Hitler war's, das ist doch die Botschaft, Hitler und solche Leute wie Thomas Mann.

Erwin Guido Kolbenheyer gegen Thomas Mann

«Auf Wiedersehen, Thomas Mann, du großer Dichter!» – mit diesen Worten, so erzählte es Walter Jens, beendete er als einundzwanzigjähriger Student 1944 in Freiburg vor der Kameradschaft Friedrich Ludwig Jahn ein Referat über den Roman «Lotte in Weimar». Zwei Jahre zuvor hatte er Thomas Mann noch abfällig als «Literaten» bezeichnet, sich ganz im Sinne seiner Lehrer an der Hamburger Gelehrtenschule Johanneum gegen «entartete Literatur» gewandt und für das Völkische geworben. Jens' Abituraufsatz hieß «Heinrich gewinnt das Reich. Der Kampf zwischen Gregor und Heinrich», es ging darin um Erwin Guido Kolbenheyers Canossa-Drama «Gregor und Heinrich». Thomas Mann habe ihn gegen die nationalsozialistische Lehre immunisiert, beteuerte Jens später, mit seiner Freiburger Zimmerwirtin habe er heimlich Manns Rundfunkansprachen gehört, aber 1942 wurde er, woran er sich später nicht mehr erinnern konnte, in die NSDAP aufgenommen.[54]

Jens studiert Altphilologie und habilitiert sich 1949 in Tübingen mit einer Arbeit über den Freiheitsbegriff bei dem römischen Historiker Tacitus. Er veröffentlicht eine Reihe von Romanen und etabliert sich als Mitarbeiter der *Zeit*. 1962, mit zehnjähriger Verspätung, unterzieht er den Beitrag «Der Weg ins 20. Jahrhundert» von Hans Schwerte in den «Annalen der deutschen Literatur» (1952), die Schwertes Doktorvater Heinz Otto Burger herausbringt, einer strengen Kritik, die auf das Fazit hinausläuft: «Wer hätte wohl 1945 zu ahnen gewagt, daß die Kategorien der völkischen Literaturbetrachtung sich als so dauerhaft erweisen würden?»[55]

Das konnte nur eine rhetorische Frage sein (Jens erhielt im Jahr darauf den Tübinger Lehrstuhl für Rhetorik, den einzigen in Deutschland), denn die völkischen Autoren waren ja immer noch da. Sie fanden zwar stetig weniger Leser, aber ihre Interpreten, die ihr philologisches Instrumentarium im «Dritten Reich» erworben und geschärft hatten, saßen nach wie vor an den Universitäten und redeten und schrieben, wie sie es gelernt hatten. Zumindest für den SS-Hauptsturmführer Dr. Schneider erwiesen sich die alten Kategorien als so dauerhaft, dass er als Dr. Schwerte zwar Ingeborg Bachmann und Paul Celan nach Erlangen einladen konnte, aber bei Gottfried Benn nicht weitergekommen war als bis 1945. Ein anderer, ein ganz anderer wollte er geworden sein, doch im völkischen Geist seines Lehrers Josef Nadler erkannte Schwerte noch in dem 1953 erschienenen Band «Denker und Deuter im heutigen Europa» den Benn'schen Seinsgrund: «Östliches und Westliches, Ferne und Form mischen so sich schon in Benns Blut».[56] Die «Denker und Deuter» waren als halbakademischer Hausschatz für die Bundesrepublik gedacht, die am deutschen Geist eben erst verzweifeln musste und nun neue, bessere Bestätigung brauchte. Das Werk erschien im Stalling-Verlag, in dem gleich mehrere SS-Männer überwintern konnten, ohne sofort den Weg in die neue Demokratie einschlagen zu müssen. Der zuständige Lektor war Wilhelm Spengler, wie Schwerte im «Ahnenerbe» beschäftigt und jetzt ehrenamtlich tätig für die «Stille Hilfe», die sich der versprengten SS-Kameraden annahm, denen dieser Übergang schwerer fiel als Schneider-Schwerte und Spengler.

«Uns einte der Schwur», wird Schwerte 1996 sagen, «es nun besser zu machen und daran zu arbeiten, daß alle Menschen in Würde leben können.»[57] Offensichtlich einte die alten Kameraden vor allem der Schwur, in der zunächst so unabsehbaren Gegenwart mit dieser Vergangenheit zu überleben. Die Bundesrepublik machte es den davongekommenen Tätern aber auch leicht: Die Möglichkeit, das Wohlstandsversprechen der Dreißiger doch endlich einzulösen, hielt sich in bester Tradition einen kulturkritischen Zwilling, der in der verwalteten und verfressenen Welt die Rückbesinnung auf das Geistige und die Hoffnung nun nicht mehr auf Deutschland, sondern auf das neue Europa anbot. Die deutschnationalen Intellektuellen brauchten sich nur umzustellen: der «Gegnerforscher» Franz Alfred Six betrieb den Verlag C. W. Leske,

Hans Zehrer fand sich zum intellektuellen Großwesir Axel Springers berufen, Hans Rößner, aber das ist wieder eine ganz andere Geschichte, wechselte vom Stalling- zum Insel-Verlag und wurde schließlich bei Piper der Lektor Hannah Arendts.

Hans Schwerte, der das alte Netzwerk bald nicht mehr brauchte, nahm an der geistigen Umrüstung der Bundesrepublik teil, er wollte wie früher Leitlinien des Denkens vorgeben, hatte aber selber noch gar keine neuen gefunden, jedenfalls sieht es für Walter Jens im Jahr 1962 so aus. Jens kann griffig schreiben, während sich Schwerte unglaublich quält und doch nur bodennahen Heidegger zustande bringt: «Denn dieser Gedanke von der verlorenen und zu suchenden Ganzheit, von der verlorenen und zu suchenden Geborgenheit, von dem verlorenen und zu suchenden Gott eint – trotz allen Gegensatzes – diese ganze Werkgruppe, mag es nun um Carossas Kindheit, Wiecherts Wald, Hesses Morgenland, um das ‹Volk› oder die ‹Heimat›, den ‹Boden› oder das ‹Reich› jenes immer breiter werdenden Stromes der völkischen Heimatdichtung gehen, ja, um Georges ‹Bund› oder Rilkes ‹Raum›.»[58] Auch 1952 noch wirbt Schwerte für das «bewußte Eintreten für die tragenden Werte von Volkstum und Deutschtum»[59], was 1962, nach anderthalb Jahrzehnten Hemingway-Imitation und Sartre- und Camus-Adoration endgültig wie aus der Zeit gefallen wirkt, es aber gar nicht ist.

Manche, nicht wenige, brauchen tragende Werte und hängen an der völkischen Literaturbetrachtung, es ist ihr Seinsgrund. Ulrich Wyss zitiert einen weiteren Schwerte-Satz aus dem unendlich zähen «Annalen»-Text: Es geht um Rilkes Dichtertum, «das Ringen des bindungslos gewordenen, gottesverlustigen Individuums um das Umfangen-Sein, den Weg aus der ‹Urangst› des aus jeder Gemeinschaft des Irdischen und Heiligen getretenen Menschen zum ‹Urvertrauen› in ein Gehalten-Sein durch die ‹Wirklichkeit› allseitigen Bezuges»[60] – das versteht keiner, es sei denn, es handelte sich hier gar nicht um Rilkes Wehklag, sondern um die Schwertes, der zum Schneider nicht zurück und der Welt nicht sagen kann, was sie nicht weiß, aber wissen müsste, nämlich wie es um ihn bestellt ist, wer er wirklich ist. Hans Schneider hat das Umfangensein in der Ideologie, die ihn schützte und recht gut ernährte, eingebüßt, er ist als Kriegsfolge aus jeder Gemeinschaft getreten, er ist nur noch Maske, er ist Schwerte geworden.

Das ist die Geschichte des SS-Hauptsturmführers Dr. Hans Schneider, aber es ist nicht seine allein, sondern beispielhaft für eine Gesellschaft, die gezwungen war, von einem Tag auf den anderen dem geliebten Führer zu entsagen, dem man Treue bis in den Tod geschworen hatte. Auch wenn am 23. Mai 1949 das Grundgesetz in Kraft trat, auch wenn schon im August in den drei Westzonen zum ersten Mal seit 1932 wieder allgemeine, gleiche und geheime Wahlen stattfanden, auch wenn ein Bundestag zusammentrat und in geheimer Abstimmung den Bundeskanzler wählte, auch wenn zivile Ministerien entstanden und Gerichte wieder Recht sprachen – der Abschied von gestern fiel nicht so leicht. Es ging nur mit den Leuten von gestern, die wie gestern dachten, redeten, schrieben und handelten, es sei denn, sie verstellten sich, sie hätten es ebenfalls mit einer Maske versucht, die diesmal Demokratie hieß und die sich am Ende als so erfolgreich erwies, dass man sich im Rückblick und im Zweifel schon immer für demokratisch gehalten hat.

In dem ganzen Wortgetöse beginnt Schwerte seine Konversion, die nicht sofort mit der Toterklärung einsetzen konnte: er muss der werden, der er inzwischen zu sein vorgibt. In seinem Beitrag für Burgers «Annalen», der Jens erst 1962, als er selber berühmt wird, auffällt, behandelt Schwerte auf hundertzwanzig Seiten die deutsche Literaturgeschichte vom Kaiserreich bis in die unmittelbare Gegenwart, genauer, bis zur eigenen Person, wenn er über die im Nationalsozialismus veröffentlichten Autoren sagt, sie hätten sich «in idealistisch-gläubiger Verblendung in den Sog des verheimlichten Verbrechens ziehen» lassen.[61] Die Gelegenheit ist günstig, die Maske des Literaturwissenschaftlers sitzt, warum nicht eine Mahnung an die Gegenwart aussenden, weil sie es Verführten wie ihm so schwer macht, und vielleicht sogar einen Hinweis für die Zukunft, die alles über sein Doppelleben herausfinden wird: «Diese erschreckend mißbrauchten Binnenkräfte der deutschen Seele, die Gott meinten und Mord erfuhren, müssen wieder, ohne vor Schuld, Sühne und Neuordnung auszuweichen, sprach- und dichtungsfähig werden.»[62] Hans Ernst Schneider ist der Neuordnung seines Lebens nun ganz gewiss nicht ausgewichen, und dass er Schuld und Reue wegen seines heldenhaften Einsatzes für Heinrich Himmler empfand, wird man ihm ohne weiteres abnehmen – nur dichtungsfähig hat ihn sein Identitätswechsel auch nicht gemacht, er schreibt nach 1945 noch genauso verquollen wie vorher. Möglicherweise reute ihn inzwischen der Schwerte mit dem ganzen übervorsichtigen Heimlichtun, denn das Besatzungsregiment hatte sich wesentlich milder gezeigt als erwartet. Eine klassische Laufbahn als Beamter in der Kulturbürokratie mit Berufung auf Art. 131 GG, vielleicht auch an der Universität, wäre mittlerweile doch denkbar gewesen. Andere, kaum weniger Belastete, hatten ihre Karriere fortsetzen können, ohne dass es jemanden kümmerte. Die US Army verhaftete nicht mehr bei Nacht und Nebel, sie hatte sogar das erste Geld für das Erlanger Studententheater zur Verfügung gestellt, und die meisten Kriegsverbrecher waren bereits entlassen.

Die anhaltende Schwäche für die völkischen Autoren und überhaupt für die großdeutsche Bartels'sche und Nadler'sche Literaturbetrachtung hatte einen simplen Grund: Auch wenn er selber ein bisschen als literarischer Autor dilettiert hatte, ist kaum anzunehmen, dass der jetzige Schwerte die Schriftsteller der Weimarer Republik kannte, die 1933 verboten, verbrannt und ins Exil getrieben wurden. Thomas Mann hat er inzwischen gelesen, offenbar auch etwas von Franz Werfel, aber in den Jahren nach 1945, als er damit beschäftigt war, ein anderer zu werden, als er ein Eilstudium absolvierte, promovierte und daneben versuchte, seine Familie zu ernähren, kann er unmöglich das Werk all der Autoren kennengelernt haben, über die er schreibt, ganz zu schweigen von den Büchern jener, die er lieber gleich übergeht. «Keine Zeile für Joseph Roth, und für Kolbenheyer 100», wie Walter Jens ihm vorrechnet,[63] ist im Jahr 1962 tatsächlich erstaunlich, aber nur im Rückblick, denn auch hier erwies sich das Ancien Régime als erstaunlich langlebig. Kolbenheyers «begabtester Schüler» sei Joseph Goebbels gewesen, schrieb die *Zeit* 1954, als sich die Freunde Kolbenheyers um eine Rehabilitierung ihres Meisters bemühten,[64] aber Jens geht es nicht nur um Schwerte, sondern auch um sich, um seinen eigenen Vatermord. Hier dreht sich die Geschichte vom Experiment, denn es geht auch um einen betrogenen Literaturenthusiasten, der mit dem Nazi-Dichter Kolbenheyer aufgewachsen ist und zu jüdischen und exilierten Autoren wie Joseph Roth erst nach der Befreiung finden konnte.

Jens' Kritik «Völkische Literaturbetrachtung – heute» in dem Band «Bestandsaufnahme»[65] verrät nicht gleich, dass es sich um mehr als eine programmatische Arbeit handelt. Der Herausgeber Hans Werner Richter hatte zusammen mit Alfred Andersch die Gruppe 47 gegründet, Jens nahm seit 1950 an den Tagungen teil, erst als Romancier, später als Kritiker. In seinem Buchbeitrag wandte er sich mit der Autorität des Professors gegen eine scheinbar überlebte Epoche der deutschen Literatur. Das Alte wollte einfach nicht weichen. In einem Brief an Karl Jaspers erlaubt sich Hannah Arendt 1965 einen Stoßseufzer: «Manchmal denkt man, wenn diese ganze Generation bloß schon tot wäre.»[66] Sie war aber nicht tot, sondern fand offensichtlich immer noch Interpreten und Befürworter, zum Beispiel den Germanistikdozenten Hans Schwerte, dem deshalb auch Thomas Mann so missfallen musste. Es sind nur wenige Seiten in einem Buch voller bilanzierender Untersuchungen, aber es geht hier um einen Kampf der neuen gegen die alte Schule und damit um die Frage, wie lebendig das Nazi-Denken in der Bundesrepublik noch war.

Der Tübinger Altphilologe Jens hat selber eine Geschichte der neuen Literatur geschrieben, programmatisch «Statt einer Literaturgeschichte» (1957) betitelt. Anders als die Schwertes war sie nicht an einen kleinen fachwissenschaftlichen Zirkel gerichtet, sondern an das große Publikum. 1962 erschien bereits die fünfte erweiterte Auflage. Jens behandelte Virginia Woolf, Robert Musil, James Joyce, Kafka und Brecht, Hermann Broch und natürlich Thomas Mann. Dieses Werk kam eindeutig nicht aus dem «Ahnenerbe» und dem SS-Freundeskreis im Stalling-Verlag, sondern der Autor dankte «seinen Tübinger Studenten und seinen Freunden aus dem Kreis der Gruppe 47»[67].

In seiner Polemik gegen «Heinz Schwerte»[68], wie er ihn fälschlich nennt, bezieht sich Jens noch auf ein weiteres Werk, das noch erheblich erfolgreicher ist als seins und das Schwertes zusammen, nämlich das Schulbuch «Wesen und Werden deutscher Dichtung» (1961 in der 16. Auflage im 171.–185. Tausend) von Georg Ried. Der Literaturwissenschaftler Walter Killy hatte das Lehrbuch bereits im März 1961 in der *Zeit* angegriffen, und wie sehr es sich hier um den Kampf der neuen gegen die alte Schule handelte, zeigte ein Artikel, den einer von Jens' Tübinger Studenten gegen Semesterende im Juli veröffentlicht. Darin geht es um «Walter Jens als Hochschullehrer», und der Student schildert seinen Professor, der die Hymne der Einfachheit halber gleich selber ebenfalls an die *Zeit* vermittelt hat,[69] als akademischen Außenseiter, «noch jung, hoch von Wuchs, schmal», und feiert ihn wie einen Sportler: «Mit einem Sprung setzt er über die Absperrung, geht zum Pult. Es wird still. Der Vortrag beginnt.»

Der Vortrag des noch jungen Dozenten ist keine Weihestunde (auch wenn er so eingeführt wird), sondern gilt der Moderne, aber fast noch mehr der Austreibung der Nazi-Gespenster. Über tausend Studenten besuchen das Donnerstagscolloquium von Jens im Audimax, wo er «Probleme der zeitgenössischen Literatur» behandelt, denn ein bess'rer Herold hätte sich in diesen letzten Adenauer-Jahren so leicht nicht gefunden. Eben hat sich Jens in der *Zeit* in den Streit um Paul Celan eingemischt, dem Claire Goll vorgeworfen hatte, er habe Ivan Goll abgekupfert.[70] Jens hat selbstverständlich Partei für Celan ergriffen, der eigens von Paris nach Tübingen gereist war, um dem Philologen, den er aus der Gruppe 47 kennt, für seinen kommenden Aufsatz seine Manuskripte, das gesamte Material zur «Todesfuge», vorzulegen. Bei Celan, so schwärmt der Autor des *Zeit*-Artikels, «tritt das Literarische aus dem Papier, wird lebendiges Ereignis. Wo fände man Ähnliches?» Und auch im Tübinger Colloquium wird jener Georg Ried vorgenommen, der mit seinem erfolgreichen Schulbuch verhindert, dass Schüler und Studenten die moderne Literatur unbefangen kennenlernen. Merkwürdig ist nur, wie der sportliche Dozent ausgerechnet den Nazi-Dichter Kolbenheyer zur Sprache bringt: «Ich bin durchaus dagegen, daß ein Mann wie Kolbenheyer, der mit der großen Prosaleistung des ‹Amor Dei› begonnen hat, wegen der späteren Bauhütten-Philosophie etwa nicht gewürdigt würde.»[71] Der Referent, der diese überraschende Aussage überliefert und sie «klar, gewissenhaft und ritterlich» nennt, ist der dreiundzwanzigjährige Sohn des Blut-und-Boden-Dichters Will Vesper. Wie um diese Herkunft zu betonen, hängt er seinem Namen noch den des niedersächsischen Ortes an, in dem sein vorschriftsmäßig schollenverbundener Vater einen Hof bewirtschaftet: Bernward Vesper-Triangel.

Er kann nicht wissen, dass er mit diesem Werben um Walter Jens an den Richtigen kommt, der noch vor kurzem ausgerufen hätte: «Auf Wiedersehen, Kolbenheyer, du großer Dichter!» Der junge Vesper war erst zum Sommersemester 1961 nach Tübingen gekommen, wo er niemanden kannte, aber darauf vertrauen konnte, dass er wegen seines Vaters eine gewisse Neugier wecken und vielleicht auch Förderung erfahren würde. Auf dem Weg von Norddeutschland nach Schwaben hat er unterwegs einen alten Freund seines Vaters besucht, den Bildhauer Arno Breker, der, anders als Will Vesper, in der Bundesrepublik sehr schnell wieder Anerkennung und Auftraggeber gefunden hatte. Nicht nur Adenauer, auch Max Horkheimer ließ eine repräsentative Büste bei Breker fertigen. Süddeutschland, erst recht die pietistische Welt dort, muss Vesper sehr fremd gewesen sein. Es wird kaum stilisiert sein, was er einem Freund in den ersten Wochen schreibt: «Ich gehe wie ein fremdes Tier durch die Gänge und möchte vor jede Tür spucken.»[72]

Nach einer Kindheit im Treibhaus von Triangel, wo der Vater dem jäh erloschenen Ruhm als Paradedichter der Nazis nachtrauert, und selber bereits entschlossen, sich als Schriftsteller bekannt zu machen, ist Bernward Vesper in Tübingen zunächst völlig orientierungslos. Von zu Hause kennt er nur das Völkische, verbunden mit dem Hass auf «Schmutz und Schund» der Moderne, als Buchhändlerlehrling in Braunschweig jedoch hat er voller Eifer die moderne Literatur nachgelernt. Jetzt weiß er nicht, wohin er sich wenden soll, und probiert beide Möglichkeiten, den Vater-Weg und den Weg, den der junge Professor Jens anbietet. Es braucht Jahre, bis sich das sortiert, Vespers Lebensbericht «Die Reise» (1977) verschleiert und belegt es doch. Die Auflösung, die Vesper 1971 in den Selbstmord treibt, brauchte gar nicht den exzessiven Drogenkonsum, sie bestand als Spaltungswirrsein von Anfang an. «Ja, ich wußte ganz genau, daß ich Hitler war, bis zum Gürtel, daß ich da nicht herauskommen würde, daß es ein Kampf auf Leben und Tod ist, der mein Leben verseucht, seine gottverdammte Existenz hat sich an meine geklebt wie Napalm, (…) aber es ist gar nicht Hitler, ist mein Vater, ist meine Kindheit, meine Erfahrung, BIN ICH …»[73]

Vesper, so erinnert sich Jens, sei zu ihm gekommen, habe ihn um eine Bewertung seines inzwischen weitgehend verfemten Vaters gebeten und offenbar auf ein günstiges Zeugnis gehofft. Jens wiederum habe ihm empfohlen, sich von diesem Vater zu lösen und ihn nicht mehr als sein Vorbild zu betrachten.[74] Wenn diese Erinnerung zutrifft, dann fand Bernward Vesper in Jens sofort einen neuen Vater, dem er in sprachlich sehr ungewöhnlicher, nämlich eindeutiger Ausdrucksweise huldigt: «Der Geist des Hasses und der Lüge ist nicht deutscher Geist.»[75] (Der zuständige Redakteur in der *Zeit* hat den verräterischen Satz gnädigerweise gestrichen.) Was der stud. phil. Vesper seinem Professor Jens neben dem wahren deutschen Geist attestiert, dass er «mit Ironie, großer Geduld und unendlicher Gewissenhaftigkeit einen Weg sucht, der in die Zukunft führt»[76], ist das Wunschdenken von Will Vespers Sohn. Es ist aber auch ein unwillkürlicher Hinweis auf die sich eben vollziehende Verwandlung von Walter Jens, der selber mit der Literaturgeschichte von Franz Koch («Goethe und die Juden») aufgewachsen war und seinerseits Mühe hatte, sich von der Imprägnierung durch die Nazi-Literatur zu lösen. Koch war zwischenzeitlich sogar sein Kollege gewesen; noch bis 1952 lehrte er an der Eberhard-Karls-Universität. Wie Walter Jens selber bestätigt, gab es den später bekannten, den politischen Jens vor den sechziger Jahren noch gar nicht. Sein Leitbuch als Student war Max Kommerells «Der Dichter als Führer in der deutschen Klassik» (1928) gewesen, reiner Ästhetizismus, und daran hielt er auch als Autor und junger Professor noch fest.

«Der Ästhet holte nach 1945 Luft, aber ich musste auch furchtbar viel lernen», erklärte Jens 2003, als bekannt wurde, dass er als Mitglied der NSDAP geführt worden war. Er konnte sich nicht daran erinnern, er wollte es auch nicht wissen, wollte keine «neue Spruchkammer». Hatte er sich nicht längst selber vor Gericht gebracht? In dem Hörspiel «Der Besuch des Fremden» sagt der Mitläufer Lauenfels: «Ich musste in die Partei … um der Kinder willen.» Darauf der Emigrant und Rückkehrer Hartmann: «Sie irren, Lauenfels. Es ist gleichgültig, auf welcher Seite unsere Kinder gestorben sind. Dass sie sterben mussten, das allein wiegt. Und sie hätten nicht zu sterben brauchen, wenn alle damals den Eid verweigert hätten.» Darauf angesprochen, ob das nicht ein verstecktes Eingeständnis seiner Mitgliedschaft sei, meinte Jens ausweichend: «Ich halte das für die Erfüllung der divinatorischen Pflicht des Schriftstellers.» In einer Erzählung, die Jens 1947 unter dem Pseudonym Walter Freiburger veröffentlichte, steht der Satz: «Und dann wurde ich zum Gefangenen meines Staates.»

Davon hatte sich Jens 1962, als er Schwertes Literaturgeschichte einer vernichtenden Kritik unterzog, weitgehend frei machen können. Thomas Mann löste Kolbenheyer ab. Dem fünfzehn Jahre jüngeren Vesper fiel die Befreiung nicht so leicht, zumal sie viel schneller vor sich gehen musste, weil er für seine eigenen literarischen Arbeiten einen Markt in der Gegenwart der beginnenden Sechziger suchte. Vesper war ganz im Bannkreis von Nazi-Dichtern wie Hermann Claudius und Hans Grimm aufgewachsen, die sich bei den Lippoldsberger Dichtertagen ihrer weiterbestehenden Bedeutung versicherten. Seine ersten eigenen Veröffentlichungen erschienen in der fortwesenden rechtsgerichteten Presse, in der *Soldatenzeitung* oder der *Nationalzeitung*. Die *Zeit* war ein Fortschritt, dort traten die zu Hause verpönten Autoren der Gruppe 47 auf.

Umso merkwürdiger ist der Angriff, den Vesper in seinem Artikel in der *Zeit* gegen einen Autor der Zeitschrift *Das Deutsche Wort* führt. Ein E. K. (sinnigerweise auch die Abkürzung für Eisernes Kreuz) hatte Jens dort als Verbündeten der «Pankower Verbrecher», also Ostberlins, bezeichnet und ihm vorgehalten, dass er Mitglied einer Clique sei, es ist natürlich die Gruppe 47, «deren Mitglieder diktatorische Edikte erlassen, vor deren Perfektion selbst Goebbels vor Neid erblassen würde». (Der einzig bekannt gewordene Erlass der Gruppe 47 bestand der Legende nach darin, dass jeder vortragende Autor, der in seinem Text eine «kleine feste Brust» vorzeigte, fünf Mark in die Vereinskasse zu zahlen hatte.) Auch hier findet ein Kampf statt, diesmal führt ihn das Alte gegen das Neue: Der «Brechtapostel» wende «Terrormethoden» an und beklage sich darüber, dass «das deutsche Volk es noch immer vorzieht, Wertbeständiges und Anständiges zu lesen, statt sich endlich mit der Unterleibsliteratur der Grass und Koeppen zu begnügen».[77]

Mit der gleichen Zeitschrift steht Vesper allerdings in Verbindung, als er versucht, die Werke seines Vaters mit dem Hinweis unters Volk zu bringen, sie seien anständig und so wertbeständig, dass sie sich auch als Weihnachtsgeschenk «für Ihre lesenden Freunde» eigneten. Will Vesper stirbt im März 1962 und hat dem Sohn angeblich als letzten Willen aufgetragen, dafür zu sorgen, dass sein Werk weiterlebe. Bernward Vesper und seine Freundin Gudrun Ensslin finden einen Verlag, der den ersten Band einer Gesamtausgabe der Werke in Kommission nimmt, und werben dann um Rezensenten. Bernward Vesper schreibt an die zwei Jahre zuvor noch angegriffene Zeitschrift *Das Deutsche Wort* und preist in einem Werbebrief einen der «liebenswertesten, unterhaltsamsten und geistreichsten Dichter, den Deutschland in diesem Jahrhundert besessen hat»[78]. Der Leser müsse keine modischen Experimente fürchten, sondern dürfe sich bei den «Geschichten von Liebe, Traum und Tod» auf bewährten Lesegenuss freuen.

Gleichzeitig gründen Vesper und Ensslin ein modisch kleingeschriebenes «studio neue literatur» und suchen auch dafür einen Verlag: «Wir haben Lust am Experiment.»[79] Alle möglichen Autoren schreiben sie an, «gleich ob links oder rechts», sogar die Gedichte des längst als Fälscher entlarvten George Forestier wollen sie bringen. Am Ende entsteht immerhin die Anthologie «Gegen den Tod» mit Beiträgen von Hans Magnus Enzensberger, Heinrich Böll und Günther Anders. Da sind die beiden aber schon nach Berlin gezogen, wo sie Teil des kulturrevolutionären Aufbruchs werden.

Benno von Wiese versteht die Welt nicht mehr

Ein anderer Aufbruch wird sich in der *Zeit* ereignen, deren Auflage 1963 zum ersten Mal die der konservativen Wochenzeitung *Christ und Welt* übertrifft. Nicht zuletzt wegen des Autors Walter Jens wurde die *Zeit* zum Pflichtblatt der Lehrer und Dozenten, und zwar weil sie es zum ersten Mal wagte, den Professoren die Unantastbarkeit zu bestreiten. Das Feuilleton leitete Rudolf Walter Leonhardt, ein Schüler des Romanisten Ernst Robert Curtius und wie der Mitarbeiter Marcel Reich-Ranicki ständiger Gast der Gruppe 47, die in der Zeitung ihre wichtigste Außenbühne entdeckte. Ein weiterer wichtiger Mitarbeiter war Walter Boehlich, ebenfalls Curtius-Schüler, Cheflektor bei Suhrkamp, umfassend gebildet und dem philologischen Detail niemals abgeneigt. Wo Habermas 1958 die Universitäten wegen ihrer Vergangenheit als «Hort versäumter Gewissensentscheidungen» tadelte, warf ihnen Boehlich 1964 in einem Offenen Brief in der *Zeit* gleich Totalversagen vor, weil sie sich dieser Vergangenheit nicht stellten, jede Nachfrage abwehrten und sich darauf hinausredeten, dass die Jungen ja nicht wüssten, wie das damals gewesen sei. «Es wird auch solange nicht ausgestanden sein, bis die Universität einmal beginnt, sich mit ihrer eigenen Vergangenheit zu beschäftigen, bis wir so peinlich und genau wie irgend möglich erfahren haben, was von 1933 bis 1945 an jeder einzelnen Universität und in jedem einzelnen Fach geschehen ist.» Unweigerlich würde man beim Studium älterer Veröffentlichungen der Professoren «immer wieder auf ein kaum vorstellbares Maß an Charakterlosigkeit und Dummheit, auf reine Perfidie und eine ekelhaft verkommene Sprache stoßen».[80] Nicht zufällig war es ein amerikanischer Student gewesen, der sich vorwitzig für die literarischen Rassetheorien von Prof. Dr. Heinz Otto Burger interessiert hatte. Genau das, das Studium älterer Schriften, war tabu. Glücklich, wer vergessen konnte, womöglich noch glücklicher, wer gar nichts zu verbergen hatte wie Hans Schwerte, der ohne ein beschriebenes Blatt in Erlangen angekommen war. Auf dem Spiel stand stattdessen gleich sein ganzes geheimes Leben.

Dass Wissenschaft, also auch die Germanistik, eine «durch und durch moralische Angelegenheit» sei, wie Walter Boehlich bereits 1957 nicht konstatiert, sondern gefordert hatte, wollte der Berufsgermanistik nicht einleuchten. Doch mit einem Mal – und lange vor dem mirakulösen Jahr 1968 – wankten die Throne der Standesgermanistik. Innerhalb weniger Monate des Jahres 1964 ereignete sich ein vollständiger Gezeitenwechsel. Leonhardt und Boehlich wurde zwar sofort vorgehalten, dass sie ja doch nur Journalisten seien, an der Universität womöglich gescheitert, aber über die Zeitung waren jetzt sie und nicht die Professoren im Besitz der Produktionsmittel. In einem weiteren Artikel wandte sich Boehlich gegen die Bestallung des Germanisten Hugo Moser zum neuen Rektor der Bonner Universität, die, wie er natürlich nicht unerwähnt lassen konnte, Thomas Mann 1936 den Ehrendoktor aberkannt hatte. Als junger Gelehrter hatte Moser die Erziehung «zum völkischen, also zum deutschen Menschen» gefordert, was zeitgemäß nicht ohne Blut abging: «Viele Volksgruppen haben sich seit Jahrhunderten von blutsmäßiger Vermischung mit Fremdvölkischen so gut wie ganz freigehalten, vor allem auch aus einem durch das tägliche Erleben des Andersseins verfeinerten völkischen Instinkt heraus.» Boehlich missfiel, dass ein Wissenschaftler – und sei es nur für einen opportunistischen Moment – so entgleisen konnte. Die Bonner Universität wollte von solcher politischen Sprachkritik nichts wissen, brachte gleich mehrere Erklärungen heraus und verfiel schließlich auf die denkbar verklemmteste Verteidigung: «Die zeitbedingte Diktion geht über das Maß des damals Üblichen und zur Abwehr politischer Verdächtigungen mitunter sogar Notwendigen nicht hinaus.»

Der Aufruhr bei den Ordinarien war allgemein, und zuletzt meldete sich in der Weihnachtsausgabe der *Zeit* von 1964 der bekannteste Germanistikprofessor des Landes, Benno von Wiese, Ordinarius ebenfalls an der Universität zu Bonn. Er hatte doch nur getan, was alle getan hatten. «Jeder Mensch ist nicht nur ein unteilbares Ganzes, sondern auch ein Wesen, das sich entwickelt und durch Entwicklungsstufen hindurchgeht. So und *nur* so kann er beurteilt werden, im Gange seines Lebens, in seinen Irrtümern, in seinen Wandlungen und in seinen Leistungen», fing er in dem hohen Volkserzieherton an, mit dem er es in seiner Literaturbetrachtung zu großen Auflagen gebracht hatte. Doch dann muss er sich zu seinem allergrößten Missbehagen doch als Mitläufer bekennen: «Es ist nicht zu leugnen, daß die Generation von Intellektuellen, die in den Jahren des NS-Regimes mit einer öffentlichen Laufbahn begann, dem Einfluß eines verhängnisvollen Zeitgeistes mehr oder weniger, wenn auch in sehr verschiedenen Ausmaßen, erlegen ist.»[81]

Wiese schickte seinen Artikel an die alte Freundin Hannah
Arendt, die mit ihrem Buch «Eichmann in Jerusalem» plötzlich
international bekannt geworden war, weit bekannter als er. Ihrem
Lehrer Karl Jaspers gegenüber amüsiert sie sich über Wieses kläg-
liche Versuche, sich herauszuwinden: «Bodenlos; eine dumme
Redensart an die andere gereiht.»[82] Als sie dem Mann schreibt, der
1933 eifrig dem Zeitgeist erlag, während sie als Jüdin aus Deutschland fliehen musste, ist der über ihren Brief «tief bekümmert, er
traf mich wie ein Schlag»[83]. Wehleidig fragt er: «Aber soll ich erneut Dir gegenüber in ein Entnazifizierungsverfahren eintreten?»[84]
Hannah Arendt gibt ihm sofort zurück: «Jedenfalls, wäre ich an
Deiner Stelle, so gäbe ich zehntausendmal eher zu, dass ich Angst
hatte als dass ich diesem Quatsch wirklich aus eigener Initiative
und von keinen anderen Motiven getrieben aufgesessen bin. (…)
Dass Du mit dieser Haltung nicht allein stehst, ist keine Entschuldigung. Es ist aber eine Erklärung dafür, dass es so weit mit der
‹Entfremdung› zwischen den Generationen hat kommen können.»[85]

In seinen Memoiren, die erst nach Arendts Tod erschienen,
nimmt Wiese das Angebot ohne Dank wahr, spricht wie erwähnt
von seiner «Lebensangst», äußert sich aber dann doch wieder aus
der Volksgemeinschaft heraus, zu der Hannah Arendt nun einmal
nicht gehörte: «Später, als ihr Schicksal als Jüdin sie zur Politisie-
rung zwang, war es der Richterstuhl des Weltgewissens in einem
demoralisierten Zeitalter, dessen entschiedene Sprecherin sie geworden ist. Bei Völkermord und Massenvernichtung blieb sie unerbittlich. Da gab es für sie keine Vergebung.»[86] Das Problem war,
dass er sich offensichtlich von ihr, von der politisierten Jüdin mit
ihrem Schicksal, die Vergebung erhofft hatte.

Der aus der Universität entflohene Literaturwissenschaftler Walter Boehlich hatte der Germanistik dringend empfohlen, sich mit
dem eigenen Fach und seiner Geschichte ideologiekritisch auseinanderzusetzen. Der erste großangelegte Versuch dazu stammte

von niemand anderem als Hans Schwerte, der sich 1958 mit der Arbeit «Faust und das Faustische» habilitierte; 1962 erschien die Arbeit als Buch. Doch im gleichen Jahr, in dem zum ersten Mal die Angriffe auf die Großgermanistik erfolgen, schreibt Benno von Wiese genau diesem Schwerte, der erst nach seiner Zeit in Erlangen angekommen ist, die entscheidende Empfehlung und verschafft damit einem ehemaligen überzeugten Nazi einen Lehrstuhl als ordentlicher Professor, einem Mann allerdings, der sich, ähnlich wie Wiese, inzwischen angepasst hatte. Nicht immer geht es bei Wiese um die Novelle, um Goethe und Schiller. Er kennt auch die zeitgenössische Literatur und ist 1959 aus der Jury des Rudolf-Alexander-Schröder-Preises zurückgetreten, weil die Stadt Bremen, die den Preis gestiftet hatte, den von der Jury auserwählten Autor, nämlich Günter Grass, nicht akzeptieren wollte. Er ist Mitglied der Filmbewertungsstelle in Wiesbaden, wo Volker Schlöndorff heimlich Filme sehen kann, für die er noch zu jung ist, und er wirkt zwölf Jahre im Programmbeirat des WDR. Bei Wiese entsteht 1964 Dieter Kühns Dissertation über Robert Musils «Mann ohne Eigenschaften» (wobei dieser Titel auch Anlass zu Assoziationen, den Doktorvater betreffend, geben könnte).

1965, er ist inzwischen fünfundfünfzig, wird Schwerte, der nach wie vor Schwerte heißt, nach Aachen berufen; es ist zwar nur eine Technische Hochschule, also eine zweitklassige Universität, aber er wird in relativ vorgerückten Jahren doch noch ordentlicher Professor mit einem Lehrstuhl, den er vor allem für Bildungspolitik nutzen wird. Drei Jahre, was sehr ungewöhnlich ist, fungiert er als Rektor. Es brauchte dafür gar kein Netzwerk, keine Seilschaft, die sich des umgewandelten Schneider-Schwerte angenommen und seine Transformation vom SS-«Ahnenerbe» zum liberalen Professor an der Rheinisch-Westfälischen Technischen Hochschule Aachen begleitet hätte.

Für Schwerte mag es kränkend gewesen sein, wenn er sah, dass andere trotz ihrer Vorbelastung aus dem «Dritten Reich» die angesehensten Ordinariate erobern konnten. Fritz Martini, der ihm

ebenfalls eine Empfehlung schrieb, war als Professor in Stuttgart
etabliert, Günther Weydt in Münster, der ebenfalls mitgemacht
hatte (sein Sohn Harald war Studienfreund Bernward Vespers in
Tübingen), schrieb ihm ein weiteres Gutachten für Aachen, wo
der nicht weniger vorbelastete Arnold Gehlen den Lehrstuhl für
Soziologie innehatte, und hinzu kamen der ewige Opportunist
Wiese, kamen Burger und Spengler … Warum sollten die Nazi-
Krähen einander ein Auge aushacken, wenn man mit geringfügi-
gen Anpassungen weitermachen konnte?

Eine ordentliche SS-Laufbahn war kein Grund, nicht in aller
Öffentlichkeit eine neue, zivile Karriere zu beginnen und darin
auch Erfolg zu haben. Vielmehr wird die SS, weit mehr noch als
die Wehrmacht, die erste Station gewesen sein, in der sich die Füh-
rungsqualitäten zeigten, die es brauchte, um sich auch in der Wirtschaftswundergesellschaft durchzusetzen. Die grauen, braunen
und schwarzen Gesellen bildeten das Rückgrat des Wirtschaftswunders. Der Jurist Reinhard Höhn (NSDAP, SS-Oberführer), im
Reichssicherheitshauptamt direkt Reinhard Heydrich unterstellt,
gründete nach dem Krieg eine Akademie für Führungskräfte, in
der die bundesrepublikanische Wirtschaft gern Nachhilfe nahm.
Der SS-Untersturmführer Hanns Martin Schleyer, der unter dem
SS-Obergruppenführer Reinhard Heydrich in Prag gearbeitet
hatte, konnte bis an die Spitze der deutschen Nachkriegswirtschaft
aufsteigen, weil er sich 1964 in der Auseinandersetzung mit der
IG Metall als besonders harter Hund bei Aussperrungen erwiesen
hatte. Nicht alle sagten es so unverblümt wie der langjährige Man-
nesmann-Manager Egon Overbeck, der als Major im Generalstab
diente und das buchstäblich als Voraussetzung für seine spätere
Arbeit sah. Sein skizzenhafter Lebensbericht «Mut zur Verantwortung» (1995) trägt den schönen Untertitel «Vom Generalstabsoffizier zum Generaldirektor».[87]

Der Vatermord, den die jüngeren Germanisten Lämmert,
Schöne, Wapnewski und Conrady versuchten, wurde nach dem
Germanistentag von 1966 aufgegeben, die alten Fürsten mit al-

lerlei Festschriften und weihrauchverhangenen Grußbotschaften ins Emeritat begleitet. Vereinzelte Dissertationen entstanden im Umfeld von Lehrstühlen, auf denen früher die Alt-Ordinarien nach Gutsherrenart gewirkt hatten. Sonst geschah: nichts. Noch 1982 versuchte sich Benno von Wiese in seinen Erinnerungen mit der Formel zu retten, er habe «Schlimmes oder noch Schlimmeres verhüten» wollen, über die sich Walter Boehlich bereits 1964 lustig gemacht hatte: «Wie eigentlich hätte dieses Schlimmere aussehen sollen? War es nicht schlimm genug? Vom ersten Tage an so schlimm, daß ein kluger und dazu noch anständiger Mensch das hätte sehen können?»[88] Karl Otto Conrady, der seinen Lehrer Benno von Wiese zum Sprechen bringen wollte, zog nach dem Germanistentag von 1966 ein enttäuschtes Fazit: «Noch zwanzig Jahre nach Kriegsende Flucht ins Schweigen.»[89] Wobei auch hier die Pointe nachgereicht werden muss, dass Conrady bis in die letzten Jahre seine Mitgliedschaft in der NSDAP verschwieg.

«Die Schauspielerei soll auch einmal ein Ende haben»

Was Jens kritisiert hatte, den völkischen Schwerte, gab es 1962 schon gar nicht mehr. Schwerte war längst ein anderer geworden. Er war in der Moderne so sehr angekommen, dass er in seiner Aachener Antrittsvorlesung Alfred Andersch und seinem, Schwertes, zeitweiligen Erlanger Studenten Hans Magnus Enzensberger «abwehrende Formulierungen» gegen den Gedanken des Experiments in der Literatur vorwirft. Die beiden, tadelt er streng, gingen «anscheinend von einer Experiment-Vorstellung aus, die eher aus der sogenannten klassischen Physik bis Ende des 19. Jahrhunderts stammt»[90].

Noch fünfzehn Jahre zuvor war der Autor Schwerte ganz und gar im völkischen Nebel befangen, wenn er die Moderne als seinsvergessen und zu wenig volksnah kritisierte. Jetzt hat er einen Satz

in die Moderne gemacht, kühner als der Sprung des jugendlichen
Dozenten Walter Jens in Tübingen. Er ist ganz in der Gegenwart
und auf der Höhe der Diskussion. Nur mit der Sprache hapert es
noch immer, Schwerte kann dann doch nicht sagen, was er sagen
will. Worauf es ihm offenbar ankommt, ist wieder sein Lebensexpe-
riment, das er hier als das «Wagnis der Zweideutigkeit» umschreibt
und mit Zitaten von Helmut Heißenbüttel und Martin Walser in
so viel Mull packt, dass er es aussprechen kann, ohne sich zu offen-
baren: «Wo Experiment aber bedeutet, den ‹Versuch, ein erstesmal
einzudringen und Fuß zu fassen in einer Welt, die sich noch der
Sprache zu entziehen scheint›, um, in veränderter Weltlage, bisher unerfahrene Mitteilung poetisch zu erfahren und sagbar zu
machen, das Wagnis der Zweideutigkeit auf sich nehmend, dann
sollte solches Experimentieren im Gefüge der Sprache selbst, ‹ein
Experiment, das man anstellt, um sich klar zu werden›[91], von dem
mitverantwortlichen Zeitgenossen ernst aufgenommen werden,
so ungewohnt ihn dies anmuten mag. Aber», und so beschließt
Schwerte seine Vorlesung, «verantwortlicher Zeitgenosse ist man
nicht im Rückzug aufs Gewohnte und Gewußte.»[92]

Die Selbsterschaffung des Schwerte, die Abschaffung des
Schneider: Das gibt es sonst nur im Roman (wer sie kennt, wird
an die Ripley-Romane von Patricia Highsmith denken, die von
1955 an erscheinen). Schwerte ist nicht Schneider, aber Schwerte
ist er doch auch nicht, und noch weniger traut er sich, offen den
Wunsch zu äußern, den das Frisch-Interview in der *Zeit* in der
Überschrift führt: «Noch einmal anfangen können». Doch genau
das hat Schneider 1945 auf eigene Rechnung unternommen, und
dieses Experiment hat ihn, ohne dass ihn jemand an seine alte
Identität erinnert hätte wollen, auf den Lehrstuhl in Aachen geführt. Himmler wurde erst durch Rilke abgelöst, und dann war
es Bildungspolitik zum Besten des Landes Nordrhein-Westfalen.
Sogar Beauftragter für die Niederlande konnte er werden, die er
zuletzt mit dem «Ahnenerbe» heimgesucht hatte. Mehr kann man
an Konversion eigentlich nicht erwarten.

Hans Schwerte gehörte damit zu den Windschattensiegern der sechziger Jahre. Ohne sich in irgendeiner Form politisch engagiert zu haben – die Schelsky'sche «skeptische Generation» hütete sich, wieder auffällig zu werden –, war er durch die Betreuung des Erlanger Studententheaters (das nach Meinung von Reinhold Grimm ohnehin dereinst «als ein Stück deutscher Theater- und Literaturgeschichte nach 1945» anerkannt werden wird)[93] zum allseits geschätzten Impresario der jungen Literatur avanciert. Die Erlanger gingen auf Tournee nicht nur in der Bundesrepublik, sie kamen bis Warschau und Paris. Günter Grass' Dramolett «Noch zehn Minuten bis Buffalo» wurde in Erlangen uraufgeführt. Durch die Verbindung mit dem Nürnberger Kulturdezernenten Hermann Glaser brachte Schwerte die berühmten «Nürnberger Gespräche» zustande, bei denen dann auch Jean Améry und Albert Speer gemeinsam auf dem Podium saßen. «Ich habe mich doch selber entnazifiziert», wird Hans Schwerte am Ende seines Lebens sagen, als er von Amts wegen gezwungen wird, wieder den Namen Schneider zu führen.

Schwerte, so heißt es, vermied es, fotografiert zu werden, es hätte ihn ja einer, der ihn von früher, aus Königsberg oder aus der SS, kannte, erkennen und enttarnen und sein schönes Experiment vorzeitig beenden können. Darum ist das eine Foto umso absurder, das den schlagartig berühmt gewordenen Grass im Gespräch mit dem Erlanger Betreuer der Moderne zeigt. Grass war achtzehn Jahre jünger als Schwerte und erst zum Kriegsende zur SS gestoßen, aber auch er verschwieg bis fast zuletzt, dass er dabei gewesen war. Zwei SS-Männer sind auf dem Bild, mit dem SA-Rottenführer Heinz Otto Burger als beigeordnetem Zeugen, die es mit ihrem bereits weit gediehenen Ruhm nicht mehr verantworten konnten, mit der ganzen Wahrheit über sich herauszurücken. Zwei Redner, die sich ins Schweigen und ins Immer-wieder-Reden gerettet haben, weil das Reden das Schweigen über so viele Untaten einschließt. Was werden die beiden sich gegeneinander ausgeschwiegen haben?

Beide umkreisten auf gewisse Weise das Thema immer wieder: Grass in der Ritterkreuz-Novelle «Katz und Maus» (1961), die ihm die Sympathie der Soldatengeneration unter den Lehrern eintrug, und Schwerte, indem er immer wieder von seinem Experiment anfangen musste, seine Angstlust vorführend wie ein Schauspieler, der um sein Leben spielt. Das Spiel war seine Rettung, aber als es 1995 mit der Selbstanzeige endet, weil bekannt wurde, dass er im Auftrag Heinrich Himmlers in den Niederlanden tätig war, dass er überhaupt sein akademisches Leben auf einer nahezu perfekten Lüge aufgebaut und sich damit selber neu erschaffen hatte, soll Schwerte gesagt haben: «Die Schauspielerei soll auch einmal ein Ende haben.»[94]

Wenn es nach Schwerte geht, nach dem Schwerte von 1952, der noch ganz Schneider ist, als er den Beitrag zu Burgers «Annalen» liefert, dann ist der Nazi-Dichter Josef Weinheber nicht anders als Adolf Hitler im heroischen Kampf gegen die Russen gefallen. Der damals nach wie vor völkische Schwerte kann nicht anders, als vom «Endkampf des abendländischen Ich» zu schwadronieren, wenn er an Weinheber denkt, andererseits drückt sich Konrad Adenauer 1957 nicht viel anders aus, wenn er Wahlkampf gegen die SPD macht. Josef Weinheber (NSDAP seit 1931), der Hitler am wortmächtigsten gefeiert hatte und im Unterschied zum bekannteren Will Vesper ein echter Dichter war, brachte sich am 8. April 1945 um, als die Russen nach Niederösterreich kamen. Er mag sich auch geschämt haben, weil er sein großes Talent in den Dienst der Organisation Todt gestellt und unter dem Titel «Blut und Stahl» auch eine «Ode an die Straßen Adolf Hitlers» (1941) gedichtet hatte: «Wie sonst nur wen'ge Werke von Menschenhand, / Der Pyramiden ewiges Mal vielleicht, / Vielleicht die Bauten noch des alten / Rom, wo die Reste erhaben zeugen / Von einem Willen ehern und herrscherfroh, (…) / Schön ruht in sich die Form, und der Schönheit hat / Verschwistert sich das Hochbild der Heldenzeit. / Was nie vordem gelang, gelang dem / Führenden Geist und der tät'gen Liebe.»[95]

Die Scham über so viel tätiges Leben für den deutschen Geist
sollte ihn doch überleben. Manche seiner Gedichte stehen noch
heute in österreichischen Lesebüchern, aber geblieben ist von ihm
vor allem die Josef-Weinheber-Autobahnbrücke in der Nähe seines Heimatortes Kirchstetten.

6. «DIESES SCHMIERBLATT WIRD JA LEIDER GOTTES GELESEN.» KONRAD ADENAUER VERSUCHT, DIE MEDIEN ZU KONTROLLIEREN

Am 5. Januar 1956 beging Konrad Adenauer seinen achtzigsten Geburtstag. Die Festlichkeiten, auch sie von Hans Globke arrangiert, dehnen sich über zwei Tage, und der Kanzler wurde tatsächlich wie ein Monarch gefeiert. Im Herbst davor war er wochenlang krank im Bett gelegen, eine hartnäckige Infektion, keine Kleinigkeit. Zweifel machten die Runde, ob er seinem Amt, seinen vielfältigen Aufgaben überhaupt noch gewachsen sei. Jetzt steht er kerzengerade da, empfängt die Gäste, nimmt die Gratulationscour entgegen, lässt sich für die Zeitungen und Illustrierten als Patriarch mit Nachkommenschaft fotografieren. Das Volk liebt ihn – 14 000 Glückwunschbriefe haben ihn zu seinem Ehrentag erreicht –, bei den Umfragen liegt die Zustimmung weit über der für seine Partei bei 56 Prozent.

Im Jahr zuvor war Adenauer im Tausch gegen die diplomatische Anerkennung der Sowjetunion die Heimkehr der deutschen Kriegsgefangenen zugestanden worden. Bei seiner Landung aus Moskau küsst ihm eine Mutter nach Vätersitte die Hand; ein Kind überreicht dem gütigen Herrscher den vorgeschriebenen Blumenstrauß. Westdeutschland war seit Mai 1955 Mitglied der Nato und damit fest im Westen verankert. Die in Nürnberg verurteilten Kriegsverbrecher Konstantin von Neurath und Erich Raeder waren bereits vorzeitig entlassen worden; Karl Dönitz und Walther Funk sollten bald folgen. Alles schien sich zum Guten zu wenden. Adenauer stand in diesem Januar 1956 auf dem Gipfel seines Ansehens und seiner Macht, und doch war er unzufrieden. Er wollte eine eigene Zeitung haben. Wie ein Kind verlangte es ihn nach diesem Spielzeug, und es sollte ihm an seinem Geburtstag überreicht werden. Adenauers Sohn berichtet, dass sein Vater «allen Ernstes hoffte oder glaubte, zum 80. Geburtstag würde die deutsche Wirtschaft ihm eine Zeitung schenken». Noch zwanzig Jahre nach dem Tod des Patriarchen klingt beim jüngeren Adenauer die Trauer über die versäumte Gelegenheit nach: «Leider hat er die Zeitung nicht bekommen. Sonst wären wir heute wahrscheinlich Redakteure oder Herausgeber einer Zeitung.»[1]

Eine solche Schenkung war für einen autoritären Staatsmann wie Adenauer die natürlichste Sache der Welt, vor allem hätte sie ihn mit einem Ärgernis versöhnt. Zu seinem ewigen Verdruss war die Presse ungebärdig, sie beschränkte sich nicht auf Verlautbarungen, sie brachte auch alles, was der Regierung abträglich war, sie war zu selbständig. Allerdings war die Presse noch jedem Herrscher ein Dorn im Auge, das war im Kaiserreich so und im «Dritten Reich» nicht anders. Schon als Adolf Hitler noch weit von der Reichskanzlei entfernt war und nach dem gescheiterten Putschversuch in Festungshaft saß, tobte er in «Mein Kampf» seinen Hass auf die Presse aus, die bei ihm unweigerlich die jüdische Presse sein musste. «Unter einem Geseieres von schönen Tönen und Redensarten» würden die *Frankfurter Zeitung* und das *Berliner Tageblatt* ihre Leser «einlullen», während es sich doch um nichts anderes als «straflose Volksbelügung und Volksvergiftung» handle. «So», fährt der Autor fort, «konnte denn dieses Gift ungehindert in den Blutlauf unseres Volkes eindringen und wirken, ohne daß der Staat die Kraft besaß, der Krankheit Herr zu werden.»[2]

1933 wurde die Volksbelügung und -vergiftung radikal beendet, die Presse also gleichgeschaltet, ein «Schriftleitergesetz» sorgte dafür, dass alle Juden und Linken aus den Redaktionen vertrieben wurden, Sprachregelungen aus dem Propagandaministerium unterbanden unerwünschte Töne. Max Amann, einer der ersten Kämpfer der nationalsozialistischen Bewegung, baute den Parteiverlag Franz Eher Nachf. zu einem Pressekonzern um, zu dem am Ende nicht nur der *Völkische Beobachter,* sondern der Großteil der deutschen Zeitungen gehörte. Die angesehene *Frankfurter Zeitung* durfte fürs Erste weitermachen mit ihren schönen Tönen und ihren langen Sätzen, weil man sich vor dem Ausland einen halbwegs liberalen Anschein geben wollte. Dann jedoch nahte der Hohe Tag. Am 20. April 1939, Hitlers fünfzigstem Geburtstag, feierte das ganze Land den Führer. Österreich war heimgekehrt ins Reich, nicht nur das Sudetenland, sondern ganz Tschechien war gewaltlos erobert und in das Reichsprotektorat Böhmen und Mähren umgewandelt worden. Die Zeitungen brachten Sonderausgaben, die Schaufenster waren mit Hitler-Bildern geschmückt, alle Häuser mussten sich zwei Tage lang mit der Hakenkreuzfahne zur Führergemeinschaft bekennen, Militärparaden beeindruckten die Deutschen und signalisierten dem Ausland die deutsche Stärke. Wer dazugehörte, wer bis dahin fleißig mitgemacht hatte, durfte sich über Beförderung und Orden freuen. «Der Führer wird vom Volk gefeiert, wie nie sonst ein sterblicher Mensch gefeiert worden ist», schwärmte Goebbels in sein Tagebuch. «So also stehen wir da. Im gleißenden Sonnenlicht leuchtet die Siegesgöttin.»[3] Anfang 1939 hatte Verlagsleiter Max Amann die verbliebenen Anteile an der *Frankfurter Zeitung* aufkaufen lassen, sodass er seinem Führer am 20. April das Blatt als Geschenk überreichen konnte, das dieser nachts zwischen halb zwei und zwei «süß-sauer» empfing. Es war eine Aktion, eingefädelt von Amanns Geschäftsführer Rolf Rienhardt, der «eine gewisse Notlagenvernunft nicht abgesprochen werden kann»[4]. Hitlers Hass auf die Zeitung war in den Jahren, die er an der Macht war, kaum geringer geworden, doch konnte die *Frankfurter* auf diese Weise – als persönliches Eigentum des Führers – noch bis 1943 weiterbestehen.

Der Jurist Rienhardt, NSDAP-Mitglied seit 1923, umschrieb wenige Wochen vor der Schenkung in einem Brief an die Münchner Gauleitung seinen Begriff von Pressefreiheit: «Der gesamten Presse ist die nationalsozialistische Erziehungsaufgabe gestellt. Die

Art der Erfüllung ist jedoch eine völlig verschiedene; denn jede Zeitung muss zur Erzielung einer Wirkung auf die Leserschaft die Methoden anwenden, mit denen gerade ihre Leser erfolgreich beeinflusst werden können.»[5] Rienhardt setzte die erfolgreiche Beeinflussung nach Kriegsende fort, unter anderem im Burda-Verlag.

Der Kanzler fühlt sich verfolgt und sorgt für die Entlassung eines FAZ-Herausgebers

Konrad Adenauer, alles andere als ein Nationalsozialist, sondern ein echtes Opfer Hitlers, lag kaum weniger an der Beeinflussung der Presse, und sein Hass auf Journalisten war nicht kleiner als der Hitlers auf die Zeitungen der Weimarer Republik. Dass die Presse ihren Daseinszweck in mehr oder weniger heftiger Kritik der Regierungspolitik sehen konnte, war Adenauer, der 1876, fünf Jahre nach der Reichsgründung, geboren war, völlig unbegreiflich. Journalisten, die nicht nach seiner Richtung schrieben, galten ihm als Feinde, überhaupt werde bei ihnen das «Gefühl der Selbständigkeit und Freiheit übertrieben»[6]. Wenn er persönlich angegriffen wurde wie 1952, als ihm der *Spiegel* vorhielt, er sei bestechlich, wurde er grundsätzlich: «Es geht wirklich nicht mehr weiter, das sage ich in vollem Ernst, daß mit der Druckerpresse ein derartiger Mißbrauch getrieben wird, wie das zur Zeit geschieht. Das lassen wir uns einfach nicht mehr gefallen, nicht aus menschlichen Gründen, sondern weil das die Autorität des Staates in einer Weise untergräbt, daß keiner, der Verantwortungsgefühl hat, das ertragen kann.»[7] Der Staat bin ich, und Adenauer wäre gern sein Sonnenkönig gewesen, sanft umschmeichelt von zutraulichen Journalisten.

Adenauer war nicht der Einzige, der sich darüber ärgerte, dass die Presse sich nicht ausschließlich nach seinen Vorstellungen richtete. Auf einer Sitzung des CDU-Vorstands am 11. Oktober 1954 befand der Bundestagspräsident Hermann Ehlers, dass das

Bild der deutschen Presse in ihrer Verantwortungslosigkeit «einfach katastrophal» sei. Selbst ein Blatt wie die zwar neu, aber mit Blick auf die alte *Frankfurter Zeitung* gegründete *Frankfurter Allgemeine Zeitung*, «das davon abhängt, daß Kreise, die uns angehören, es finanzieren», nutze jede Gelegenheit, die Politik der Bundesregierung anzugreifen. Die FAZ war 1949 von der Wirtschaftspolitischen Gesellschaft (Wipog) als Interessenorgan der um Ludwig Erhard und Robert Pferdmenges versammelten Wirtschaftsliberalen geschaffen worden, die sich dafür, ähnlich wie von der ebenfalls auf diese Weise quersubventionierten *Zeit,* eine gefällige Berichterstattung erwarteten. Wenn sie nicht ganz so regierungsfreundlich ausfiel, wie sich Ehlers und Adenauer das vorstellten, musste Fügsamkeit eben über die Anzeigenvergabe erzwungen werden.

Jetzt, fünf Jahre später, appellierte Ehlers direkt an Pferdmenges, den Berater und Bankier Adenauers, der auch CDU-Bundestagsabgeordneter war, eine alternative Presse zu finanzieren, das heißt endlich eine, «die sich sehen lassen kann und auf die wir uns verlassen können». Adenauer griff als nächster Redner das Stichwort sofort auf und fand es «geradezu entsetzlich, daß wir kein Blatt von Ansehen in der Bundesrepublik haben, das nun die Intentionen» – er meinte schlicht seine Regierungsarbeit – «objektiv würdigt»[8].

Die freie Presse, wie sie dem besiegten Deutschland nach der Zeit der Goebbels-Propaganda aufgenötigt wurde, blieb Adenauer und den Seinen fremd. So führte Adenauer zehn Jahre einen völlig irrationalen Krieg gegen den dpa-Chefredakteur Fritz Sänger, bis der 1959 schließlich abgelöst wurde. Der deutschnationale und unzweifelhaft konservative Hans Zehrer hielt Adenauer 1957 in der *Welt* die «Tendenz zum autoritären Verwaltungsstaat» vor und forderte die von der CDU-Regierung gegen die sowjetisch besetzte Zone propagierte Freiheit auch für die Presse: «Im übrigen aber ist die Freiheit so lange nicht bedroht, so lange die Presse ihre Aufgabe erfüllt.»[9]

Für die Begriffe des Kanzlers hatte Paul Sethe diese Aufgabe schon lange übererfüllt. Als Adenauer die Leitartikel des FAZ-

Herausgebers zu kritisch wurden, weil sie seine ausschließlich nach Westen orientierte Politik zu wenig feierten, musste Sethe eben die Zeitung verlassen. Ähnlich wie Rudolf Augstein hatte Sethe immer wieder gegen die «Politik der Stärke» geschrieben und beispielsweise verlangt, auf die Stalin-Note von 1952, in der freie Wahlen für Gesamtdeutschland angeboten wurden, wenigstens zu reagieren. In einer Kabinettssitzung soll Adenauer deswegen den ebenfalls deutschnationalen Sethe sogar als «Kommunistenfreund» bezeichnet haben.[10] Am Vorabend der Abreise des Kanzlers nach Moskau schrieb der geschäftsführende FAZ-Herausgeber Erich Dombrowski an seinen Kollegen Sethe, es sei geraten, Adenauers Politik wenigstens vorübergehend zu unterstützen.[11] Sethe war dazu nicht bereit und wurde deshalb ein Opfer dieser legendären Moskaureise, die als Triumph für Adenauer endete: Der Kanzler konnte die «Heimkehr der Zehntausend» aushandeln, allerdings musste er dafür die Sowjetunion und ihre Vorherrschaft über Osteuropa anerkennen und die Teilung Deutschlands als vorläufiges Faktum hinnehmen. Der FAZ-Herausgeber wurde noch im September 1955 seines Postens enthoben.

In einem Brief an den SPD-Politiker Fritz Erler schilderte Sethe im Jahr darauf, wie er abserviert wurde und was das mit Pressefreiheit zu tun hatte: «Der Druck des Kanzlers ist jahrelang mit geringen Unterbrechungen ausgeübt worden. Ich erinnere an seine Anregung an die Industriellen, der Frankfurter Allgemeinen meinetwegen keine Inserate mehr zu geben; an die Entsendung des Ministers Storch (ausgerechnet eines Gewerkschaftlers) zu dem Haupteigentümer, um gegen mich Stimmung zu machen; an meine Vorladung im Juni 1955 zum Bankier Pferdmenges («meine Freunde und ich sind sehr unzufrieden mit Ihnen»); an den Brief eines mächtigen [im Original gestrichen] Freundes des Kanzlers an den Verlag vom August 1955 mit dem Bemerken, man müsse die Inserenten gegen die Zeitung mobilisieren, wenn meine Schreiberei so weiter ginge.»[12] In seiner Kränkung spart Sethe nicht mit großen Worten und gibt seiner Absetzung den «symbolischen

Charakter für das Maß der Pressefreiheit in der Bundesrepublik»[13]. Sethe arbeitet mittlerweile für die *Welt*, die er aber bald wieder verlassen wird. Zusammen mit seinem Staatssekretär Hans Globke ist Adenauer da bereits beim Verleger Axel Springer erschienen und hat sich über Sethes Schreiberei beschwert. «Frei ist, wer reich ist. Das ist nicht von Karl Marx, sondern von Paul Sethe», wird Sethe 1965 in einem Leserbrief an den *Spiegel* schreiben. «Und da Journalisten nicht reich sind, sind sie auch nicht frei.» Er hatte Grund, sich als Beispielfigur im Kampf zwischen Macht und ihrer Kontrolle zu sehen, er war es mit seiner Vorgeschichte als Mitläufer im «Dritten Reich» und durfte sich deshalb mit einigem Recht auch um die kommende Generation sorgen. In einem weiteren Brief an Fritz Erler wird er persönlich: «Vielleicht haben dann jüngere Kollegen das Glück, von dem ich törichterweise früher geträumt habe und noch unter Hitler träumte: das aussprechen zu können, was uns bewegt, und von der Heiligkeit der Tatsachen jeden Tag nicht durch Deklamationen, sondern durch unsere Arbeit zu künden.»[14] Er musste gar nicht aussprechen, was Erler genau wusste: Sethe hatte schon seit 1934 für die angesehenste deutsche Zeitung gearbeitet, für die *Frankfurter Zeitung*, aber nach der Machtergreifung Hitler als Retter gefeiert. Später diente er in einer SS-Propagandakompanie.

Damit war Sethe nicht der Einzige. Die Propagandisten des «Dritten Reiches», die noch vor wenigen Jahren die Erfolge der Wehrmacht und die Siege gegen den Kommunismus gefeiert hatten, prägten den Journalismus der Nachkriegsjahrzehnte: Kurt Blauhorn, Henri Nannen, Karl Holzamer, Walter Henkels, Peter von Zahn. Es waren die in jeder Hinsicht Davongekommenen des Hitler-Regimes, die mehr oder weniger bewusst für die Demokratisierung Deutschlands sorgten. Die Bonner Journalisten wussten über die jeweilige Vorgeschichte der Kollegen Bescheid. Aber sie wussten angeblich nicht, dass einer, mit dem sie, wie Reinhard Appel erzählte, «fröhlich Handball spielten»,[15] Franz Rademacher

war, der «Judenreferent» im Auswärtigen Amt, der 1941 als Grund
für eine Dienstreise nach Belgrad und Budapest angab: «Liquidation von Juden». Drei Jahre und fünf Monate bekam Rademacher
1952 für Beihilfe zum Totschlag von 1300 Juden. Er konnte aber
vor Haftantritt in den Nahen Osten fliehen, wo er sich – auch das
nicht ungewöhnlich für diese Journalistengeneration – für den
Bundesnachrichtendienst anwerben ließ.

Karl Korn war ebenfalls dabei gewesen. 1940 hatte er in der Zeitschrift *Das Reich*, die stets einen Leitartikel von Joseph Goebbels
brachte, eine so zustimmende Kritik des Harlan-Films «Jud Süß»
veröffentlicht, dass ihm nach dem Krieg durch alle Instanzen bestätigt wurde, er sei ein «Handlanger des Antisemitismus» gewesen. 1955 widersetzte er sich vergeblich der Entlassung Sethes. «Es
herrscht die Stickluft der Inquisition!», wird er sich 1968 bei seiner Kollegin Margret Boveri beschweren. «Die FAZ ist eine Hölle
und die meisten merken es nicht einmal.»[16] Nachdem er vor 1945
Pflichtartikel gegen die «entartete Kunst» geschrieben hatte, setzte
sich Korn im Feuilleton der FAZ bewusst für die Moderne ein. Er
scheute nicht die Auseinandersetzung mit der Vergangenheit, aber
er überließ sie lieber anderen. So durfte sich in seinem Feuilleton
im Juli 1953 ein erst vierundzwanzigjähriger Doktorand mit «Heideggers Faschismus» beschäftigen und dabei einer ganzen Generation (zu der auch Korn gehörte) die versäumte Aufarbeitung
vorhalten: «Läßt sich auch der planmäßige Mord an Millionen
Menschen, um den wir heute alle wissen, als schicksalhafte Irre
seinsgeschichtlich verständlich machen? Ist er nicht das faktische
Verbrechen derer, die ihn zurechnungsfähig verübten – und das
böse Gewissen eines ganzen Volkes? Hatten wir nicht acht Jahre
Zeit seither, das Risiko der Auseinandersetzung mit dem, was war,
was wir waren, einzugehen? Ist es nicht die vornehme Aufgabe der
Besinnlichen, die verantwortlichen Taten der Vergangenheit zu
klären und das Wissen darum wachzuhalten? – Statt dessen betreibt die Masse der Bevölkerung, voran die Verantwortlichen von
einst und jetzt, die fortgesetzte Rehabilitation.»[17]

1953 war Heideggers Vorlesung vom Sommersemester 1935, «Einführung in die Metaphysik», kaum verändert als Buch herausgekommen. Wie in alten Zeiten war darin die Rede von der «inneren Wahrheit und Größe dieser Bewegung», womit der Nationalsozialismus gemeint war.[18] Der sich da so empörte, war Jürgen Habermas, der bei seinem damals noch wichtigsten Lehrer, nämlich Heidegger, den völkisch getarnten Faschismus entdeckt: «So ist heute von Hut, von Andenken, von Wächterschaft, von Huld, von Liebe, von Vernehmen, von Ergeben die Rede immer dort, wo 1935 die Gewalttat gefordert wurde.»[19] Natürlich ist das nur die Besprechung eines Buches durch einen ehrgeizigen Studenten, und doch handelt es sich um einen klassischen Vatermord: Habermas' eigener Vater war 1933 in die NSDAP eingetreten und hatte es in der Wehrmacht zum Hauptmann und zum Standortkommandeur von Brest gebracht. Als ihm das Kriegsverdienstkreuz verliehen wurde, dichtete ihm der Germanistik-Ordinarius Benno von Wiese einen Päan: «Seht ihn an, den Frontsoldaten, / Wie das Kinn energisch sitzt! / Schneller noch als Heldentaten / Sein Bonmot ins Schwarze blitzt.»[20]

Der junge Habermas ist freier Journalist, der zwischen *Merkur* und *Handelsblatt* für alle möglichen Zeitungen und Magazine schreibt. Im Sommer 1953 ist er noch mit seiner Dissertation beschäftigt, die er bei dem ehemaligen Parteimitglied Erich Rothacker schreibt. Die Rezension gilt Rothacker ebenso wie dem verehrten Heidegger: «Die Vorlesung von 1935 demaskiert schonungslos die faschistische Färbung jener Zeit.»[21] Statt sich zu ihrer Mitverantwortung zu bekennen, hat sich die Philosophie für Habermas ins Seinsgeschichtliche gerettet, ein deutscher Grundzug, wie ihn schon Thomas Mann diagnostiziert hatte: «Sollte der Faschismus mit deutscher Überlieferung vielleicht doch mehr zu tun haben, als man gemeinhin gerne wahrhaben möchte?»[22]

Der Aufsatz des jungen Mannes erregt allgemeines Aufsehen, schon allein weil sich Heidegger in diesen Jahren auf dem Höhepunkt seiner Popularität befindet. In der Technischen Universität

München spricht Heidegger im November 1953 vor dreitausend Menschen, denen er die «Frage nach der Technik» beantworten soll, und wie gewohnt referiert er über die «Unverborgenheit» und das «Wirkliche in der Weise des Bestellens als Bestand». Ernst Jünger, Günter Eich und Ortega y Gasset sitzen im Hörsaal; Hans Carossa musste umkehren, da sich kein Platz mehr fand. Die begeisterten Zuhörer klatschen Heidegger zehn Minuten begeistert Beifall für «zwei Stunden geistiger Schwerarbeit», wie der Reporter der *Zeit* melden kann. Nun aber sind die Fachleute von gestern aufgeschreckt. Ein Junger, der seine Karriere aufs Spiel setzt: Wer steht hinter ihm, für wen schreibt er, wie weit reicht sein Einfluss? Der ehemalige NS-Kronjurist Carl Schmitt, wie Heidegger 1945 von der Universität ausgesperrt und deshalb unentwegt mit seinem Seinsgeschick hadernd, bezeichnet Habermas in einem Brief an den ebenfalls belasteten Staatsrechtler Ernst Forsthoff als «Heldenjüngling» und erwähnt auch, dass Habermas' Doktorvater Rothacker ein Nazi gewesen sei.[23] Karl Korn nutzt das Aufsehen, das sein Schützling geweckt hat, und setzt nach, fragt in einem weiteren Artikel, warum Heidegger schweige, was diesen zu einem belanglosen Brief an die *Zeit* veranlasst, in der Christian E. Lewalter Habermas bereits niederkartätscht hat.[24]

Habermas ist für Lewalter ein Frankfurter Schüler, insbesondere des «Neo-Marxisten» Adorno (den Habermas da noch ebenso wenig kennt, wie er Marx gelesen hat), der die «publizistische Verfolgung aller angeblichen ‹Faschisten› von Richard Wagner bis zu Ernst Jünger betreibt», wobei es, was er nicht sagt, jederzeit auch ihn, Lewalter, treffen könnte. Wo Habermas den Vatermord versucht, sucht Lewalter den Anschluss an andere Mitläufer und übt sich in gemeinschaftlicher Lossprechung. Auch er ist kein Unschuldslamm, im «Dritten Reich» hatte er historische Heldenbilder aktualisiert und 1941 den Text für das Zigarettensammelbildalbum «Raubstaat England» verfasst. Nun liest er Heidegger in klassischer Manier als Systemkritiker, der mal wieder das Schlimmste erkannt hat und es gleichzeitig verhindern wollte. Es mag ja sein, dass sich Heidegger «und gar mancher mit ihm» in der NS-Bewegung getäuscht habe, aber angenommen, so das kühne Argument Lewalters, Hitler hätte Heideggers Angebot, den Führer zu führen, tatsächlich akzeptiert – wäre dann nicht etwas ganz anderes aus Hitler geworden? «Nämlich: ein geistiger Mensch, ein sittlich zurechnungsfähiger, ein Humanist?» Aber gut, es handelt sich um die *Zeit*, da ist selbst bei einem Schwererziehbaren wie Hitler noch nicht alles verloren und ein postmortaler Zweiter Bildungsweg vielleicht hilfreich. Auch Hitler war womöglich gar nicht Hitler gewesen, sondern ein ganz anderer. «Und warum hätte Heidegger einer solchen Figur nicht zustimmen und *diesen* Hitler als guten Staatsmann preisen sollen? Das kann ihm nachträglich nur vorwerfen, wer allein aus Marx die Kriterien für seine Kritik an Philosophen nimmt.»[25]

In diesem Sommer 1953 scheiden sich erkennbar die Geister. Während den Jüngeren die Augen aufgehen angesichts der Verbrechen des Nationalsozialismus, können sich die Mitläufer bestätigt fühlen, weil am 17. Juni der Aufstand in Ostberlin mit Hilfe russischer Panzer niedergeschlagen wird. Hitler hat also einen gerechten Kampf geführt. Dem Mitläufer Karl Korn, der als Angehöriger der «Zwischengeneration» bei einem der «Läden» ist, «die wir innerlich ablehnen», und deshalb regelmäßig auf sein «Kapitalistenblatt» schimpft, ist der Übergang in die Bundesrepublik bereits gelungen. Geradezu perfekt entnazifiziert, betrachtet er sich als «zu rot» für seine Zeitung[26] und freut sich über «junge Leute» wie Habermas, die «nicht noch einmal aus philosophischem Mißverständnis die Opfer einer Bewegung werden wollen, die nicht im Sein, sondern im Nichts endet».[27] Auch der Bildungsbürger Korn sieht sich als Opfer, aber er ist ebenso die Verkörperung der Verse aus dem Florian-Geyer-Lied: «Geschlagen ziehen wir nach Haus, heia oho! / Unsere Enkel fechtens besser aus.»

Der Spiegel als einzige Opposition

Derartige Freigeisterei ist Adenauer fremd, wenn er liest, dann höchstens mal einen Krimi von Edgar Wallace. Nichts spricht doch gegen einen Staat mit ganz unterschiedlichen Parteien und Meinungen, solange es keine Zweifel gibt, woran sich diese Meinungen orientieren. Das Volk soll sich nach dem Willen des Kanzlers richten. Die Union folgte ihrem Heros bereits bedingungslos. Die anderen Parteien ließen sich mit Globkes Geld domestizieren. Die SPD stand ohnehin im Kommunismusverdacht, den die Pfarrer, ihrem katholischen Kanzler diesen Wunsch von den müden Augen ablesend, am Wahlsonntag von der Kanzel predigten. Für alle anderen Fälle gab es die Dunkelmänner von der Organisation Gehlen: Zu Beginn des Koreakrieges hatten sie in Pullach eine schwarze Liste mit kommunistischen und anderen unsicheren Kantonisten angelegt, die im Ernstfall in Vorbeugehaft zu nehmen waren.[28] Die Lage war also jederzeit beherrschbar.

So blieb als einzige Opposition der *Spiegel*. «Dieses Schmierblatt wird ja leider Gottes gelesen», zetert Adenauer bei einem der Teegespräche, zu denen verlässliche Journalisten, vorzugsweise die Chefredakteure der großen Blätter, eingeladen werden, um die Hintergrundinformationen zu erhalten, die sie auf keinen Fall in ihrer Zeitung schreiben dürfen. Am 11. Juli 1952 – er hat eben die neueste Ausgabe des *Spiegel* beschlagnahmen lassen – erläutert Adenauer seinen Gästen, unter denen sich Vertreter der *Frankfurter Rundschau*, der *Süddeutschen Zeitung*, der *Schwäbischen Landeszeitung* und der *Zeit* befinden, dass Berichte wie die im *Spiegel* die Autorität untergraben würden. Normalerweise sei er sehr geduldig, «aber hier handele es sich nicht um meine Person, sondern um die Autorität des Staates».[29]

Wie sonnenköniglich Adenauer auch hier denkt und dass er keinen Unterschied zwischen sich und dem Staat kennt, zeigt seine kindliche Freude über den wirtschaftlichen Schaden, den er mit seiner Aktion anrichten kann. «Diese Beschlagnahme kostet den ‹Spiegel› 80 000 DM. Das ist ein gutes Mittel», kann er verkünden.[30] In der Runde wird bezweifelt, dass der Verlust wirklich so hoch ist, aber das lässt Adenauer nicht gelten, er triumphiert. «Und wenn es auch 40 000 DM sind, bin ich auch noch vergnügt.»[31] Die Anwesenden müssten sich aber keine Sorge machen, dass es als Nächstes ihnen an den Kragen gehen könnte. «Das hat niemand zu fürchten. Wer so sich benimmt, wie das der ‹Spiegel› tut – ich wünschte, es könnten noch 3 bis 4 Nummern hintereinander beschlagnahmt werden.»[32]

Der wirtschaftliche Erfolg seiner Feinde lässt Adenauer keine Ruhe. 1947 begann der *Spiegel* mit einer wegen der Papierrationierung bescheidenen Auflage von 15 000, die sich aber rasch verzehnfachte. Ende der Fünfziger lag sie bereits bei über 200 000 Exemplaren. Adenauer weiß über die verschiedenen Hamburger Verlagsinteressen zwischen *Zeit, Stern* und *Spiegel* und zwischen den Verlegern Gerd Bucerius, Rudolf Augstein, John Jahr und Axel Springer genau Bescheid. Ebenso genau verfolgt er die Auflagenzahlen, die stetig zunehmen. «Es ist schrecklich», jammert er 1959. «Es soll …» – es hilft ihm jemand mit der Zahl 230 000, darauf Adenauer besorgt: «Gestern waren es nur 220 [000].»[33]

Die Komplizenschaft der versammelten Presse gegen den *Spiegel* geht beim Kanzlertee dann so weit, dass einer aus der Runde vorschlägt, «draußen in der Öffentlichkeit» die Auffassung zu wecken, dass man mit dem *Spiegel* nicht reden darf, denn durch Gespräche mit Politikern erfahre er immer «eine gewisse Hoffähigkeit». Da war jedoch nichts mehr zu gewinnen: Nicht nur Industrielle und Politiker hielten Kontakt zum *Spiegel*, auch Reinhard Gehlen mit seiner Truppe war immer nah dran. Ansonsten fällt in der Umgebung des Kanzlers ständig der gleiche Spruch, er wird wie ein Mantra wiederholt: «Das geht einfach nicht, daß wir uns das gefallen lassen.»[34] Immer wieder gab es Überlegungen, einen Gegen-*Spiegel* zu etablieren, der in ähnlicher Magazin-Anmutung Harmloses und vor allem Regierungstreues geboten hätte. Der

Plan, den Hans Globke ausgiebig mit Reinhard Gehlen bespricht, wird wieder fallen gelassen.

Gehlen hat seinerseits und völlig unabhängig vom Kanzleramt so gute Verbindungen zum *Spiegel*, dass er die Berichterstattung beeinflussen und dieses entschieden oppositionelle Blatt überwachen und in seinem Sinn (wenn auch nicht immer in dem Adenauers) kontrollieren kann. Bereits im Dezember 1950 ist die Rede davon, dass es gelungen sei, «eine weitere Verbindung», also mindestens die zweite, herzustellen, in Gestalt eines «befähigten Journalisten, von Familie, Reserveoffizier, vollkommen auf unserer Linie liegend, auch sonst für uns tätig». Beim BND spricht man später von drei oder sogar vier Quellen, die für Botschaften aus Pullach empfänglich sind und über Redaktionsinterna Auskunft geben können.

Horst Mahnke ist die wichtigste dieser Quellen, und das nicht nur, weil er bereits als Ressortleiter angetreten ist. Man kennt sich von früher, man vertraut sich und überwacht sich gegenseitig: «Dr. Horst MAHNKE war s. Zt. im Aussenamt der SS, das dem Brigadeführer SIX unterstand, tätig», heißt es in einer Stellungnahme vom 30. Juni 1951. Das «s. Zt.» für «seinerzeit» ist eine elegante Umschreibung für das «Dritte Reich», in dem Mahnkes Karriere begann und die von Gehlens SS- und Wehrmachtsoffizieren ihren Höhepunkt erreichte. «Mit ehemaligen Kameraden aus diesem Amt steht er noch heute in Verbindung. Einer oder einige davon seien in der Org. G., und von diesen bezieht Dr. MAHNKE sein Material (…). Nach Quelle sind bereits wiederholt Informationen, die auf diesem Wege an Dr. MAHNKE gelangt sind, in Artikeln im SPIEGEL verarbeitet worden.» Ein handschriftlicher Zusatz trägt weitere Informationen zusammen: Mahnke, der über die freimaurerische Presse promoviert hatte, war im Reichssicherheitshauptamt in der Abteilung VII (Gegnerforschung) tätig und dem Brigadeführer und Gesandten zur besonderen Verwendung Franz Alfred Six unterstellt. Six ist, obwohl im Rang höher als sein nach Südamerika entwichener RSHA-Kollege Eichmann, glimpflich davon gekommen und mittlerweile Werbetexter. Auch er hat als Zuträger für den *Spiegel* gearbeitet, nebenbei wirkt er ebenfalls für Gehlen. Das Netzwerk der alten Kameraden wird verlässlich halten, und der *Spiegel* wird zur Abspielfläche für jene geheimen Informationen, die der Geheimdienst unter die Leute gebracht haben will.

So eng ist das Verhältnis zwischen dem *Spiegel* und dem Bundesnachrichtendienst, dass 1956 ein Rüstungsunternehmer, der von der jetzt fälligen Bewaffnung der Bundeswehr zu profitieren hofft, vom BND Rat erbittet, «ob wir es für zweckmäßig halten, wenn er in der bekannten Zeitschrift ‹Der Spiegel› annonciert. Er trägt sich mit diesem Gedanken nicht zum Zweck der Reklame, sondern lediglich mit der Absicht, durch eine solche Unterstützung des ‹Spiegel› diesen daran zu hindern, sich etwa eines Tages in einem mehr oder weniger freundlichen Artikel auch mit der Firma von Robert zu beschäftigen.» Doch nichts dokumentiert diese Nähe besser als ein Foto, das um 1960 entstanden ist und die Busflotte zeigt, mit denen die BND-Mitarbeiter zur Arbeit befördert und wieder zurückgebracht wurden: Auf einem der Busse prangt der Länge nach der damals bekannte Werbespruch «*Spiegel*-Leser wissen mehr».[35]

Wie nahe sich BND und *Spiegel* lange waren, durften die Leser damals trotzdem nicht erfahren. Beide Institutionen umgab eine Aura des Geheimnisvollen. Günter Gaus, Ende der Fünfziger Redakteur, von 1969 bis 1973 Chefredakteur, erinnerte sich, mit welch verschwörerischem Hochgefühl er nach dem Wochenende von Hamburg zurück nach Bonn fuhr, während im Zug alle Beamten die neuesten Enthüllungen des Magazins lasen und nicht ahnten, dass er Teil dieses mächtigen Unternehmens war.

Es sei nie ihre Absicht gewesen, für Demokratie zu kämpfen, erklärte der langjährige Redaktionsdirektor Hans Detlev Becker 2007 in einem Interview mit dem *Spiegel*, seine nicht, und auch nicht die von Rudolf Augstein. «Unsere Aufgabe war nach meinem Verständnis, für Sauberkeit in Staat und Wirtschaft zu sorgen oder zu kämpfen.» Grundsätzliche Bedenken dagegen, NSDAP-Mitglieder oder SS-Leute einzustellen, habe es nicht gegeben.[36] Erst 2012, mehr als fünfzig Jahre nachdem Mahnke den *Spiegel* verlassen hatte, konnte das Magazin zugeben, dass man doch ziemlich genau wusste, wen man sich da ins Haus geholt hatte: «In der Redaktion war bekannt, dass Mahnke vorübergehend der Einsatzgruppe B angehört hatte, die für schwerste Verbrechen im Holocaust verantwortlich war.»[37] Schon 1956 wollten ihm die US-Behörden wegen seiner Vergangenheit im «Dritten Reich» kein Visum für die Einreise in die USA ausstellen. Im Interesse guter Beziehungen zum *Spiegel*, so lautete dann die Entscheidung der Frankfurter CIA-Niederlassung, sollte ihm die Einreise «trotz seines ziemlich radikalen Hintergrunds» erlaubt werden.

In allen Zeitungsredaktionen, Rundfunkanstalten und selbstverständlich auch in den Firmen, die den Aufstieg Westdeutschlands zur Weltwirtschaftsmacht betrieben, finden sich NSDAP-, SA- und SS-Angehörige. Der *Spiegel* ist aber neben der von der CIA und dann vom Kanzleramt subventionierten *Soldatenzeitung* das einzige Blatt, das hartnäckig die Übernahme von SD-Beamten aus dem Reichssicherheitshauptamt in den Polizeiapparat der Bundesrepublik fordert. Der frühe *Spiegel* ist damit so rechts wie die frühe *Zeit*, wie *Christ und Welt*, wie die meisten Lokal- und Regionalzeitungen, die sich auf den Antikommunismus als Grundkonsens der Bundesrepublik eingeschworen haben. Walter Steigner, später der erste Intendant der Deutschen Welle, klagte 1955 vernehmlich: «Im Augenblick darf der Kommentator in einer westdeutschen Rundfunkgesellschaft ungestraft nur noch über den Kommunismus herziehen.»[38]

Doch ausgerechnet dieser *Spiegel* entwickelt sich vom schlimmsten nationalistischen Kampfblatt zum mächtigen und von den Mächtigen gefürchteten Oppositionsorgan. Recht unbekümmert um politische Korrektheit war der frühe *Spiegel*, deutschnational, militär- und geheimdienstorientiert, stramm antikommunistisch und beinah ebenso stramm gegen Konrad Adenauer. Als aber in Adenauers Abenddämmerung ein neuer Feind aufstieg, der ehemalige Oberleutnant Franz Josef Strauß – der im öffentlichen Leben recht genau auf seinen privaten Vorteil achtete, der im Zweifel Verkehrspolizisten versetzen ließ, wenn sie nur seinen Dienstwagen anhielten, der schließlich während der Kubakrise ein Kommando in die *Spiegel*-Redaktion schickte, weil BND-Chef Reinhard Gehlen sein Wissen mit Augstein geteilt hatte –, erwarb sich der so lange rückwärtsgewandte *Spiegel* den Nimbus eines linksoppositionellen Blattes, dem zu entsprechen er sich in den folgenden fünfundzwanzig Jahren redlich bemühte. Dem Überfall auf die Redaktion im Jahr 1962 und damit Strauß hatte der *Spiegel* am Ende mehr zu verdanken als den SS-Männern Georg Wolff und Horst Mahnke.

Seit dieser Aktion galt der *Spiegel* als links und als (immer noch der Wehrmachtsjargon) «Sturmgeschütz der Demokratie», und womöglich lässt sich diese Umkehr sogar auf einen bestimmten Tag datieren, an dem sich eine nachkriegstypische Konstellation ergab. Am Abend des 10. März 1957 kam es zu einem Gelage im Hause von Rudolf Augstein. Der *Spiegel*-Herausgeber hatte den neuen Verteidigungsminister Strauß eingeladen, in dem er offenbar einen Verbündeten gegen den greisen Adenauer sah. Zwei Monate zuvor war Strauß bereits mit einer Titelgeschichte geehrt worden. Es sind lauter ehemalige Soldaten versammelt: Strauß, Augstein, Becker, Hans Schmelz, Johannes K. Engel und Horst Mahnke. Angeblich vergleicht Strauß die Sowjets mit Sittlichkeitsverbrechern, nimmt die Beschimpfung aber gleich wieder zurück. Von Horst Mahnke kommt «eine Bemerkung über das ‹Dritte Reich›», wie sich Peter Merseburger ausdrückt, doch worin die bestanden haben soll, erfährt man nicht; es scheint auch niemand zu wissen. Augstein schickt seinen Redakteur zur Strafe vor die Tür, und als er wieder hereindarf, sollen Augstein und Mahnke erklärt haben, «niemand sei hier im Raum, der etwa nicht die Meinung vertrete, dass Hitler ein Lump und Verbrecher sei; Mahnke sei missverstanden worden»[39]. Zwischen Strauß und Schmelz soll es im Suff zu einer

Rempelei gekommen sein, auf die der ehemalige Wehrmachtsoffizier und Gehlen-Mitarbeiter Schmelz angeblich mit dem Spruch «Nichts für ungut, alles für Deutschland!» reagiert hat.[40] Jedenfalls rührte von daher die Feindschaft mit Strauß; Augstein habe erkannt, so die fromme Legende, dass Strauß zu unbeherrscht sei und deshalb die Macht über Atomsprengköpfe in seinen Händen ein unkalkulierbares Risiko darstelle. Hier gründet die Selbstverpflichtung, die Augstein und der Spiegel eingehen – Strauß mit allen Mitteln zu verhindern.

Aber was hat Mahnke nun gesagt? Es kann doch nur eine Äußerung gewesen sein, mit der er das «Dritte Reich» oder ein Phänomen des Nazismus verteidigt, vielleicht sogar entschuldigt hat. Wenn die anderen alten Kameraden, angeführt vom SS-Untersturmführer Mahnke, die alten Zeiten hochleben ließen, dann befand sich Strauß jedenfalls an diesem Abend in der Gegenwart der Bundesrepublik und nicht wie die anderen in der untergegangenen *gloire* des «Dritten Reiches».

Adenauer will ein Propagandaministerium und entdeckt das Fernsehen

Auf der entgegengesetzten Seite befand sich Konrad Adenauer, der nicht in der alten Soldatenherrlichkeit schwelgen konnte, dem die Demokratie aber mindestens so fremd war wie dem Spiegel. «Ich will, daß das Volk mich versteht, das müssen Sie machen!», soll er im Oktober 1951 zu seinem Berater Hans Edgar Jahn gesagt haben. Wie das Volk zu erreichen war, hatte zehn Jahre zuvor ein anderer nationalsozialistischer Fachmann erläutert. In seinem grundlegenden Werk «Der Rundfunk als Führungsmittel» erklärt Dr. Gerhard Eckert dem ahnungslosen Leser, was er sich beim Rundfunk unter «Sparten» vorzustellen habe, nämlich die «inhaltliche Aufteilung des Programms». «So finden wir», führt Dr. Eckert aus, «die Gymnastikstunde und die Bücherstunde, die Sportsendung und das Symphoniekonzert, die alle nur von einem Teil der Hörer eingeschaltet werden.» Es handelt sich um die erste Habilitationsschrift über den Rundfunk, 1941 entstanden bei dem bekannten Berliner Zeitungswissenschaftler Emil Dovifat. Die Arbeit ist über weite Strecken um Sachlichkeit bemüht, verrät aber sofort den Zeitpunkt ihrer Entstehung: «Ja, genau genommen gibt es nur eine einzige Sendung des Rundfunks, die *über* allen Sparten steht und zum Volk in seiner Gesamtheit spricht: *die Reden des Führers.*»[41]

Das Volk in fast seiner Gesamtheit vermochte Hitler unter anderem mit dem Rundfunk zu erobern. Wenn der Führer sprach, versammelte sich sein Volk vor dem Volksempfänger und lauschte dankbar und ergriffen seiner Botschaft. Dieses Instrument war mit der Kapitulation keineswegs verloren, aber es geriet in andere, in demokratische Hände. Die Engländer vor allem wollten den Deutschen beibringen, was ein unabhängiger, ein öffentlich-rechtlicher Rundfunk ist. Beim Nordwestdeutschen Rundfunk (NWDR) wurden zurückgekehrte Emigranten und erwiesene Regimegegner beschäftigt, die gewünschte Kritikfähigkeit wurde, wie die Besatzungsmacht bald selber schmerzlich erfahren musste, sehr schnell erworben.

Für die demokratisch installierte Regierung unter Konrad Adenauer gibt es lange nichts Schlimmeres als den freien Rundfunk, der dem Kanzler als unheilvolles Erbe der britischen Labour-Regierung gilt. Umso erfreulicher muss es für ihn gewesen sein, als er 1954 im verhassten *Spiegel* einen Artikel von Dr. phil. habil. Gerhard Eckert fand, hoffnungsvoll überschrieben mit «Abschied vom NWDR?»[42]. In der *Nationalsozialistischen Rundfunkkorrespondenz* war Eckert 1940, als er in die NSDAP eintrat, zu «unseren besten Rundfunkschriftleitern» gerechnet worden.[43] In der Bundesrepublik verstand er es, sich rasch an die neuen Verhältnisse und vor allem an das neue Volksmedium Fernsehen anzupassen. In klassischer Manier wies er nun auf den «organisatorischen Wasserkopf» des einzigen Senders im Norden hin, ebenso auf seine Gründung durch Ausländer und auf die Pensionsansprüche der Redakteure. Auch vergaß er nicht die mangelnde Eignung von Adolf Grimme, der ja anders als Eckert kein Mann vom Fach, sondern preußischer Kulturminister und, wiederum anders als Eckert, nicht beim Soldatensender Belgrad beschäftigt, sondern als Regimegegner im KZ eingesperrt war. Eckert hatte den Krieg mühelos überstanden, wirkte inzwischen als Kolumnist für *Hörzu* und rächte sich mit dem Artikel dafür, dass er von der NWDR-Rundfunkschule abgelehnt worden war.[44] Dort hatte aber längst der Umbau begonnen, die von den Engländern eingesetzten Hitler-Gegner verschwanden, die ehemaligen Propagandisten rückten nach. Herbert Blank, ein ehemaliger Parteigänger des zeitweiligen Hitler-Genossen Gregor Strasser, kündigte Axel Eggebrecht und fünfzig weiteren Mitarbeitern.[45] «Hitler war tot, seine Gefolgsleute lebten, traten einen recht kurzen Marsch durch die deutschen Institutionen an, woselbst sie sich alsbald einnisteten», wie Jean Améry 1978 in seinem letzten Text klagte. «Wir Auferstandenen sahen blöde ungläubig in die Welt.»[46]

Hitlers Gefolgsmann Eckert hatte bereits 1941 den Wert des Führungsmittels Rundfunk erkannt: «Auch der Rundfunkeinsatz der Zukunft wird nicht ohne die kämpferische Note erfolgen, die für das Wesen jedes publizistischen Mittels selbstverständlich ist.» Ganz im Stil der Pressekritik von «Mein Kampf» werden die Gegner pauschal zu Lügnern erklärt: «Aber es muß erreicht werden, daß in den Rundfunkräumen der Zukunft die Lüge und die Verhetzung als Kampfmittel ausgeschaltet werden.»[47]

Wie wenig sich dieses Aufsichtsdenken verändert hatte, bewies der Bundesinnenminister Robert Lehr, als er auf einen Kommentar des Reporters Peter von Zahn im NDWR mit einem empörten Brief und dem Vokabular von gestern reagierte. Der Beitrag sei nichts als «völlig unberechtigte, zersetzende Kritik an der Bundesregierung», sei «höhnisches, boshaftes, verantwortungsloses Literatengeschwätz», Zahn sei wahrscheinlich ein kommunistischer «Strohmann». Das war im Jahr 1951, sieben Monate nachdem

Nordkorea im Süden eingefallen war und zumal der Intendant Adolf Grimme, an den der Brief ging, seinen Feinden ohnehin als unverbesserlicher Kommunist galt, ein wirkungsvoller Vorwurf. In der Staatsvorstellung von Lehr, erst recht der von Adenauer und Erhard, war es natürlich undenkbar, dass sich im Rundfunk eine regierungsunabhängige Meinung äußern sollte; die Rundfunkanstalten waren staatliche Anstalten, ihr Medium. Kritik an der Regierung, so die Historikerin Christina von Hodenberg, «schien den Staat aufs Spiel zu setzen – eine maßlos übertriebene, doch in den Anfangsjahren des noch instabilen Teilstaats nicht der Überzeugungskraft entbehrende Argumentationsfigur»[48].

Die obrigkeitliche Reglementierungs- und Herrschsucht beschränkte sich allerdings nie auf das Kanzleramt. Am Widerstand der CSU war im September 1947 im Bayerischen Landtag der Versuch des Koalitionspartners SPD gescheitert, das «Hoegner-Gesetz» durchzudrücken, das eine Haftstrafe von mindestens sechs Monaten vorsah, wenn gegen Persönlichkeiten des öffentlichen Lebens übertriebene oder falsche Anschuldigungen vorgebracht wurden.[49] Das Innenministerium unter Robert Lehr hatte sich ständig über eine «völlig unberechtigte, zersetzende Kritik an der Bundesregierung»[50] zu beklagen und stellte Hunderte von Strafanzeigen wegen missliebiger Berichterstattung.

In seiner Habilitationsschrift hatte Eckert konstatiert, dass es nicht angehe, «den feindlichen Rundfunk mit seinen Nachrichten in das Haus jedes deutschen Rundfunkhörers gelangen zu lassen, zumal da es die offen ausgesprochene Hoffnung des feindlichen Rundfunks war, auf diesem Wege das deutsche Volk vom Nationalsozialismus abzubringen».[51] 1951 sollte niemand mehr dem Nationalsozialismus die Treue wahren, wohl aber galt es, das Volk in seiner Gesamtheit zu erreichen und als «Rotfunk» verdächtigte Sender und Sendungen fernzuhalten.

Hans Edgar Jahn war der ideale Mann, um die Wende zu schaffen. Bereits 1932 war er in die NSDAP eingetreten, und er hatte es bis zum Führungsoffizier gebracht. In seiner späteren Laufbahn als Europaparlamentarier kam eine Broschüre zum Vorschein, in der er sich 1943 über den «jüdisch-bolschewistischen Imperialismus» verbreitet hatte. In der antibolschewistischen Bundesrepublik baute Jahn zusammen mit dem Kanzleramtsstaatsekretär Otto Lenz und dessen Nachfolger Hans Globke eine einflussreiche Organisation auf, die politische Werbeagentur «Arbeitsgemeinschaft Demokratischer Kreise», mit der «die Demokratie im Volksbewußtsein verankert», vor allem aber «die Politik Adenauers und seiner Regierung interpretiert» werden sollte.[52]

Bei einem Referat vor einem anderen, dem «Laupheimer Kreis», sorgte sich Otto Lenz, weil es «in großen Dingen keine einheitliche Meinungsbildung» gebe, die «Forderung nach einem Propagandaministerium» es aber schwer habe «in der Demokratie».[53] Genau das aber wollte Lenz, ein neues Ministerium für Volksaufklärung und Propaganda. Im Tagebuch berichtet er, wie ihm Adenauer kurz vor der Bundestagswahl 1953 in Gegenwart der Staatssekretäre Globke und Hallstein das Versagen des Bundespresseamtes vorgehalten habe. Man verständigt sich auf die Einrichtung einer Behörde, die vorsichtshalber als Informationsministerium ausgegeben werden soll, und sucht Unterstützer. «[Franz Josef] Strauß erklärte, daß er mit den jüngeren Mitgliedern der CSU entschieden für die Schaffung eines solchen Ministeriums sei.»[54] Allerdings erschien bereits am gleichen Tag, am 17. September 1953, ein Artikel in der *Zeit*, der die schönen Pläne zunichtemachte: «Des Dr. Goebbels Überministerium». Adenauer, der ein solches Ministerium angeregt hatte, dementierte, dass es je Pläne dafür gegeben habe, und behauptete, er sei von Anfang an dagegen gewesen.[55]

Das Unglück mit der Presse blieb Adenauer also treu. Da half auch die Unterstützung des Instituts für Demoskopie in Allensbach nichts mehr, das von zwei aus der nationalsozialistischen Zeitungswelt stammenden Journalisten gegründet worden war, Elisabeth Noelle und Erich Peter Neumann. Der Traum eines eigenen Fernsehsenders wollte sich ebenfalls nicht ganz erfüllen. Als bald nach seinem achtzigsten Geburtstag die Zustimmungswerte zu fallen begannen – sie stürzten im Lauf des Jahres 1956 von 56 Prozent im Januar auf 40 Prozent im Mai ab –, stöhnte Adenauer bei einer Sitzung des CDU-Bundesvorstands: «Wir haben die Mehrheit im Bundestag, aber wir haben bei zehn Rundfunkgesellschaften nur bei einer einzigen etwas zu sagen, alle anderen stehen unter sozialistischer Führung.»[56]

Bereits kurz nach Aufnahme des Sendebetriebs der ARD, im Januar 1953, als das Fernsehen erst über 1500 Abonnenten verfügte, hatte sich der Kanzler nach Köln bringen und sein lebhaftes Interesse an dem neuen Medium von der Wochenschau filmen lassen. 1954 stellte er einen Mitarbeiter des Presseamtes ab, damit er beim NWDR Fernsehen lerne. «Fernsehen wird nämlich eine ganz große Sache für alle Politiker», gab er ihm mit auf den Weg.[57] Der Kanzler wünschte sich dringend einen zweiten Sender, damit «das Fernsehen im Wahlkampf als ein Propagandamittel für uns bereit steht und nicht nur für die SPD», wie er vor seinem Parteivorstand forderte.[58]

Den zweiten Sender wünschten sich auch andere, wenn auch weniger aus machtpolitischen Gründen. Gerhard Eckert, jetzt als «Fernseh-Publizist» vorgestellt, plädierte 1957 im *Spiegel* gegen das öffentlich-rechtliche System und für ein werbefinanziertes Unterhaltungsfernsehen. So wie er 1941 den nationalsozialistischen Reichssender gegen die Feindsender gehalten hatte, schimpft er nun auf den feindlichen «Monopolrundfunk», der mit seinen schlechten Nachrichten womöglich in das Haus jedes deutschen Rundfunkhörers gelangt. «Umgekehrt ist aber doch wohl die bescheidene Frage berechtigt, wieso der deutsche Fernseh-Zuschauer aus Gründen, die er nicht anerkennt, gezwungen werden soll, andere Sendungen zu verfolgen, als er eigentlich haben möchte?»[59] Ob der Zuschauer schon weiß, was er sehen möchte, ist unklar, der Kanzler weiß jedenfalls, was er sehen und besser nicht sehen soll.

Eckert fand sich mit seinen Aktivitäten in der Nachkriegswelt gut zurecht. Der *Spiegel* beschäftigt den Fernsehpublizisten auch noch 1960 und druckt eine Glosse nach, die Eckert in der *Fern-*

seh-Rundschau zum Thema Kontrastprogramm veröffentlicht hat. Mit einzelnen Sparten hält Eckert sich nicht mehr auf, er wünscht sich gleich mehrere Sender, nicht bloß den zweiten, den es nach dem Willen des Bundeskanzlers längst geben müsste. Denn da entstehe doch ein echtes Problem: Wenn der Zuschauer vom ersten Programm gelangweilt sei, in dem (sehr lustig!) «Kakerlaken und ihre Lebensgewohnheiten» angekündigt würden, und in ein zweites wechsele, wo er «die von ihm erhoffte Unterhaltung vergeblich sucht», sei er «verwirrt», weil dort bereits seit 20 Uhr das Fernsehspiel «Schuld und Opfer» läuft, weshalb «er sich in der Handlung nicht zurechtfindet». Außerdem würden nach einer Umfrage ohnehin 88 Prozent der Zuschauer sich mehr «heitere Unterhaltung» wünschen.[60] Der Grund für dieses Plädoyer ist leicht zu finden: Nur wenige Monate zuvor war in der ARD «Die schönsten Jahre meines Lebens» gelaufen, eine Dokumentation über das Wirken der Soldatenverbände, die erhebliche Diskussionen ausgelöst hatte. Diskussionen über eigene Schuld mochte Dr. phil. habil. Eckert aber offensichtlich nicht. In den Sendungen des neu gegründeten, kommerziellen «Freien Fernsehens» sollte es das, soweit Eckert als Programmplaner Einfluss nehmen konnte, möglichst gar nicht geben.

Mit Schrecken, aber auch mit Begeisterung nahm Adenauer aus Allensbach die Meldung entgegen, dass eine Sendung sieben oder acht Millionen Menschen erreicht hatte. Das Fernsehen wurde so zu einem «politischen Instrument von der größten Bedeutung». Der überaus lernfähige Kanzler war überzeugt, dass dieses Instrument die nächsten Wahlen entscheiden würde, «weil man mit dem Fernsehen wirklich an die Menschen herankommt». Als er sich mit dieser Ansicht nicht einmal in der eigenen Partei durchsetzen konnte, wurde er böse: «Ich bin so verbittert, wie ich es in meiner ganzen parteipolitischen Tätigkeit bisher noch nicht gewesen bin.»[61]

Dabei bestand doch dringender Handlungsbedarf. Das Fernsehen war nicht besser als die Journalisten und übertrieb es mit dem Gefühl der Freiheit und Selbständigkeit. Die nächste Wahl war nur noch zwölf Monate entfernt, der Überdruss am vierundachtzigjährigen Kanzler wuchs, und die Umfragen waren neuerlich verheerend. Ausgerechnet der Bayerische Rundfunk hatte am 1. Juni 1960 eine Art Kabarettsendung mit dem Titel «Meine Meinung, Deine Meinung» begonnen, die nun wirklich zu weit ging. Innenminister Ernst Lemmer sah Kommunisten am Werk, die Sendung habe aus «ständigen unglaublichen Anpöbelungen des Bundeskanzlers und verschiedener Bundesminister» (mit Nazi-Vergangenheit, was Lemmer lieber unterschlug) bestanden. In bester totalitärer Tradition verschickte das Innenministerium einen druckfertigen Standardverriss an eine Reihe von Provinzzeitungen, durch den der arglose Leser erfahren sollte, dass es sich nicht etwa um Kabarett, sondern um das «phantasielose Wiederkäuen des eingefahrenen Seelenstuhlganges unserer heimatlosen Linken» gehandelt habe.[62] Auch dem Nazi-Schriftsteller Erich Kern, inzwischen Schriftleiter der *Nationalzeitung*, war in seinem Roman «Die Uhr blieb stehen» (1953) dieses wunderbare Wort «Seelenstuhlgang» eingefallen. Natürlich mussten es heimatlose Linke sein, die sich über die Regierung lustig machten, Emigranten wie Willy Brandt, und von da war es ja nicht mehr weit zu den Kosmopoliten, womit schon bei den Nazis die Juden bezeichnet wurden. «Meine Meinung, Deine Meinung» wurde bereits nach der ersten Folge eingestellt.

Fünf Wochen später traf sich der Bundeskanzler mit den Ministerpräsidenten, die wenig Neigung zeigten, die föderale Souveränität bei ihrem jeweiligen Sender aufzugeben. Adenauer malt den größtmöglichen Teufel an die Wand: Die SPD sei jetzt, da sie das Godesberger Programm und sich vom Marxismus verabschiedet habe, für breitere Kreise wählbar geworden. Er verlangt Sendebeginn am 1. Januar 1961: «Ich möchte, daß wir die Wahlen gewinnen!»[63] Ohne Rücksprache mit den Ländern wird bereits am 25. Juli 1960 die Deutschland-Fernsehen GmbH gegründet, mit Startziel spätestens Bundestagswahl 1961. Die GmbH soll sich im

Besitz des Bundes befinden, weshalb die überraschten Länder sofort Klage einreichen. Am 28. Februar 1961 erklärt das Bundesverfassungsgericht Adenauers «Deutschland-Fernsehen» für verfassungswidrig, da Kultur Ländersache sei.

Ein Jahr später erfährt Adenauer, warum es in Deutschland ganz und gar ausgeschlossen ist, dass seine Politik «objektiv gewürdigt» wird. Karl-Günther von Hase, der Leiter des Bundespresseamtes und spätere Intendant des ZDF, präsentiert Adenauer die beim unvermeidlichen Gerhard Eckert in Auftrag gegebene Studie «Das Fernsehen in den Ländern Europas». Das Fazit ist einfach nur katastrophal: «In keinem der untersuchten Länder Europas spielt die zentrale Regierungsgewalt eine so geringe und einflußlose Rolle wie in der Bundesrepublik (...). Die großen europäischen Demokratien haben sich in allen Fällen das Recht gesichert, auf ihr Fernsehen den direkten oder indirekten Einfluß zu nehmen, der ihnen zur Erfüllung der Regierungsaufgaben und -pflichten erforderlich zu sein scheint.»[64] Das traf zwar gar nicht zu – schließlich war das öffentlich-rechtliche Rundfunksystem, das Adenauer und seiner Regierung so zuzusetzen schien, eine britische Gründung –, aber es handelte sich ja auch um eine Auftragsarbeit. Für die Adenauer-Regierung war bei so viel Freiheitsgelüst nichts mehr zu retten. Der Rundfunk-Propagandist Eckert gab die Rundfunkpolitik auf und verlegte sich aufs Romaneschreiben. Im *Spiegel* wird er zum letzten Mal 1972 zitiert, diesmal ist er «Ostseeexperte».

Die Spiegel-Affäre

Die Niederlage beim Versuch, ein Adenauer-Fernsehen zu etablieren, trug erheblich zum Machtverlust des Kanzlers bei. Die Bundestagswahlen im Herbst 1961 gewann er noch einmal, mit starken Verlusten allerdings, aber der Überdruss am ewigen Kanzler wuchs beständig. Als der *Stern* im Februar 1962 auf dem Titel die blasphemische Frage stellte: «Brennt in der Hölle wirklich ein Feuer», kam es in der CDU / CSU zu einem Aufstand. Adenauer meinte im Namen seiner gut rheinisch-katholischen Klientel Gerd Bucerius, den Verleger des *Stern*, tadeln zu müssen. Daraufhin legte der Vermahnte nicht bloß sein Bundestagsmandat nieder, sondern trat gleich auch noch aus der CDU aus.

Längst rangelten sich Jüngere um die Nachfolge Adenauers: Kurt Georg Kiesinger hielt sich für besonders würdig, Ludwig Erhard schien die ältesten Rechte zu haben, Gerhard Schröder die entsprechende Noblesse vorweisen zu können, Rainer Barzel war noch zu jung, aber umso selbstbewusster. Aber da war auch noch Franz Josef Strauß, der mächtige Verteidigungsminister, der dem Kanzler (der ihm bei seiner Hochzeit 1957 als Trauzeuge gedient hatte) gern widersprach und dessen Ehrgeiz noch längst nicht gestillt war. Da verlängerte ein unerwarteter Glücksfall Adenauers Verweildauer im Bundeskanzleramt.

Die Hintergründe der *Spiegel*-Affäre sind nie ganz aufgeklärt worden, aber dass Strauß an die Stelle Adenauers als Lieblingsgegner des *Spiegel* getreten war, musste seit 1957 jedem Leser klar geworden sein. Dem *Spiegel* zufolge war Strauß in eine endlose Kette von Skandalen verwickelt. Strauß wehrte sich gegen diese Nachstellungen, wurde den Ruf aber nicht los, besonders korrupt zu agieren. Die berüchtigte Geschichte «Bedingt abwehrbereit», die im Oktober 1962 die Polizeiaktion gegen den *Spiegel* auslöste, behauptete genau das: Im Angriffsfall wäre die Bundesrepublik von der Bundeswehr nicht zu verteidigen, und die alliierten, vor allem die amerikanischen Truppen würden sich, statt den Deutschen beizustehen, als Erstes hinter den Rhein zurückziehen. Der Vorwurf der Bundesanwaltschaft lautete: Landesverrat. Helmut Schmidt, der wehrpolitische Sprecher der SPD, hatte die Geschichte vor der Drucklegung gegengelesen, der BND hatte vorher einen ausführlichen Fragenkatalog beantwortet, die Geschichte war also hieb- und stichfest, bot aber dank der Anzeige eines ehemaligen Fallschirmobersten und Völkerrechtlers dem Verteidigungsminister die Handhabe, endlich gegen den *Spiegel* vorzugehen. In seiner Rechtfertigung im Bundestag sah Adenauer einen «Abgrund von Landesverrat» klaffen. Diese gespielte Empörung wurde so sprichwörtlich, dass Heinrich Böll sie sogar in seiner Übersetzung von Brendan Behans IRA-Stück «Die Geisel» verwendete. Der Verrat hatte aber als allfälliger Vorwurf ausgedient. In der Fragestunde des Deutschen Bundestages am 7. November 1962 verteidigte der FDP-Abgeordnete Wolfgang Döring seinen Freund Rudolf Augstein, dem Adenauer vorgeworfen hatte, er verdiene sein Geld mit Landesverrat. Er sei nicht bereit, unwidersprochen hinzunehmen, erklärte Döring, dass «Leute verurteilt sind, bevor sie überhaupt jemals einen Gerichtssaal gesehen haben». Als stellvertretender Fraktionsvorsitzender gehörte Döring zur Regierungskoalition aus CDU/CSU und FDP, aber bei dieser Rede erhielt er Beifall sogar von der Opposition. Saßen die Verräter womöglich beim BND? Wolfgang Döring diente dem Auslandsgeheimdienst als Sonderverbindung. Adenauer war davon unterrichtet, doch jetzt wuchs ihm seine Hinterzimmerpolitik über den Kopf: Als er seinen Justizminister aufforderte, Reinhard Gehlen zu verhaften, weigerte der sich mit Verweis auf rechtsstaatliche Grundsätze. «Ich bin auch einmal Staatsanwalt gewesen», seufzte Adenauer. «Früher war das aber ganz anders.»[65]

Strauß sei «das Opfer der Ex-Nazi-Generäle des BND und der Kommunisten im ‹Spiegel› geworden», soll Strauß damaliger Pressesprecher Gerd Schmückle noch im Dezember 1962 gegenüber ausländischen Journalisten erklärt haben (und der BND hat das natürlich auch getreulich aufgezeichnet). «Seit dem Bestehen der Bundeswehr haben sich zwei Generalsgruppen entwickelt und zwar eine liberale Gruppe, die dem Bundesverteidigungsministerium angehört, und eine reaktionäre Gruppe, die sich im BND befindet.»[66] Kommunisten beim *Spiegel*? Die hätte man auch 1962 noch mit dem Mikroskop suchen müssen.

Es war das Erschrecken über die Staatsmacht, die wie Jahrzehnte zuvor gegen die freie Presse losschlug. Studenten und Intellektuelle, die mit dem Slogan «*Spiegel* tot – Freiheit tot» demonstrierten, verschafften der Freiheit zum ersten Mal Recht gegen die Obrigkeit. Das Adenauer-Regime, das in jeder Kritik nur das Werk des Ostens sehen konnte, musste bald abdanken.

Während der *Spiegel*-Affäre konnte Adenauer noch einmal seine Macht ausspielen, als er persönlich bei Axel Springer anrief und ihm erläuterte, dass die Polizeiaktion gegen den *Spiegel* berechtigt gewesen sei und die Redakteure tatsächlich Landesverrat begangen hätten. Ernst Cramer, der stellvertretende Chefredakteur der *Welt*, der als Rückkehrer den Deutschen die freie Presse beibringen sollte, lehnte deshalb auf Springers Weisung einen Kommentar des Kolumnisten Sebastian Haffner ab.[67] Haffner verbreitete seine Einschätzung dann im Fernsehen, in der Aufklärungssendung «Panorama»: «Wenn die deutsche Öffentlichkeit sich das gefallen läßt, wenn sie nicht nachhaltig auf Aufklärung dringt, dann adieu Pressefreiheit, adieu Rechtsstaat, adieu Demokratie.»[68]

Das Gegenteil trat ein, die Demokratie konnte sich allmählich als Normalfall durchsetzen. Der Kanzler hatte zwar seine Rache, er konnte gegen den verhassten *Spiegel* vorgehen, aber die Reaktionen im In- und Ausland waren so verheerend, dass er im Jahr darauf endgültig Abschied von dem Amt nehmen musste, in dem er wie der letzte König von Deutschland vierzehn Jahre lang herrschen konnte.

7. DEUTSCHLAND HAT DIE WAHL.
«EIN STÜCK MACHTWECHSEL», DER ZWANZIG JAHRE AUF SICH WARTEN LÄSST

Am 22. März 1969 schreibt Emil Leeb einen Brief an Friedrich Ruge, den er als «Sehr verehrter Herr Professor, lieber Herr Admiral» anredet. Emil Leeb ist auch nicht irgendwer, sondern bezeichnet sich im Briefkopf als «General der Art. a. D.», der Artillerie also. 1919 sei er an der Niederschlagung des Spartakistenaufstandes «führend aktiv» beteiligt gewesen, erinnert er seinen Korrespondenzpartner, und darum wüsste er sich auch bei der heutigen Linken und dem SDS zu helfen. «Am Ostersonntag [1919] in Augsburg war die Devise: sofort mit Art. schiessen. Mit 2 Toten und etwa 90 Verwundeten war der Spuk erledigt. Wenn es aber dem jetzigen Justizminister nicht gelingt, die von Kiesinger geforderten Schnellgerichte einzusetzen, dann ist, wie der Bayer sagt: ‹Matthäi am Letzten›.» Leebs Augsburger Erledigung fünfzig Jahre zuvor kostete nicht bloß zwei, sondern 44 Menschen das Leben, aber wer wird da kleinlich sein?

Der Artillerist a. D. ist auch sonst nicht mit der Gegenwart einverstanden. Die Idee mit den Schnellgerichten und überhaupt einem kurzen Prozess wollte sich einfach nicht durchsetzen. 1942 beispielsweise agierten im Deutschen Reich zweiundvierzig Sondergerichte, bei denen auch bei Bagatelldelikten hart durchgegriffen wurde, aber das war ja vorbei. Nur bei Beate Klarsfeld, die am 7. November 1968 auf dem CDU-Parteitag den Bundeskanzler geohrfeigt hatte, war wegen ihrer politischen Schandtat sehr kurzer Prozess gemacht und die Täterin zu einem Jahr auf Bewährung verurteilt worden. Aber was Leeb noch viel mehr schmerzt als die langhaarigen Revoluzzer vom SDS, deren die Politik nicht Herr zu werden scheint, ist ein ganz anderes Verbrechen, eine Revolution, wie selbst er sie noch nicht erlebt hat: Der unfähige Justizminister ist zum Bundespräsidenten gewählt worden, ein Sozi! Dafür, das ist seinem vertraulichen Brief an den Kollegen Admiral zu entnehmen, hat er sich nicht 1919 an den Barrikaden mit den Kommunisten geschlagen.

Die für den 5. März 1969 nach Berlin einberufene Bundesversammlung hatte die Wahl zwischen zwei Kandidaten: dem Verteidigungsminister Gerhard Schröder von der CDU, früher Mitglied der NSDAP und der SA, und dem SPD-Justizminister Gustav Heinemann, der ebenfalls mehrere Parteien durchwandert hatte, aber nie Nazi gewesen war. Unter den 1036 Mitgliedern der Bundesversammlung befanden sich auch 22 Landtagsabgeordnete der NPD, die verkündet hatten, für Schröder zu stimmen, der wiederum damit einverstanden war, mit Hilfe der neonazistischen Partei zum Staatsoberhaupt gewählt zu werden. Zusammen mit der NPD wäre der CDU-Kandidat auf 504 Stimmen gekommen, für die in den ersten beiden Wahlgängen erforderliche absolute Mehrheit fehlten aber noch 15 Stimmen.

Der Ausgang der Wahl hing vom Verhalten der FDP ab, im Bonner Parlament die einzige Opposition und brennend vor Verlangen nach einer erneuten Regierungsbeteiligung. Ein Jahr zuvor hatte der Ritterkreuzträger Erich Mende den Parteivorsitz abgeben müssen. Ihm war Walter Scheel gefolgt – Jagdflieger, Oberleutnant der Wehrmacht und, was der unterlegene Mende erst 1978 petzte, Mitglied der NSDAP –, der die FDP auf eine kleine Koalition mit der SPD vorzubereiten versuchte. In einer Probeabstimmung votierte eine Mehrheit der FDP-Wahlmänner für Heinemann. Nicht alle hielten sich dann daran, aber im dritten Wahlgang wurde Heinemann als gemeinsamer Kandidat von SPD und FDP mit knapper einfacher Mehrheit zum Bundespräsidenten gewählt. Ausgerechnet die FDP, zwanzig Jahre lang das Auffanglager für ehemalige

Nazis und Wehrmachtsoffiziere, hatte diesem Heinemann zum Sieg in der Bundesversammlung verholfen. Rudolf Augstein jubelte im *Spiegel*: «Wir haben zum erstenmal etwas zustande gebracht, endlich. Gustav Heinemann, ein ehemaliger Haupt- und Staatsfeind, ist Bundespräsident.»[1] Heinemann selber sprach nicht ohne Grund von einem «Stück Machtwechsel», der sich da ereignet habe.[2] Dem alten General Leeb missfiel die ganze Wahl und der Kandidat erst recht. «Und so einen Mann, der auch schon bei der Aufstellung der Bundeswehr versagt hat, nötigen die SPD und FDP dem deutschen Volk als Bundespräsidenten auf!» Die SPD war schon immer eine Bande von vaterlandslosen Gesellen gewesen, aber jetzt auch noch in der neuen FDP lauter Verräter – was sollte da aus dem deutschen Volk werden?

Der Jurist Heinemann wollte diesen Machtwechsel, den er so selbstbewusst mit seiner Person verband, von einer Machtergreifung unterschieden haben, es handle sich vielmehr um eine Bewährungsprobe für die Demokratie. «Es ist doch eine wesentliche Position unter all unseren staatlichen Organen erstmalig auf die bisherige Opposition übergegangen»[3], erklärte er in seiner berüchtigten spröden Tonlage. Es war aber mehr, viel mehr, was da in der Berliner Ostpreußenhalle stattgefunden hatte: Zwanzig Jahre CDU-Herrschaft gingen zu Ende, schlimmer noch, ein Mann war zum Staatsoberhaupt gewählt worden, der den ersten Machthabern der Nachkriegsdemokratie und damit auch dem Artilleristen Leeb gleich zu Beginn der Bundesrepublik durch entschiedene Machtverweigerung lästig geworden und deshalb aus dem Spiel gedrängt worden war.

Die Journalistin Ulrike Meinhof lehnte den Begriff «Machtwechsel» ab, doch zu diesem Zeitpunkt hatte sie nicht nur Heinemann aufgegeben, sondern erwartete sich vom ganzen demokratischen Verfassungsstaat nichts mehr, der doch gerade diesen Wechsel an der Spitze zugelassen hatte. In einer ihrer letzten Kolumnen für *konkret* lobte sie zwar Heinemanns Integrität und rühmte ihm nach, dass er eine Rarität sei: «Halt kein Repräsentant des deutschen Bildungsnotstands, kein alter Nazi, kein verkannter Dichter, kein eigentlicher – ein schöner alter Sessel, keine Ledergarnitur –, das macht einfach Spaß, atmosphärisch gewissermaßen. Nur», und darauf läuft ihr Abgesang hinaus, «bedeutet es nichts.»[4] Es bedeutete insofern nichts, als das Bundespräsidentenamt rein repräsentativ war, doch was für ein Fortschritt gegenüber Theodor Heuss, der zwar reden konnte, aber mit dem Makel belastet war, dass er 1933 als Abgeordneter dem Ermächtigungsgesetz zugestimmt hatte! Was für ein Fortschritt gegenüber Heinrich Lübke, der alles andere als ein guter Redner, aber dafür in der Heeresversuchsanstalt Peenemünde als Bauleiter für das Büro Schlempp tätig und persönlich für den Einsatz von Zwangsarbeitern verantwortlich war! Es existierte sogar ein Foto, das Lübke 1941 zusammen mit dem Rüstungsminister Fritz Todt und dem Artilleriegeneral Emil Leeb, Chef des Heereswaffenamtes, bei einem Besichtigungstermin in Peenemünde zeigte.[5]

Und dann war da der regierende Bundeskanzler Kiesinger, der von 1933 bis 1945 karrierefördernd Mitglied der NSDAP gewesen war. In dem Buch «Wohin treibt die Bundesrepublik?» (1966) hatte der Philosoph Karl Jaspers sein Verdikt über diese Bundesrepublik gesprochen. Das Fortwirken ehemaliger Nazis sei ein «Grundgebrechen der inneren Verfassung der Bundesrepublik». Das Buch erregte großes Aufsehen, zumal es mit seinem Vorwurf mangelnder Demokratie genau zum Beginn der Großen Koalition aus SPD und CDU/CSU erschien, die zusammen über 468 der 518 Sitze im Bundestag verfügte und damit in der Lage war, die umstrittenen grundgesetzändernden Notstandsgesetze zu beschließen. Da Jaspers auch noch das nominelle Staatsziel Wiedervereinigung ablehnte, galt er ohnehin als halber Kommunist. Der BND-Chef Reinhard Gehlen erteilte daher sogleich einen Prüfungsauftrag für das Buch. Das öffentlich-rechtliche Fernsehen, das mittlerweile ohne den strengen Kritiker Konrad Adenauer sendete, holte Jaspers vor die Kamera und ließ ihn seine Anklagen für ein großes Publikum vortragen. Vor einer Bücherwand saß er im Sessel, holte

Luft und dann aus: «An der S-pitze s-teht ein alter Nationalsozialist. Das ist ein Novum. Ich halte es für einen Affront gegenüber dem Ausland und für eine Beleidigung gegenüber der Minderzahl der Deutschen, sagen wir einer Million Menschen, die den Nationalsozialismus immer gehasst haben und noch hassen.»

Es handelte sich allerdings um eine Minderzahl, aber die Kritik an der staatserhaltenden Kontinuität, die mehr oder weniger gewendeten Nazis das Weiterwirken in der Bundesrepublik ermöglicht hatte, war inzwischen doch lauter geworden. Ein Parteigenosse in Amt und Würden mochte der Normalfall sein, aber die Journalistin Beate Klarsfeld skandalisierte den Normalfall, indem sie, wie erwähnt, den Bundeskanzler auf offener Bühne ohrfeigte und Kiesinger, den verhältnismäßig harmlosen Mitläufer, vor allen Mikrophonen als «Nazi!» beschimpfte.

Von anderer Seite hatte schon der *Spiegel*-Herausgeber Rudolf Augstein die Bundesrepublik, wie sie nach dem Bild und Gleichnis Konrad Adenauers entstand, immer wieder angegriffen. Besonders die einseitig nach Westen orientierte Politik des Kanzlers musste ihn schmerzen, da Adenauer den Gedanken an eine wiederzuerlangende deutsche Einheit vom Tag seiner Wahl zum Bundeskanzler, vom 15. September 1949 an, aufgegeben hatte. Der Wiedervereinigungsauftrag des Grundgesetzes galt zwar auch für die CDU-Regierung, jedenfalls wurde es so in jeder zweiten Festansprache und jeder dritten Rede im Bundestag verkündet, doch war das, was sonst, ein Spiel und schöner nationaler Schein. Adenauer hasste den Osten, er musste nach dem Bau der Mauer am 13. August 1961 fast nach Berlin geprügelt werden, damit er dort seine Betroffenheit über das menschenverachtende Regime der «Soffjets» zeigte. Augstein hatte dieses Unbehagen an der Adenauer'schen Verzichtspolitik bereits Anfang 1952 in einem Leitartikel unter dem Pseudonym Jens Daniel formuliert. Die legendär gewordene Überschrift «Ein Lebewohl den Brüdern im Osten» zeigte an, wohin für Augstein die Reise mit Adenauers Westbindung ging: «Vermutlich wird Westdeutschland unter Adenauer

ein Gefolgsstaat der Amerikaner, unterschieden von dem ostdeutschen Satellitenstaat hauptsächlich dadurch, daß man sich am
Abend ohne Angst vor der Gesinnungspolizei ins Bett begeben
kann.» Der Osten war längst verloren gegeben worden, daran än-
derten auch Sonntagsreden nichts mehr. «Es ist alles so traurig, so
entmutigend, so erbarmungswürdig, und wer kann, mag sich bei
dem Gedanken trösten, daß die Welt auch durch die Dummheit
bewegt wird.»[6]

In einer eigenen Sonntagspredigt zum Thema «So stell ich mir
die Christen vor» hatte der entlaufene Katholik Augstein schon
1965 in der Berliner Kongresshalle die wohlstandssatte Bundesrepublik als geist- und letztlich religionslosen «gepanzerten Konsumverein» angeprangert[7] und damit unweigerlich den Zorn der
regierenden CDU erregt. Schließlich verdankte sie ihre Wahler-
folge dem Erhard'schen Glücksversprechen «Wohlstand für alle!»,
und war nicht dieser Wohlstand, der den ausgiebigen Konsum
ermöglichte, die überfällige Entschädigung für die Entbehrungen
der Kriegs- und Nachkriegsjahre? Doch innerhalb weniger Monate, und ausgerechnet unter einem Kanzler Erhard, war das in
seinen Wachstumsraten so verlässliche Wirtschaftswunder zusammengebrochen, kam es zu überraschenden Preissteigerungen mit
entsprechender Inflationsangst, die Steuern mussten erhöht werden und Erhard am Ende als offenbarer Versager zurücktreten.

Der demonstrative Konsum als Wohlstandsnachweis wie als
Selbstzweck («Es war schon immer etwas teurer, einen besonderen
Geschmack zu haben») war überhaupt in Misskredit geraten. Als
sie nahe der Freßgass Brandsätze in zwei Frankfurter Kaufhäuser
gelegt hatte, erklärte Gudrun Ensslin das nicht nur als Protest gegen den Vietnamkrieg, sondern auch als drastische Konsumkritik.
Augstein wiederholt in seinem triumphierenden Kommentar zur
Präsidentenwahl seine Diagnose vom geist- und verantwortungs-
losen Konsumverein, gegen den er den bekennenden Christen
Heinemann antreten lässt: «Die Spitze des Staates repräsentiert
ein Mann, dem die regenwurmhafte Regenerationsfähigkeit eben

dieses amputierten Gemeinwesens verdächtig vorkam, dem die
Bundesrepublik da nicht behagte, wo sie wenig mehr war als ein
gepanzerter Konsumverein.»[8]

Ausgerechnet der fast siebzigjährige Heinemann wurde zum
Mann der Reform, der Erneuerung, ja zum Kandidaten der auf-
begehrenden Studenten. Die Kampfabstimmung und das knappe
Ergebnis bestätigten, dass sich hier ein Außenseiter gegen die bis
dahin herrschenden Kräfte durchgesetzt hatte. Als Justizminister
der Großen Koalition war Heinemann tatsächlich ein Moderni-
sierer. Er hatte die überfällige Strafrechtsreform begonnen, in der
die Resozialisierung Teil des Strafrechts werden konnte. Der Kup-
pelparagraph wurde abgeschafft, Homosexualität war nicht mehr
grundsätzlich strafbar, Bagatelldelikte wurden zur Ordnungswid-
rigkeit entkriminalisiert. Für Richard Jaeger von der CSU (SA-
Mitglied seit 1933), Heinemanns Vorgänger als Justizminister,
der sich noch 1951 in Landsberg an einer antisemitisch getönten
Demonstration gegen die Hinrichtung der dort eingesperrten
Kriegsverbrecher, jener vom «Geschick besonders hart getroffenen
Männer», beteiligt hatte und als Abgeordneter aber unermüdlich
für die Wiedereinführung der Todesstrafe plädierte, war Heinemanns Politik naturgemäß skandalös. Im Justizministerium fand
dann auch noch eine Besprechung mit Vertretern der verbotenen
KPD statt; eine Aufhebung des Verbots kam für Heinemann nicht
in Frage, aber zusammen mit seinem Staatssekretär Horst Ehmke
wollte er die entstehende DKP dulden und nicht als Nachfolgeorganisation verbieten lassen. Und selbst wenn sie sich der Artilleriegeneral Emil Leeb noch so sehnlich wünschte, Schnellgerichte
würde es bei Heinemann nicht geben, dafür war er viel zu rechts-
staatstreu.

1962 hatte der Anwalt Gustav Heinemann die da noch ganz
und gar verfassungspatriotische Kolumnistin Ulrike Meinhof erfolgreich vertreten. Der Verteidigungsminister Franz Josef Strauß
hatte sie nach ihrem strengen Satz «Wie wir unsere Eltern nach
Hitler fragen, so werden wir eines Tages nach Herrn Strauß gefragt

werden»[9] verklagt. Später wird sie den Satz um weitere Bonner Namen ergänzen: «Wie wir unsere Eltern nach Hitler fragen, werden wir eines Tages nach den Herren Adenauer, Schröder, Höcherl, von Hassel gefragt werden»[10] – die ganze Kriegsgeneration, ob sie im Einzelnen dabei waren oder nicht.

Heinemann gehörte nicht in diesen Reigen, wie auch der Schriftsteller Horst Krüger bemerkt hatte, er war ganz und gar fremd in dieser Politikerwelt: «Er wirkt unter den vielen Darstellern der Bonner Szene einfach unglaublich redlich und hat es belegt durch sein Leben.»[11] Um Gustav Heinemann sammelt sich bald nach Kriegsende eine zunächst winzig kleine Außenseiterbewegung, die gegen jede Wahrscheinlichkeit Ende der sechziger Jahre mehrheitsfähig wird. Politik wird theologisiert und losgelöst von den Anforderungen des Tages, und Heinemann, ein Mann, «von dem nicht bekanntgeworden ist, daß er sich im wesentlichen seiner Glaubenssätze je widersprochen hätte»[12], wie ihm der Schriftsteller Peter Rühmkorf nachrühmt, bildet in seiner Person den größten denkbaren Gegensatz zum moralbefreiten Pragmatismus der ersten beiden Aufbaujahrzehnte.

Dabei hatte Heinemann selber in der CDU begonnen. Ähnlich wie Konrad Adenauer war er unbelastet durchs «Dritte Reich» gekommen, er hatte zur Bekennenden Kirche gehört, die nicht mit dem Regime paktierte, war allerdings als Jurist dem Nationalsozialistischen Rechtswahrerbund beigetreten. Als Präses der Evangelischen Kirche arbeitete er nach 1945 darauf hin, dass sich christliche Grundsätze in einer christlichen Partei durchsetzen ließen. In dieser Hoffnung gehörte er zu den Mitgründern der CDU, die tatsächlich mehr Union als Partei sein wollte und deshalb, anders als das katholische Zentrum der Weimarer Republik, auch für Protestanten offen stand, aber dann die größten Schwierigkeiten machte, wenn diese Protestanten sich dem eisernen Willen des Großen Vorsitzenden Adenauer widersetzten.

Adenauer kam aus dem Kaiserreich, als Oberbürgermeister von Köln war er ein kleiner König gewesen. Aus Respekt vor der Verfolgung, die er im «Dritten Reich» erdulden musste und weil er ohnehin einer der Ältesten war, präsidierte Adenauer im Parlamentarischen Rat, der das neue Grundgesetz formulierte. Darin wurde das Verhältnis der Weimarer Verfassung in einem entscheidenden Punkt umgedreht: Nicht mehr der Reichspräsident bestimmte die Richtlinien der Politik, indem er willkürlich Kanzler berief und wieder entließ, sondern es war der Kanzler, der die Regierungsgeschäfte fast unumschränkt führte, und zwar mit kaum geringerer Machtvollkommenheit als der greise Reichspräsident Paul von Hindenburg, der 1933 den Nationalsozialisten die Macht übergeben hatte. Die Demokratie, vor allem die Gewaltenteilung, blieb Adenauer fremd, umso größer war sein Machtgelüst. Selbst sein ihm ausdauernd gewogener Biograph Hans-Peter Schwarz kann da nichts mehr schönschreiben: «Kaum ist Adenauer Kanzler, so greift er wie ein Krake nach allen Seiten aus. Gesetzliche Grundlage hin, gesetzliche Grundlage her – in diesen ersten Jahren vermag noch keiner alles so genau zu durchschauen. Die drohende Kriegsgefahr rechtfertigt vieles, was später undenkbar erschiene.»[13]

Die Welt im Kalten Krieg

Denn fünf Jahre nach dem Ende des Weltkriegs gegen Deutschland und Japan treffen die ehemaligen Alliierten in einem ersten Stellvertreterkrieg wieder aufeinander. Seit am 25. Juni 1950 nordkoreanische Truppen die Grenze nach Süden überschritten hatten und die Kriegsparteien jeweils von China und der Sowjetunion beziehungsweise einer von den USA angeführten Koalition unterstützt wurden, war plötzlich ein Krieg auch im geteilten Deutschland vorstellbar. Westdeutschland ist als ehemaliger Kriegsgegner demilitarisiert, es gibt keine deutschen Truppen, das Land wäre damit bereits einem Angriff mit konventionellen Waffen aus dem sowjetischen Satellitenstaat Ostdeutschland schutzlos ausgeliefert.

Der Schrecken über den kommunistischen Vormarsch im fernen Asien griff weit um sich, es kam in Deutschland sofort zu Hamsterkäufen. Für die Erfolgsgeschichte der Bundesrepublik erwies sich diese Angst als wahrer Segen, weil damit tatsächlich das Wirtschaftswunder anhob, auf das seit der Einführung der D-Mark zwei Jahre zuvor alles wartete. In der Not, die selbst in der Regierung an Panik grenzt, schlägt Adenauer den Hohen Kommissaren vor, große alliierte Flugzeuggeschwader über der Bundesrepublik kreisen zu lassen, um der Bevölkerung zu zeigen, dass man bereit sei, sie gegen einen Angriff aus dem Osten zu verteidigen.[14]

Bereits Ende 1947 ist in Stuttgart ein «Büro für Friedensfragen» gegründet worden, das unter dieser Camouflage nichts anderes als die Remilitarisierung Westdeutschlands vorbereitet. Im Benehmen mit der von den Amerikanern finanzierten Organisation Gehlen erstellen die ehemaligen Wehrmachtsgeneräle Hans Speidel und Adolf Heusinger Pläne für eine neue deutsche Armee, die erst in eine gemeinsame europäische, dann in eine amerikanische Armee eingegliedert werden soll. Speidel erarbeitet mit Unterstützung von Reinhard Gehlen ein Memorandum über die «Sicherheit Westeuropas» und trägt es von Mitte 1948 an in verschiedenen interessierten Gesprächskreisen vor: «Ein Hauptziel der Sowjetunion ist die Erringung der Vorherrschaft in Deutschland als entscheidender Schritt zur Gewinnung des Primats über ganz Europa.»[15] Es wird das Mantra für jedes weitere Regierungshandeln.

Adenauer wird früh über diese Pläne unterrichtet. Einen eigenen deutschen Verteidigungsminister erlauben die Besatzungsmächte nicht, zuständig wäre also der Innenminister, der von all den Plänen, Denkschriften und Memoranden, die bereits vor Adenauers Wahl zum Bundeskanzler kursieren, nichts erfährt. Da für derlei Forschungen keine Haushaltmittel in Anschlag gebracht werden können, müssen Sponsoren aus der Wirtschaft in Vorleistung treten.[16] Noch ist die Erinnerung an den brutalen Krieg wach und der Widerstand gegen einen wie auch immer gearteten deutschen Wehrbeitrag groß. Der ehemalige nationalsozialistische Führungsoffizier Hans Hellmut Kirst veröffentlicht einen radikalpazifistischen Roman «Wir nannten ihn Galgenstrick» (1950). Seine nachfolgende Schwejkiade, die populäre und sofort verfilmte Trilogie «08/15», wirkt so wenig wehrkraftertüchtigend, dass der «Verband deutscher Soldaten» sie sofort als «Untergrabungsversuch des Verteidigungswillens in der Bundesrepublik» entlarvte[17] und der kommende Verteidigungsminister Franz Josef Strauß den Autor fortan als persönlichen Feind behandelte.

«Gott hat uns zweimal die Waffen aus der Hand genommen. Wir dürfen sie nicht ein drittes Mal in die Hand nehmen»[18], erklärt der fromme Heinemann. Adenauer will aber die Waffen wieder in die Hand nehmen, er traut dem Frieden nicht und fürchtet den Krieg, einen Krieg, wie er ihn selber, von den Nazis misstrauisch überwacht, nur knapp überstanden hat. Der Verzicht auf Waffen entspricht der Vorstellung der Sieger von einem glücklich entwaffneten Gegner, er folgt aber auch der pazifistischen Losung im Land selber, nach der die Hand verdorren solle, die je wieder eine Waffe anfasse. In den ersten Nachkriegsjahren hatten sich selbst Adenauer und Strauß in ähnlich feierlichem Bibelton geäußert. Nach der Machtergreifung der Kommunisten in Prag, dem Sieg von Maos Roter Armee in China und jetzt mit dem Überfall Nordkoreas auf den Süden hatte sich die Situation allerdings vollkommen verändert.

Schon vor der Invasion in Ostasien ging es Adenauer darum, die Sicherheit Westdeutschlands durch Wiederaufrüstung zu garantieren. Für Heinemann brachte gerade diese Politik Unsicherheit. Als EKD-Präses war er mitverantwortlich für die evangelischen Christen in der DDR und glaubte, dass mit der Remilitarisierung der Bundesrepublik die Sowjetunion zu genau jenem Präventivangriff provoziert werde, den man durch die Militarisierung verhindern wollte. Für kurze Zeit schien sich anstelle der Adenauer-Politik die Heinemann-Alternative zu eröffnen. Die bald abgeschlossene Westbindung war noch im Sommer 1950 keineswegs ausgemacht, dafür kam ein neuer Ruf zu den Waffen und zur vorsorglichen Wiederaufrüstung viel zu früh. Noch hallten die Sonntagsreden nach, dass es nie wieder Krieg geben solle, aber über diesen zerknirschten Pazifismus war die Weltgeschichte längst hinweggegangen: Der fast fünfundsiebzigjährige Adenauer mit seinem untrüglichen Gespür für die politische Wetterlage wurde in dieser Situation zum Mann der Stunde. Heinemann mit seiner Gewissenspolitik war chancenlos.

Adenauer mochte sich als Christ oder als Katholik betrachten, mit einer Aufforderung zur Nächstenliebe auch für die eingesperrten Brüder und Schwestern im Osten war er nicht zu beeindrucken; im Gegenteil lag ihm daran, die Furcht vor einem weiteren Krieg für seine Politik der Wiederaufrüstung zu nutzen. Über Hans Speidel und Adolf Heusinger versorgt ihn Reinhard Gehlen, der längst die Verbindung zur deutschen Politik sucht, mit Statistiken und Zahlen zum militärischen Übergewicht des Ostens: Westdeutschland wäre im Fall eines Angriffs aus der DDR durch die siegreiche Sowjetunion nicht einmal für zwei Stunden zu halten; eine Ostblock-Offensive käme frühestens am Fuße der Pyrenäen zum Stehen. Bereits 1950 wurden deshalb Pläne für die Evakuierung der Regierungsmitglieder und anderer wichtiger Entscheidungsträger nach Spanien ausgearbeitet, wo praktischerweise nach wie vor der faschistische Generalissimo Francisco Franco herrschte.

In einer amerikanischen Zeitung, im *Cleveland Plain Dealer*, bietet Adenauer schon am 3. Dezember 1949 zum ersten Mal und offenbar ohne die Besatzungsmächte vorher ausdrücklich zu informieren, einen deutschen Wehrbeitrag an, was vor allem Frankreich erheblich irritierte. Doch an der erneuten Aufrüstung liegt den Amerikanern nicht weniger als den deutschen Berufssoldaten, die auf eine Wiederverwendung hoffen. Obwohl er das Militär verachtet, will Adenauer das Militär ebenfalls, es ist sein Hebel vielleicht noch nicht zur deutschen, in jedem Fall aber seiner eigenen Souveränität – die Alliierten Hochkommissare gewähren ihm bisher nur wenig Spielraum, weil sie gehörige Zweifel an der vollständigen demokratischen Umkehr der Deutschen haben.

Anfang Juni 1950, einige Wochen vor der nordkoreanischen Invasion, schlägt Adenauer deshalb vor, ein deutsches Kontingent innerhalb einer europäischen Armee aufzustellen, vorläufig getarnt als Polizeitruppe. Es sind die letzten Monate und Jahre der Herrschaft Stalins, der sich in Moskau in seine eigene Paranoia verstrickt, eine jüdische Ärzteverschwörung wittert und in jedem Mitglied des Zentralkomitees einen potenziellen Meuchelmörder sieht. In der DDR ist die SPD mit der KPD zwangsvereinigt und die Todesstrafe wieder eingeführt worden. Die nach wie vor sowjetisch dirigierte Justiz verhängt drastische Strafen für das, was «Sabotage» oder «friedensfeindliche Aktivitäten» genannt wird, die Flüchtlingszahlen steigen an. In Washington freut man sich zwar über den kooperationswilligen Adenauer, der es gelegentlich übertreibt, sorgt sich aber wegen des mangelnden Kampfeswillens in der deutschen Bevölkerung. In einem halbamtlichen, anonymen Artikel in der von der amerikanischen Besatzung herausgegebenen *Neuen Zeitung* (Frankfurter Ausgabe) heißt es im November 1950: Trotz gegenteiliger propagandistischer Behauptungen sei bis zur Stunde nichts zur Wiederherstellung einer deutschen Armee unternommen worden, doch jetzt, nach dem «Blitzschlag» von Korea, werde ein deutscher «Beitrag zu den gemeinsamen Anstrengungen» erwartet. Unterstützt wird die Remilitarisierung, die so nicht heißen soll, um im Westen niemanden mit einer «Wiederherstellung der Wehrmacht» zu erschrecken, durch eine Warnung: «Offensichtlich werden die USA nur dann in Deutschland starke Kräfte einsetzen, wenn die Deutschen selbst an der Verteidigung ihres Landes teilnehmen.»[19]

Heinemann wird in diesem Ringen im Sommer 1950 Adenauers idealer Gegner und sogleich das erste Opfer der ersten Machtprobe im neuen Staat. Adenauer konnte Heinemann noch nie leiden, allein schon der Ruf von unbedingter, auch langweiliger Rechtschaffenheit, der ihm anhaftete! Nur auf Drängen der CDU / CSU-

Fraktion hatte er ihn im September 1949 in der Hoffnung zum Innenminister bestellt, die protestantischen Wähler an die Union zu
binden. Deshalb bestand er auch darauf, dass Heinemann seine
kirchlichen Ämter weiter wahrnahm. Beide waren Bürgermeister
gewesen, Adenauer in Köln, Heinemann in Essen, doch konnten
sie sich fremder nicht sein: Auf der einen Seite Heinemanns christliches und nicht wenig anstrengendes Pathos, auf der anderen Adenauers pragmatischer Zynismus, gar nicht jenseitig, sondern ganz
von dieser Welt, in der es nun einmal um Politik geht und sich die
Machtfrage jeden Tag neu stellt.

Am 17. August bietet Adenauer, wie von Hans Speidel projektiert, eine 150 000 Mann starke Freiwilligenarmee an, die sich gegen
die kasernierte Volkspolizei der DDR würde behaupten können.
Keine zwei Wochen später, am 30. August, reicht er in einem weiteren Memorandum ein Sicherheitskonzept nach, das auf die Befreiung aus dem Besatzungsstatut zielt, dem die Bundesrepublik nach
wie vor unterworfen ist. Vorsichtshalber haben die arbeitslosen
Offiziere, die bis auf weiteres bei Verlagen, Universitäten, beim Institut für Zeitgeschichte und vor allem bei der Organisation Gehlen
geparkt sind, ihre Pläne auch dem Oppositionsführer Kurt Schumacher unterbreitet. Anders als die ehemaligen Wehrmachtsgeneräle hat Schumacher das «Dritte Reich» nicht in der Gefolgschaft
Hitlers, sondern im Konzentrationslager verbracht. Im Ersten
Weltkrieg, das verleiht ihm besondere Glaubwürdigkeit, hat er
einen Arm verloren, als Folge der Haft muss ihm 1948 ein Bein
amputiert werden. Er ist sichtbar ein Opfer Hitlers, nicht nur für
seine Partei ein Märtyrer und ungleich populärer als Adenauer.

Bei der ersten Bundestagswahl ist Schumacher mit seiner SPD
der CDU / CSU nur äußerst knapp unterlegen. Ihr Vorsitzender, der
Adenauer im Bundestag zur Empörung der CDU, aber akklamiert
von einem Großteil der Deutschen als «Kanzler der Alliierten»
beschimpft hatte, sicherte sich damit seinen Ruf als unbeugsamer
Deutschnationaler. Zur Freude der stellungslosen Generalstäbler
zeigte er wesentlich mehr Interesse an strategischer Planung als

der Kanzler. Die Generäle, die bei Schumacher erschienen, um für die Aufrüstung zu werben, nahm er sofort für sich ein, weil er sich begeistert über das mitgebrachte Kartenmaterial beugte und eine offensive Strategie gegenüber der Sowjetunion vorschlug. Bei einer Pressekonferenz am 23. August 1950 verblüffte seine Direktheit die Taktiker in der Regierung, die bisher so vorsichtig zu Werke gegangen waren: «Der militärische Gegenstoß der Demokratien muß die Kriegsentscheidung an Njemen oder Weichsel suchen und leisten können. Alles andere dient nicht der erfolgreichen Verteidigung, sondern der sicheren Zerstörung Deutschlands.»[20]

Gegen seine überwiegend wehrunwillige Partei kann sich Schumacher damit zunächst überhaupt nicht durchsetzen. Immerhin hält der Parteivorstand im Jahr darauf fest, dass man sich eine neue Auseinandersetzung nicht anders als den Blitzkrieg von 1939 vorstellt: «Eisenbahnlinien und Flugplätze in Polen müssen in wenigen Stunden zerstört sein ...»[21] Schumacher war alles andere als ein Friedensapostel. Er sah genau, dass es ein Ressentiment der Weltkriegsverlierer gab, das von der Union nicht ausreichend bedient wurde und um das sich verschiedene mehr oder weniger nationalsozialistische Parteien kümmern wollten. Für den glühenden Antikommunisten Schumacher, der aber auch in der Lage war, den ehemaligen Kommunisten Herbert Wehner zu resozialisieren, durfte es keine Partei rechts von seiner SPD geben. Es ist daher kein Zufall, dass der ehemalige SS-Mann Franz Schönhuber mit seinen Republikanern, die im Umbruchsjahr 1989 überraschende Erfolge erzielten und ins Berliner Abgeordnetenhaus und ins Europaparlament einzogen, an die inzwischen heimatlosen Schumacher-Wähler aus der Frühzeit der Bundesrepublik dachte. Dieser restpreußische Deutschnationalismus war Adenauer fremd. Er hielt unbeirrt an seinem Kurs der Westintegration fest. Ihm war wohl bewusst, dass er Kanzler von Gnaden der Alliierten war, doch mit ihrer Hilfe konnte er gegen alle Erwartungen eine stabile Demokratie aufbauen, so wenig diesem Autokraten auch daran lag.

Im selben August 1950 kommt es zum Showdown: Aus der

Zeitung erfahren die Kabinettsmitglieder, dass Adenauer dem amerikanischen Hochkommissar John McCloy eine Denkschrift mit dem deutschen Angebot ins Flugzeug gereicht hat, mit dem McCloy zu einer entscheidenden Tagung nach New York fliegt. Im Kabinett behauptet Adenauer, keine Abschrift zu besitzen und nur deshalb niemanden informiert zu haben. Heinemann erinnert daran, dass er der zuständige Ressortminister ist, beklagt die imperiale Regierungsform des Kanzlers und kündigt seinen Rücktritt an. Die Androhung blieb ohne Wirkung. Adenauer wollte Heinemann ohnehin so schnell wie möglich loswerden. Am 10. Oktober 1950 wird er auf Adenauers Wunsch vom Bundespräsidenten Theodor Heuss entlassen.

Innenminister Heinemann hatte natürlich nur formal auf seine Ressortkompetenz verwiesen, ihm ging es um die Remilitarisierung, die Adenauer in Zusammenarbeit mit den amerikanischen Schutzherren, aber ohne weitere Rücksprache im eigenen Land durchsetzen wollte. «Wir sind in zwei blutige Kriege und zwei nationale Katastrophen hineingeraten, weil wir allzu sehr bereit waren, unser Vertrauen auf die Kraft der Waffen zu setzen»[22], erklärte Heinemann in seinem Abschiedsschreiben an Adenauer und durfte sich sicher sein, dass er damit der Mehrheit aus dem Herzen sprach. Auch sein Glaubensbruder Martin Niemöller widersetzte sich der Remilitarisierung und vertrat die pazifistische Position sogar weit energischer als Heinemann, der als mehrfacher Amtsträger zur Konzilianz verpflichtet war. Niemöller war im Ersten Weltkrieg U-Boot-Kommandant gewesen und so deutschnational, dass er 1933 die Machtergreifung begeistert begrüßte und jahrelang Loblieder auf den Führer sang, ehe er sich von ihm abwandte und einer seiner entschiedensten Gegner wurde und im Konzentrationslager Dachau landete. Regimegegner blieb Niemöller auch in der Bundesrepublik. Wenige Monate nach ihrer Gründung hatte er sie in einem Interview mit der *New York Herald Tribune* als Gebilde bezeichnet, das «in Rom gezeugt und in Washington geboren» worden sei.

Adenauer erkannte in diesem politischen Kirchenmann den Kontrahenten und verlangte von Heinemann vor Zeugen, dass er sich von Niemöllers wehrkritischen Sätzen distanziere. Heinemann war zwar keineswegs immer der gleichen Meinung wie Niemöller, aber er weigerte sich standhaft, die verlangte Loyalitätserklärung abzugeben. In der Kabinettssitzung am 17. Oktober 1950, der ersten nach Heinemanns Ausscheiden, bezeichnete der Kanzler Niemöller vorsichtshalber als «geisteskrank», warf ihm in der echten oder vermeintlichen Bedrohungslage «Landesverrat» vor und schimpfte munter weiter, ohne bei den Ministern auf Widerspruch zu stoßen: «Wenn wir ein irgendwie gefestigtes Staatswesen hätten, gehörte er eigentlich hinter Schloß und Riegel.»[23] Im gefestigten Staatswesen Hitlers saß Niemöller allerdings hinter Schloss und Riegel.

Heinemann und dessen Theologisierung der Politik waren hinderlich, der fromme Mann musste deshalb entlassen werden. Adenauer konnte sich ohne erkennbaren Widerstand im Kabinett durchsetzen. Heinemann war tief gekränkt, weil ihm keiner seiner Kollegen beistand. Eine Aussprache über die Entlassung wurde unterbunden, Robert Lehr als Heinemanns Nachfolger installiert, «ohne daß die Fraktion dazu gehört wurde. (...) Ich erwähne das nur, weil mir die späteren Klagen über die autokratischen Methoden des Kanzlers wenig imponieren können; als es galt, den Anfängen zu wehren, hat man sich allseitig geduckt.»[24] Später notierte er: «Adenauer – jahrelang über Leichen gegangen.»[25] Nach diesem Aufruhr war die Welt vorläufig wieder in Ordnung.

Unter dem Druck der Verhältnisse und weil der Zeitpunkt dafür besonders günstig war, wurde es für Adenauer ein leichter Sieg; er errang ihn für die Generäle im Wartestand und für die Amerikaner, die im Ernstfall nicht bereit gewesen wären, die drei westlichen deutschen Zonen allein gegen einen russischen Angriff zu verteidigen. Seine Zeit würde noch kommen, doch in diesem Herbst 1950 gehörte Heinemann für die Adenauer-Regierung zu den Verlierern, zu den Ewiggestrigen, die nicht kapiert hatten, was die Stunde geschlagen hatte und wie man sich in den nunmehr herrschenden Verhältnissen einrichtete. Und die erforderten Anpassung.

Die Boheme geht ihren eigenen Weg

Bedenken, dass man etwa Lehren aus der Vergangenheit hätte ziehen müssen, wurden allenfalls von Freigeistern vorgetragen. Der linkskatholische Publizist Walter Dirks, auch er einer der Gründer der CDU, spricht bereits 1950 in den *Frankfurter Heften* vom «restaurativen Charakter der Epoche»[26]. Der Lyriker Peter Rühmkorf suchte Rettung da, wo auch die Gegnerforscher der Organisation Gehlen schnüffelten, bei den versprengten Kommunisten: «Eberhard Zamory z. B. war als jüdischer Emigrant als britischer Staff Sergeant wieder nach Deutschland zurückgekommen, wo ein Teil seiner Familie im Halbdunkel überlebt hatte. (…) Was in der Restaurationszeit immer noch als Schreckgespenst galt – jüdisch-marxistische Kreise –, war für uns ein ganz besonderer Anziehungsmagnet. Literarisch durch die fortschrittlichsten Literaten der Weimarer Republik beglaubigt.»[27] Mit seinem Freund Werner Riegel machte er die existenzialistische Zeitschrift *Zwischen den Kriegen* und propagierte einen rettungslosen «Finismus». Mit Klaus Rainer Röhl gründete er die Kabaretttruppe «Pestbeule» und spielte mit dem Programm «KZ-Anwärter des Vierten Reiches» die Säle leer.

Röhls *Studentenkurier*, später in *konkret* umbenannt, seit 1961 mit Ulrike Meinhof als Chefredakteurin, bis 1964 von der SED finanziert, entwickelte sich schon in den fünfziger Jahren zur erfolgreichsten Studentenzeitschrift, es war auch eines der wenigen Oppositionsmedien. *konkret* war pazifistisch, verweigerte sich dem verordneten Antikommunismus und propagierte die Forderung «Deutsche an einen Tisch!», also etwas, was Adenauer auf keinen

Fall wollte: eine Lösung der deutschen Frage über Verhandlungen statt durch Aufrüstung, wie es auch Heinemann vorgeschlagen hatte.

«Wir waren gegen die Nato und für die Wiedervereinigung», schreibt Röhl in seiner Autobiographie «Fünf Finger sind keine Faust» (1974). «Die Bundesrepublik, unter Adenauer, zwei Jahre nach dem blutigen Aufstand des 17. Juni [1953], steht auf dem Höhepunkt des Kalten Krieges, Antikommunist zu sein ist so selbstverständlich wie gegen Kinderschänder oder Mörder sein. Die FDJ ist verboten, die kommunistische Partei steht vor dem Verbot, das bereits beantragt ist. An den Hochschulen der Bundesrepublik herrschen schlagende Burschenschaften und katholische Studentenverbände, der Ring christlich-demokratischer Studenten und militante Ostflüchtlinge.»[28]

Nach der Konformität der Nazi-Jahre schien wenigstens in der intellektuellen Boheme so etwas wie Widerspruch gegen die Obrigkeit möglich. Doch die Studenten, die 1952 in Freiburg gegen die Aufführung des Films «Hanna Amon» von Veit Harlan demonstrierten, traf der geballte Zorn der Einwohnerschaft und die überlieferte Gewalttätigkeit der Polizei, die gegen dreihundert junge Leute losprügelte, als müsste ein Aufstand niedergeschlagen werden. Harlan hatte mit dem «Dritten Reich» und seinem Arbeitgeber Joseph Goebbels abgeschlossen und blieb trotz vielfältiger Boykottversuche auch nach dem Krieg einer der erfolgreichsten Regisseure. Die Studenten wurden von den Freiburgern als «Judensöldlinge» und «Pfaffenjünglinge» beschimpft, und herum ging das Gerücht, sie wären gegen Honorar gemietet und vom Osten geschickt worden. Die Journalistin Clara Menck, die mit mehreren Demonstranten Gespräche führte, musste eigens darauf hinweisen, dass nur ein Drittel der Befragten aus einem «antinationalsozialistischen» Elternhaus stammte, die Empörten also empört sind, ohne vom eliminatorischen Antisemitismus, den Harlan gefördert hatte, selber betroffen zu sein. Ihr ebenso sachliches wie entsetztes Resümee: «Es hat sich gezeigt, daß die Vergangenheit nicht nur in

den Köpfen einiger älterer Leute und nicht nur von den im Dritten Reich persönlich Geschädigten als bedrohliches Gespenst mit
einer höchst lebendigen Nachkommenschaft in Fleisch und Blut
empfunden wird.»[29]

Im Mai 1952 berichtet der *Spiegel,* das legendäre «Sturmgeschütz der Demokratie», über eine Welle des «Terrors», die über
Deutschland hereinbricht. Es geht um das finstere Treiben einer
«Demokratischen Aktion», die – «wie die SA 1932» – zum Boykott der «Unsterblichen Geliebten» auffordert. Sozialdemokraten unterstützen die «Agentengruppe», aber wahrscheinlich stecken hinter dem Boykott doch Kommunisten und das Ausland.
Die Aktionisten drohen nämlich mit dem Schlimmsten: Sie wollen herausfinden, ob bei der Firma, die den neuen Film des «Jud
Süß»-Regisseurs Veit Harlan verleiht, «ehemalige SA-, SS- und
Parteileute sitzen»[30]. In diesem Fall ist es nicht ausgeschlossen,
dass die ehemaligen SS-Offiziere und Parteileute, die inzwischen
beim *Spiegel* arbeiteten, nicht ganz objektiv waren, dass sie vielleicht weniger die Ehre des verdienten Filmschaffenden Harlan
verteidigen wollten als vielmehr um die eigene Bloßstellung fürchteten. Harlan ist nicht der Einzige, der als Propagandist des Nationalsozialismus Karriere machte und danach weitermachen wollte
wie zuvor. Trotz des seltsamen Feuerschutzes, den ihm der *Spiegel*
gewährte, gelang ihm das nicht, weil zuletzt die erwähnte «SA»
doch stärker war.

Aber auch ein Freibeuter wie der 1928 in Danzig geborene Röhl
kam direkt aus dem «Dritten Reich»: Der Bildteil von «Fünf Finger sind keine Faust» beginnt mit einem Foto, das Röhl in schöner NS-Gefolgschaft zwischen seinen Eltern zeigt: Beide sitzen,
zwischen ihnen steht so blass wie mannhaft ein zehnjähriger Jung-
volkmann mit Koppelschloss, Gurt und einer Art Rune am Uni-
formhemd. Der Vater rechts trägt ebenfalls Uniform. Hansulrich
Röhl war Lehrer, in der NSDAP und schrieb Ostlandgedichte und
heimatverbundene Hörspiele; mindestens ein Stück, «Brachland»,
erschien noch 1944 im Parteiverlag Franz Eher Nachf. Das Bild

gehört in die ganze Soldatenbegeisterung einer nationalsozialistischen Jugend, wie sie Röhls Schulfreund Günter Grass in seiner Novelle «Katz und Maus» (1961) geschildert hat.

Rühmkorf hoffte auf Sinnstiftung im Sinnlosen oder, in seinen Worten, auf die «Objektivation des intakten Individualismus am Ausgang einer von allen Geistern verlassenen Epoche»[31]. Während sich die Bundesrepublik trotz eines prononciert katholischen Kanzlers an der Spitze allmählich säkularisiert, wächst eine theologisch fundierte Politikbetrachtung heran, die in dem Adenauer-Opfer Heinemann ihren Helden findet. «Mit einem fast schon rührenden Mangel an Zynismus» habe Heinemann «für eine Entschärfung des politischen Geländes» gekämpft, meint Rühmkorf. «Das Wort Wiedervereinigung wurde für ihn zum Haupt- und Staatsmotiv.»[32] Das war es auch für eine kleine radikale Minderheit, die bald in die politische Heimatlosigkeit geriet. Sie verband Frömmigkeit mit entschiedener Oppositionspolitik zum ernsthaften Protestantismus. Der Theologe Karl Barth machte den Taufpaten für den unehelich geborenen Rühmkorf. Seine spätere Frau Eva Maria Titze war wie ihre Studienfreundin Ulrike Meinhof Berneuchenerin, Anhängerin also eines reformierten Christentums, Röhl wollte seine Ehe mit Ulrike Meinhof von Martin Niemöller geschlossen haben. «Wir werden unser Volk nur dann demokratisch machen, wenn wir Demokratie riskieren»[33], hatte Heinemann 1950 im *Kirchlichen Jahrbuch* verkündet, lange ehe Willy Brandt mit dem Slogan «Mehr Demokratie wagen!» in den Wahlkampf zog und damit nach zwei Jahrzehnten Heinemanns Opfer rechtfertigte.

Die Reaktion der Reaktion ließ natürlich nicht lange auf sich warten. Bereits 1956, kaum dass es zu haben war, wurde *konkret* in der katholischen Wochenzeitung *Rheinischer Merkur* als östlich finanziert bezeichnet, was der Chefredakteur und Verleger Röhl aber bis 1974 hartnäckig leugnete und dem Erfolg der Zeitschrift auch nicht schadete. Alfred Anderschs Bericht in den «Kirschen der

Freiheit» (1952) von seiner Desertion aus Hitlers Armee nutzte der Literaturkritiker und vormalige Leutnant Hans Egon Holthusen, um das Buch als «politischen Vorstoß mit literarischen Mitteln» zu denunzieren. «Der Autor», so erkennt der Rezensent, der natürlich nicht aus Hitlers Armee desertiert ist, «will aus der trotzigen Mentalität des Deserteurs eine tagespolitische Parole entwickeln.» Es fehle ihm aber, der unheilbare Soldat kommt um dieses strenge Urteil nicht herum, dass er sich «zu irgendeiner der heute getragenen Farben bekennt. Andersch», so das abschließende Verdikt, «kann sich zu einer positiven Parteinahme nicht entschließen. Er protestiert schlechthin»[34], statt, wie sich's ja wohl gehörte in einem Land, das mit der Nato wieder Anschluss an die deutsche Militärtradition gefunden hat, ein Loblied auf die Heeresgliederungen zu singen, wie es Gerd Gaiser (NSDAP-Mitglied seit 1933) für die Luftwaffe machte («Die sterbende Jagd», 1953), oder, einige Etagen darunter, Heinz G. Konsalik in den Millionenauflagen seiner Landser-Romane.

Der Soziologe Helmut Schelsky (SA seit 1932, NSDAP seit 1937) erfand 1957 für seine Alterskohorte der Mitläufer den Begriff der «skeptischen Generation», die, gebrannt durch das Feuer ihrer nationalsozialistischen Erregung, diesmal «ohne Pathos, Programme und Parolen»[35] auskommen will, und beschrieb damit die (wie er selber) aus vorangegangenem Schaden klug gewordenen Mitläufer des Wirtschaftswunders. Jene also, die «immer auf die Karte der Sicherheit setzen, des minimalen Risikos, damit das mühselig und glücklich wieder Erreichte, der Wohlstand und das gute Gewissen, die gebilligte Demokratie und die private Zurückgezogenheit, nicht wieder aufs Spiel gesetzt wird»[36].

Für manche ist zum Glück alles beim Alten geblieben, mit dem Unterschied natürlich, dass man sich auf die Seite der unzweifelhaft Guten gerettet hat. Wilhelm Stuckart etwa schreibt seiner Frau im Herbst 1950 aus der Kur in Bad Nauheim: «Ich freue mich, dass der Idi Heinemann endlich weg ist. Lehr, seinen Nachfolger, kenne ich. Er ist ein alter Deutschnationaler und ein Fachmann; er war auch einmal im Innenministerium»[37], wo vor kurzem auch Stuckart noch tätig war.

Wilhelm Stuckart (NSDAP-Mitglied seit 1922, SS-Obergruppenführer) war nicht irgendwer, wenn auch nicht mehr so bedeutend wie im vorangegangenen Regime, dem er als Staatssekretär im Innenministerium diente. Zusammen mit Hans Globke hatte er den Kommentar zu den Nürnberger Gesetzen verfasst. Im Wilhelmstraßen-Prozess, in dem Globke nur als Zeuge geladen war, wurde Stuckart zu drei Jahren und zehn Monaten Zuchthaus verurteilt und nach der bereits verbüßten Untersuchungshaft auf freien Fuß gesetzt. Globke blieb unbehelligt, machte Karriere, wurde erst Ministerialdirigent, dann Staatssekretär im Kanzleramt und die rechte und linke Hand Adenauers, Stuckart wurde der stellvertretende Vorsitzende des Bundes der Heimatvertriebenen und Entrechteten (BHE). Ganz haben sich die beiden nicht aus den Augen verloren, denn Stuckart bewährte sich «als loyaler Verbindungsmann zur CDU-Führung»[38], wofür sich diese in Gestalt von Hans Globke und durch Fördermittel der von ihm betreuten Staatsbürgerlichen Vereinigung erkenntlich zeigte.

Die Auseinandersetzung zwischen Adenauer und Heinemann wird also nicht bloß eine Auseinandersetzung um Krieg und Frieden, sondern auch eine über den künftigen Kurs der Bundesrepublik. Adenauer muss gar kein Freund des Militärs sein, er verschafft aber den Militärs die Möglichkeit, ihren preußischen Kriegsdienst als quasi-rilkesches Abenteuer wieder aufzunehmen. In jedem nationalen Krieg, so verkündet es der Lyriker Holthusen mitten in die Wehrdebatte hinein, werde «ein elementarer nationaler Eros (‹für Frauen und Kinder›) entflammt und ein fundamentaler Zusammenhang von Liebe und Tod im Gefecht enthüllt»[39].

Der Kanzler bestimmt die Richtlinien der Politik, er lässt neben sich nichts gelten. Unterstützt wird sein autokratisches Regiment durch eine Umfrage des Instituts in Allensbach (und Adenauer horcht mit diesen Erhebungen hingebungsvoll ins Volk hinein): Ein Viertel der Befragten ist für den eben überwundenen Einparteienstaat. Globke handelt danach und verteilt das Geld, das er bei der Industrie eingesammelt hat, als Wahlkampfhilfe auch an die FDP und die noch weiter rechts agierende Deutsche Partei (DP) und den BHE, die als konservativer Block dem Kanzler die Mehrheit gegen die Gefahr von links beschaffen müssen.[40]

Heinemann als Mann der Kirche war eine Zeitlang ein Problem gewesen, doch Globke – Katholik wie sein Chef – wusste sich mit der Amtskirche ins Benehmen zu setzen. Hermann Kunst, der erste Bevollmächtigte der Evangelischen Kirche bei der Bundesregierung, später auch Militärbischof, erhält aus den Händen Globkes von 1955 an vierteljährlich 5000 Mark, deren Empfang er zum Beispiel am 15. Januar 1955 brav quittiert: «Von Herrn Staatssekretär Dr. Globke habe ich heute DM 5000 für staatspolitische Zwecke erhalten.»[41] Für zweifellos staatspolitische Zwecke unterhält auch der Bundesnachrichtendienst eine Sonderverbindung mit Kunst (Deckname: Künstler). Mit staatsbürgerlichem Geld würde Globke selbstverständlich auch die SPD durchgefüttert haben, wenn sie nicht so unberechenbar agiert hätte.

Doch für einige wenige ist der stocknüchterne Jurist Heinemann, der dem keineswegs populären Adenauer widerstanden hat, mit einer Gloriole umgeben, die ihn abhebt von den Machtpraktikern der frühen Bundesrepublik. Nicht nur Peter Rühmkorf nennt ihn den «Helden meiner Studentenjahre 1951 bis 1958»[42], Jürgen Habermas gab 1953, als er zum ersten Mal wählen durfte, seine Zweitstimme Heinemanns Partei, der Gesamtdeutschen Volkspartei (und die Erststimme zögernd der SPD).[43] Zwar verliert die CDU im Oktober 1950 infolge der Auseinandersetzung mit Heinemann eine Reihe von Landtagswahlen; in Nordwürttemberg-Baden, protestantischen Erblanden, sackt die CDU von 38,4 auf 26,3 Prozent ab, aber es geht längst um Größeres: Die Firma Rheinstahl, die Heinemann das Rückkehrrecht in den Vorstand vertraglich zugesichert hatte, wies ihn mit der Begründung ab, Rheinstahl könne es sich nicht erlauben, «durch Einstellung eines Vorstandsmitglieds sich politisch zu belasten, da gerade auch in den kommenden Jahren ein vertrauensvolles Zusammenarbeiten zwischen Industrie und Regierung dringendstes Erfordernis ist»[44]. Er wird mit einer Rente abgefunden, die sich viel später als außerordentlich segensreich erwies: Aus diesem Fundus konnte er als Bundespräsident, an der CDU/CSU vorbei, der Familie Dutschke eine Umzugskostenbeihilfe von London nach Aarhus zukommen lassen.

1950 ist der künftige Bundespräsident ein «Neutralist», ein pazifistischer Schwächling und ganz bestimmt nicht auf der Höhe der Zeit. Aus Sicht der Wehrmachtsoffiziere, die auf eine Anschlussbeschäftigung in der Bundesrepublik warteten, hatte er schlicht versagt. Für Emil Leeb, der 1939 beim Feldzug gegen Polen in die Schlacht an der Bzura eingriff und «dadurch», wie es in seinem Nachruf hieß, «den Weg nach Warschau frei» machte, fand sich dann nur Arbeit in einem Lobbyunternehmen der Rüstungsindustrie. Für seine Offizierskameraden sah es wesentlich besser aus: Am Tag von Heinemanns Rücktritt als Innenminister, am 9. Oktober 1950, überreichen Hans Speidel und Adolf Heusinger im Bundeskanzleramt die Himmeroder Denkschrift, das Manifest für die Möglichkeiten einer deutschen Wiederbewaffnung, das am Tag darauf auf Wunsch Reinhard Gehlens auch dem SPD-Vorsitzenden Kurt Schumacher vorgelegt wird. Schumacher fordert von Heusinger zehn bis zwölf Divisionen.[45] Die Wiederbewaffnung konnte beginnen.

Widerstand durch Mitarbeit:
Ernst von Weizsäcker und die Seinen

Bei der Wiederbewaffnung handelte es sich um einen klassischen Deal, ein Geschäft, bei dem alle Beteiligten nur gewinnen konnten und das am Ende auf eine weitreichende Entschuldung der Nazi-Kollaboration hinauslief, jedenfalls soweit es die Bildungs-

schicht betraf. Die Zustimmung zum deutschen Wehrbeitrag, an
dem den Amerikanern doch so viel lag, wurde von deutscher Seite
an die Freilassung möglichst aller von der Justiz der Besatzungsmächte verurteilten und noch immer inhaftierten Täter geknüpft.
Niemand von den deutschen Beamten hatte offenbar die Absicht,
dem Führer bis in den Tod zu dienen, aber sie dienten ihm dennoch bis zu seinem Tod und konnten hinterher, um selber mit dem
Leben davonzukommen, wortreich erklären, warum ihr Verhalten
unvermeidlich und auch noch moralisch richtig war.

Der Kampf für die Amnestierung der NS-Bürokratie beginnt
bereits vor der Gründung der Bundesrepublik. «Meiner Ansicht
nach», schreibt der Rechtsanwalt Hellmut Becker am 21. Mai 1949
an Theo Kordt, den Referenten in der nordrhein-westfälischen
Staatskanzlei, «müßte die neue Regierung von der Besatzungsmacht als eine Art Geburtstagsgeschenk unbedingt eine Amnestie
verlangen.» Diese Forderung wird zwei Tage vor der Verkündung
des Grundgesetzes erhoben, als es noch kaum einen Staat, sicherlich keine Regierung und ganz bestimmt keine unabhängigen deutschen rechtsstaatlichen Organe gibt, doch schon wird das Ancien
Régime sanft ins neue überführt. Becker bespricht mit Kordt, der
nebenbei an der Bonner Universität Völkerrecht lehrt, wie hier tak-
tisch vorzugehen wäre. «Das dürfte natürlich nicht Amnestie für
Nazis[46] und Kriegsverbrecher heißen, sondern» – es ist ein überaus
kunstreicher Euphemismus, der ihm da einfällt – «Verordnung zur
Fortführung der Befriedung des deutschen Volkes», mit der (und
der spätere Bildungspolitiker zeigt sich bereits) «alle die Kreise des
Volkes, die heute abseits stehen, an den Staat herangeführt werden sollen».[47] Die Volksgemeinschaft soll möglichst bald wieder
erstehen, und die Amnestie für die «unschuldig verurteilten Soldaten», wie sich der sympathisierende ehemalige Soldat Holthusen
dann 1953 in der Abwehr des Deserteurs Andersch ausdrückt, die
«als ‹Kriegsverbrecher› in alliierten Gefängnissen und russischen
Schweigelagern festgehalten werden»,[48] soll die Befriedung möglich machen.

1947 fungiert Hellmut Becker im Wilhelmstraßen-Prozess als Verteidiger Ernst von Weizsäckers, des ehemaligen Staatssekretärs im Reichsaußenministerium. Der Prozess erregt erhebliches Aufsehen. Es geht nicht mehr um die Hauptkriegsverbrecher, die als im Wesentlichen Alleinverantwortliche bereits hingerichtet oder zu langen Haftstrafen verurteilt sind, es geht um den bürokratischen Apparat, der, je nach Lesart, dem Nationalsozialismus widerstanden oder nach Kräften zugearbeitet hat. Für Becker wie für einen Großteil der Deutschen gibt es keinen Zweifel an der grundsätzlichen «Amoralität der Verfahren»[49]. Carl Friedrich von Weizsäcker, der älteste Sohn, der praktischerweise in den Schweizer militärischen Komplex eingeheiratet hat, kann das Geld für die aufwendige Verteidigung auftreiben. Neben Becker wird ein weiterer, ein amerikanischer Anwalt engagiert. Weizsäckers jüngster Sohn Richard hilft mit bei der Vertretung des Vaters, und Becker appelliert an zweihundert Persönlichkeiten im In- und Ausland, zugunsten des doch offensichtlich zu Unrecht angeklagten Staatssekretärs zu intervenieren. Die Theatralik des Ganzen – die Presse wird mobilisiert, Geld kommt vom Stefan-George-Schüler Robert Boehringer und weiteres aus Amerika, die Beschwörung des reinen deutschen Geistes, als dessen Vertreter der Staatssekretär angeklagt werde – kann doch nicht verhindern, dass Weizsäcker im April 1949 wegen Verbrechen gegen den Frieden zu fünf Jahren Zuchthaus verurteilt wird und in das Kriegsverbrechergefängnis nach Landsberg kommt.

Gegen kein Nürnberger Urteil hat es so viel Widerstand gegeben, denn Weizsäcker galt als Ehrenmann, der im Außenministerium, wo unter seinem Vorsitz auch das Münchner Abkommen von 1938 verhandelt wurde, das Schlimmste verhindert haben wollte. Er hatte aber auch als zuständiger Beamter die Deportation der französischen Juden nach Auschwitz mit seiner Paraphe abgesegnet und wusste, wie die Dokumente belegten, dass der Transport «nach dem Osten» schlicht ihre systematische Ermordung bedeutete. Die Verteidiger behaupteten dennoch hartnäckig die Unschuld ihres Mandanten. Und die *Zeit*-Redakteurin Marion Gräfin Dönhoff organisierte mit weiteren Freunden eine Kampagne zur Freilassung des angeblichen Justizopfers.

Becker lässt nicht locker, er will seinen Mandanten befreien, und am einfachsten wäre doch eine Generalamnestie, zumal wenn sie sich als Friedenswerk verkaufen lässt. Er kann sich auf ein weitreichendes Netzwerk verlassen, in dem schon der Standesdünkel eine Nähe zu den nationalsozialistischen Eiferern ausschließt, keineswegs aber die intellektuellen Kollaborateure des «Dritten Reiches». Becker ist der Sohn des preußischen Kultusministers Carl Heinrich Becker, allerdings selber 1937 in die NSDAP eingetreten (was er fast sein Leben lang verschweigen konnte)[50] und Schüler des Staatsrechtlers und Carl-Schmitt-Zöglings Ernst Rudolf Huber (NSDAP seit 1933). Von Huber erhofft er sich Material für ein in seiner ganzen Paradoxie unhintergehbares Argument: «Falls Ihnen», schreibt Hellmut Becker 1948 an seinen Ordinarius, bei dem er doch noch zu promovieren hoffte, «historische, literarische oder philosophische Parallelen einfallen, mit denen sich der Gedanke des Widerstandes in der Mitwirkung … gut unterbauen laesst, waere ich darueber sehr erfreut.»[51] Nicht das Grundgesetz, sondern dieser Brief, den Ulrich Raulff in seinem Buch «Der Kreis und sein Meister» (2009) über die George-Nachfolge anführt, müsste von Rechts wegen als Gründungsdokument für die von Mitläufern und Mittätern aufgebaute Bundesrepublik gelten.

Die Botschaft, die natürlich nicht in den Parlamenten und Kirchen verlesen wurde, aber als Schibboleth im Kreis der Betroffenen von einer Hand in die andere weitergereicht wurde, war schlicht und deshalb so ergreifend: Nur wer mit dabei war – wer also nicht emigrierte wie Thomas Mann und Willy Brandt, gar sich erhob und den obersten Kriegsherrn Hitler tatsächlich umbringen wollte wie Georg Elser und Claus Schenk Graf von Stauffenberg –, nur wer bis zum Schluss mitmachte, war in der Lage, Widerstand zu leisten. Mangels Falsifikation ließ sich auch noch behaupten, dass es ohne den heldenmütigen Einsatz der Herren Weizsäcker,

Globke, Oberländer, Kiesinger et al. noch weit schlimmer gekommen wäre. Nicht zufällig versucht es der Mitläufer und Mitdenker Martin Heidegger in seiner permanenten Klage mit der gleichen Verteidigungsstrategie.

«Dem angelsaechsischen Recht ist ja der Gedanke, dass man etwas nicht einwandfrei tun muss, um etwas sehr viel Schlimmeres zu verhindern, fremd», muss der Jurist Becker einräumen; umso mehr kommt es darauf an, «an diesem Punkt den Richtern, die ja vor allem gute Buerger sind, das Gefuehl zu geben, dass sie mit der Geschichte und allen vernuenftigen Grundansichten in Einklang sind.»[52] Wenn es der angelsächsischen Welt fremd ist, muss man den Angelsachsen eben erläutern, wie das bei Hitler war und dass hierzulande nach wie vor deutsches Recht gilt. Das wird die Verteidigungslinie für alle Beamten, die nach der Entfernung ihrer jüdischen Kollegen weitergearbeitet haben: dass sie auf diese Weise nicht bloß Schlimmeres verhindern konnten – wer mitgemacht hat, der hat am wirkungsvollsten Widerstand geleistet.

Ernst Rudolf Huber antwortet seinem «intelligentesten und faulsten Schüler», wie er Becker gegenüber Carl Schmitt bezeichnet, mit dem Hinweis auf Talleyrand und Metternich, sieht das Problem aber in der Frage, «wieweit dem Einzelnen, dem ‹Verbrechen gegen die Menschlichkeit› oder ‹Kriegsverbrechen› zur Last gelegt werden, zu seiner Verteidigung die Berufung auf einen übergesetzlichen Notstand zu Gebot steht»[53]. Dazu empfiehlt er Schmitts Flick-Gutachten «Das internationalrechtliche Verbrechen des Angriffskrieges und der Grundsatz ‹Nullum crimen, nulla poena sine lege›». Schmitt lobt zwar die Ausführungen Hubers, spottet im Tagebuch aber doch über die «urdeutsche Erfindung» Widerstand durch Mitarbeit: «deutsche Treue, deutscher Wein, hegelische Doppelsinnigkeit und Dialektik»[54]. Trotz Hubers und Schmitts Hilfestellung mangelte es schließlich doch an genügend historischen und philosophischen Parallelen.

«Ein Urteil gegen Ernst von Weizsäcker wäre ein Schlag gegen alle die in Deutschland, die bereit sind, Verantwortung zu über-

nehmen»[55], donnerte Hellmut Becker in den Gerichtssaal. Zu aller
Überraschung hatte nicht einmal dieses Argument die Verurteilung Weizsäckers verhindern können. Schmitts Spott kennt keine
Grenzen: «Armer, guter, braver Weizsäcker. Du botest den anderen
einen Landesverrat an, der Dir schwerer wurde als einer anständi-
gen Mutter aus guter Familie, die ein Selbstangebot macht, um ihre
Tochter vor der Vergewaltigung zu retten. Jetzt wirst Du, nachdem
die Vergewaltigung vollzogen ist, vom Vergewaltiger wegen Kuppelei angeklagt und verurteilt.»[56]

Zwei Monate nach dem Urteil gegen Weizsäcker, im Juni 1949,
wendet sich Becker ein weiteres Mal an Theo Kordt, der früher
Weizsäckers Bürovorsteher war und inzwischen in ähnlicher
Funktion beim Ministerpräsidenten Karl Arnold (CDU) tätig ist.
Das Urteil ist nun einmal gefällt, jetzt hilft nur noch ein Gnadenakt. Becker will wissen, «ob Sie die ganze Sache für realisierbar
halten und in welchem Maße Sie glauben, daß Ihr Chef sich dafür
einsetzen wird», und fügt hinzu: «Meiner Ansicht nach müssen
alle Männer unserer Einstellung, die mit der sich bildenden westdeutschen Regierung in Verbindung stehen, sich darüber klar sein,
daß eine aktionsfähige westdeutsche Regierung sich mit einer moralischen und politischen Hypothek belastet, wenn sie nicht energisch dagegen Stellung nimmt, daß ein Mann wie Weizsäcker noch
im Gefängnis bleibt.»[57]

Es gilt also jetzt, in diesem Moment, einzugreifen und Einfluss
auf die Regierung zu nehmen, die es noch gar nicht gibt, um die
Position aller Männer «unserer Einstellung» durchzusetzen. Diese
Einstellung dürfte mit einem gewissen Standesbewusstsein zu-
sammenhängen, aus dem der Jurist völlig überraschend ein moralisches Argument ableitet, wenn er von der Hypothek spricht,
mit der der neugegründete Staat belastet werde, wenn er sich mit
der gegen Weizsäcker verhängten Haftstrafe abfindet. Die Bundesrepublik ist zwar in der (unvermeidlichen) Rechtsnachfolge des
«Dritten Reiches» gegründet, aber die Hypothek, mit der sie von
Anfang an belastet ist, bestünde nach den Worten Beckers nicht in

den staatlichen Großverbrechen, an denen Männer wie der Staatssekretär beteiligt waren, sondern in der Herzlosigkeit, mit der man die dafür mitverantwortlichen Täter wie Weizsäcker im Gefängnis schmachten lässt. Auch wenn das 1949 noch den wenigsten bewusst ist, zeigt sich am Fall Weizsäcker das moralische Grundproblem der Bundesrepublik, dass es nämlich unvermeidlich war, die Männer (und wenigen Frauen) aus dem «Dritten Reich» in die neue Demokratie mitzunehmen.

Becker arbeitet an einer vorzeitigen Freilassung seines Mandanten, entnazifiziert seinen Lehrer Huber und vertritt die Massenmörder Martin Sandberger und Otto Ohlendorf. Dieser wird dennoch gehängt, aber Sandberger, der erst ebenfalls zum Tod verurteilt, dann zu lebenslänglicher Haft begnadigt und 1958 als einer der letzten NS-Kriegsverbrecher in Landsberg entlassen wurde, empfing vom stellvertretendem SPD-Vorsitzenden Carlo Schmid einen ungewöhnlichen Persilschein: «Ohne den Einbruch der Herrschaft des Nationalsozialismus wäre Sandberger ein ordentlicher, tüchtiger, strebsamer Beamter geworden wie andere auch und hätte versucht, seine Karriere auf Grund besonderer, ins Auge fallender Leistungen zu machen, denn er war ganz offenbar ehrgeizig. Dieser Ehrgeiz hat ihn auch veranlaßt, zur SS und zum SD zu gehen.»[58]

Es geht aber noch besser, noch gebildeter: In einem Aufsatz für den *Merkur* wendet sich Becker ganz zeitgemäß gegen die Kriegsverbrecherprozesse und findet dabei eine bei Heidegger stibitzte Pointe: Die Pathologie muss helfen, dann ist die Zeitkrankheit die Ursache für die «grauenvollen Vernichtungsmaßnahmen der totalitären Regime ebenso wie die Prozesse gegen die wirklichen und angeblichen Verantwortlichen für diese Vernichtung»[59]. Mit Berufung auf den norwegischen Bischof Eivind Berggrav, der der deutschen Besatzung in Norwegen getrotzt hatte, erklärte Becker einem vermutlich beifällig nickenden Publikum, dass Widerstand «gerade auch unter Übernahme hoher Verantwortung in dem bekämpften Regime geführt werden»[60] könne. Weizsäcker hat sich gefürchtet (vor dem Führer?) und machte deshalb mit beziehungsweise leistete damit Widerstand, es war ein Mitmachen und dann Widerstand aus Angst. Wobei Becker nicht auf die Drohung verzichten mag, dass die «Gefahr des Totalitären» bereits «in der Geburtsstunde der Demokratie» bestehe und die «angeblichen Abwehrmaßnahmen gegen den Dämon» diesen womöglich erst heraufbeschwörten.[61]

Ernst von Weizsäcker (NSDAP seit 1937, SS-Obersturmführer seit 1938) wird tatsächlich freigelassen, aber erst im Oktober 1950, eine Woche nach dem Rücktritt Heinemanns als Minister und der Präsentation der Himmeroder Denkschrift. Die Männer mit der richtigen Einstellung hatten sich durchgesetzt. Auf Drängen Adenauers entließ der amerikanische Hochkommissar John McCloy nach und nach alle «Kriegsverurteilten», die jetzt keine Kriegsverbrecher mehr sein sollten, aus der Haft; das letzte Todesurteil wurde Anfang 1951 vollstreckt.

Noch vor Weizsäcker und vor der weitreichenden Amnestie wurde nicht ganz zufällig während der Verhandlungen zwischen Adenauer und den Alliierten Hochkommissaren über einen deutschen Wehrbeitrag am 25. August 1950 der Industrielle Friedrich Flick wegen guter Führung freigelassen. Er wird noch gebraucht. Adenauers Bankier und enger Berater Robert Pferdmenges hält für den Kanzler am 30. Januar 1951 fest: Einen Mann von «seiner Sachkenntnis und seines überragenden Organisationstalentes benötigen wir in erster Linie, um die schwierigen Aufgaben anzupacken, die die heutige Zeit unserer schwer angeschlagenen Wirtschaft stellt»[62]. Worin die schwierigen Aufgaben bestanden, verriet ein handschriftlicher Kommentar: «Das Verteidigungsprogramm ist ohne Flick schwer denkbar.»[63] Außerdem ließ sich Flick beim staatsbürgerlich so notwendigen Spenden nicht lumpen. Noch vor der Freilassung seines *padrone* schreibt Georg Gillitzer, der Chef der zum Flick-Konzern gehörenden Maxhütte, an Justizminister Thomas Dehler (FDP), der bei der Amnestierung Flicks helfen soll, dass Flick «mit der FDP stark sympathisiere»[64] und sich nach der Entlassung gern mit Dehler träfe. Das Treffen kam zustande, wobei, wie der Bericht weiß, der Konzernchef «in liebenswürdiger Weise» auf die Unterstützung hinwies, die er der Partei im bayerischen Wahlkampf hatte angedeihen lassen. Von der Flick'schen Liebenswürdigkeit sollte die Bonner politische Landschaft noch lange profitieren.

In Nürnberg hatte ihm der Staatsrechtler Carl Schmitt mit einem entlastenden Gutachten beigestanden, wonach er nur seiner Arbeit nachgegangen sei. Sein Verteidiger Rudolf Dix entwickelte in seinem Schlussplädoyer eine bemerkenswerte Verlagerung der Verantwortung, indem er den Gewerkschaften die Schuld für den Aufstieg Hitlers gab. Sie hätten beim Kapp-Putsch «diese von ihnen als reaktionär gehaltene Bewegung durch Generalstreik zu Boden» geschlagen. «Sechs Millionen Arbeitslose lagen zum Teil seit Jahren auf der Straße, und die Gewerkschaften, welche ihnen seit Jahrzehnten den sozialen Himmel versprochen hatten, waren unfähig, ihnen zu helfen. Da kam aus den Reihen des Proletariats der ‹Heiland›, der ihnen Rettung versprach, Rettung aus der Misere, und alle die Massen des kleinen Mittelstandes und des Proletariats folgten diesem Rattenfänger.»[65] Letztlich war es also das Proletariat, das, statt wie es sich gehörte, ohne Vertretung durch die Gewerkschaften brav zu arbeiten, diesem Rattenfänger nachgelaufen war, diesem Messias der Massen, und damit das Unheil verschuldete, an dem Unternehmer wie Friedrich Flick naturgemäß keinen Anteil hatten. Überraschenderweise wurde Flick dennoch wegen «Plünderung, Organisationsverbrechen und Veranlassung zur Sklavenarbeit» zu sieben Jahren Haft verurteilt. Für ihn setzten sich keine weiteren Intellektuellen und Bildungsbürger ein, aber auf Betreiben des CSU-Mitgründers Josef Müller die amerikanische Autorin und Verlegergattin Clare Boothe Luce, die ihren Einfluss in der amerikanischen Politik geltend machte, um, wie sich Müller ausdrückte, dem «früher wie heute als Persönlichkeit weit über Deutschland hinaus bekannten Friedrich Flick zur Freiheit zu verhelfen».[66]. Müller war 1934 als Anwalt an der «Arisierung» der Engelhardt-Brauerei beteiligt, von deren Eigentümer Ignatz Nacher Flick 1937 seinen Hof in Sauerberg günstig erwerben konnte.[67] Ebenso günstig kam die Firma Flick durch die verordnete Demontage der ersten Nachkriegszeit, die Währungsreform und die verlangte Entflechtung des Konzerns. Von seiner Zelle in Landsberg aus steuerte Flick den Umbau und war bei seiner Freilassung wieder der reichste Mann Deutschlands, ohne den die wirtschaftliche Erholung gar nicht denkbar war. «Sie haben», schrieb ihm Konrad Adenauer zu seinem 75. Geburtstag am 10. Juli 1958, als hätte es keine Zwangsarbeit, keine Ausbeutung und keinen Wohlstand durch Rüstung gegeben, «Sie haben in langer und entsagungsreicher Arbeit, unbeirrt von allen Schicksalsschlägen, die unser Volk und Sie persönlich getroffen haben, ein großes und staunenswertes Lebenswerk aufgebaut. Mögen Ihnen Kraft und Gesundheit noch lange Jahre vergönnt sein, um sich Ihrer Erfolge und Ihres Werkes zu erfreuen.»[68] Der Stahlbaron half mit, das Wirtschaftswunder im Westen in Frieden und größtmöglicher Freiheit von gewerkschaftlichen Pressionen zu vollenden, das Volk war's zufrieden.

Gustav Heinemann bekommt seine Genugtuung

Gustav Heinemann, den sie beim Rüstungskonzern Rheinstahl nicht mehr brauchen konnten, arbeitete wieder als Rechtsanwalt und vertrat später unter anderem die ersten Kriegsdienstverweigerer. Mit Helene Wessel, der ehemaligen Vorsitzenden der Zentrumspartei, rief er die «Notgemeinschaft für den Frieden Europas» ins Leben (Adenauer höhnte im Kabinett «Kennen Sie das Gustav-Wessel-Lied?») und entschloss sich dann zögernd, eine neue Partei zu gründen, die Gesamtdeutsche Volkspartei (GVP), in der die späteren SPD-Politiker Erhard Eppler, Johannes Rau und Diether Posser mitarbeiteten. Um ein möglichst breites Anti-Adenauer- und Anti-Aufrüstungsbündnis zusammenzubekommen, riet man ihm, mit Vertretern rechter Splittergruppen zusammenzugehen, die nach dem Verbot der Sozialistischen Reichspartei (SRP) ihrerseits unter Bedeutungsverlust litten. Es wurde ernsthaft überlegt, Heinemann als Gegengewicht einen aus der Wehrmacht bewährten Offizier beizugesellen, am besten einen als Kriegsverbrecher verurteilten und damit besonders populären Offizier wie Albert Kesselring. Sogar Hans-Ulrich Rudel war als Galionsfigur im Gespräch, praktischerweise wieder ein Pfarrerssohn und der höchstdekorierte Kampfflieger der vergangenen großdeutschen Ära, der sich dann allerdings bald nach Südamerika zurückzog, wo er sich als Betreuer von Nazis nützlich machte. 1978 tauchte Rudel noch einmal auf, im Lager der bundesdeutschen Fußballnationalmannschaft in Argentinien, schäkerte mit den deutschen Recken Sepp Maier und Berti Vogts, und der DFB-Präsident und frühere Wehrmachtshauptmann Hermann Neuberger verwahrte sich gegen jede Kritik daran, das sei doch «eine Beleidigung aller deutschen Soldaten».

Ein Bündnis mit Rechten kam nicht zustande. In seiner Not verband Heinemann sich mit dem Bund der Deutschen, der einen eindeutig neutralistischen Kurs vertrat und deshalb auch Geld aus Ostberlin erhielt. Als Stalin 1952 zum ersten Mal ein wiedervereinigtes Deutschland anbot, das aber dann neutral sein müsste, verlangte Heinemann wieder, dass man sich durch die Aufrüstung diese Chance nicht verderben lassen dürfe. Obwohl er bei seinen Auftritten großen Zulauf hatte, kam die GVP bei den Bundestagswahlen 1953 nur auf 1,2 Prozent der Stimmen. Nach dem Tod Stalins blühte kurz die Hoffnung auf Entspannung, doch drei Monate vor der Wahl hatten sowjetische Panzer den Aufstand vom 17. Juni in Ostberlin niedergeschossen; Friedenspolitik zwischen Ost und West, wie sie dem Protestanten Heinemann vorschwebte, war ohne Aussicht auf Erfolg.

Als Katholik beherrschte Adenauer seine Glaubensbrüder, die in großflächigen Aktionen gegen Filme wie die harmlose «Sünderin» protestierten, die «Saubere Leinwand» forderten und sich gegen «Schmutz und Schund» ereiferten. Er regierte mit freundlicher Unterstützung des rheinischen Klüngels, und Berufsprotestanten, die sich nicht dem Kanzlerkurs fügten, mussten mit allen Mitteln bekämpft werden. Für Adenauer ging es darum, seinem Widersacher zu schaden. Sein Staatssekretär Globke besprach sich mit Reinhard Gehlen, dem Chef des Nachrichtendienstes, ob sich nicht kompromittierendes Material gegen Heinemann finde. Heinemann ist für Gehlen ein «Mann, der sich ausserordentlich gründlich mit seinem Gewissen auseinandersetzt»[69], aber das ist etwas, was Gehlen außerordentlich fremd ist. Darum lässt er ihn auch überwachen. Ein gekündigter BND-Mitarbeiter meldete sich zum Zeitpunkt der Wahl Heinemanns zum Bundespräsidenten bei seinem früheren Arbeitgeber und forderte Schweigegeld in Höhe von hunderttausend Mark, weil er in den Fünfzigern Heinemann überwacht habe.[70] In seinem nachgelassenen Buch «Verschlußsache» (1980) hat Gehlen Mühe, den Namen seines Opfers, das sich eine ganze arbeitslose Offiziersgeneration zum Feind gemacht hatte, überhaupt zu erwähnen. Zwei Millionen seien der «neutralistischen Gesamtdeutschen Volkspartei, deren damaliger Vorsitzender später zu höchsten politischen Ehren gelangen sollte»[71], aus einem «Sonderfond [!]» der SED für den Wahlkampf zugeflossen. Dann folgt eine Szene, die direkt aus dem «Dritten Mann» stammen könnte: Gustav Heinemann sei 1953 gestellt worden, «als er mit einem Koffer, angefüllt mit Geldscheinen, die sowjetische diplomatische Vertretung in der österreichischen Bundeshauptstadt verließ». Der Leser musste auf diesen Blödsinn dann doch verzichten: Ein Schlussredakteur strich die Stelle in letzter Minute aus dem Satzmanuskript, das mitsamt dieser Geschichte bereits vor der Veröffentlichung den Freunden von der CIA vorlag.

Und dieser Mann sollte eines Tages das Staatsoberhaupt sein! «Wo sollen wir», seufzt der Artillerist Emil Leeb, «wo sollen wir bei so einer Instinktlosigkeit der Führung mit dem deutschen Volk hinkommen?»

Das deutsche Volk ließ sich willig weiter von Adenauer führen, dem an der Westbindung mehr lag als an der Wiedervereinigung. Diesem neuen Deutschland fehlte es nicht an internationaler Anerkennung, und es waren ausgerechnet konservative Politiker, die – aus Machtkalkül oder auch nur mit den besseren Argumenten – den Ausgleich mit Israel suchten. 1950 hatte Robert Kempner, einer der Ankläger in Nürnberg, auf Wunsch der israelischen Regierung Verbindung mit Hans Globke aufgenommen, seinem einstigen Kollegen im Preußischen Innenministerium und jetzigen Ministerialdirigenten bei Adenauer.[72] Ob die Bundesregierung bereit sei, Wiedergutmachungszahlungen an Israel zu leisten? Globke erklärte seine Bereitschaft und nahm die Sache in die Hand. Der Deutsche Bundestag verabschiedete am 18. März 1953 ein entsprechendes Gesetz. Es gab «keinen besseren Fürsprecher für die Belange der Juden bei der Bundesregierung»[73]. Egon Bahr, einer seiner Nachfolger als Staatssekretär im Kanzleramt, nannte Globke deshalb unverblümt «erpressbar»[74]. Unter seiner Mitwirkung leistete die Bundesrepublik einen wichtigen Beitrag zur Sicherheit Israels: Ende 1957 hatten sich Verteidigungsminister Franz Josef Strauß und Schimon Peres, der damalige Generalsekretär im israelischen Verteidigungsministerium, in einem hochgeheimen Abkommen darauf verständigt, dass die israelische Armee mit Flugzeugen und Panzern aus Beständen der Bundeswehr ausgerüstet wurde.[75]

Heinemann erlebte seine Genugtuung am 23. Januar 1958 anlässlich einer Großen Anfrage der FDP, die als Partei nicht mehr an der Regierung beteiligt ist. Im Jahr zuvor ist Heinemann in die SPD eingetreten, die mittlerweile die dritte Bundestagswahl gegen Adenauer verloren hat, doch jetzt ihre Stunde gekommen sieht, obwohl die CDU/CSU über die absolute Mehrheit verfügt und allein regieren kann. Es ist zum Streit um die atomare Aufrüstung der Bundeswehr gekommen, und Innenminister Schröder möchte Notstandsgesetze ins Parlament einbringen. Nicht nur in den Feuilletons wird über die Gründe gegrübelt, warum die sogenannten Halbstarken neuerdings zu Krawallen neigen, die sich offenbar regelmäßig an Darbietungen entzünden, die noch vor kurzem als volksschädliche «Neger- und Hottentottenmusik» bekämpft wurde. Der FDP-Abgeordnete und frühere Minister Thomas Dehler bezichtigt den Bundeskanzler der Lüge, hält ihm zu Recht vor, dass er die Wiedervereinigung nie gewollt habe, und beneidet mit gut sieben Jahren Verspätung Heinemann um dessen Mut, bereits 1950 die Konsequenzen gezogen zu haben und zurückgetreten zu sein.

Heinemann hat nicht vergessen, wie er von Adenauer behandelt worden ist. Er rechnet mit dem Kanzler ab, erwähnt den Trennungsgrund von 1950 und beharrt darauf, schon damals im Recht gewesen zu sein: «Sie müssen ja selber sagen, daß die DDR stärker im Spiele ist als je zuvor. Wahrscheinlich fühlte die Sowjetunion in all diesen Jahren, daß ihr mehr und mehr an Stärke zuwuchs. Das heißt mit anderen Worten, daß die Politik der eingebildeten Stärke das Spiel der Sowjetunion gespielt hat.»[76] Vier Monate zuvor hat die CDU/CSU die Bundestagswahl mit dem Slogan «Keine Experimente!» haushoch gewonnen. Die Wähler haben es Adenauer gedankt, dass er für die dynamische Rente und die Rückkehr der letzten Kriegsgefangenen aus der Sowjetunion gesorgt hat, doch Heinemann kümmern diese äußerlichen Erfolge nicht, er wählt den Kanzelton: «Herr Bundeskanzler, für mich persönlich bedeutet das alles an Sie die Frage, ob Sie nicht nachgerade zurücktreten wollen.»

Damit hatte Adenauer nicht gerechnet. Er hörte sich das alles mit verbittertem Gesicht an, trotz der mitternächtlichen Stunde durch eine Sonnenbrille geschützt, und niemand meldete sich, der Heinemann ernsthaft hätte entgegentreten können. Der Rundfunk übertrug diese Große Aussprache unzensiert; angeblich verfolgten zwei Drittel aller Radiobesitzer die Debatte. Erst eine Woche später wandte sich Adenauer in einer unbehelligten amtlichen Rundfunkansprache an die Hörerinnen und Hörer. Jetzt konnte er dem Volk mitteilen, wie es wirklich um Deutschland und die Welt stand, und in großväterlicher Sorge das durch Dehler und Heinemann gesenkte Debattenniveau im Bundestag beklagen. Die Bundesregierung und insbesondere Adenauer verloren in den Umfragen, der bisher erfolglose Wahlkämpfer Heinemann gelangte nach dieser mitternächtlichen und grundprotestantischen Rede («Es geht um die Erkenntnis, daß Christus nicht gegen Karl Marx gestorben ist, sondern für uns alle») auf den *Spiegel*-Titel und wurde Teil der größten Friedensbewegung der Nachkriegszeit. Unter dem Banner «Kampf dem Atomtod» versammelten sich Gewerkschafter, Humanisten, die Versprengten aus der seit 1956 verbotenen KPD, aber auch Wissenschaftler wie Otto Hahn und Carl Friedrich von Weizsäcker. «Heinemann war – für eine Weile und solange die Chancen reichten – ganz einfach die einzige wirkliche Alternative zu Adenauers kleineuropäischen Vorhaben»[77], wie Peter Rühmkorf auch noch 1965 überzeugt war. Die Frage ist nur, wer wollte, wer brauchte eine Alternative? Helmut Schmidt, der wehrpolitische Sprecher der SPD, fühlte sich bei Adenauers Aufrüstungspolitik an das Ermächtigungsgesetz erinnert, das «uns damalige Schuljungs dem raffinierten psychologischen System des ‹Dritten Reiches› ausgeliefert» habe. Der Bundestag stimmte Adenauers atomarer Aufrüstungspolitik im Mai 1958 dennoch mit der CDU / CSU-Mehrheit zu. Die von der SPD geforderte Volksbefragung wird vom Bundesverfassungsgericht verweigert. Der Protest verlagert sich auf die Straße – Hunderttausende demonstrierten gegen den Atomtod. Allein an dem bundesweiten Aktionstag der Universitäten am 20. Mai beteiligen sich 18 000 Studenten und Professoren. In Münster trägt Ulrike Meinhof auf einer Kundgebung vor über tausend Atomwaffengegnern eine Erklärung vor. Auf dem Römer in Frankfurt wendet sich Jürgen Habermas, Assistent bei Theodor W. Adorno, gegen die «Politik der Stärke» und erinnert daran, dass deutsche Universitäten «zu lange Hort versäumter Gewissensentscheidungen» gewesen seien.[78] Die Studentenzeitung *Diskus* druckte Habermas' Rede unter dem aufmunternden Titel «Unruhe erste Bürgerpflicht» nach.

Doch bereits im Herbst 1958 unterwarf sich die SPD und bot sich genau diesem Adenauer als Koalitionspartner an. Der Rest-Marxismus wurde im folgenden Jahr im Godesberger Programm ebenso geopfert wie der SDS; der Unvereinbarkeitsbeschluss von 1961 sollte dafür sorgen, dass es links von der SPD keine linke Gruppierung mehr geben konnte. Als der Berliner SDS die Ausstellung «Ungesühnte Nazijustiz» organisierte, wollte die SPD nichts damit zu tun haben und denunzierte das, was an Tatsachen über die Weiterbeschäftigung von Nazirichtern bekannt gemacht wurde, mindestens so staatstragend wie die CDU-Regierung als DDR-Propaganda.

Die Herrschaft der alten Männer geht zu Ende

Ihr Ende zeichnete sich ab, aber so leicht wollten die alten Männer nicht von ihrer Macht lassen. Dreimal war der gütige Großvater Adenauer mit der CDU / CSU schon Kanzler geworden, hatte zuletzt mehr als fünfzig Prozent der Stimmen erobert, aber ein weiteres Mal wollte ihm selbst die allzeit folgsame FDP nicht mehr folgen und auf gar keinen Fall wieder in eine Koalition mit der Union eintreten. Die in der Gruppe 47 versammelten Schriftsteller scharten sich um Heinrich Böll und Martin Walser und forderten bei der Bundestagswahl 1961 eine «Alternative» zum CDU-Staat, zum ewigen Adenauer und zum Verteidigungsminister Franz Josef Strauß, der im Hintergrund auf den Erbfall lauerte, um selber Kanzler zu werden.

Die SPD präsentierte als ihren Kandidaten den Berliner Regierenden Bürgermeister Willy Brandt. Im Jahr zuvor hatten die Amerikaner einen jungen Mann namens Kennedy ins Weiße Haus gewählt, und das sollte doch auch in Deutschland möglich sein. Brandts Manager Klaus Schütz hatte sich in den USA informiert, wie dort Wahlkampf gemacht wurde. Jung und dynamisch musste der Kandidat sein und im Zweifel mindestens so antikommunistisch wie Adenauer. Brandt brachte den nach der Godesberger Umkehr auch ästhetisch überfälligen Wechsel: Das Rot verschwand von den SPD-Plakaten und wurde orange, die Partei wollte für eine verjüngte CDU gehalten werden. Schütz setzte seinen Mann in einen cremefarbenen Mercedes und ließ ihn mit offenem Verdeck durch Deutschland fahren. Viel musste der Kandidat nicht sagen, nur die «Gemeinschaft» betonen und dass man die Dinge, gleich welche, «gemeinsam» angehen wollte. Aber gemeinsam mit wem? Mit der Union?

Bei einem CDU-Parteitag ließ sich Kai-Uwe von Hassel, der Ministerpräsident von Schleswig-Holstein und Wahlkampfleiter der Union, am 29. August 1960 in bewährter Weise vernehmen: «Ich bekenne mich als Deutscher und bin bereit, das Schicksal des deutschen Volkes und Vaterlandes zu tragen und zu teilen. Ich fühle mich diesem Schicksal verpflichtet in guten wie in bösen Tagen. Ich verleugne nicht meine Volks- und Staatsangehörigkeit persönlicher oder sonstiger Vorteile wegen. Ich kann diese Schicksalsgemeinschaft nicht verlassen, wenn es mir persönlich gefährlich erscheint, und ihr wieder beitreten, wenn das Risiko vorüber ist.»[79]

Nach einem langen Jahrzehnt, in dem die Wiederbewaffnung immer wieder verhandelt und am Ende durchgesetzt worden war, hatte der Kandidat Brandt hier seine empfindlichste Stelle, und seine Gegner zögerten nicht, bei jeder Gelegenheit darauf hinzuweisen: Er hatte nicht Führer, Volk und Vaterland gedient. Trotzdem kam es Ende 1960 zu einer Vereinbarung zwischen dem Staatssekretär Hans Globke und dem SPD-Kanzlerkandidaten. Die SPD wollte es in Zukunft unterlassen, Globke seinen Kommentar zu den Nürnberger Gesetzen vorzuhalten, und die Union wollte darauf verzichten, mit Brandts unehelicher Geburt Wahlkampf zu machen.

Doch am 14. August 1961, am Tag nach dem Mauerbau in Berlin, brach Adenauer bei einer Wahlkampfveranstaltung in Regensburg die Vereinbarung. Die Diskreditierung war das Mittel der Wahl, gegen das Charisma half nur Denunziation. Die SPD und ihr Spitzenkandidat hatten den Kanzler bis dahin keineswegs geschont. Schon 1957 wurde wenig subtil damit argumentiert, eine Wiederwahl für weitere vier Jahre gebe Adenauer Gelegenheit, Deutschland zwölf Jahre lang ähnlich zu ruinieren wie ein bekannter Vorgänger. In wesentlich aufwendigerer Rhetorik hatte Brandt der CDU / CSU vorgehalten, sie ersetze «das Argument durch Aufregung, die Diskussion durch Verleumdung, sie erschöpft sich im Götzendienst vor dem eigenen Hochmut, sie flieht in den Appell an die Dummheit»[80]. Adenauer höhnte über diesen angeblich «neuen Stil» der SPD und setzte dann hinterhältig hinzu, eine klassische (und hier sogar doppelte) rhetorische Figur der *contradictio in adiecto*: «Ich bin der Auffassung, wenn einer mit der größten Rücksicht behandelt worden ist von seinen politischen Gegnern, dann ist das der Herr Brandt alias Frahm.»[81] Das Protokoll verzeichnet hier: «Starker Beifall.»

Adenauer wiederholte auch gleich seine apokalyptische Drohung von 1957, dass ein Sieg der Sozialdemokratie das Ende des freien Westens bedeute. «Die Sozialdemokratie mit ihrer Außenpolitik würde Deutschland den Russen ausliefern, meine Damen und Herren»[82], was die Damen und Herren in Regensburg wiederum mit «starkem Beifall» belohnten. Adenauer, der nach allen Umfragen einen sicheren Sieg mit einer komfortablen absoluten Mehrheit in Aussicht hatte, griff zum Äußersten. Der Kanzler war 85, Brandt erst 47, buchstäblich der «junge Mann», und bildete insbesondere durch seinen Ruhm als «Frontstadtbürgermeister» eine ernste Gefahr für den Amtsinhaber. Die Völker der Welt schauten auf diese Stadt, unterstützten sie mit Spenden und Kerzen im Fenster und vielerlei großen Worten. Die Russen erpressten Berlin immer wieder, doch Brandt hielt aus in der umkämpften Stadt. Dann baute die DDR mit Unterstützung der Sowjetunion (und dem uneingestandenen Segen der USA) eine Mauer quer durch Berlin. Der Albtraum, der die ganzen fünfziger Jahre befeuert hatte, drohte real zu werden: Die Russen kommen, die Russen sind da! Bürgermeister Brandt zeigte sich sofort am Brandenburger Tor und fand die richtigen Worte für die Demonstranten. Adenauer wartete ab. Die Kommunisten drohten ihm den sicher geglaubten Sieg wegzunehmen, wenn sie jetzt Brandt nach vorn kommen ließen, deshalb der Appell an die niedrigeren Instinkte der Familienpartei CDU / CSU, deshalb «alias Frahm».

«Der Westen tut nichts», titelte *Bild* am 16. August 1961, «Präsident Kennedy schweigt / [der britische Premierminister] Macmillan geht auf die Jagd / und Adenauer schimpft auf Brandt». Für den Augenblick schien Adenauer alles verloren zu haben, was er sich in fünfzehn Jahren bundesrepublikanischer Politik aufgebaut hatte. In Berlin hatte der jüngere Willy Brandt seine charismatische Herrschaft begonnen, hier erfreute er sich der Hingabe der Springer-Zeitungen, der Anerkennung und der Heldenverehrung der Berliner. Es musste alles unternommen werden, um Brandt und seine geläuterte SPD von der Regierung fernzuhalten. Auf Drängen des Kanzleramts verschob der ehemalige Hochkommissar John McCloy, der in Berlin wegen seines Einsatzes für die Luftbrücke so populär war, seinen Besuch bis nach der Wahl, weil er sich vorher zu oft an der Seite des weltbekannten Bürgermeisters hätte zeigen können.

Franz Josef Strauß wollte schon vor Adenauers Rede in Regensburg nichts von einem Stillhalteabkommen wissen. Beim Politischen Aschermittwoch in Vilshofen donnerte er am 15. Februar 1961 die heute legendären Sätze «Eines wird man Herrn Brandt doch fragen dürfen: Was haben Sie zwölf Jahre lang draußen gemacht? Wir wissen, was wir drinnen gemacht haben.» Der amtierende Verteidigungsminister Strauß war bestimmt kein Nazi gewesen, aber doch vorübergehend Offizier für wehrgeistige Führung, und jetzt stellte er die Gewissensfrage. Das, was Reinhard Gehlen 1950 so erstaunte, dass Heinemann offenbar ein Gewissen hatte, was Habermas 1958 von «versäumten Gewissensentscheidungen» sprechen lässt, versucht 1961 Strauß ein letztes Mal gegen den Emigranten zu wenden. So jedenfalls die Überlieferung.

Nach dem Protokoll, das erst Horst Möller in seiner Strauß-Biographie veröffentlicht hat, wandte sich Strauß aber gar nicht grundsätzlich gegen die Emigranten, sah in der Emigration sogar die «beste deutsche Tradition»[83] und verwies auf den ehemaligen bayerischen Ministerpräsidenten Wilhelm Hoegner und den ehemaligen Reichskanzler Heinrich Brüning, dem er attestierte, er habe sich «untadelig drüben verhalten», gemeint war: in den USA. Ob Brandt sich in Norwegen und Schweden auch untadelig verhielt, ließ Strauß allerdings offen; es blieb der unausgesprochene Vorwurf, der von seinen Gegnern reichlich erhoben wurde, Brandt habe bei der Rückkehr nach Deutschland eine norwegische Uniform getragen, davor im Spanischen Bürgerkrieg sogar auf Deutsche geschossen. Zwar hatte Strauß mehrmals betont, er halte nichts von diesem «Schmutzkampf in der Politik»[84], doch konnte er nicht anders, als sich damit auf die umlaufenden Gerüchte über das Privatleben Brandts zu beziehen.

Gegen den Emigranten sang Strauß das vertraute Klagelied der erzwungenen Entnazifizierung, in der «Jahr für Jahr jedes Papierchen»[85] geprüft worden sei, und leitet daraus die doppelte Bestrafung des patriotischen Deutschen ab, der erst damit geschlagen war, dass er als Soldat dem Führer hatte folgen müssen und der dann deswegen hinterher für einen Nazi gehalten wurde.

1961 mochte dieses Ausspielen von Vaterland gegen Fahnenflucht in der Bundesrepublik noch ein letztes Mal funktionieren, im Echoraum des von Strauß aufgemachten Gegensatzes ist aber schon der legendäre Satz John F. Kennedys zu hören, der nicht mehr zurück, sondern nach vorn gerichtet ist: «Fragt nicht, was euer Land für euch tun kann, sondern fragt, was ihr für euer Land tun könnt.» Der so völlig unwahrscheinliche deutsche Charismatiker Brandt war kein Kommunist, kein Russenfreund und offenbar bereit, etwas für sein Land zu tun.

Brandt nutzte Adenauers Rede, um demonstrativ eine Senatssitzung in Berlin abzubrechen, in der er einer Großen Koalition aus SPD und CDU vorstand. Auch wenn es dann noch acht Jahre dauerte, bis er Kanzler wurde, im August 1961 begann die Große Koalition der Katholiken, der Soldaten, der Heimatvertriebenen und der schlicht Staatsfrommen und Autoritätsgläubigen zu bröckeln, die mit Adenauer bisher so gut gefahren waren, dass sie überzeugt waren, es auch weiter gut bei ihm und mit ihm zu haben.

Doch so groß der Überdruss war nach zwölf Jahren mit einem Bundeskanzler Adenauer, die Westdeutschen wollten den Großvater behalten, und nach der Wahl am 17. September 1961 war der alte Kanzler mit Hilfe der FDP auch der neue. Die SPD und Brandt mussten leider draußen bleiben. Erst der Generationswechsel brachte der SPD im Jahr 1972 einen triumphalen Sieg, sie wurde zum ersten Mal stärkste Partei. Es war das Jahr, in dem die Ostverträge verabschiedet wurden, und wegen dieser neuen Außenpolitik war der «alias Frahm» sogar mit dem Friedensnobelpreis ausgezeichnet worden. Da hatte Adenauers Grundgesetz «Wählt uns, oder die Russen kommen!» seine Bedeutung endgültig verloren.

Für Charisma war in den fünfziger Jahren keine Zeit gewesen. Das Leben ging weiter, und wer wusste schon, was morgen sein würde. Jede Form von Überschwang verbot sich nach der Exaltation des «Dritten Reiches», stattdessen regierten die Fachleute, wurde mit der Vergangenheit so sachlich umgegangen, dass 1952 in geradezu rührender Unbefangenheit von der «Endlösung des sog. Kriegsverbrecher-Problems»[86] gesprochen werden konnte. Immerhin ließ sich die Volksgemeinschaft, inzwischen meist zum «Volk» verkürzt, über das hinwegtreten, was bis in die siebziger Jahre als «Zusammenbruch» auf Distanz gehalten wurde, das grauenhafte Ende eines Größenwahns, der doch ein paar mehr als die in Nürnberg hingerichteten Hauptkriegsverbrecher erfasst hatte.

Bei der Bundestagwahl 1965 wurde die SPD, wurde insbesondere Willy Brandt vom Wahlkontor deutscher Schriftsteller unterstützt, ohne dass ihm das erkennbar mehr Stimmen eingebracht hätte. Hans Zehrer, der Chefredakteur der *Welt,* einer der eifrigsten Gegner der Weimarer Republik und nach dem Krieg intellektueller Berater Axel Springers, sah daher einen Gegensatz zwischen dem Volk und der Intelligenz, die sich von jenem entferne, wenn sie sich auf die Seite Brandts schlage. Ein weiterer Mann aus dem Volk, Armin Mohler, der ehemalige Sekretär Ernst Jüngers, setzte in der *Welt am Sonntag* nach: «Es waren der einfache Mann und vor allem die einfache Frau, die der CSU ihre Mehrheit erhalten haben.»[87] Die *Zeit* fühlte sich dabei an das gesunde Volksempfinden erinnert und zitierte Entsprechendes aus «Mein Kampf», was der Hitler-Bewunderer Mohler eher als Kompliment verstanden haben dürfte. 1942 war er aus der Schweiz nach Deutschland gekommen, um sich der Waffen-SS anzuschließen. Später beriet er Franz Josef Strauß und Franz Schönhuber. Dieser Springer-Nationalismus wurde dann sogar den Amerikanern zu viel. Der Zeitgeist, so hieß es in einem Bericht für das State Department aus dem Hamburger Konsulat, bewege sich «in Richtung jenes SPD-Flügels, der links der Mitte steht»[88]. Wie bei der Remilitarisierung mussten also die Amerikaner nachhelfen, nur ging es jetzt in die andere Richtung.

Nachdem Brandt 1965 ein weiteres Mal gescheitert war und erklärt hatte, dass er nicht wieder als Kandidat der SPD antreten wolle, formulierte sein treuer Freund und Unterhändler Egon Bahr in einem einzigen Satz, worum es in der wieder aufgeflammten Auseinandersetzung um Brandts Biographie ging: «Die ganze Kampagne war ja nur sinnvoll, wenn man glaubte, eine große Zahl von Menschen lehne Emigranten ab, betrachte den spanischen Bürgerkrieg als eine Sache, bei der die Legion Condor auf der richtigen Seite gekämpft hat, und den Hitler-Krieg als einen Krieg des deutschen Volkes.»[89]

Die Vergangenheit war eben nicht vergangen, sondern nach wie vor wirkmächtig. Das deutsche Volk hatte, wie Hassel und Strauß völlig richtig erkannten, wenig Verständnis für Emigranten, schon gar nicht für jemand, von dem es seit je hieß, er habe die Uniform eines Kriegsgegners angezogen. Ein weiteres Mal ging der Verräter um, nur sah er diesmal anders aus als der Pastor Niemöller, jünger, dynamischer und in der Politik enorm angesehen.

Das, was Bahr da fast mit erschrecktem Flüstern vortrug – die Mehrheit der Wahlbevölkerung hängt noch Mitte der sechziger Jahre den Vorstellungen der Volksgemeinschaft von vor 1945 an –, ist nichts anderes als das Betriebsgeheimnis der Bonner Republik: Die Leute mögen sich von Hitler abgewandt haben, aber sie haben sich vor allem von einer schlechten Erinnerung abgewandt, von der Enttäuschung über unerfüllte Glückverheißungen, von den Bombennächten, von den verlustreichen Feldzügen, die in fast jeder Familie Opfer forderten.

Die Theologisierung der Politik, die mit Gustav Heinemann begonnen hatte, bestätigte sich im Auftreten des frommen Revolutionärs Rudi Dutschke, der noch 1963 in der Christus-Nachfolge lebt und im Tagebuch festhält, dass die «entscheidende Revolution» von der «allesüberwindenden Liebe» komme, die die «Wirklichkeit des Jetzt» beseitigen könne. Die Wirklichkeit, was sollte sie sonst schon tun, blieb da, aber am Ende der sechziger Jahre, mit der Wahl des Protestanten Heinemann, des Mannes, der bei der Aufstellung der Bundeswehr so schmählich versagt hatte, war die zwei Jahrzehnte lang völlig unverrückbar scheinende Wirklichkeit mit einem Mal eine ganz andere.

Immerhin gab es noch Fritz Berg. Der Präsident des Bundesverbands der Deutschen Industrie, im «Dritten Reich» Mitglied im Beirat der Gauwirtschaftskammer und jetzt nebenberuflich Mitbetreiber der von Hans Globke organisierten Spendensammelstelle Staatsbürgerliche Vereinigung, hatte die bereits dementierte Meldung, Ursula Harders, die Frau des Hoesch-Vorstandsvorsitzenden, habe mit der Pistole in der Hand streikende Arbeiter abgewehrt, dergestalt ergänzt: «Die hätte doch ruhig schießen sollen, einen totschießen, dann herrschte wenigstens wieder Ordnung.»[90]

Aber damit, mit der alten Ordnung, war es 1969 endgültig vorbei.

SCHLUSS

«Wo sollen wir», seufzt der Artillerist Leeb in seinem empörten Brief an den Kameraden Admiral Ruge, «wo sollen wir bei
so einer Instinktlosigkeit der Führung mit dem deutschen Volk
hinkommen?» Das deutsche Volk wollte aber gar keine Führung
mehr (oder jedenfalls nicht die alte) und verschaffte bei den Bun-
destagwahlen am 28. September 1969 der sozialliberalen Koalition
die Mehrheit. Daraus wurde jetzt wirklich der Machtwechsel, den
Gustav Heinemann im Frühjahr 1969 angekündigt hatte: Die NPD,
1964 gegründet, in sieben Landesparlamenten vertreten, vom Bundesverfassungsgericht geduldet, obwohl sie in Teilen eine Nachfolgepartei der NSDAP war, hatte im Jahr zuvor bei der Landtagswahl
in Baden-Württemberg 9,8 Prozent erreicht. Es war deshalb allgemein damit gerechnet worden, dass sie auch in den Bundestag ein-
ziehen würde. Sie scheiterte knapp und kam nur auf 4,3 Prozent.
Der bisherige Bundeskanzler Kurt Georg Kiesinger, von 1933 bis
1945 Mitglied der NSDAP, war abgewählt, Kanzler wurde Willy
Brandt, der 1933 vor den Nazis geflohen und ins Exil gegangen
war. Emil Leeb musste diese weitere Instinktlosigkeit nicht mehr
erleben, er war am 8. September verstorben.

Den US-Sicherheitsberater Henry Kissinger, als Machtzyniker
nicht schlechter als Konrad Adenauer, veranlasste das Ergebnis
zu einer für ihn nicht überraschenden Pointe. «Du hättest mehr –
oder weniger NPD gebraucht»[1], sagte er zu seinem Freund Kiesinger. Bei dieser Bundestagswahl amtierte der Generalrichter
a. D. Manfred Roeder, das Musterbeispiel eines furchtbaren Juris-

ten, in Glashütten im Hochtaunus als Beisitzer.[2] Vielleicht musste man trotz Gerhard Ritter nicht ganz an der Bonner Demokratie verzweifeln, wenn sie auch solche Männer mit einiger Erfahrung zu nützlichen Staatsbürgern erziehen konnte. Der Untergang Deutschlands oder gleich des ganzen Abendlandes, den Adenauer zwölf Jahre zuvor für den Fall eines SPD-Sieges prophezeit hatte, ließ weiter auf sich warten.

Seit sie 1951 ihr Unternehmen gegründet hatte, war Beate Uhse ständig mit Anzeigen behelligt worden, lange war sie gesellschaftlich nicht akzeptiert, doch als sie 1969 in Flensburg ihren Neubau eröffnete, hielt der Oberbürgermeister die Eröffnungsansprache, und die *Frankfurter Allgemeine* rühmte den sagenhaften Erfolg der Unternehmerin.

In Rudolf Thomes Film «Rote Sonne» (1970) arbeitet sich ein grauer Kübelwagen einen Hang herunter und fährt dann entschlossen ins Wasser. Drüben könnte Russland sein. Das Auto rollt aber nicht wie bei Rommel, es ist auch gar kein Kübelwagen, sondern das weiterentwickelte Modell, ein VW-Käfer, aus dem Uschi Obermaier steigt. Es ist Frieden, das Wasser ist der Starnberger See. Wer wollte da noch in Russland einfallen?

ANHANG

ANMERKUNGEN

EINLEITUNG: GLÜCKLICH IST, WER VERGISST

1 Rudolf Morsey und Hans-Peter Schwarz (Hg.), Adenauer Briefe 1945–1947. Berlin 1983, S. 172. Brief an Bernhard Custodis vom 23. Februar 1946.

2 Zitiert nach: Heinrich Nordhoff, Reden und Aufsätze. Zeugnisse einer Ära. Düsseldorf/Wien/New York/Moskau 1992, S. 92.

3 Bundestagsberichte der 1. Wahlperiode, 234. Sitzung, Bonn, Mittwoch, den 22. Oktober 1952, S. 10736.

4 Die DDR führte ihren eigenen Propagandakrieg und ließ diese Briefmarken, wenn sie als Freimachung auf Briefen in die Sowjetische Besatzungszone gelangten, mit einer anderen Sondermarke überkleben: «Gedenket unserer gefangenen Friedenskämpfer, die in Adenauers Kerkern schmachten» – gemeint waren die Kommunisten, die als Partei im Westen noch nicht verboten waren, aber selbstverständlich überwacht und verfolgt wurden.

5 Peter Rühmkorf, Tabu I. Tagebücher 1989–1994. Reinbek 1995, S. 148.

1. DIE MÖRDER SIND UNTER UNS

1 Hans-Peter Schwarz, Helmut Kohl. Eine politische Biographie. München 2012, S. 67.

2 Zitiert nach: Laurenz Müller, Diktatur und Revolution. Reformation und Bauernkrieg in der Geschichtsschreibung des «Dritten Reiches» und der DDR. Stuttgart 2004 (Diss., Bern 2003), S. 131.

3 Peter Schneider, Im Todeskreis der Schuld, in: *Die Zeit*, 14/1987, 27. März 1987.

4 Alexandra zu Castell-Rüdenhausen, So leidet die Schleyer-Witwe, in: *Bild*, 12. Februar 2007.

5 Zitiert nach: Lutz Hachmeister, Schleyer. Eine deutsche Geschichte. München 2004, S. 77.

6 Zitiert nach: Erich Später, Schleyers Gattin, in: *Wochenzeitung*, 19. September 2012.

7 Michael Herrmann / Hans-Joachim Lenger / Jan Philipp Reemtsma, Die andere Wand, in: *Hamburger Rundschau*, 1988. Zitiert nach: Die andere Wand. Über die Parole «Boykottiert Israel!» an einem der Häuser der Hamburger Hafenstraße, in: Jan Philipp Reemtsma, u. a. Falun. Reden & Aufsätze. Berlin 1992, S. 148.

8 Vgl. Petra Roek, Fragt nicht warum. Hildegard Knef. Die Biografie. Reinbek 2012, S. 75.

9 Zitiert nach: Ebd., S. 51.

10 Zitiert nach: Christian Schröder, Mir sollen sämtliche Wunder begegnen. Hildegard Knef. Berlin 2004, S. 104.

11 Zitiert nach: Jürgen Trimborn, Hildegard Knef. Das Glück kennt nur Minuten. München 2005, S. 63.

12 Zitiert nach: Sybille Steinbacher, Wie der Sex nach Deutschland kam. Der Kampf um Sittlichkeit und Anstand in der frühen Bundesrepublik. München 2011, S. 117.

13 Dort auch die Zitate aus der Verteidigungsrede des Anwalts Otto Gritschneder. Zitiert nach: Sitzung des 4. Deutschen Bundestages am 6. Dezember 1961, S. 68 und 69.

14 Gerhard Ritter, Europa und die deutsche Frage. Betrachtungen über die geschichtliche Eigenart des deutschen Staatsdenkens. München 1948, S. 199. Zitiert nach: Axel Schildt, Annäherungen an die Westdeutschen. Sozial- und kulturgeschichtliche Perspektiven auf die Bundesrepublik. Göttingen 2011, S. 32.

15 Peter Handke, 1957. Ein autobiographischer Essay, in: ders., Ich bin ein Bewohner des Elfenbeinturms, Frankfurt 1972, S. 16.

16 Amtsgerichtsrat Richard Gatzweiler, Verbrecher-Comics gefährden die Jugend. Gedanken zu einem Urteil des Bundesgerichtshofes. Köln-Klettenberg 1955, S. 14, 11.

17 Die folgenden Angaben und Zitate nach Sybille Steinbacher, Wie der Sex nach Deutschland kam. Der Kampf um Sittlichkeit und Anstand in der frühen Bundesrepublik. München 2011.

18 Ebd., S. 41.

19 Ebd., S. 38.

20 Ebd., S. 46.

21 Ebd., S. 471.

22 Ebd., S. 31–42.

23 Richard Gatzweiler, Das Dritte Geschlecht. Um die Strafbarkeit der Homosexualität. Köln-Klettenberg 1951. Zitiert nach: Katharina Ebner, Religion

im Parlament. Homosexualität als Gegenstand parlamentarischer Debatten im Vereinigten Königreich und in der Bundesrepublik Deutschland (1945–1990). Göttingen 2018, S. 116.

24 Zitiert nach: Franz-Josef Wuermeling, Familie – Gabe und Aufgabe. Köln 1963, S. 21, 23.

25 Zitiert nach: https://www.jurion.de/urteile/bgh/1954-02-17/gsst-3_53/ [27. September 2018].

26 Franz-Josef Wuermeling, Demokratie und Jugendschutz. Köln o. J. [1959], S. 10.

27 Sybille Steinbacher, Wie der Sex nach Deutschland kam. Der Kampf um Sittlichkeit und Anstand in der frühen Bundesrepublik. München 2011, S. 340.

28 Ernst Jünger an Margret Boveri, 7. März 1954. Zitiert nach: Margret Boveri und Ernst Jünger, Briefwechsel aus den Jahren 1946 bis 1973. Herausgegeben von Roland Berbig, Tobias Bock und Walter Kühn. Berlin 2008, S. 119.

29 Reinhard Baumgart, Ich war dabei – wirklich?, in: Toni Richter, Die Gruppe 47 in Bildern und Texten. Köln 1997, S. 72.

30 Vgl. Gregor Dill, Nationalsozialistische Säuglingspflege. Eine frühe Erziehung zum Massenmenschen. Stuttgart 1999, S. 82.

31 Johanna Haarer / Gertrud Haarer, Die deutsche Mutter und ihr letztes Kind. Die Autobiografien der erfolgreichsten NS-Erziehungsexpertin und ihrer jüngsten Tochter. Herausgegeben von Rose Ahlheim. Hannover 2012, S. 404.

32 Buchwerbung in «Mutter, erzähl von Adolf Hitler!».

33 Johanna Haarer, Unsere kleinen Kinder. Zitiert nach: Sigrid Chamberlain, Adolf Hitler, die deutsche Mutter und ihr erstes Kind. Über zwei NS-Erziehungsbücher. Gießen 2003 [1997], S. 105.

34 Johanna Haarer, Die deutsche Mutter und ihr erstes Kind. München / Berlin 1934, S. 164. Zitiert nach: Johanna Haarer / Gertrud Haarer, Die deutsche Mutter und ihr letztes Kind. Die Autobiografien der erfolgreichsten NS-Erziehungsexpertin und ihrer jüngsten Tochter. Herausgegeben von Rose Ahlheim. Hannover 2012, S. 28.

35 Johanna Haarer, Unsere kleinen Kinder. München 1938, S. 245. Zitiert nach: Johanna Haarer / Gertrud Haarer, Die deutsche Mutter und ihr letztes Kind. Die Autobiografien der erfolgreichsten NS-Erziehungsexpertin und ihrer jüngsten Tochter. Herausgegeben von Rose Ahlheim. Hannover 2012, S. 35.

36 Johanna Haarer, Mutter, erzähl von Adolf Hitler! Ein Buch zum Vorlesen, Nacherzählen und Selbstlesen für kleinere und größere Kinder. Mit 57 Strichzeichnungen von Rolf Winkler. München / Berlin 1939, S. 57 f.

37 Der Spruch wurde von 1938 bis 1943 auch als Gelegenheitsstempel beim
    Entwerten von Briefmarken verwendet.

38 Alle Zitate nach Rose Ahlheim, Vorwort, in: Johanna Haarer / Gertrud
    Haarer, Die deutsche Mutter und ihr letztes Kind. Die Autobiografien der
    erfolgreichsten NS-Erziehungsexpertin und ihrer jüngsten Tochter. Her-
    ausgegeben von Rose Ahlheim. Hannover 2012, S. 16.

39 Johanna Haarer, Mutter, erzähl von Adolf Hitler! Ein Buch zum Vorle-
    sen, Nacherzählen und Selbstlesen für kleinere und größere Kinder. Mit
    57 Strichzeichnungen von Rolf Winkler. München / Berlin 1940. Diese
    beiden Sätze fehlen in der (möglicherweise) dritten Auflage, die die Erobe-
    rung Dänemarks, Norwegens, Belgiens, der Niederlande und Frankreichs
    nachträgt. Im Exemplar der Staatsbibliothek Berlin (Signatur BX 1692 <3>)
    wird mit Bleistift ein Erscheinungsdatum 1940 angenommen.

40 Alle Zitate nach Rose Ahlheim, Vorwort, in: Johanna Haarer / Gertrud
    Haarer, Die deutsche Mutter und ihr letztes Kind. Die Autobiografien der
    erfolgreichsten NS-Erziehungsexpertin und ihrer jüngsten Tochter. Her-
    ausgegeben von Rose Ahlheim. Hannover 2012, S. 17.

41 Johanna Haarer, Mutter erzähl von Adolf Hitler! Ein Buch zum Vorle-
    sen, Nacherzählen und Selbstlesen für kleinere und größere Kinder. Mit
    57 Strichzeichnungen von Rolf Winkler. München / Berlin 1939, S. 247.
    Das Buch ist hochaktuell, es endet mit der vollständigen Einnahme Polens,
    muss also Ende des Jahres, noch vor Weihnachten, erschienen sein.

42 Johanna Haarer / Gertrud Haarer, Die deutsche Mutter und ihr letztes
    Kind. Die Autobiografien der erfolgreichsten NS-Erziehungsexpertin und
    ihrer jüngsten Tochter. Herausgegeben von Rose Ahlheim. Hannover 2012,
    S. 224, 225.

43 Ebd., S. 409.

44 Ebd., S. 417.

45 Ebd., S. 416.

46 Zitiert nach: Gregor Dill, Nationalsozialistische Säuglingspflege. Eine frühe
    Erziehung zum Massenmenschen. Stuttgart 1999, S. 39.

47 Johanna Haarer / Gertrud Haarer, Die deutsche Mutter und ihr letztes
    Kind. Die Autobiografien der erfolgreichsten NS-Erziehungsexpertin und
    ihrer jüngsten Tochter. Herausgegeben von Rose Ahlheim. Hannover 2012,
    S. 266.

48 Uwe Johnson, Das dritte Buch über Achim. Roman. Frankfurt 1961, S. 313.

49 Bundestagssitzung am 9. Mai 1957, S. 11994–11997.

50 Der antikommunistische Affekt trieb Hans-Peter Schwarz, den Autor der
    offiziellen Springer-Biographie, sogar so weit, den Vergleich für das Jahr
    1967 zu aktualisieren, «als die APO mit großem Geschick den unglück-

lichen Benno Ohnesorg bundesweit zum Horst Wessel der Studentenbewegung stilisierte». (Hans-Peter Schwarz, Axel Springer. Die Biographie. Berlin 2008, S. 447.)

51 Zitiert nach: Heinrich von Brentano. Ein Wegbereiter der europäischen Integration. Herausgegeben vom hessischen Ministerpräsidenten Roland Koch. München 2004, S. 279. Brief vom 18. Mai 1957. Der Brief erschien am 22. Mai 1957 in der *Frankfurter Allgemeinen*.

52 Zitiert nach: Ebd.

53 Zitiert nach: Ebd., S. 279. Brief vom 31. Mai 1957. Auch diesen Brief brachte die *Frankfurter Allgemeine*, am 3. Juni 1957.

54 Zitiert nach: Ebd., S. 281. Brief vom 31. Mai 1957.

55 Sitzung des 4. Deutschen Bundestages am 6. Dezember 1961, S. 68 und 69.

56 Volk ohne Traum. Das Lebensgefühl der jungen Generation in Selbstzeugnissen. Zusammengestellt von Erika Wisselinck. München 1964, S. 48.

57 Hermann Aubin, Die Schlacht auf der Wahlstadt bei Liegnitz am 9. April 1241. Breslau 1941, S. 25.

58 Ebd., S. 24.

59 Vgl. Eduard Mühe, Für Volk und deutschen Osten. Der Historiker Hermann Aubin und die deutsche Ostforschung. Düsseldorf 2005, S. 119.

60 Günter Knetsch, Vorwort, in: Hermann Aubin (Hg.), Der deutsche Osten und das Abendland. München im Kommissionsverlag «Volk und Heimat» 1953, S. 9.

61 Ebd.

62 Martin Walser, Dorle und Wolf. Eine Novelle. Frankfurt 1987, S. 54 f.

63 Die Studie des katholischen Theologen Erwin Iserloh, der nachgewiesen hatte, dass der Heilige Rock womöglich ein Rock, aber nicht der von Jesus, sondern ein Werk aus Konstantinischer Zeit war, durfte im Bistum Trier nicht publiziert werden. Vgl. Matthias Pape, Lechfeldschlacht und NATO-Beitritt. Das Augsburger «Ulrichsjahr» 1955 als Ausdruck der christlich-abendländischen Europaidee in der Ära Adenauer, in: Zeitschrift des Historischen Vereins für Schwaben, 94. Jg. (2001), S. 277.

64 Zitiert nach: Axel Schildt, Zur Hochkonjunktur des «christlichen Abendlandes» in der westdeutschen Geschichtsschreibung, in: Ulrich Pfeil (Hg.), Die Rückkehr der deutschen Geschichtswissenschaft in die «Ökumene der Historiker». Ein wissenschaftsgeschichtlicher Ansatz. München 2008, S. 65.

65 Alle Zitate aus: Matthias Pape, Lechfeldschlacht und NATO-Beitritt. Das Augsburger «Ulrichsjahr» 1955 als Ausdruck der christlich-abendländischen Europaidee in der Ära Adenauer, in: Zeitschrift des Historischen Vereins für Schwaben, 94. Jg. (2001), S. 269–308.

66 Ebd., S. 296.

67 Weltanschauung/Abendland – Die missionäre Monarchie, in: *Der Spiegel*, 33/1955, 10. August 1955.

68 Arno Schmidt, Das steinerne Herz. Ein historischer Roman aus dem Jahre 1954 nach Christi. Karlsruhe 1956. Die Spezifizierung wurde Schmidt vom Lektor gestrichen; in der Erstausgabe hieß es nur «… würde mich der Anblick Deutschlands dazu machen.»

69 Arno Schmidt, Leviathan/Die Umsiedler/Seelandschaft mit Pocahontas. Zürich 1985 [1955], S. 69 f.

70 S. 4 der Strafanzeige von Dr. jur. K. Panzer vom 6. April 1955. Zitiert nach dem Faksimile in dem Band: In Sachen Arno Schmidt ./. Prozesse 1 & 2. Herausgegeben von Jan Philipp Reemtsma und Georg Eyring. Zürich 1988, S. 101.

71 2. Deutscher Bundestag, Sitzung am 18. April 1956, S. 7206.

72 https://www.youtube.com/watch?v=iC-ggqVTB_8 [1. Oktober 2018].

73 Vgl. Willi Winkler, Der Schattenmann. Von Goebbels zu Carlos: das mysteriöse Leben des François Genoud. Berlin 2011, S. 117–141.

74 Bundestagsberichte der 1. Wahlperiode, 234. Sitzung, Bonn, Mittwoch, den 22. Oktober 1952, S. 10736.

75 Vgl. das Vorwort von Rose Ahlheim in: Johanna Haarer/Gertrud Haarer, Die deutsche Mutter und ihr letztes Kind. Die Autobiografien der erfolgreichsten NS-Erziehungsexpertin und ihrer jüngsten Tochter. Herausgegeben von Rose Ahlheim. Hannover 2012, S. 16.

76 https://www.afio.com/sections/wins/2006/2006-24.html#Letter [1. Oktober 2018].

77 Robert Kempner, Begegnung mit Hans Globke. Berlin-Nürnberg-Bonn, in: Klaus Gotto, Der Staatssekretär Adenauers. Persönlichkeit und politisches Wirken Hans Globkes. Stuttgart 1980, S. 223.

78 Uwe Johnson, Das dritte Buch über Achim. Roman. Frankfurt 1961, S. 312.

79 Böse Erinnerungen, in: *Der Spiegel*, 14/1967, 4. April 1956.

80 Typoskript vom Mai [1961]. Zitiert nach: Jürgen Peter Schmied, Sebastian Haffner. Eine Biographie. München 2010, S. 216.

81 So die Wiedergabe in der *Passauer Neuen Presse* vom 27. Juni 1961.

82 Frank Bösch, Die Adenauer-CDU. Gründung, Aufstieg und Krise einer Erfolgspartei 1945–1969. Stuttgart, München 2001, S. 210–215.

83 Jost Dülffer, Geheimdienst in der Krise. Der BND in den 1960er-Jahren. Berlin 2018, S. 249.

84 Ebd., S. 248.

85 Ebd., S. 249.

86 Ebd.

87 Ebd., S. 250.

88 Hans Detlev Becker, Verfassungsschutz – ein falsches Etikett. Staatssicher-
    heits- und Geheimdienste gehören unter parlamentarische Kontrolle, in:
    Die Zeit, 49/1965, 3. Dezember 1965.

89 Verfassungsschutz. Beiträge aus Wissenschaft und Praxis. Köln u. a. 1966.
    Das Zitat dort S. 140.

90 Leo Brawand, Der Spiegel – ein Besatzungskind. Wie die Pressefreiheit
    nach Deutschland kam. Hamburg 2007, S. 135.

91 Hans-Peter Schwarz, Axel Springer. Die Biografie. Berlin 2008, S. 329, 327.

92 Zu hohes Risiko, in: *Frankfurter Allgemeine*, 29. August 1963.

93 Theo Sommer, Nur Abhör-Amtshilfe?, in: *Die Zeit*, 37/1963, 13. September
    1963.

94 Zitiert nach: Ulrich Völklein, Josef Mengele. Der Arzt von Auschwitz. Göt-
    tingen 2000 [1999], S. 207.

95 Vgl. Sven Keller, Günzburg und der Fall Josef Mengele. Die Heimatstadt
    und die Jagd nach dem NS-Verbrecher. München 2003 (= Schriftenreihe
    der Vierteljahrshefte für Zeitgeschichte, Bd. 87), S. 35.

96 Das stammt aus den autobiographischen Aufzeichnungen von Josef Men-
    gele, überschrieben hier mit «Bauernzeit», die in den sechziger oder sieb-
    ziger Jahren entstanden. Zitiert nach: Ulrich Völklein, Josef Mengele. Der
    Arzt von Auschwitz. Göttingen 2000 [1999], S. 204.

97 Karl-Hermann Flach, Bei Nacht und Nebel, in: *Frankfurter Rundschau*,
    29. Oktober 1962.

98 Sebastian Haffner, Die Stunde der Prüfung, in: *Süddeutsche Zeitung*, 8. No-
    vember 1962.

99 Zitiert nach: Thomas Ellwein, Manfred Liebel, Inge Negt, Die Spiegel-Af-
    färe II. Die Reaktion der Öffentlichkeit. Olten und Freiburg 1966, S. 306 f.

100 Vgl. Otto Köhler, Rudolf Augstein – ein Leben für Deutschland. München
    2002, S. 143.

101 *Christ und Welt*, zitiert nach: Scharfes Auge, in: *Der Spiegel*, 11/1972,
    6. März 1972.

102 Herbert Reinecker, Feuer am Ende des Tunnels. Percha 1974, S. 427.

103 Ebd., S. 428.

104 Ebd., S. 127.

105 Ebd., S. 49.

106 Volker Helbig, Herbert Reineckers Gesamtwerk. Seine gesellschafts- und
    medienpolitische Bedeutung. Wiesbaden 2007 (= Diss., Karlsruhe 2006),
    S. 306.

107 Ebd., S. 124.

108 Ebd., S. 294. Das wäre selbst für einen Schnellschreiber wie Reinecker eine
    reife Leistung und technisch gar nicht möglich: Der Vorabdruck im *Spie-*

gel begann im August 1974, Reineckers Roman mit einem Umfang von 460 Seiten erschien im gleichen Herbst.

109 Heinrich Böll, Will Ulrike Gnade oder freies Geleit?, in: *Der Spiegel*, 3/1972, 10. Januar 1972.

110 Herbert Reinecker, Feuer am Ende des Tunnels. Percha 1974, S. 457.

111 Horst Tappert, Derrick und Ich. Meine zwei Leben. Aufgezeichnet von Hans Heinrich Ziemann. München 1999 [1998], S. 41.

112 Alle Angaben nach: https://www.bz-berlin.de/kultur/fernsehen/die-ss-akte-von-kulenkampffs-butler [7. November 2018].

113 Vgl. https://lot-tissimo.com/de/i/1902584 [30. September 2018].

2. ÜBERALL VERRAT: DER KOMMUNISMUS BEDROHT DIE BUNDESREPUBLIK

1 Martin Heidegger, Die Selbstbehauptung der deutschen Universität. Zitiert nach: ders., Reden und andere Zeugnisse eines Lebensweges 1910–1976. Herausgegeben von Hermann Heidegger. Frankfurt 2000, S. 116.

2 12. Protokoll vom 12. 7. 1944 – Hans Peter Wapnewski, in: Martin Heidegger, Nietzsche. Seminare 1937 und 1944. Gesamtausgabe Band 87,2. Herausgegeben von Peter von Ruckteschell. Frankfurt 2004, S. 298–302.

3 Alle Zitate aus: Peter Wapnewski, Mit dem anderen Auge. Erinnerungen 1922–1959. Berlin ²2005, S. 151.

4 Martin Heidegger, Nach der Rede des Führers am 17. Mai 1933 (übertragen auf das Stadion) zu der Dozenten- und Studentenschaft. Zitiert nach: ders., Reden und andere Zeugnisse eines Lebensweges 1910–1976. Herausgegeben von Hermann Heidegger. Frankfurt 2000, S. 104.

5 Martin Heidegger, Anmerkungen I–V (Schwarze Hefte 1942–1948). Band 97 der Gesamtausgabe, herausgegeben von Peter Trawny. Frankfurt 2015, S. 460. Eintrag von 1948.

6 Ebd., S. 127. Undatierter Eintrag.

7 Ebd., S. 130. Undatierter Eintrag.

8 Ebd., S. 131. Undatierter Eintrag.

9 Ebd., S. 83. Undatierter Eintrag.

10 Ebd., S. 126 und 249 f. Undatierter Eintrag.

11 Ebd., S. 130. Undatierter Eintrag.

12 Die Tagebücher von Joseph Goebbels. Teil II, Diktate 1941–1945. Band 15: Januar-April 1945. Im Auftrag des Instituts für Zeitgeschichte und mit Unterstützung des Staatlichen Archivdienstes Rußlands herausgegeben von Elke Fröhlich. München 1995, S. 229. Eintrag vom 26. Januar 1945.

13 Ebd., S. 458. Eintrag vom 9. März 1945.

14 Filmprotokoll zitiert nach: Hilmar Hoffmann, «Und die Fahne führt uns in die Ewigkeit». Propaganda im NS-Film. Frankfurt 1988, S. 227.

15 Vgl. Klaus Körner, Erst in Goebbels', dann in Adenauers Diensten, in: *Die Zeit*, 35/1990, 24. August 1990.

16 Rede am 7. Juli 1957 in Nürnberg. Zitiert nach: Dominik Paul, Adenauers Wahlkämpfe. Die Bundestagswahlkämpfe der CDU 1949–1961. Marburg 2011 (Diss., Köln 2009), S. 571.

17 Frank Bösch, Die Adenauer-CDU. Gründung, Aufstieg und Krise einer Erfolgspartei 1945 – 1969. Stuttgart/München 2001, S. 213.

18 Max Horkheimer, Gesammelte Schriften Band 18: Briefwechsel 1949–1973. Herausgegeben von Gunzelin Schmid Noerr. Frankfurt 1996, S. 443. Brief vom 27. September 1958.

19 Hans Magnus Enzensberger, Rede vom Heizer Hieronymus. Zitiert nach: Joachim Schickel (Hg.), Über Hans Magnus Enzensberger. Frankfurt 1970, S. 223. In seinem jüngsten Buch «Eine Handvoll Anekdoten» (Berlin 2018, S. 75) ist sich Enzensberger «nicht einmal sicher, ob der Heizer wirklich Hieronymus hieß».

20 Zitiert nach: Hans Magnus Enzensberger, Die Gedichte. Frankfurt ²1983, S. 75. Ursprünglich in dem Band Hans Magnus Enzensberger, verteidigung der wölfe. Frankfurt 1957.

21 Mail von Peter Kammerer vom 10. August 2018.

22 Lehrer / Israel wird ausradiert, in: *Der Spiegel*, 51/1957, 18. Dezember 1957.

23 Regina Heilig, Der Fall Zind bewegt bis heute, in: *Baden online*, 16. Oktober 2008. Zitiert nach: https://www.bo.de/lokales/offenburg/der-fall-zind-bewegt-bis-heute [4. August 2018].

24 Vgl. Mail von seinem Sohn Hubert Burda vom 16. Oktober 2018.

25 Mail von Peter Kammerer vom 10. August 2018.

26 Dummes angestellt hat.

27 Lieber Spiegelleser!, in: *Der Spiegel*, 51/1958, 17. Dezember 1958.

28 Elisabeth Noelle, Erich Peter Neumann (Hg.), Jahrbuch der öffentlichen Meinung. Allensbach 1957, S. 277.

29 Ebd., S. 149.

30 Verhandlungen des Deutschen Bundestages, 3. Wahlperiode, Stenographische Berichte Band 45, 103. Sitzung. Bonn, Donnerstag, den 18. Februar 1960, S. 5606.

31 Erich Kuby, Es ist ja gar nichts passiert!, in: *Frankfurter Hefte*, 15. Jg. (1960), Heft 2, S. 104.

32 Vgl. Detlef Siegfried, Das radikale Milieu. Kieler Novemberrevolution, Sozialwissenschaft und Linksradikalismus 1917–1922. Wiesbaden 2004, S. 101.

33 Vgl. Gerhard Sälter, Phantome des Kalten Krieges. Die Organisation Gehlen und die Wiederbelebung des Gestapo-Feindbildes «Rote Kapelle». Berlin 2016, S. 432 f.

34 Rudolf Augstein, Lieber Spiegel-Leser! in: *Der Spiegel*, 8/1961, 15. Februar 1961.

35 Leo Brawand, Rudolf Augstein. Düsseldorf 1995, S. 209.

36 Margret Boveri, Der Verrat im 20. Jahrhundert II. Für und gegen die Nation. Das unsichtbare Geschehen. Hamburg 1956, S. 63.

37 Die Tagebücher von Joseph Goebbels. Teil II, Diktate 1941–1945. Band 6: Oktober-Dezember 1942. Im Auftrag des Instituts für Zeitgeschichte und mit Unterstützung des Staatlichen Archivdienstes Rußlands herausgegeben von Elke Fröhlich. München 1996, S. 533. Eintrag vom 31. Dezember 1942.

38 Zitiert nach: Günther Weisenborn, Der lautlose Aufstand. Hamburg 1953, S. 205.

39 Gerhard Ritter, Carl Goerdeler und die deutsche Widerstandsbewegung. Stuttgart 1954, S. 10.

40 Günther Weisenborn, Der lautlose Aufstand. Hamburg 1953, S. 213.

41 Gerhard Ritter, Carl Goerdeler und die deutsche Widerstandsbewegung. Stuttgart 1954, S. 103.

42 Elisabeth Noelle, Erich Peter Neumann (Hg.), Jahrbuch der öffentlichen Meinung. Allensbach 1957, S. 145.

43 Zitiert nach: Günther Weisenborn, Der lautlose Aufstand. Hamburg 1953, S. 30 f.

44 Leserbrief Gerhard Ritters an die *Frankfurter Allgemeine*, 10. November 1962. Zitiert nach: Thomas Ellwein, Manfred Liebel, Inge Negt (Hg.), Die Spiegel-Affäre II. Die Reaktion der Öffentlichkeit. Olten und Freiburg 1966, S. 401.

45 Brief am 21. April 1954 an Theodor Schieder. Zitiert nach: Klaus Schwabe und Rolf Reichardt (Hg.), Gerhard Ritter. Ein politischer Historiker in seinen Briefen. Boppard 1984, S. 507.

46 Brief am 21. April 1954 an Theodor Schieder. Zitiert nach: Ebd.

47 Zitiert nach: Gerhard Sälter, Phantome des Kalten Krieges. Die Organisation Gehlen und die Wiederbelebung des Gestapo-Feindbildes «Rote Kapelle». Berlin 2016, S. 417.

48 Gerhard Ritter, Carl Goerdeler und die deutsche Widerstandsbewegung. Stuttgart 1954, S. 103.

49 Zitiert nach: Klaus Schwabe und Rolf Reichardt (Hg.), Gerhard Ritter. Ein politischer Historiker in seinen Briefen. Boppard 1984, S. 409. Brief vom 28. Januar 1946.

50 Theo Sommer, Politikberatung in Deutschland. Seit 25 Jahren leitet Klaus

Ritter die Stiftung Wissenschaft und Politik in Ebenhausen, in: *Die Zeit*, 41/1987, 2. Oktober 1987.

51 Albrecht Zunker, Stiftung Wissenschaft und Politik (SWP). Entwicklungsgeschichte einer Institution politikbezogener Forschung. Berlin 2007, S. 294.

52 Vgl. Dieter Krüger, Hans Speidel und Ernst Jünger. Freundschaft und Geschichtspolitik im Zeichen der Weltkriege. Oldenburg 2016, S. 192.

53 Hannah Arendt, Bei Hitler zu Tisch, in: *Der Monat*, Heft 4, 1951/52, Nr. 37.

54 Gerhard Ritter an den Beirat des Deutschen Instituts für Geschichte der Nationalsozialistischen Zeit, 22. Oktober 1951. Kopie im Nachlass Hans Speidel, Heft 336. Zentrum für Militärgeschichte und Sozialwissenschaften der Bundeswehr, Potsdam.

55 Martin Heidegger, Anmerkungen I–V (Schwarze Hefte 1942–1948). Band 97 der Gesamtausgabe, herausgegeben von Peter Trawny. Frankfurt 2015, S. 84 f. Undatierter Eintrag.

56 Ebd., S. 84. Undatierter Eintrag.

57 Brief am 17. Januar 1964 an Gerhard Schröder. Zitiert nach: Klaus Schwabe und Rolf Reichardt (Hg.), Gerhard Ritter. Ein politischer Historiker in seinen Briefen. Boppard 1984, S. 587.

58 Christoph Cornelißen, Gerhard Ritter. Geschichtswissenschaft und Politik im 20. Jahrhundert. Düsseldorf 2001, S. 607.

59 Vgl. Kai Burkhardt, Adolf Grimme (1889–1963). Eine Biografie. Köln u. a. 2007, S. 304.

60 Zitiert nach Claudia Fröhlich, Der Braunschweiger Remer-Prozess 1952. Zum Umgang mit dem Widerstand gegen den NS-Staat in der frühen Bundesrepublik, in: Schuldig. NS-Verbrechen vor deutschen Gerichten. Beiträge zur Geschichte der nationalsozialistischen Verfolgung in Norddeutschland. Heft 9. Bremen 2005, S. 26, hier: http://www.fritz-bauer-film. de/Cl%5B1%5D.Frhlich,%20%20Remer%20Prozess%20%28Beitrge%20 Nr.%209%29.pdf [16. Juli 2018].

61 Gerhard Ritter, Carl Goerdeler und die deutsche Widerstandsbewegung. Stuttgart 1954, S. 460.

62 Stefan Roloff mit Mario Vigl, Die Rote Kapelle. Die Widerstandsgruppe im Dritten Reich und die Geschichte Helmut Roloffs. Berlin 2002, S. 330.

63 Zitiert nach: Günther Weisenborn, Der lautlose Aufstand. Hamburg 1953.

64 Vgl. Gerhard Sälter, Phantome des Kalten Krieges. Die Organisation Gehlen und die Wiederbelebung des Gestapo-Feindbildes «Rote Kapelle». Berlin 2016, S. 143–156.

65 Rote Kapelle: Rückblick auf ihren Aufbau, Organisation und Tätigkeit bis zum Zusammenbruch. Unveröffentlicht, S. 362.

66 Ebd., S. 347.

67 Ebd., S. 198.

68 Ebd., S. 370.

69 https://www.cia.gov/library/readingroom/docs/ROEDER,%20MAN
FRED_0007.pdf [8. Juli 2018].

70 Zitiert nach: Gerhard Sälter, Phantome des Kalten Krieges. Die Organisation Gehlen und die Wiederbelebung des Gestapo-Feindbildes «Rote Kapelle». Berlin 2016, S. 178.

71 Kai Burkhardt, Adolf Grimme (1889–1963). Eine Biografie. Köln u. a. 2007,
S. 272.

72 Manfred Roeder, Die Rote Kapelle – Europäische Spionage. Aufzeichnungen. Hamburg 1952, S. 20.

73 Rote Agenten unter uns, in: *Der Stern*, 18. Mai 1951.

74 Manfred Roeder, Die Rote Kapelle – Europäische Spionage. Aufzeichnungen. Hamburg 1952, S. 35.

75 Joachim Puttbus, Greta Kuckhoff, in: *Die Zeit*, 4/1952, 24. Januar 1952.

76 Zitiert nach: Adolf Grimme, Briefe. Herausgegeben von Dieter Sauberzweig
unter Mitwirkung von Ludwig Fischer. Heidelberg 1967, S. 169.

77 Manfred Roeder, Die Rote Kapelle – Europäische Spionage. Aufzeichnungen. Hamburg 1952, S. 13.

78 Ebd., S. 36.

79 Zitiert nach: Gerhard Sälter, Phantome des Kalten Krieges. Die Organisation Gehlen und die Wiederbelebung des Gestapo-Feindbildes «Rote Kapelle». Berlin 2016, S. 198.

80 Vgl. ebd.

81 Zitiert nach: Ebd., S. 200 f.

82 Zitiert nach: Ebd., S. 235.

83 Vgl. Eckart Conze, Norbert Frei, Peter Hayes, Moshe Zimmermann, Das
Amt und die Vergangenheit. Deutsche Diplomaten im Dritten Reich und
in der Bundesrepublik. München 2010, S. 558–569.

84 Zitiert nach: Gerhard Sälter, Phantome des Kalten Krieges. Die Organisation Gehlen und die Wiederbelebung des Gestapo-Feindbildes «Rote Kapelle». Berlin 2016, S. 416 f.

85 Sefton Delmer / Der Chef vom Chef, in: *Der Spiegel*, 44/1962, 31. Oktober
1962. Das ist die Nummer, die gerade abgeschlossen wurde, als die Sicherungsgruppe Bonn anrückte und mehrere Redakteure verhaftete. Anlass
war die Geschichte «Bedingt abwehrbereit» drei Wochen zuvor, die dem
Spiegel die Anschuldigung des Landesverrats einbrachte. Nachdem die be-
wusste Geschichte nicht ohne Mitwirkung leitender Beamter des BND im
üblichen Benehmen mit dem Geheimdienst entstanden war, handelte es
sich hier gleich in mehrfacher Hinsicht um Verrat.

86 Zitiert nach: Wolfgang Kraushaar, Die Protestchronik Band II: 1953–1956. Hamburg 1996, S. 1013.

87 Kai Burkhardt, Adolf Grimme (1889–1963). Eine Biografie. Köln u. a. 2007, S. 273.

88 Bernd Stöver, Der Fall Otto John. Neue Dokumente zu den Aussagen des deutschen Geheimdienstchefs gegenüber MfS und KGB, in: *Vierteljahrshefte für Zeitgeschichte*. Jg. 47 (1999), Heft 1, S. 118.

89 Vgl. Gerhard Sälter, Phantome des Kalten Krieges. Die Organisation Gehlen und die Wiederbelebung des Gestapo-Feindbildes «Rote Kapelle». Berlin 2016, S. 416.

90 Zitiert nach: Jost Dülffer, Pullach intern. Innenpolitischer Umbruch, Geschichtspolitik des BND und «Der Spiegel» 1969–1972, in: http://www.uhk-bnd.de/wp-content/uploads/2015/05/UHK_Bd5_online.pdf, S. 53.

91 Vgl. Stefan Roloff mit Mario Vigl, Die Rote Kapelle. Die Widerstandsgruppe im Dritten Reich und die Geschichte Helmut Roloffs. Berlin 2002, S. 314.

92 NWDR / Platonisch interessiert, in: *Der Spiegel*, 4/1950, 26. Januar 1950. Der Autor des Artikels in der *Welt* – er wird mit Namen genannt, «Dr. Peter Coulmas» – gehörte zum CIA-gestützten «Kongress für kulturelle Freiheit».

93 Das Wissen der Mächtigen. WDR III, 19. Dezember 1970. Zitiert nach: Erich Schmidt-Eenboom, Undercover. Der BND und die deutschen Journalisten. Köln 1998, S. 285 f.

94 Alles nach: Gerhard Sälter, Phantome des Kalten Krieges. Die Organisation Gehlen und die Wiederbelebung des Gestapo-Feindbildes «Rote Kapelle». Berlin 2016, S. 237–244.

95 Vgl. Constantin Goschler, Michael Wala, Keine neue Gestapo. Das Bundesamt für Verfassungsschutz und die NS-Vergangenheit. Reinbek 2015, S. 117 f.

96 Manfred Roeder, Die Rote Kapelle – Europäische Spionage. Aufzeichnungen. Hamburg 1952, S. 8.

97 Gerhard Ritter, Carl Goerdeler und die deutsche Widerstandsbewegung. Stuttgart 1954, S. 460.

98 Manfred Roeder, Die Rote Kapelle – Europäische Spionage. Aufzeichnungen. Hamburg 1952, S. 4.

99 Ebd., S. 27.

100 Ebd., S. 36.

101 Ebd., S. 25.

102 Kai Burkhardt, Adolf Grimme (1889–1963). Eine Biografie. Köln u. a. 2007, S. 306.

103 Ebd.

104 Ebd., S. 305.

105 Zitiert nach: Thomas Ellwein, Manfred Liebel, Inge Negt (Hg.), Die Spiegel-Affäre II. Die Reaktion der Öffentlichkeit. Olten 1966, S. 383.

106 Vgl. Bettina Stangneth, Eichmann vor Jerusalem. Das unbehelligte Leben eines Massenmörders. Hamburg 2011, S. 454. Mehr zum Celler Wald bei Hans-Hagen Nolte, Messerscharf. Versuch, sich seinen Nazi-Vater von der Seele zu schreiben. Selbstverlag 2017.

107 Rudolf Diels, Lucifer ante portas. Stuttgart 1950, S. 265 f.

108 «fuer Zwecke der brutalen Verstaendigung». Hans Magnus Enzensberger / Uwe Johnson. Der Briefwechsel. Herausgegeben von Henning Marmulla und Claus Kröger. Frankfurt 2009, S. 51. Brief vom 15. November 1962. Hinweis von Ingrid Gilcher-Holtey.

109 Leserbrief Gerhard Ritters an die *Frankfurter Allgemeine*, 10. November 1962. Zitiert nach: Thomas Ellwein, Manfred Liebel, Inge Negt (Hg.), Die Spiegel-Affäre II. Die Reaktion der Öffentlichkeit. Olten und Freiburg 1966, S. 401.

110 Ebd., S. 402.

111 Ebd.

112 Spionage / Rote Kapelle / Kennwort: Direktor, in: *Der Spiegel*, 21/1968, 20. Mai 1968.

113 Vgl. Jost Dülffer, Pullach intern. Innenpolitischer Umbruch, Geschichtspolitik des BND und «Der Spiegel» 1969–1972», in: http://www.uhk-bnd.de/wp-content/uploads/2015/05/UHK_Bd5_online.pdf, S. 9.

114 SDS – Revolution in Deutschland?, *Der Spiegel*, 26/1968, 24. Juni 1968.

115 Vgl. Leo Brawand, Rudolf Augstein. Düsseldorf 1995, S. 86.

116 Der allerdings extrem dubiose Nils von der Heyde, der zeitweise auch für den *Spiegel* gearbeitet hat, behauptete am 8. März 1970 in der *Welt am Sonntag* sogar, Becker sei für seine Mitarbeit bei der Enttarnung der Roten Kapelle 1944 das Ehrenzeichen der bulgarischen Pionier- und Nachrichtentruppen in Silber überreicht worden. Die Meldung ist auch im BND-Archiv abgelegt.

117 Klaus Wiegrefe, Unrühmliche Rolle, in: *Der Spiegel*, 39/2012, 17. September 2012.

118 Gehlen / Des Kanzlers lieber General, in: *Der Spiegel*, 39/1954, 22. September 1954.

119 Alle Zitate: Spionage / Rote Kapelle Kennwort: Direktor, in: *Der Spiegel*, 21/1968, 20. Mai 1968.

120 ptx ruft Moskau, in: *Der Spiegel*, 28/1968, 8. Juli 1968.

121 Ebd.

122 Alle Zitate: Spionage / Rote Kapelle Kennwort: Direktor, in: *Der Spiegel*, 21/1968, 20. Mai 1968.

123 Stefan Roloff mit Mario Vigl, Die Rote Kapelle. Die Widerstandsgruppe im Dritten Reich und die Geschichte Helmut Roloffs. Berlin 2002, S. 346.

124 Hans Detlev Becker, Gehlen – Chef auf Zeit. Personalprobleme in den Spitzen der geheimen Dienste, in: *Die Zeit*, 10/1967, 10. März 1967.

125 Hans Detlev Becker, Nachrede aus dem Grab, in: *Der Spiegel*, 45/1980, 3. November 1980.

126 Zitiert nach: Ingrid Berg, Kommunalpolitik mit NS-Vergangenheit? Manfred Roeder als Beigeordneter in Glashütten, in: *Jahrbuch Hochtaunuskreis*, Bd. 26 (2018), S. 212.

127 http://magazin.spiegel.de/EpubDelivery/spiegel/pdf/45549320 [8. Juli 2018].

3. EINE FRAGE DER EHRE. MIT HITLERS SOLDATEN WIRD DIE BUNDESREPUBLIK REMILITARISIERT

1 Tötet, tötet, in: *Der Spiegel*, 25/1967, 12. Juni 1967. Verantwortlich: Dr. Dieter Wild. Im Impressum steht als Redakteur für «Militär»: Carl-Gideon von Claer.

2 http://spiritofentebbe.wordpress.com/2010/03/31/vor-dem-liebesentzug-2/, Eintrag vom 15. April 2010. [Abgefragt am 22. Mai 2017.] Der Bericht von der Siegesfeier stammt von dem *Spiegel*-Redakteur Nils von der Heyde. Nach Erich Schmidt-Eenboom, Undercover. Der BND und die deutschen Journalisten. Köln 1998, S. 84–86, war er unter dem Decknamen «Heine» auch dem BND als Vertrauensjournalist bekannt.

3 Gerhard Frey an Bernward Vesper am 26. Oktober 1960. Zitiert nach: Gerd Koenen, Vesper, Ensslin, Baader. Urszenen des deutschen Terrorismus. Köln 2003, S. 83. Wobei nicht ausgeschlossen ist, dass Frey damit eigentlich loben wollte, dass die Juden sich freiwillig davon gemacht und ihren eigenen Staat gegründet hatten.

4 Alle Zitate aus: Tötet, tötet, in: *Der Spiegel*, 25/1967, 12. Juni 1967.

5 Bonn / Nahost-Krise. Blitz und Blut, in: *Der Spiegel*, 25/1967, 12. Juni 1967.

6 Friedrich Meinecke, Die deutsche Katastrophe. Betrachtungen und Erinnerungen. Wiesbaden 1946, S. 156.

7 Vgl. Erbitte Erbhof, in: *Der Spiegel*, 1/1951, 3. Januar 1951.

8 Martin Heidegger, Anmerkungen I–V (Schwarze Hefte 1942–1948). Band 97 der Gesamtausgabe. Herausgegeben von Peter Trawny. Frankfurt 2015, S. 87.

9 Jürgen Habermas, Heidegger – Werk und Weltanschauung. Vorwort zu Victor Farías, Heidegger und der Nationalsozialismus. Frankfurt 1989, S. 23.

10 Überlegungen XV. In: Martin Heidegger, Überlegungen XII–XV (Schwarze Hefte 1939–1941). Gesamtausgabe Band 96. Frankfurt 2014, S. 262.

11 Zitiert nach: Victor Farías, Heidegger und der Nationalsozialismus. Frankfurt 1989, S. 373.

12 Zitiert nach: Ebd., S. 376.

13 Ernst Jünger, Sämtliche Werke. Tagebücher III. Strahlungen II. Stuttgart 1979, S. 455. Eintrag zum 23. Mai 1945.

14 Hans Erich Nossack, Geben Sie bald wieder ein Lebenszeichen. Briefwechsel 1943–1956. Hg. von Gabriele Söhling. Band 1. Briefe, S. 374. Brief vom 24. Februar 1947 an Hans H. König.

15 Richard Tüngel und Hans Rudolf Berndorff, Auf dem Bauche sollst du kriechen … Deutschland unter den Besatzungsmächten. Hamburg 1958, S. 160.

16 Ebd., S. 161.

17 Leo Brawand, Rudolf Augstein. Düsseldorf 1995, S. 37.

18 Ebd., S. 38.

19 Jens Daniel, Soll man die Deutschen bewaffnen?, in: *Der Spiegel*, 40/1948, 2. Oktober 1948.

20 Zitiert nach: Dorothee Hochstetter, Hasso von Manteuffel (1897–1978). Vom Panzergeneral zum Parlamentarier der FDP, in: *Jahrbuch für Liberalismus-Forschung*, 27. Jg. (2015), S. 211.

21 Zitiert nach: Ebd., S. 210.

22 Rudolf Augstein, Dreißig Divisionen, in: *Der Spiegel*, 41/1963, 9. Oktober 1963.

23 Peter Merseburger, Rudolf Augstein. München 2007, S. 175.

24 Hans Speidel, Aus unserer Zeit. Erinnerungen. Frankfurt 1977, S. 249.

25 Jens Daniel, Isolationismus als Rettung, in: *Der Spiegel*, 3/1951, 17. Januar 1951.

26 Bruderschaft / Ergebenster v. Manteuffel, in: *Der Spiegel*, 9/1950, 2. März 1950.

27 Zitiert nach: Dorothee Hochstetter, Hasso von Manteuffel (1897–1978). Vom Panzergeneral zum Parlamentarier der FDP, in: *Jahrbuch für Liberalismus-Forschung*, 27. Jg. (2015), S. 212.

28 Bruderschaft / Ergebenster v. Manteuffel, in: *Der Spiegel*, 9/1950, 2. März 1950.

29 Ebd.

30 Zitate aus zwei Briefen des Generals Kurt Brennecke an den Wohnungsbauminister (und Schattenverteidigungsminister) Eberhard Wildermuth vom Mai und Juni 1950. Zitiert nach: Agilolf Keßelring, Die Organisation Gehlen und die Neuformierung des Militärs in der Bundesrepublik. Berlin 2017, S. 153, 154.

31 Zitiert nach Bert-Oliver Manig, Die Politik der Ehre. Die Rehabilitierung der Berufssoldaten in der frühen Bundesrepublik. Göttingen 2004, S. 201.

32 Paul Sethe, Und Landsberg?, in: *Frankfurter Allgemeine*, 16. August 1950. Zitiert nach: Bert-Oliver Manig, Die Politik der Ehre. Die Rehabilitierung der Berufssoldaten in der frühen Bundesrepublik. Göttingen 2004, S. 208.

33 The Germans to the front?, in: *Die Gegenwart*, 5. Jg. (1950), Nr. 113. Heft 16 im laufenden Jahr, 15. August 1950, S. 2. Hinweis bei: Bert-Oliver Manig, Die Politik der Ehre. Göttingen 2004, S. 241. Der Artikel ist anonym erschienen, wird im Jahresverzeichnis aber Sternberger zugeschrieben.

34 So der Bericht der *Schwäbischen Donau-Zeitung* vom 9. Dezember 1954.

35 Zitiert nach: Wolfgang Kraushaar, Die Protestchronik Band II: 1953–1956. Hamburg 1996, S. 1067.

36 Alle Zitate aus: Hans-Rudolf Müller-Schwefe, Recht und Gnade. Zum Urteil im Manteuffel-Prozess, in: *Die Zeit*, 35/1959, 28. August 1959.

37 Dieter Beese, Kirche im Krieg. Evangelische Wehrmachtpfarrer und die Kriegführung der deutschen Wehrmacht, in: Die Wehrmacht. Mythos und Realität. Im Auftrag des Militärgeschichtlichen Forschungsamtes herausgegeben von Rolf-Dieter Müller und Hans-Erich Volkmann. München 1999, S. 494. Beese hat 1982 ein Interview mit Müller-Schwefe geführt.

38 Deutscher Bundestag – 7. Sitzung. Bonn, Donnerstag, den 22. September 1949, S. 51.

39 Alle Zitate: Ebd., S. 66.

40 Zitiert nach: Wolfgang Kraushaar, Die Protestchronik Band I: 1949–1952. Hamburg 1996, S. 120 f.

41 Deutscher Bundestag – 7. Sitzung. Bonn, Donnerstag, den 22. September 1949, S. 66.

42 Vgl. Kamerad, wo bist Du? Mit brauner Eintrittskarte, in: *Der Spiegel*, 40/1949, 29. September 1949.

43 Deutscher Bundestag – 7. Sitzung. Bonn, Donnerstag, den 22. September 1949, S. 67.

44 Ebd., S. 82.

45 Hannah Arendt, Eichmann in Jerusalem. Ein Bericht von der Banalität des Bösen. München 1986 [1964], S. 324.

46 Deutscher Bundestag – 7. Sitzung. Bonn, Donnerstag, den 22. September 1949, S. 85.

47 Richard Tüngel und Hans Rudolf Berndorff, Auf dem Bauche sollst du kriechen … Deutschland unter den Besatzungsmächten. Hamburg 1958, S. 350 f.

48 Landsberg / Meine liebe Prinzessin, in: *Der Spiegel*, 5/1951, 31. Januar 1951.

49 Affären: Pech für ihn, in: *Der Spiegel*, 30/1976, 19. Juli 1976.

50 C. J., Tod in Raten, in: *Die Zeit*, 45/1948, 4. November 1948.

51 Landsberg / Meine liebe Prinzessin, in: *Der Spiegel*, 5/1951, 31. Januar 1951.

52 Benoni Junker, Unter dem Galgen gesungen. Zellenlieder, Balladen und Romanzen. Darmstadt 1954, S. 31.

53 Ebd., S. 48.

54 Ebd., S. 9.

55 Joachim Fernau, Deutschland, Deutschland über alles … Von Arminius bis Adenauer. Oldenburg 1952, S. 283.

56 Dokument 61, CSDIC (UK), GRGG 253/Bericht über am 26. + 27. Jan. 45 von höheren PW-Offizieren erlangte Informationen [TNA, WO 208/4365]. Zitiert nach: Sönke Neitzel, Abgehört. Deutsche Generäle in britischer Kriegsgefangenschaft 1942–1945. Berlin 2005, S. 174.

57 Ägypten/Internationales: Zorn fraß im Herzen, in: *Der Spiegel*, 25/1953, 17. Juni 1953.

58 Richard Tüngel und Hans Rudolf Berndorff, Auf dem Bauche sollst du kriechen … Deutschland unter den Besatzungsmächten. Hamburg 1958, S. 248.

59 Martin Heidegger, Anmerkungen I–V (Schwarze Hefte 1942–1948). Band 97 der Gesamtausgabe. Herausgegeben von Peter Trawny. Frankfurt 2015, S. 79 f.

60 Ralf Dahrendorf, Über Grenzen. Lebenserinnerungen. München 2002, S. 116.

61 Amt Blank/Bürger in Uniform, in: *Der Spiegel*, 42/1952, 5. November 1952.

62 Das Spiel ist aus – Arthur Nebe (XXV), in: *Der Spiegel*, 12/1950, 23. März 1950.

63 Das Folgende nach Bert-Oliver Manig, Die Politik der Ehre. Die Rehabilitierung der Berufssoldaten in der frühen Bundesrepublik. Göttingen 2004, S. 136–147.

64 Ebd., S. 141.

65 K. H. [Klaus Harpprecht], Stabstrompeter, Regierungsräte, Pastoren und Witwen. Die Frage der Flüchtlings- und Militärpensionen. Ein Vorschlag zum Sturz des «babylonischen Turms», in: *Christ und Welt*, 31. März 1949. Zitiert nach Bert-Oliver Manig, Die Politik der Ehre. Die Rehabilitierung der Berufssoldaten in der frühen Bundesrepublik. Göttingen 2004, S. 143.

66 Vgl. Karlheinz Höfner, Die Aufrüstung Westdeutschlands. Willensbildung, Entscheidungsprozesse und Spielräume westdeutscher Politik 1945 bis 1950. München 1990 (Diss., München 1990), S. 184–188.

67 Zitiert nach: Ebd., S. 186.

68 Konrad Adenauer, Teegespräche 1950–1954. Bearbeitet von Hanns Jürgen Küsters. Berlin 1984, S. 118. Eintrag zum 13. Juli 1951.

69 Zitiert nach: Bert-Oliver Manig, Die Politik der Ehre. Die Rehabilitierung der Berufssoldaten in der frühen Bundesrepublik. Göttingen 2004, S. 259.

70 Jörg Wollenberg (Hg.), «Von der Hoffnung aller Deutschen». Wie die BRD entstand 1945 bis 1949. Köln 1991, S. 118 f. Ein Symposium in Nürnberg anlässlich des 40. Jahrestags des Hauptkriegsverbrecherprozesses: Teilnehmer: Hellmut Becker, Ossip K. Flechtheim, Martin Hirsch, Robert Kempner, Ulrich K. Preuß, Jörg Friedrich.

71 Richard Tüngel, Abermals: Robert Kempner. Einem Schädling muß das Handwerk gelegt werden, in: Die Zeit, 38/1951, 20. September 1951.

72 Zitiert nach: Wolfgang Kraushaar, Die Protestchronik Band I: 1949–1952. Hamburg 1996, S. 487.

73 Zitiert nach: Ebd.

74 Zitiert nach: Bert-Oliver Manig, Die Politik der Ehre. Die Rehabilitierung der Berufssoldaten in der frühen Bundesrepublik. Göttingen 2004, S. 413.

75 Paul Sethe in einem Leserbrief an den Spiegel, 5. Mai 1965.

76 Jörg Wollenberg (Hg.), «Von der Hoffnung aller Deutschen». Wie die BRD entstand 1945 bis 1949. Köln 1991, S. 119.

77 Zitiert nach: Wolfgang Kraushaar, Die Protest-Chronik 1949–1959. Eine illustrierte Geschichte von Bewegung, Widerstand und Utopie, Band 1 (1949–1952). Hamburg 1996, S. 680.

78 Hannah Arendt / Heinrich Blücher, Briefe 1936–1968. Herausgegeben von Lotte Köhler. München / Zürich 1996, S. 473. Brief vom 1. Juni 1958.

79 Zitiert nach: Bert-Oliver Manig, Die Politik der Ehre. Die Rehabilitierung der Berufssoldaten in der frühen Bundesrepublik. Göttingen 2004, S. 420.

80 Die Bundeszentrale für Heimatdienst hat hier merkwürdigerweise «der innerdeutschen Geschichte» übersetzt.

81 Zitiert nach: Rudolf Pechel, Tatsachen, in: Deutsche Rundschau, 69. Jg. (1946), Dezember, S. 180.

82 Dr. Josef Müller, Bis zur letzten Konsequenz. Ein Leben für Frieden und Freiheit. München 1975, S. 7.

83 http://www.norbert-lammert.de/01-lammert/texte2.php?id=29, Rede zum sechzigsten Jahrestag des Stauffenberg-Attentats.

84 Vgl. Peter Steinbach, Widerstand und Wehrmacht, in: Die Wehrmacht. Mythos und Realität. Im Auftrag des Militärgeschichtlichen Forschungsamtes herausgegeben von Rolf-Dieter Müller und Hans-Erich Volkmann. München 1999, S. 1157.

85 Die Wahrheit über den 20. Juli 1944. Herausgegeben von der Bundeszentrale für Heimatdienst. Bearbeitet von Hans Royce. Bonn o. J. [1953], S. 7.

86 Die Antrittsrede des Rektors Karl Escherich an der Ludwig-Maximilians-Universität in München 1933 trug den Titel «Termitenwahn». Hin-

weis von Bettina Stangneth. Der Entomologe Escherich war bereits 1921 in die NSDAP eingetreten und hatte am Marsch auf die Feldherrnhalle teilgenommen.

87 Die Wahrheit über den 20. Juli 1944. Herausgegeben von der Bundeszentrale für Heimatdienst. Bearbeitet von Hans Royce. Bonn o. J. [1953], S. 192.

4. HEISS' MICH NICHT REDEN, HEISS' MICH SCHWEIGEN.
JEAN AMÉRY UND HANS EGON HOLTHUSEN: WENN EIN KZ-ÜBERLEBENDER AUF EINEN SS-MANN TRIFFT

1 Jean Améry, Vorwort zur ersten Ausgabe 1966, in: Jean Améry, Jenseits von Schuld und Sühne. Bewältigungsversuche eines Überwältigten. Stuttgart 1977 [1966], S. 18.

2 Brief Günther Anders an Jean Améry, 28. November 1976. Literaturmuseum der Moderne, Marbach.

3 Die Zitate aus der Sendung nach Nicolas Berg, Selbstentnazifizierung einer Komplizenschaft. Die Vorgeschichte des SS-Bekenntnisses von Hans Egon Holthusen und seiner Kontroverse mit Jean Améry, in: Moralisierung des Rechts, herausgegeben im Auftrag des Fritz-Bauer-Instituts von Werner Konitzer. Frankfurt 2014, S. 215–242.

4 Jean Améry, Werke, Band 8: Ausgewählte Briefe 1945–1978. Herausgegeben von Gerhard Scheit. Stuttgart 2007, S. 159. Brief vom 25. Januar 1966

5 Martin Walser, Der Schwarze Schwan. Zitiert nach: ders., Gesammelte Stücke. Frankfurt 1971, S. 259.

6 Ebd., S. 258.

7 Hans Egon Holthusen, Der unbehauste Mensch. Motive und Probleme der modernen Literatur. München 1951, S. 15.

8 Nachlass Holthusen, Universitätsbibliothek Hildesheim.

9 Zitiert nach: Hans Egon Holthusen, Hier in der Zeit. Gedichte. München 1949, S. 29.

10 Abschrift. Nachlass Holthusen, Hildesheim. Nr. 41004.

11 Hans Egon Holthusen, Fünf Junge Lyriker, in: *Merkur*, 8. Jg. (1954), Heft 4.

12 Theodor W. Adorno, Kulturkritik und Gesellschaft, in: Kulturkritik und Gesellschaft I. Prismen. Ohne Leitbild. Gesammelte Schriften Band 10.1, S. 30.

13 Theodor W. Adorno, Ästhetische Theorie, Gesammelte Schriften Band 7. 1972 [1970], S. 477.

14 Peter Szondi, Briefe. Frankfurt 1993, S. 162. 13. Mai 1964.

15 Eichmanns Formulierung ist für den 9. Juli 1944 in Ungarn glaubhaft proto-kolliert. Wer das nicht schon im sogenannten Kastner-Bericht nachgelesen hatte, der schon Ende 1945 zur Vorbereitung für den ersten Nürnberger Prozess und dann auf den XXII. Zionisten-Kongress im Dezember 1946 in Basel vorlag, bekam während des Eichmann-Prozesses 1961 reichlich Gele-genheit, denn dieses Wort gehört zu den oft zitierten Abschnitten aus dem Verhörprotokoll und wurde durch eine Zeugenaussage im Prozess noch-mals bestätigt. Nicht nur Szondi musste sich also bei der Celan-Debatte an Eichmanns Worte erinnert fühlen.

16 Notiz von Adolf Eichmann. Nachlass Servatius. Bundesarchiv Koblenz. All-Proz 6/165, fol 273. Hinweis von Bettina Stangneth.

17 Peter Szondi, Briefe. Frankfurt 1993, S. 162.

18 Ebd., S. 164 f.

19 Das steht in dem Begleitbrief, mit dem «Forestiers» Freund Karl Friedrich Leucht das Manuskript mit den Gedichten an den Eugen-Diederichs-Ver-lag schickte, und das steht auch in dem *Spiegel*-Artikel, der 1955 die Hin-tergründe aufhellte, aber in der biographischen Nachbemerkung im Buch ist Forestier einfacher Soldat.

20 Forestier / Hinter einer frischen Leiche, in: *Der Spiegel*, 14/1955, 5. Oktober 1955.

21 http://d-nb.info/574440836

22 Brief an einen Herrn Ott vom 6. März 1963. Nachlass Holthusen, Hildes-heim, Nr. 10066.

23 Zitiert nach: Nicolas Berg, Selbstentnazifizierung einer Komplizenschaft. Die Vorgeschichte des SS-Bekenntnisses von Hans Egon Holthusen und seiner Kontroverse mit Jean Améry, in: Michael Konitzer (Hg.), Mora-lisierung des Rechts. Kontinuitäten und Diskontinuitäten nationalsozialis-tischer Normativität. Frankfurt 2014, S. 230.

24 Die große Kontroverse. Ein Briefwechsel um Deutschland. Herausgegeben von J. F. G. Grosser. Hamburg / Genf / Paris 1963, S. 10.

25 Ebd., S. 24

26 Ernst Forsthoff an Carl Schmitt (RW 265–3778) = Landesarchiv Nordrhein-Westfalen, Hauptstaatsarchiv Düsseldorf Nachlass Carl Schmitt (HSAD RW 265). Brief vom 17. Oktober 1951.

27 Ebd.

28 Nachlass Holthusen, Hildesheim, Nr. 20179, S. 6.

29 Ebd., S. 9.

30 Ebd., S. 7.

31 Zitiert nach: Nicolas Berg, Selbstentnazifizierung einer Komplizenschaft. Die Vorgeschichte des SS-Bekenntnisses von Hans Egon Holthusen und

seiner Kontroverse mit Jean Améry, in: Michael Konitzer (Hg.), Mora-
lisierung des Rechts. Kontinuitäten und Diskontinuitäten nationalsozialis-
tischer Normativität. Frankfurt 2014, S. 229.

32 So in einem Interview mit *Le Monde*. Im Gespräch mit dem *Spiegel* erklärte
Jünger 1982, dass diese Äußerung von ihm nicht autorisiert worden sei:
«Ein Bruderschaftstrinken mit dem Tod». Der 87jährige Schriftsteller Ernst
Jünger über Geschichte, Politik und die Bundesrepublik», in: *Der Spiegel*,
33/1982, 16. August 1982.

33 Im New Yorker *Aufbau* erschienen am 28. September 1945 unter dem Ti-
tel «Warum ich nicht nach Deutschland zurückgehe». Das amerikanische
Office of War Information gab es an die Deutsche Allgemeine Nachrich-
tenagentur mit dem Auftrag zur Verbreitung. Am 9. Oktober 1945 erschien
der Text zuerst in der *Süddeutschen Zeitung* als «Brief nach Deutschland».
Zitiert nach: Thomas Mann, Essays VI 1945–1950. Herausgegeben von
Herbert Lehnert. Große kommentierte Frankfurter Ausgabe. Band 19.1,
Frankfurt 2009, S. 76.

34 Zitiert nach: Ebd., S. 77.

35 Nachlass Holthusen, Hildesheim, Nr. 10068.

36 Hans Egon Holthusen, Die Welt ohne Transzendenz. Eine Studie zu
Thomas Manns «Dr. Faustus» und seinen Nebenschriften. Hamburg 1949,
S. 64.

37 Ebd., S. 65.

38 Ebd., S. 15.

39 Ebd., S. 65.

40 Ebd.

41 Zitiert nach: https://www.bundesarchiv.de/cocoon/barch/01/k/k1949k/kap
1_3/para2_4.html [25. Juli 2018]

42 Vgl. Andreas Eichmüller, Keine Generalamnestie. Die strafrechtliche Verfolgung von NS-Verbrechen in der frühen Bundesrepublik. München 2012,
S. 38 – 40. https://www.degruyter.com/downloadpdf/books/9783486717
396/9783486717396.15/9783486717396.15.pdf

43 Konrad Adenauer in der Sitzung des Deutschen Bundestages am 20. September 1949, http://dipbt.bundestag.de/doc/btp/01/01005.pdf, S. 27.

44 Kurt Schumacher am 31. Oktober 1951 an Liebmann Hersch. Zitiert nach:
Kurt Schumacher, Reden – Schriften – Korrespondenzen. Herausgegeben
von Willy Albrecht. Berlin 1985, S. 898.

45 Ebd., S. 896.

46 Ebd., S. 897.

47 Ebd., S. 896.

48 Ebd.

49 Gerald Reitlinger, The SS. Alibi of a Nation 1922–1945. London 1956. Die deutsche Übersetzung fertigte Hans B. Wagenseil für Desch an. München 1957.

50 Mitteilung für die Presse, Betr.: Treffen der Angehörigen der ehemaligen Waffen-SS, 4. November 1965.

51 Hans Egon Holthusen, Freiwillig zur SS, in: *Merkur*, 20. Jg., Heft 223 und 224, Oktober und November 1966.

52 Hausmitteilung, in: *Der Spiegel*, 8/1967, 13. Februar 1967.

53 Hans Sahl am 8. November 1966 an Holthusen. Hildesheim, 46942 im Konvolut 4.94.

54 Mail an den Autor, 30. Juli 2012.

55 Klaus Harpprecht, Hilfe – Literatur! Der Dichtung Jammer ficht uns an / Geleitworte für ein neues Blatt [die von Hans Werner Richter herausgegebene *Literatur*], in: *Christ und Welt*, 24. April 1952. Zitiert nach: Dichter und Richter. Die Gruppe 47 und die deutsche Nachkriegsliteratur. Berlin 1988, S. 211.

56 Nachlass Holthusen, Hildesheim. Nr. 46933.

57 Ebd. Brief vom 21. November 1966. Nr. 46939.

58 Die Tagebücher von Joseph Goebbels. Teil II, Diktate 1941–1945. Band 15: Januar–April 1945. Im Auftrag des Instituts für Zeitgeschichte und mit Unterstützung des Staatlichen Archivdienstes Rußlands herausgegeben von Elke Fröhlich. München 1995, S. 459. Eintrag vom 9. März 1945.

59 Ebd.

60 Klaus Harpprecht, Moderator Germaniae. Ein Porträt Kurt Georg Kiesingers, in: *Der Monat*, 19. Jg., Heft 222, März 1967, S. 7–14.

61 Ebd., S. 10.

62 Ebd., S. 11.

63 Ebd.

64 «Ich, Adolf Eichmann. Ein historischer Zeugenbericht». Herausgegeben von Dr. Rudolf Aschenauer. Leoni am Starnberger See 1980, S. 429.

65 Der Artikel gegen Hans Habe in: *Stern*, 22/1952, 1. Juni 1952. Alle anderen Zitate: Henri Nannen, Lieber Sternleser!, in: *Stern*, 9/1967, 21. Februar 1967.

66 Henri Nannen, Die Große Deutsche Kunstausstellung 1939. I. Teil. In: *Kunst dem Volk*, Nr. 7, 10 Jg. (1939), S. 7, hier zitiert nach: Tim Tolsdorff, Von der Stern-Schnuppe zum Fix-Stern. Zwei deutsche Illustrierte und ihre gemeinsame Geschichte vor und nach 1945. Köln 2014, S. 161.

67 Jean Améry, Fragen an Hans Egon Holthusen und seine Antwort, in: *Merkur*, 21. Jg. (1967), Mai, Heft 229. Zitiert nach: Jean Améry, Aufsätze zur Politik und Geschichte. Herausgegeben von Stephan Steiner. Stuttgart 2005, S. 47–52.

68 Jean Améry, Aufsätze zur Politik und Geschichte. Herausgegeben von Stephan Steiner. Stuttgart 2005, S. 611 f.

69 Zitiert nach: Karl Jaspers, Die Schuldfrage / Für Völkermord gibt es keine Verjährung. München, Zürich 1979, S. 11.

70 Jean Améry, Aufsätze zur Politik und Geschichte. Herausgegeben von Stephan Steiner. Stuttgart 2005, S. 51.

71 Ebd., S. 611 f.

72 Ebd., S. 612.

73 Nachlass Holthusen, Hildesheim, Nr. 46937. Brief vom 12. Mai 1967.

74 Jean Améry, Aufsätze zur Politik und Geschichte. Herausgegeben von Stephan Steiner. Stuttgart 2005, S. 51.

75 Franz Schönhuber, Ich war dabei. München 1988 [1981], S. 178.

76 Zitiert nach: Günter Grass, Örtlich betäubt / Aus dem Tagebuch einer Schnecke. Band IV der von Volker Neuhaus herausgegebenen Werkausgabe. Darmstadt und Neuwied 1987, S. 421.

77 Zitiert nach: Harald Wieser, Tod eines Pianisten, in: *Der Spiegel*, 51/1987, 14. Dezember 1987.

78 Peter Wapnewski, Mit dem anderen Auge. Erinnerungen 1922–1959. Berlin 2005, S. 114 f.

79 Der Nationalsozialismus im Bewusstsein der deutschen Gegenwart, zuerst in: *Frankfurter Allgemeine*, 24. Januar 1983. Hier zitiert nach: Hermann Lübbe, Vom Parteigenossen zum Bundesbürger. Über beschwiegene und historisierte Vergangenheiten. München 2007, S. 32.

80 Hans Egon Holthusen, Sartre in Stammheim. Zwei Themen aus den Jahren der großen Turbulenz. Stuttgart 1982, S. 174.

81 Ebd.

82 Ebd., S. 165.

83 Brief Jean Amérys an Hans Egon Holthusen. Nachlass Holthusen, Hildesheim, Nr. 46063.

84 Hans Egon Holthusen, Sartre in Stammheim. Zwei Themen aus den Jahren der großen Turbulenz. Stuttgart 1982, S. 174.

5. WER BIN ICH? AUS HANS SCHNEIDER WIRD HANS SCHWERTE

1 Heinz Otto Burger, Rassische Kräfte im deutschen Schrifttum, in: *Zeitschrift für Deutschkunde*, 48. Jg. (1934), S. 462. Zitiert nach: Gerhard Kaiser, Grenzverwirrungen. Literaturwissenschaft im Nationalsozialismus. Berlin 2008, S. 345.

2 Ebd.

3   Michael Wildt, Generation des Unbedingten. Das Führungskorps des Reichssicherheitshauptamtes. Hamburg 2002.

4   Heinz Otto Burger, Rassische Kräfte im deutschen Schrifttum, in: *Zeitschrift für Deutschkunde*, 48. Jg. (1934), S. 462. Zitiert nach: Gerhard Kaiser, Grenzverwirrungen. Literaturwissenschaft im Nationalsozialismus. Berlin 2008, S. 345.

5   Rektorwahl: Beinahe harmlos, in: *Der Spiegel*, 48/1963, 27. November 1963.

6   Reinhold Grimm und Conrad Wiedemann, Literatur und Geistesgeschichte. Festgabe für Heinz Otto Burger. Berlin 1968, S. 5.

7   Zitiert nach: Michael Kapellen, Doppelt leben. Bernward Vesper und Gudrun Ensslin. Die Tübinger Jahre. Tübingen 2005, S. 139. Gezeichnet ist der Text von Gudrun Ensslin, aber wahrscheinlich stammt er doch vom Sohn Bernward Vesper. Brief vom 11. September 1963 an die Zeitschrift *Das Deutsche Wort*.

8   Hans Schwerte, Faust und das Faustische. Ein Kapitel deutscher Ideologie. Stuttgart 1962, S. 348.

9   Zitiert nach dem Faksimile in: Ungeahntes Erbe. Der Fall Schneider/Schwerte: Persilschein für eine Lebenslüge. Eine Dokumentation. Herausgegeben vom Antirassismus-Referat der Studentischen Versammlung an der Friedrich-Alexander-Universität Erlangen-Nürnberg. Aschaffenburg 1998, S. 98.

10 Hans Schneider, Denkschrift vom 19. Oktober 1944 zum Totalen Kriegseinsatz der Geisteswissenschaften. Zitiert nach: Ludwig Jäger, Seitenwechsel. Der Fall Schneider/Schwerte und die Diskretion der Germanistik. München 1998, S. 328 f.

11 Martin Heidegger, Anmerkungen I–V (Schwarze Hefte 1942–1948). Band 97 der Gesamtausgabe herausgegeben von Peter Trawny. Frankfurt 2015, S. 444.

12 Morgenthau-Plan im Quadrat, in: *Der Spiegel*, 10/1967, 27. Februar 1967.

13 Vgl. Hans-Peter Schwarz, Adenauer. Der Staatsmann: 1952–1967. Stuttgart 1991, S. 977.

14 Friedrich Meinecke, Die deutsche Katastrophe. Betrachtungen und Erinnerungen. Wiesbaden 1946, S. 175 f.

15 Geschichte als Beispiel. Zum Drehbeginn des UFA-Films «Kolberg», in: *Völkischer Beobachter*, 23. Dezember 1943. Zitiert nach: Bernd Heidenreich, Sönke Neitzel (Hg.), Medien im Nationalsozialismus. Paderborn 2010, S. 97.

16 Ralph Giordano, Erinnerungen eines Davongekommenen. Die Autobiographie. Köln 2007, S. 277.

17 Ebd., S. 276.

18 Undatierte Erklärung Harlans, Sta HH, 622–1–27/1, Bd. 2. Zitiert nach: Ca-

ren Miosga, Der Kampf des politischen Publizisten Erich Lüth gegen Veit Harlan. Ein früher Versuch zur «Vergangenheitsbewältigung» in der Ära Adenauer. Magisterarbeit an der Universität Hamburg, 1998, S. 90.

19 Zitiert nach: Ebd., S. 83.

20 Vgl. ebd., S. 99.

21 Offenbar stammt das Zitat aus Helmut Heißenbüttel, Über Literatur. Olten 1966, S. 223. Zitiert bei: Hans Schwerte, Der Begriff des Experiments in der Dichtung, in: Reinhold Grimm und Conrad Wiedemann (Hg.), Literatur und Geistesgeschichte. Festgabe für Heinz Otto Burger. Berlin 1968, S. 404.

22 Vgl. Ulrich Wyss, Erlanger Germanisten-Chronik, in: Henning Kössler (Hg.), 250 Jahre Friedrich-Alexander-Universität Erlangen-Nürnberg. Festschrift. Erlangen 1993, S. 612.

23 Vgl. ebd., S. 613.

24 Vgl. Holger Dainat, Zur Berufungspolitik in der Neueren deutschen Literaturwissenschaft 1933–1945, in: ders. (Hg.), Literaturwissenschaft und Nationalsozialismus. Tübingen 2003, S. 77.

25 Benno von Wiese in *Volk im Werden* 1 (1933), Heft 2, S. 13–21. Zitiert nach: Karl Otto Conrady, Miterlebte Germanistik. Ein Rückblick auf die Zeit vor und nach dem Münchner Germanistentag von 1966. In: *Diskussion Deutsch*, 19. Jg. (1988), Heft 100, S. 126–143. Zitat S. 137.

26 Benno von Wiese, Ich erzähle mein Leben. Erinnerungen. Frankfurt 1982, S. 139.

27 Ebd., S. 138.

28 Benno von Wiese in *Volk im Werden* 1 (1933), Heft 2, S. 13–21. Zitiert nach: Karl Otto Conrady, Miterlebte Germanistik. Ein Rückblick auf die Zeit vor und nach dem Münchner Germanistentag von 1966. In: *Diskussion Deutsch*, 19. Jg. (1988), Heft 100, S. 126–143. Zitat S. 136.

29 Benno von Wiese, Ich erzähle mein Leben. Erinnerungen. Frankfurt 1982, S. 88.

30 Ebd., S. 89.

31 Ebd., S. 89 f.

32 Vgl. Gotthard Jasper, Die Universität in der Weimarer Republik und im Dritten Reich, in: Henning Kössler (Hg.), 250 Jahre Friedrich-Alexander-Universität Erlangen-Nürnberg. Festschrift. Erlangen 1993, S. 795.

33 Vgl. Jörg Lau, Hans Magnus Enzensberger. Ein öffentliches Leben. Berlin 1999, S. 28.

34 Hans-Joachim Schoeps, Ja – nein – und trotzdem. Erinnerungen – Begegnungen – Erfahrungen. Mainz 1974, S. 238.

35 Walter Benjamin / Gershom Scholem, Briefwechsel. Herausgegeben von Gershom Scholem. Frankfurt 1980, S. 46. Brief vom 20. März 1933.

36 Rudolf Diels, Lucifer ante portas … es spricht der erste Chef der Gestapo. Stuttgart 1950, S. 282. Erklärung der deutschen Juden vom 15. April 1933.

37 Rudolf Diels, Lucifer ante portas … es spricht der erste Chef der Gestapo. Stuttgart 1950, S. 282.

38 Zitiert nach: Frank-Lothar Kroll, Geschichtswissenschaft in politischer Absicht. Hans-Joachim Schoeps und Preußen, Berlin 2010, S. 32.

39 Rudolf Diels, Lucifer ante portas … es spricht der erste Chef der Gestapo. Stuttgart 1950, S. 283.

40 Hannah Arendt / Gershom Scholem, Der Briefwechsel. Herausgegeben von Marie Luise Knott unter Mitarbeit von David Heredia. Frankfurt 2010, S. 163

41 Vgl. Julius H. Schoeps, Mein Weg als deutscher Jude. Autobiographische Notizen. Zürich 2003, S. 60.

42 Claus Leggewie, Von Schneider zu Schwerte. Das ungewöhnliche Leben eines Mannes, der aus der Geschichte lernen wollte. München 1998, S. 203.

43 Hans Magnus Enzensberger, Über das dichterische Verfahren in Clemens Brentanos lyrischem Werk. Inaugural-Dissertation der Philosophischen Fakultät der Friedrich-Alexander-Universität zu Erlangen (maschinenschriftlich), S. 75.

44 Seinen 1942 im schwedischen Exil geborenen Sohn steckte Schoeps Ende der Fünfziger in ein Internat ausgerechnet am Obersalzberg, wo Julius Schoeps in einer Klasse mit den Söhnen des schwerbelasteten Vertriebenenministers Theodor Oberländer und des Führer-Stellvertreters Rudolf Heß saß. Vgl. Julius H. Schoeps, Mein Weg als deutscher Jude. Autobiographische Notizen. Zürich 2003, S. 53.

45 Zitiert nach: Claus Leggewie, Von Schneider zu Schwerte. Das ungewöhnliche Leben eines Mannes, der aus der Geschichte lernen wollte. München 1998, S. 199.

46 Dr. Hans Schwerte, Die Vorheizer der Hölle. Zu Thomas Manns «archaischem Roman», in: *Die Erlanger Universität*, 5. Jg. (1951), 3. Beilage, 13. Juni 1951, S. 1.

47 Ebd.

48 Die Aufzeichnungen entstanden 1938 und erschienen im Jahr darauf im *Neuen Tage-Buch* von Leopold Schwarzschild.

49 Dr. Hans Schwerte, Die Vorheizer der Hölle. Zu Thomas Manns «archaischem Roman», in: *Die Erlanger Universität*, 5. Jg. (1951), 3. Beilage, 13. Juni 1951, S. 2.

50 Ernst Jünger / Martin Heidegger. Briefe 1949 – 1975. Unter Mitarbeit von Simone Maier herausgegeben, kommentiert und mit einem Nachwort ver-

sehen von Günter Figal. Stuttgart, Frankfurt 2008, S. 11. Brief vom 11. Juni
1949.

51 Erschienen 1946 als «Londoner Brief» im *Ulenspiegel* und im *Aufbau* (Berlin). Zitiert nach: Ernst Jünger/Gerhard Nebel, Briefe 1938–1974. Herausgegeben von Ulrich Fröschle und Michael Neumann. Stuttgart 2003,
S. 678f.

52 Zitiert nach: Ebd., S. 621.

53 Theologumena, Nr. 126. Diese Aufzeichnungen entstanden zwischen 1942
und 1944, sagt Werfel in der Vorbemerkung, das Vorwort stammt von Ende
Mai 1944. Sie erschienen 1946 in der *Neuen Rundschau* und in dem Buch
«Zwischen Oben und Unten», Stockholm 1946. Hier zitiert nach: Hans
Schwerte, Die Vorheizer der Hölle. Zu Thomas Manns «archaischem Ro-
man», in: *Die Erlanger Universität*, 5. Jg. (1951), 3. Beilage, 13. Juni 1951, S. 2.

54 Vgl. Ich war lange Jahre angepasst, in: *Süddeutsche Zeitung*, 8. Dezember
2003.

55 Walter Jens, Völkische Literaturbetrachtung – heute, in: Hans Werner Richter, Bestandsaufnahme. Eine deutsche Bilanz 1962. Sechsunddreißig Beiträge deutscher Wissenschaftler, Schriftsteller und Publizisten. München/
Wien/Basel 1962, S. 348.

56 Zitiert nach: Claus Leggewie, Von Schneider zu Schwerte. Das ungewöhnliche Leben eines Mannes, der aus der Geschichte lernen wollte. München
1998, S. 207.

57 Zitiert nach: Ebd., S. 210.

58 Zitiert nach: Walter Jens, Völkische Literaturbetrachtung – heute, in: Hans
Werner Richter, Bestandsaufnahme. Eine deutsche Bilanz 1962. Sechsund-
dreißig Beiträge deutscher Wissenschaftler, Schriftsteller und Publizisten.
München/Wien/Basel 1962, S. 347f.

59 Ebd., S. 348.

60 Ulrich Wyss, Ein Germanist in Erlangen, in: Ein Germanist und seine
Wissenschaft. Der Fall Schneider/Schwerte. Erlanger Universitätsreden
Nr. 53/1996, 3. Folge. Vorträge zum Symposium vom 15. Februar 1996,
S. 86.

61 Zitiert nach: Claus Leggewie, Von Schneider zu Schwerte. Das ungewöhnliche Leben eines Mannes, der aus der Geschichte lernen wollte. München
1998, S. 202.

62 Zitiert nach: Ebd., S. 202.

63 Walter Jens, Völkische Literaturbetrachtung – heute, in: Hans Werner Richter, Bestandsaufnahme. Eine deutsche Bilanz 1962. Sechsunddreißig Beiträge deutscher Wissenschaftler, Schriftsteller und Publizisten. München/
Wien/Basel 1962, S. 346.

64 Vgl. Kolbenheyer und seine Leibwache, in: *Die Zeit*, 9/1954, 4. März 1954.

65 Walter Jens, Völkische Literaturbetrachtung – heute, in: Hans Werner Richter, Bestandsaufnahme. Eine deutsche Bilanz 1962. Sechsunddreißig Beiträge deutscher Wissenschaftler, Schriftsteller und Publizisten. München/Wien/Basel 1962, S. 344–350.

66 Hannah Arendt / Karl Jaspers, Briefwechsel 1926–1969. Herausgegeben von Lotte Köhler und Hans Saner. München/Zürich 1985, S. 617. Brief vom 19. Februar 1965.

67 Walter Jens, Statt einer Literaturgeschichte. Fünfte erweiterte Auflage. Pfullingen 1962, S. 311.

68 Walter Jens, Völkische Literaturbetrachtung – heute, in: Hans Werner Richter, Bestandsaufnahme. Eine deutsche Bilanz 1962. Sechsunddreißig Beiträge deutscher Wissenschaftler, Schriftsteller und Publizisten». München/Wien/Basel 1962, S. 345.

69 Vgl. Michael Kapellen, Doppelt leben. Bernward Vesper und Gudrun Ensslin. Die Tübinger Jahre. Tübingen 2005, S. 23.

70 Walter Jens, Leichtfertige Vorwürfe gegen einen Dichter. Ein abschließend klärendes Wort zu der von Claire Goll behaupteten Abhängigkeit Paul Celans von Ivan Goll, in: *Die Zeit*, 24/1961, 9. Juni 1961.

71 Zitiert nach: Bernward Vesper-Triangel, Walter Jens als Hochschullehrer. Das Tübinger Colloquium und einige Hintergründe aus der Sicht eines Studenten, in: *Die Zeit*, 29/1961, 14. Juli 1961.

72 Zitiert nach: Michael Kapellen, … wo sich so vieles entschieden hatte. Bernward Vesper in Tübingen. Marbach 2004 (= Spuren 68), S. 5.

73 Bernward Vesper, Die Reise. Romanessay. Jossa, 1978 [1977], S. 94.

74 Vgl. Michael Kapellen, Doppelt leben. Bernward Vesper und Gudrun Ensslin. Die Tübinger Jahre. Tübingen 2005, S. 27 f.

75 Ebd., S. 27.

76 Bernward Vesper-Triangel, Walter Jens als Hochschullehrer. Das Tübinger Colloquium und einige Hintergründe aus der Sicht eines Studenten, in: *Die Zeit*, 29/1961, 14. Juli 1961.

77 Alle Zitate nach: Ebd.

78 Zitiert nach: Michael Kapellen, Doppelt leben. Bernward Vesper und Gudrun Ensslin. Die Tübinger Jahre. Tübingen 2005, S. 139. Gezeichnet ist der Text von Gudrun Ensslin, aber wahrscheinlich stammt er doch vom Sohn Bernward Vesper.

79 Zitiert nach: Ebd., S. 130.

80 Walter Boehlich, Unsere Universitäten haben versagt. Ein offener Brief von Walter Boehlich, in: *Die Zeit*, 19/964, 8. Mai 1964.

81 Benno von Wiese, Bemerkungen zur «unbewältigten Vergangenheit», in: *Die Zeit*, 52/1964, 25. Dezember 1964.

82 Hannah Arendt / Karl Jaspers. Briefwechsel 1926–1969. Herausgegeben von Lotte Köhler und Hans Saner. München/Zürich 1985, S. 617. Brief vom 19. Februar 1965.

83 Benno von Wiese am 10. Februar 1965 an Hannah Arendt. Zitiert nach: Klaus-Dieter Rossade, Dem Zeitgeist erlegen. Benno von Wiese und der Nationalsozialismus. Heidelberg 2007, S. 180.

84 Ebd., S. 181.

85 Hannah Arendt am 19. Februar 1965 an Benno von Wiese. Zitiert nach: Ebd., S. 183.

86 Benno von Wiese, Ich erzähle mein Leben. Erinnerungen. Frankfurt 1982, S. 90.

87 Egon Overbeck, Mut zur Verantwortung. Vom Generalstabsoffizier zum Generaldirektor. Düsseldorf 1995. Hinweis von Paul Michael Lützeler.

88 Walter Boehlich, Unsere Universitäten haben versagt. Ein offener Brief von Walter Boehlich, in: *Die Zeit*, 19/1964, 8. Mai 1964.

89 Karl Otto Conrady, Miterlebte Germanistik. Ein Rückblick auf die Zeit vor und nach dem Münchner Germanistentag von 1966. In: *Diskussion Deutsch*. 19. Jg. (1988), Heft 100, S. 142.

90 Hans Schwerte, Der Begriff des Experiments in der Dichtung, in: Reinhold Grimm und Conrad Wiedemann (Hg.), Literatur und Geistesgeschichte. Festgabe für Heinz Otto Burger. Berlin 1968, S. 388.

91 Schwertes Nachweis in der Fußnote: Martin Walser, in: Theater heute, 9/1967, S. 7.

92 Hans Schwerte, Der Begriff des Experiments in der Dichtung, in: Reinhold Grimm und Conrad Wiedemann (Hg.), Literatur und Geistesgeschichte. Festgabe für Heinz Otto Burger. Berlin 1968, S. 404 f.

93 Reinhold Grimm, Verwunderter Rückblick (nebst unbegreiflicher Vorschau), in: Siegfried Unseld (Hg.), Wie, warum und zu welchem Ende wurde ich Literaturhistoriker? Eine Sammlung von Aufsätzen aus Anlaß des 70. Geburtstags von Robert Minder. Frankfurt 1972, S. 89.

94 Hans Schwerte zu einem seiner Schüler. Zitiert in: Claus Leggewie, Von Schneider zu Schwerte. Das ungewöhnliche Leben eines Mannes, der aus der Geschichte lernen wollte. München 1998, S. 14.

95 Josef Weinheber, Ode an die Straßen Adolf Hitlers, in: ders., Sämtliche Werke. Neu herausgegeben von Friedrich Jenaczek. Band 3, Salzburg 1996, S. 473–475.

6. «DIESES SCHMIERBLATT WIRD JA LEIDER GOTTES GELESEN.»
KONRAD ADENAUER VERSUCHT, DIE MEDIEN ZU KONTROLLIEREN

1 Zitiert nach: Karl-Günther von Hase, Konrad Adenauer und die Presse (Rhöndorfer Gespräche, Bd. 9). Bonn 1988, S. 67.

2 Zitiert nach: Christian Hartmann u. a. (Hg.), Hitler, Mein Kampf. Eine kritische Edition. Bd. I. München, Berlin 2016, S. 649.

3 Die Tagebücher von Joseph Goebbels. Teil I, Aufzeichnungen 1923–1941. Bd. 6: August 1938 – Juni 1939. Im Auftrag des Instituts für Zeitgeschichte und mit Unterstützung des Staatlichen Archivdienstes Rußlands herausgegeben von Elke Fröhlich. München 1998, S. 323. Eintrag vom 21. April 1939.

4 Günther Gillessen, Auf verlorenem Posten. Die Frankfurter Zeitung im Dritten Reich. Berlin 1986, S. 396. Gillessen bezieht sich auf eine handschriftliche Notiz von Margret Boveri.

5 Brief Rolf Rienhardts an die Gauleitung München-Oberbayern vom 17. März 1939. Zitiert nach: Wolfgang Müsse, Die Reichspresseschule – Journalisten für die Diktatur? Ein Beitrag zur Geschichte des Journalismus im Dritten Reich. München/New Providence/London/Paris 1995, S. 47.

6 Zitiert nach: Rüdiger Steinmetz, Freies Fernsehen. Das erste privat-kommerzielle Fernsehprogramm in Deutschland. Konstanz 1996, S. 81.

7 Hans Jürgen Küsters (Hg.), Adenauer, Teegespräche 1950–1954. Berlin 1984, S. 321. 11. Juli 1952.

8 Günter Buchstab (Hg.), Adenauer: «Wir haben wirklich etwas geschaffen». Die Protokolle des CDU-Bundesvorstands 1953–1957. Düsseldorf 1990, S. 276.

9 Zitiert nach: Rüdiger Steinmetz, Freies Fernsehen. Das erste privat-kommerzielle Fernsehprogramm in Deutschland. Konstanz 1996, S. 75.

10 Vgl. Frankfurter Allgemeine Zeitung: Presse, Sethe machte einen Fehler, in: *Der Spiegel*, 40/1955, 28. September 1955.

11 Vgl. Arnulf Baring, Außenpolitik in Adenauers Kanzlerdemokratie. Bonns Beitrag zur Europäischen Verteidigungsgemeinschaft. München, Wien 1959, S. 325.

12 Zitiert nach: Hartmut Soell, Zum Problem der Freiheit des Journalisten. Aus der Korrespondenz Fritz Erler – Paul Sethe 1956/57, in: *Vierteljahrshefte für Zeitgeschichte*, 23. Jg. (1975), Heft 1, S. 91–116, hier S. 106. Brief an Fritz Erler vom 4. Februar 1956.

13 Zitiert nach: Ebd.

14 Zitiert nach: Ebd., S. 115. Brief an Fritz Erler vom 8. Februar 1957.

15 Zitiert nach: Karl-Günther von Hase, Konrad Adenauer und die Presse (Rhöndorfer Gespräche, Bd. 9). Bonn 1988, S. 47.

16 Zitiert nach: Roxanne Narz, Es herrscht die Stickluft der Inquisition, in: *Frankfurter Allgemeine Zeitung*, 5. Juli 2018.

17 Zitiert nach: Jürgen Habermas, Philosophisch-politische Profile. Erweiterte Ausgabe. Frankfurt 1987, S. 72.

18 Zitiert nach: Ebd., S. 66

19 Zitiert nach: Ebd., S. 70

20 Benno von Wiese, Ich erzähle mein Leben. Erinnerungen. Frankfurt 1982, S. 181.

21 Zitiert nach: Jürgen Habermas, Philosophisch-politische Profile. Erweiterte Ausgabe. Frankfurt 1987, S. 70

22 Zitiert nach: Ebd., S. 71 f.

23 Ernst Forsthoff/Carl Schmitt, Briefwechsel (1926–1974). Herausgegeben von Dorothee Mußgnug, Reinhard Mußgnug und Angela Reinthal, in Zusammenarbeit mit Gerd Giesler und Jürgen Tröger. Berlin 2007, S. 97. Brief Nr. 62, Plettenberg, 3. September 1953.

24 Christian E. Lewalter, Wie liest man 1953 Sätze von 1935? Zu einem politischen Streit um Heideggers Metaphysik, in: *Die Zeit* 33/1953, 13. August 1953.

25 Ebd.

26 Zitiert nach: Roxanne Narz, Es herrscht die Stickluft der Inquisition, in: *Frankfurter Allgemeine Zeitung*, 5. Juli 2018.

27 Warum schweigt Heidegger, in: *Frankfurter Allgemeine*, 14. August 1953.

28 Vgl. Was Gehlen verschwieg, in: *Die Zeit*, 42/1971, 15. Oktober 1971.

29 Zitiert nach: Hans Jürgen Küsters (Hg.), Adenauer, Teegespräche I 1950–1954. Berlin 1984, S. 322. 11. Juli 1952.

30 Zitiert nach: Ebd.

31 Zitiert nach: Ebd.

32 Zitiert nach: Ebd.

33 Zitiert nach: Hans Jürgen Küsters (Hg.), Adenauer, Teegespräche III 1959–1961. Berlin 1988, S. 108. Gespräch am 31. Juli 1959.

34 Zitiert nach: Hans Jürgen Küsters (Hg.), Adenauer, Teegespräche I 1950–1954. Berlin 1984, S. 321.

35 Vgl. Jost Dülffer, Geheimdienst in der Krise. Der BND in den 1960er-Jahren. Berlin 2018, S. 12.

36 «Entnazifiziert war entnazifiziert». Ex-Verlagsdirektor Hans Detlev Becker, Jahrgang 1921, über ehemalige Nationalsozialisten beim SPIEGEL, in: *Der Spiegel*, 2/2007, 8. Januar 2007.

37 Unrühmliche Rolle, in: *Der Spiegel*, 38/2012, 17. September 2012.

38 Zitiert nach: Rüdiger Steinmetz, Freies Fernsehen. Das erste privat-kommerzielle Fernsehprogramm in Deutschland. Konstanz 1996, S. 62.

39 Peter Merseburger, Rudolf Augstein. München 2007, S. 227. Merseburger beruft sich auf den langjährigen *Spiegel*-Redakteur Leo Brawand.

40 So zitiert ihn David Schoenbaum, Ein Abgrund von Landesverrat. Die Affäre um den «Spiegel». Wien, München, Zürich 1968, S. 48.

41 Gerhard Eckert, Der Rundfunk als Führungsmittel. Heidelberg, Berlin, Magdeburg 1941, S. 157. Hinweis bei Rüdiger Steinmetz.

42 Gerhard Eckert, Abschied vom NWDR?, in: *Der Spiegel*, 5/1954, 27. Januar 1954.

43 Zitiert nach: Lu Seegers, Hör zu! Eduard Rhein und die Rundfunkprogrammzeitschriften (1931–1965). Potsdam 2001 (Diss., Hannover 2000), S. 189.

44 Vgl. Rüdiger Steinmetz, Freies Fernsehen. Das erste privat-kommerzielle Fernsehprogramm in Deutschland. Konstanz 1996, S. 111.

45 Vgl. Christina von Hodenberg, Konsens und Krise. Eine Geschichte der westdeutschen Medienöffentlichkeit 1945–1973. Göttingen 2006, S. 123.

46 Jean Améry, In den Wind gesprochen, in: Axel Eggebrecht (Hg.), Die zornigen alten Männer. Gedanken über Deutschland seit 1945. Reinbek 1979, S. 263 f.

47 Gerhard Eckert, Der Rundfunk als Führungsmittel. Heidelberg/Berlin/Magdeburg 1941, S. 266. Hervorhebung im Original.

48 Christina von Hodenberg, Konsens und Krise. Eine Geschichte der westdeutschen Medienöffentlichkeit 1945–1973. Göttingen 2006, S. 212.

49 Vgl. ebd., S. 146.

50 Zitiert nach: Rüdiger Steinmetz, Freies Fernsehen. Das erste privat-kommerzielle Fernsehprogramm in Deutschland. Konstanz 1996, S. 53.

51 Gerhard Eckert, Der Rundfunk als Führungsmittel. Heidelberg/Berlin/Magdeburg 1941, S. 71.

52 Zitiert nach: Karl-Günther von Hase, Konrad Adenauer und die Presse (Rhöndorfer Gespräche, Bd. 9). Bonn 1988, S. 55, 53.

53 Im Zentrum der Macht. Das Tagebuch von Staatssekretär Lenz 1951–1953. Bearbeitet von Klaus Gotto, Hans-Otto Kleinmann und Reinhard Schreiner. Düsseldorf 1989, S. 154. Eintrag unter «Samstag, 20. Oktober 1951».

54 Ebd., S. 701. Eintrag unter «Donnerstag, 17. September 1953».

55 Vgl. ebd., S. 705–707.

56 Zitiert nach: Rüdiger Steinmetz, Freies Fernsehen. Das erste privat-kommerzielle Fernsehprogramm in Deutschland. Konstanz 1996, S. 79.

57 Zitiert nach: Karl-Günther von Hase, Konrad Adenauer und die Presse (Rhöndorfer Gespräche, Bd. 9). Bonn 1988, S. 38.

58 Protokolle der CDU / CSU-Bundestagsfraktion und des Fraktionsvorstands 1956–1963 und des CDU-Bundesvorstands 1961–1963, zitiert nach: Henning Köhler, Adenauer. Eine politische Biographie. Frankfurt/Berlin 1994, S. 1086.

59 Zweites Programm: Tendenz zur Unterhaltung, in: *Der Spiegel*, 49/1957, 4. Dezember 1957.

60 Gerhard Eckert, Kontrastprogramm im Fernsehen – ein Schlagwort, in: *Der Spiegel*, 13/1960, 23. März 1960.

61 Protokolle der CDU-Bundesvorstands 1957–1961, S. 814 f., zitiert nach: Henning Köhler, Adenauer. Eine politische Biographie. Frankfurt/Berlin 1994, S. 1086.

62 Vgl. Christina von Hodenberg, Konsens und Krise. Eine Geschichte der westdeutschen Medienöffentlichkeit 1945–1973. Göttingen 2006, S. 325 f.

63 Zitiert nach: Rüdiger Steinmetz, Freies Fernsehen. Das erste privat-kommerzielle Fernsehprogramm in Deutschland. Konstanz 1996, S. 176.

64 Zitiert nach: Ebd., S. 115.

65 Zitiert nach: Conrad Ahlers, Der Hintergrund der Affäre, in: *Der Spiegel*, 22/1965, 26. Mai 1965.

66 Horst Möller, Franz Josef Strauß. Herrscher und Rebell. München 2015, S. 283.

67 So erzählte es Ernst Cramer 1997 dem Berliner Fernsehjournalisten Christian Walther. Vgl. Uwe Soukup, Ich bin nun mal Deutscher. Sebastian Haffner. Eine Biographie. Berlin 2001, S. 211. Cramer bedauerte das später. Das steht in der Fußnote auf S. 320.

68 Zitiert nach: Uwe Soukup, Ich bin nun mal Deutscher. Sebastian Haffner. Eine Biographie. Berlin 2001, S. 212.

7. DEUTSCHLAND HAT DIE WAHL. «EIN STÜCK MACHTWECHSEL», DER ZWANZIG JAHRE AUF SICH WARTEN LÄSST

1 Rudolf Augstein, Statt Karten, in: *Der Spiegel*, 11/1969, 10. März 1969.

2 Vier Jahre zuvor, als Bundestagsabgeordneter im Wahlkampf, sprach er noch von einer «Wachablösung», die fällig wäre. Zitiert nach dem Faksimile in: Peter Rühmkorf, Die Jahre die ihr kennt. Anfälle und Erinnerungen. Werke, Band 2. Herausgegeben von Wolfgang Rasch. Reinbek 1999, S. 293 (unpag.)

3 Gustav Heinemann im Gespräch mit Reinhard Appel. In: *Stuttgarter Zeitung*, 8. März 1969. Zitiert nach: Arnulf Baring (in Zusammenarbeit mit Manfred Görtemaker), Machtwechsel. Die Ära Brandt – Scheel. Stuttgart 1982, S. 122.

4 Ulrike Meinhof, Gustav, Gustav, in: *konkret* 7/1969, 24. März 1969.

5 https://de.wikipedia.org/wiki/Heinrich_L%C3%BCke#/media/File: Bundesarchiv_Bild_146-1978-Anh.024-02,_Peenem%C3%BCnde,_Leeb,_ Todt,_L%C3%BCke,_Dornberger.jpg

6 Jens Daniel, Ein Lebewohl den Brüdern im Osten, in: *Der Spiegel*, 1/1952, 2. Januar 1952.

7 Rudolf Augstein, So stell ich mir die Christen vor, abgedruckt als Beilage zum *Spiegel* 10/1965, 3. März 1965. http://www.spiegel.de/spiegel/print/ d-46390406.html

8 Rudolf Augstein, Statt Karten, in: *Der Spiegel*, 11/1969, 10. März 1969.

9 «Hitler in euch», *konkret*, Oktober 1961, zitiert nach: Ulrike Marie Meinhof, Deutschland Deutschland unter anderm. Aufsätze und Polemiken. Berlin 1995, S. 42.

10 1972 war eines der ersten Bekennerschreiben der Rote Armee Fraktion (RAF) mit einer Heinemann-Briefmarke frankiert.

11 Zitiert nach: Arnulf Baring (in Zusammenarbeit mit Manfred Görtemaker), Machtwechsel. Die Ära Brandt – Scheel. Stuttgart 1982, S. 67.

12 Zitiert nach: Hans Werner Richter (Hg.), Plädoyer für eine neue Regierung. Oder: keine Alternative. Reinbek 1965, S. 34.

13 Hans-Peter Schwarz, Adenauer. Der Aufstieg: 1876–1952. Stuttgart, 3. durchgesehene Auflage 1991 [1986], S. 669.

14 Vgl. ebd., S. 758.

15 Hans Speidel, Aus unserer Zeit. Erinnerungen. Frankfurt 1977, S. 249.

16 Vgl. Karlheinz Höfner, Die Aufrüstung Westdeutschlands. Willensbildung, Entscheidungsprozesse und Spielräume westdeutscher Politik 1945 bis 1950. München 1990 (Diss., München 1990), S. 248.

17 Vgl. Kommiss: Waren Sie Soldat?, in: *Der Spiegel*, 16/1954, 14. April 1954.

18 Zitiert nach: Thomas Flemming, Gustav W. Heinemann. Ein deutscher Citoyen. Essen 2014, S. 225.

19 Die Vereinigten Staaten und der deutsche Beitrag zur europäischen Sicherheit, in: *Neue Zeitung* (Frankfurter Ausgabe), 4. November 1950. Zitiert nach: Robert H. Lochner, Ein Berliner unter dem Sternenbanner. Erinnerungen eines amerikanischen Zeitgenossen. Berlin 2003, S. 146–151. Der anonyme Autor war Robert Lochner, der 1963 John F. Kennedy den berühmten Satz «Ich bin ein Berliner!» in dessen Rede einfügte.

20 Zitiert nach: Peter Merseburger, Der schwierige Deutsche. Kurt Schumacher. Eine Biographie. Stuttgart 1995, S. 479.

21 Zitiert nach: Ebd.

22 Zitiert nach: Thomas Flemming, Gustav W. Heinemann. Ein deutscher Citoyen. Essen 2014, S. 225.

23 http://www.bundesarchiv.de/cocoon/barch/00/k/k1950k/kap1_3/para2_2. html

24 Zitiert nach Peter Rühmkorfs Plädoyer in: Hans Werner Richter (Hg.), Plädoyer für eine neue Regierung. Oder: keine Alternative. Reinbek 1965, S. 25.

25 Zitiert nach: Thomas Flemming, Gustav W. Heinemann. Ein deutscher Citoyen. Essen 2014, S. 229.

26 Walter Dirks, Der restaurative Charakter der Epoche, in: *Frankfurter Hefte*, 5. Jg. (1950), S. 942–954.

27 Peter Rühmkorf, Die Heilige Johanna und der Schuft. Erinnerung an die frühen Jahre, in: Bettina Röhl: So macht Kommunismus Spaß! Ulrike Meinhof, Klaus Rainer Röhl und die Akte Konkret. Hamburg 2006, S. 11.

28 Klaus Rainer Röhl, Fünf Finger sind keine Faust. Köln 1974, S. 23.

29 Brief aus Freiburg/Studenten gegen Harlan. Von unserer nach Freiburg entsandten Sonderkorrespondentin Clara Menck, in: *Der Monat*, 4. Jg. (1952), Heft 42, S. 583.

30 Terror: Wie die SA 1932, in: *Der Spiegel*, 21/1952, 21. Mai 1952.

31 Peter Rühmkorf, Werner Riegel … beladen mit Sendung, Dichter und armes Schwein. Zürich 1988, S. 84.

32 Zitiert nach: Hans Werner Richter (Hg.), Plädoyer für eine neue Regierung. Oder: keine Alternative. Reinbek 1965, S. 26.

33 Zitiert nach: Thomas Flemming, Gustav W. Heinemann. Ein deutscher Citoyen. Essen 2014, S. 231.

34 Hans Egon Holthusen, Reflexionen eines Deserteurs, in: *Merkur* 7. Jg. (1953) Heft 1, S. 78 f.

35 Helmut Schelsky, Die skeptische Generation. Eine Soziologie der deutschen Jugend. Düsseldorf/Köln 1957, hier: 4. Auflage 1960. S. 489.

36 Ebd.

37 16. Oktober 1950. Zitiert nach: Hans Christian Jasch, Staatssekretär Wilhelm Stuckart und die Judenpolitik. München 2012, S. 436.

38 Frank Bösch, Die Adenauer-CDU. Gründung, Aufstieg und Krise einer Erfolgspartei 1945 – 1969. Stuttgart/München 2001, S. 211.

39 Hans Egon Holthusen, Reflexionen eines Deserteurs, in: *Merkur*, 7. Jg. (1953) Heft 1, S. 80.

40 Frank Bösch, Die Adenauer-CDU. Gründung, Aufstieg und Krise einer Erfolgspartei 1945 – 1969. Stuttgart/München 2001, S. 209–215.

41 Zitiert nach: Kristian Buchna, Ein klerikales Jahrzehnt? Kirche, Konfession

und Politik in der Bundesrepublik während der 1950er Jahre. Baden-Baden 2014 (Diss., Augsburg 2013), S. 442.

42 Zitiert nach: Hans Werner Richter (Hg.), Plädoyer für eine neue Regierung. Oder: keine Alternative. Reinbek 1965, S. 31.

43 Vgl. Jürgen Habermas, Vergangenheit als Zukunft. Zürich 1990, S. 64.

44 Zitiert nach: Thomas Flemming, Gustav W. Heinemann. Ein deutscher Citoyen. Essen 2014, S. 233.

45 Vgl. Hans-Peter Schwarz, Adenauer. Der Aufstieg: 1876–1952. Stuttgart, 3. durchgesehene Auflage 1991 [1986], S. 760. Rolf-Dieter Müller, Reinhard Gehlen. Geheimdienstchef im Hintergrund der Bonner Republik. Die Biografie Teil 2: 1950–1979. Berlin 2017, S. 673.

46 Angeblich hat Becker seinem zeitweiligen Assistenten Alexander Kluge bei einer «Nachtfahrt» gesagt, er spreche immer von «Nationalsozialisten», nie von «Nazis». Vgl. Ulrich Raulff, Kreis ohne Meister. Stefan Georges Nachleben. München 2009, S. 409.

47 Hellmut Becker an Theo Kordt am 21. Mai 1949. IfZ, ED 157/8. Zitiert nach: Norbert Frei, Vergangenheitspolitik. Die Anfänge der Bundesrepublik und die NS-Vergangenheit. München ²2003 [1996], S. 179.

48 Hans Egon Holthusen, Reflexionen eines Deserteurs, in: Merkur, 7. Jg. (1953) Heft 1, S. 82.

49 Hellmut Becker, Gericht der Politik, in: Merkur, 4. Jg. (1950), Heft 12/1950, S. 1306.

50 Nach Ulrich Raulff, Kreis ohne Meister. Stefan Georges Nachleben. München 2009, S. 403.

51 Hellmut Becker am 15. Juni 1948 an Ernst Rudolf Huber. Nachlass E. R. Huber, Bundesarchiv Koblenz N/1505/246. Zitiert nach: Ulrich Raulff, Kreis ohne Meister. Stefan Georges Nachleben. München 2009, S. 387 f.

52 Ebd., S. 388.

53 Brief vom 31. Juli 1948 an Hellmut Becker. Zitiert nach: Ewald Grothe (Hg.), Carl Schmitt – Ernst Rudolf Huber. Briefwechsel 1926 – 1981. Berlin 2014. S. 503. Eine Abschrift legt Huber einem Brief an Carl Schmitt bei, der die Abhandlung ausführlich lobt. Es ist also doch anzunehmen, dass sich hier auch die Gedanken des Meisters ausgedrückt finden.

54 Carl Schmitt, Glossarium. Aufzeichnungen der Jahre 1947–1951. Herausgegeben von Eberhard Freiherr von Medem. Berlin 1991, S. 222. Eintrag zum 3. März 1949.

55 Hellmut Becker, Plädoyer für Ernst von Weizsäcker, in: ders., Quantität und Qualität. Grundfragen der Bildungspolitik. Zweite, erweiterte Auflage. Freiburg 1968 [1962], S. 57.

56 Carl Schmitt, Glossarium. Aufzeichnungen der Jahre 1947–1951. Heraus-

gegeben von Eberhard Freiherr von Medem. Berlin 1991, S. 233. Eintrag zum 25. April 1949.

57 Brief Beckers an Theo Kordt vom 22. Juni 1949, zitiert nach: Norbert Frei, Vergangenheitspolitik. Die Anfänge der Bundesrepublik und die NS-Vergangenheit. München ²2003 [1996], S. 180.

58 Zitiert nach: Ebd., S. 299.

59 Hellmut Becker, Gericht der Politik, in: *Merkur*, 5. Jg. (1950), Heft 12, S. 1297–1308, hier: S. 1298 f.

60 Ebd., S. 1298.

61 Ebd.

62 So zitiert nach Kim Christian Priemel, Flick. Eine Konzerngeschichte vom Kaiserreich bis zur Bundesrepublik. Göttingen ²2008 [2007], S. 670.

63 Ebd.

64 1. August 1950. Ebd., S. 671.

65 Plädoyer Dix, 29. 11. 1947. So zitiert nach: Ebd., S. 639.

66 Dr. Josef Müller, Bis zur letzten Konsequenz. Ein Leben für Frieden und Freiheit. München 1975, S. 350.

67 Vgl. Johannes Ludwig, Boykott. Enteignung. Mord. Die «Entjudung» der deutschen Wirtschaft. ²1989, S. 58.

68 Unter anderem zitiert bei Hans Magnus Enzensberger, Mittelmaß und Wahn. Gesammelte Zerstreuungen. Frankfurt 1988, S. 123.

69 Notiz Gehlens am 28. September 1950. Zitiert nach: Rolf-Dieter Müller, Reinhard Gehlen. Geheimdienstchef im Hintergrund der Bonner Republik. Die Biografie Teil 2: 1950–1979. Berlin 2017, S. 674.

70 Vgl. Pullach intern. Letzte Folge, in: *Der Spiegel*, 25/1971, 14. Juni 1971.

71 Reinhard Gehlen, Verschlußsache. Mainz 1980, S. 53.

72 Robert Kempner, Begegnung mit Hans Globke. Berlin-Nürnberg-Bonn, in: Klaus Gotto, Der Staatssekretär Adenauers. Persönlichkeit und politisches Wirken Hans Globkes. Stuttgart 1980, S. 228.

73 Vgl. Norbert Jacobs, Der Streit um Dr. Hans Globke in der öffentlichen Meinung der Bundesrepublik Deutschland 1949 – 1973. Ein Beitrag zur politischen Kultur in Deutschland. Diss, Bonn 1992, S. 147.

74 Egon Bahr in dem Film «Hans Maria Globke» von Jürgen Bevers und Bernhard Pfletschinger, gesendet am 8. Oktober 2008 auf arte.

75 Vgl. Franz Josef Strauß, Die Erinnerungen. Berlin 1989, S. 341–346.

76 Zitiert nach: Jörg Treffke, Gustav Heinemann – Wanderer zwischen den Parteien. Eine politische Biographie. Paderborn 2009, S. 167.

77 Zitiert nach: Hans Werner Richter (Hg.), Plädoyer für eine neue Regierung. Oder: keine Alternative. Reinbek 1965, S. 26.

78 Jürgen Habermas, «Unruhe erste Bürgerpflicht», in: *Diskus* (Juni 1958),

zitiert nach dem Faksimile in: Wolfgang Kraushaar, Die Protest-Chronik 1949–1959. Eine illustrierte Geschichte von Bewegung, Widerstand und Utopie. Band III (1957–1959). Hamburg 1996, S. 1899.

79 Die Worte «persönlicher und sonstiger Vorteile wegen» fehlen in der Wiedergabe in der sympathisierenden Biographie von Volker Koop, Kai-Uwe von Hassel. Eine politische Biographie. Köln / Weimar / Wien 2007, S. 56.

80 Zitiert nach: Dominik Paul, Adenauers Wahlkämpfe. Die Bundestagswahlkämpfe der CDU 1949–1961. Marburg (Diss., Köln 2009), S. 581. Rede am 12. August 1961 in Nürnberg.

81 Konrad Adenauer, Reden 1917–1967. Eine Auswahl. Herausgegeben von Hans-Peter Schwarz. Stuttgart 1975, S. 417.

82 Ebd., S. 420.

83 Horst Möller, Franz Josef Strauß. Herrscher und Rebell. München / Berlin / Zürich 2015, S. 317.

84 Ebd.

85 Ebd., S. 316.

86 AA, Abteilung III (Hoppe), 13. 2. 1952, PA-AA, II 515–00h, Bd. 4. Zitiert nach: Ulrich Herbert, Best. Biographische Studien über Radikalismus, Weltanschauung und Vernunft 1909–1989. Bonn 2001 [1996], S. 634.

87 Zitiert nach: Wider die Intelligentsia. Zehrer, Mohler und das Volk, in: *Die Zeit*, 1. Oktober 1965, 50/1965.

88 Zitiert nach: Christina von Hodenberg, Konsens und Krise. Eine Geschichte der westdeutschen Medienöffentlichkeit 1945–1973. Göttingen 2006, S. 364.

89 Egon Bahr, Emigration – ein Makel? Das geistige Gift der Hitler-Jahre wirkt noch immer nach, in: *Die Zeit*, 44/1965, 29. Oktober 1965.

90 Frankfurter Allgemeine / So lebhaft, in: *Der Spiegel*, 38/1969, 15. September 1969.

SCHLUSS

1 Zitiert nach: Arnulf Baring (in Zusammenarbeit mit Manfred Görtemaker), Machtwechsel. Die Ära Brandt – Scheel. Stuttgart 1982, S. 154.

2 Vgl. Ingrid Berg, Kommunalpolitik mit NS-Vergangenheit? Manfred Roeder als Beigeordneter in Glashütten, in: *Jahrbuch Hochtaunuskreis*, Bd. 26 (2018), S. 216.

PERSONENREGISTER

ZEITTAFEL

30. Januar 1933 Machtübergabe an die Nationalsozialisten: Reichspräsident Hindenburg ernennt Adolf Hitler zum Reichskanzler

1. September 1939 Mit dem Feldzug gegen Polen beginnt der Zweite Weltkrieg

22. Juni 1941 «Unternehmen Barbarossa», der Überfall der deutschen Wehrmacht auf die Sowjetunion

20. Juli 1944 Bombenattentat Stauffenbergs in der Wolfsschanze. Hitler übersteht den Anschlag fast unversehrt; das «Unternehmen Walküre» wird in wenigen Stunden niedergeschlagen

30. April 1945 Adolf Hitler begeht Selbstmord in Berlin; Joseph Goebbels folgt mit seiner ganzen Familie

8. Mai 1945 Kapitulation

16. Oktober 1946 In Nürnberg werden zehn der zum Tod verurteilten Hauptkriegsverbrecher hingerichtet; Hermann Göring hat vorher Selbstmord begangen

20. Juni 1948 Währungsreform in den drei westlichen Besatzungszonen, aus denen im Jahr darauf die Bundesrepublik entsteht

24. Juni 1948 Als Reaktion beginnt die Sowjetunion mit der Berlin-Blockade, die bis zum Mai des folgenden Jahres dauert; Westberlin wird aus der Luft versorgt

1. September 1948 Der Parlamentarische Rat tritt zusammen und beginnt, das Grundgesetz zu erarbeiten

14. August 1949 Erste Bundestagswahl: CDU / CSU und SPD sind die beiden stärksten Parteien

15. September 1949 Konrad Adenauer wird zum Bundeskanzler gewählt und bildet eine Koalition aus CDU / CSU, FDP, DP

1. Januar 1950 Das Straffreiheitsgesetz tritt in Kraft, mit dem ein Großteil der Nazi-Verbrechen amnestiert wird

25. Juni 1950 Nordkoreanische Truppen überschreiten die Demarkationslinie: Koreakrieg

30. August 1950 Adenauer bietet ein Sicherheitskonzept an, verbunden mit der Aufstellung einer Freiwilligenarmee

9. Oktober 1950 Gustav Heinemann tritt als CDU-Innenminister zurück

13. Oktober 1950 Ernst von Weizsäcker wird freigelassen

1. April 1951 Artikel 131 Grundgesetz tritt in Kraft, der den Beamten des «Dritten Reiches» die Wiederbeschäftigung in der Bundesrepublik zusichert

10. März 1952 Stalin bietet in einer Note an die westlichen Siegermächte die Wiedervereinigung und Neutralisierung Deutschlands an

26. Mai 1952 Überleitungsvertrag zum Deutschlandvertrag

5. März 1953 Stalin stirbt

17. Juni 1953 Aufstand vor allem in Ostberlin

4. Juli 1954 In Bern besiegt Deutschland die ungarische Mannschaft und wird Fußballweltmeister

20. Juli 1954 Otto John, der Präsident des Bundesamts für Verfassungsschutz, geht nach Ostberlin

9. Mai 1955 Aufnahme der Bundesrepublik in die Nato

5. August 1955 Der einmillionste Käfer rollt in Wolfsburg vom Band

12. September 1955 Auf seiner Moskaureise erwirkt Adenauer die Rückkehr der verbliebenen deutschen Kriegsgefangenen, die ersten treffen am 7. Oktober ein

12. November 1955 Die ersten Freiwilligen werden für die Bundeswehr vereidigt

1. April 1956 Die Organisation Gehlen wird zum Bundesnachrichtendienst (BND) und dem Kanzleramt unterstellt

21. April 1956 «Heartbreak Hotel» von Elvis Presley erreicht Platz eins der amerikanischen Hitparade

1. Januar 1957 Einführung der dynamischen Rente

15. September 1957 Nach einem Wahlkampf unter dem Motto «Keine Experimente!» erreichen die Unionsparteien bei den Bundestagswahlen 50,2 Prozent der abgegebenen Stimmen

4. Oktober 1957 Die Sowjetunion schießt den Sputnik ins All, den ersten Satelliten

23. Januar 1958 Rede Gustav Heinemanns im Bundestag gegen Konrad Adenauer

28. Februar 1961 Das Bundesverfassungsgericht erklärt Adenauers «Deutschland-Fernsehen» für verfassungswidrig

13. August 1961 Die DDR riegelt die Berliner Westzonen ab und beginnt mit dem Bau der Mauer

17. September 1961 Bei der Bundestagswahl kandidiert zum ersten Mal der Berliner Regierende Bürgermeister Willy Brandt und unterliegt Adenauer

1. Juni 1962 Adolf Eichmann wird in Israel hingerichtet

26. Oktober 1962 Wegen Verdacht auf Landesverrat Besetzung und Durchsuchung der *Spiegel*-Redaktion; in der Folge muss Verteidigungsminister Strauß zurücktreten. Gleichzeitig Kuba-Krise

16. Oktober 1963 Konrad Adenauer tritt zurück, Ludwig Erhard wird am nächsten Tag vom Bundestag zu seinem Nachfolger gewählt

22. November 1963 Der US-Präsident John F. Kennedy wird ermordet

20. Dezember 1963 In Frankfurt beginnt der erste Auschwitz-Prozess

24.–26. Juni 1966 Bravo-Blitz-Tournee der Beatles in Deutschland

1. Oktober 1966 Albert Speer und Baldur von Schirach werden nach zwanzigjähriger Haft aus dem Kriegsverbrechergefängnis Spandau entlassen

1. Dezember 1966 Kurt Georg Kiesinger (früher NSDAP, jetzt

CDU) wird Bundeskanzler, Willy Brandt (früher Emigrant) wird Außenminister; Beginn der ersten Großen Koalition

2. Juni 1967 In Berlin wird bei einer Demonstration der Student Benno Ohnesorg erschossen

5. Juni 1967 In Israel beginnt der Sechstagekrieg

31. Januar 1968 In Südvietnam beginnt die Tet-Offensive, bei der der gegnerische Vietcong bis an die US-amerikanische Botschaft vordringt

30. April 1968 Reinhard Gehlen, der Präsident des Bundesnachrichtendienstes, geht in Rente

21. August 1968 Einmarsch der Truppen des Warschauer Pakts unter der Führung der Sowjetunion in der Tschechoslowakei

7. November 1968 Beate Klarsfeld ohrfeigt Bundeskanzler Kiesinger und beschimpft ihn als «Nazi»

5. März 1969 Gustav Heinemann (SPD) wird zum Bundespräsidenten gewählt

21. Juli 1969 Die ersten Menschen landen auf dem Mond

15.–17. August 1969 In der Nähe der Künstlerkolonie Woodstock im Staat New York findet ein Musikfestival statt, es wird der Höhepunkt der Kulturrevolution

28. September 1969 Bundestagswahlen, nach denen Willy Brandt (SPD) die erste sozialliberale Koalition bilden kann

21. Oktober 1969 Der Bundestag wählt mit den Stimmen von SPD und FDP Willy Brandt zum Bundeskanzler

DANK

Mag sein, dass jeder für sich allein stirbt, allein schreiben kann er doch nicht; selbst Rilke hatte offenbar einen Engel dabei. Ich hatte gleich vier: Ohne ausgiebige Gespräche mit Bettina Stangneth und Claudia Tieschky, ohne die Großzügigkeit von Annette Meyer-Prien, ohne meinen geduldigen, beispiellos treuen Verleger Gunnar Schmidt wäre auch dieses Buch niemals ein Buch geworden. Gewidmet sei es in Dankbarkeit der Universitätsbibliothek Augsburg.